Die Europäische Union vereint aktuell nicht nur 28 verschiedene europäische Mitgliedsstaaten. Hinter der EU verbergen sich auch eine Menge von Informationen. Diese Informationen werden mittels Datenbanken in den betreffenden Kontexten für eine weitere Verarbeitung als Daten erfasst und gespeichert.

Leitfragen
• Wie werden Daten in Datenbanken abgebildet?
• Welche Strukturen greifen, welche Regeln sind zu beachten?
• Welche Software bzw. welches Informatiksystem wird dafür genutzt?
• Wie ist der Aufbau und die Funktionalität eines solchen Systems?
• Was muss bei der Datenerfassung beachtet werden?

Datenbanken können nach abgeschlossener Datenerfassung nach verschiedenen Gesichtspunkten ausgewertet werden – hierfür werden sie ja geschaffen. Datenbanken müssen systematisch gepflegt werden. Beispielsweise gibt es EU-Beitrittskandidaten wie Albanien, Serbien, Mazedonien, Montenegro oder die Türkei. Die Datenbank muss also gegebenenfalls ergänzt werden.
Oder es gibt Austrittskandidaten wie Großbritannien. Es muss also auch möglich sein, Daten zu löschen
Einwohnerzahlen, Arbeitslosenquoten usw. ändern sich. Datenbanken müssen daher aktualisiert werden.

Leitfragen
• Wie lassen sich die verschiedenartig auf die damit verbundenen Informat
• Wie sind neu gewonnene Zusammen
• Was ist zu tun, um die Ergebnisse we
• Wie können Datenbanken aktualisiere
• Wie können Daten gelöscht werden?

Nach der Einstiegsseite findest du auf einer **Motivationsdoppelseite** ein Alltagsbeispiel, welches in den Inhalt des Kapitels einführt. Leitfragen zeigen auf, was dich auf den folgenden Seiten erwartet, welches Wissen und welche Kompetenzen du erwerben wirst.

---

24 Informationen, Daten und Computer

1.4 Vom Abakus zum Computer

Die Entwicklung der Rechentechnik ist eng verbunden mit der Geschichte des menschlichen Denkens. Dabei sind zwei grundlegende Arten von Rechenhilfsmitteln zu unterscheiden:

digital	analog
Das Rechnen beruht auf einem Zählvorgang.	Das Rechnen beruht auf einem Messvorgang.
Beispiele: • Zählstäbchen, Zählsteine, • Abakus, • Computer.	Beispiele: • Rechenstab (✓ Seite 25), • Schickards „Vierspeziesrechner" (✓ Seite 26).

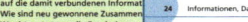
1 Zählstäbchen

Der Abakus – ein digitales Rechenhilfsmittel
Als ältester Vorläufer einer digitalen Rechenmaschine gilt der Abakus. Der Abakus aus hellenistischer Zeit (etwa 300 bis 30 vor Christus) war eine Tafel aus Stein oder Holz mit aufgemalten oder eingeschnittenen Linien. Auf diesen Linien wurden Rechensteine geschoben. Die Linien bedeuteten Größenordnungen und ersetzten Dezimalstellen.
Später entwickelte sich daraus der Rechenrahmen mit verschiebbaren Kugeln. Dieser Rechenrahmen ist heute noch in verschiedenen Ländern der Erde gebräuchlich.
• In Russland ist er ein beliebtes Rechenhilfsmittel von Verkäuferinnen und heißt „Stschoty". Es wird oft sogar dann noch benutzt, wenn andere Rechenhilfsmittel (Tischrechner oder Computer) an der Kasse vorhanden sind.
• In China gibt es den Abakus seit dem 13. Jahrhundert als „Suan Pan". Dieser Rechenrahmen hat viel Ähnlichkeit mit dem Soroban.

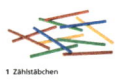
2 Dem „Stschoty" begegnet man manchmal noch an der Kasse russischer Läden.

Rechenrahmen „Soroban". Jedes Jahr on diesen Rechenrahmen angefertigt. Kinder in der 3. bis 6. Schulklasse. Im pan legen viele Menschen Soroba st Computerfirmen stellen mit Vor- rn, die ein Ass auf dem Soroban sind. 3) hat senkrecht angeordnete Stäbe wobei eine obere Kugel durch vier unteren vier getrennt ist. anz rechten Spalte entsprechen den neben den Zehnern usw. Die Kugeln b stellen je eine Einheit dar, die obere

Viele **Fotos, Grafiken, Tabellen, Bildschirmschüsse** und **Übersichten** sollen dir das Lernen leichter machen.

Lesetexte mit interessanten informatischen Inhalten sind als Notizzettel gekennzeichnet.

86

✓ Zeig was du kannst

1 Und noch einmal auf dem Bauernhof.

3.14 Öffne das Dokument PAUL.DOC! Gestalte den Text wie folgt!

Onkel Paul wohnt auf dem Land
1. Onkel Paul wohnt auf dem Land, hia-hia-ho.
   Sein Hund, der ist uns wohlbekannt, hia-hia-ho.
   Und das „Wuff-wuff" hier, und das „Wuff-wuff" da,
   ...
2. Onkel Paul wohnt auf dem Land, hia-hia-ho.
   Sein Schwein, das ist uns wohlbekannt, hia-hia-ho.
   Und das „Uik-uik" hier, und das „Uik-uik" da,
   ...

i Zur Gestaltung von tabellarischen Übersichten lassen sich insbesondere Tabulatoren nutzen.

3.15 Erstelle eine Übersicht mit wichtigen Daten deiner Freunde nach folgendem Muster! Speichere die Datei unter der Bezeichnung FREUNDE.DOC ab!

Vorname	Name	Geburtsdatum	Telefonnummer
Franziska	Bauer	22.08.2003	5671158
Ricarda	Weise	12.12.2003	1223345
Julia	Herrmann	01.02.2004	5566778

2 Fotos in einem Kochbuch sagen oft mehr als der Text.

3.16 Du möchtest ein Kochbuch mit „Familienrezepten" produzieren.
a) Lege zuerst das Layout fest!
b) Gib die Rezepte ein und formatiere! Speichere die Datei unter der Bezeichnung KOCHBUCH.DOC!
c) Gestalte das Deckblatt gesondert! Binde hier Grafiken ein!
d) Drucke die Seiten aus und diskutiere es hinsichtlich Verbesserung der Gestaltung in deiner Klasse!
e) Korrigiere das Layout und binde das „Kochbuch"!

STUNDENPLAN
3 Stundenplan

3.17 Erstelle mit einem Textverarbeitungsprogramm einen Stundenplan (✓ auch Seite 66)!
Nutze für alle Absätze Druckformate!
Wie viele Absätze enthält dein Dokument?

Am Ende eines Kapitels findest du unter der Überschrift **„Zeig was du kannst"** zusätzliche Aufgaben zur Übung, zur Festigung und zur Anwendung.

Informatik S I

Informatische Grundbildung

Herausgeber
Dr. Lutz Engelmann

Duden Schulbuchverlag
Berlin

Herausgeber
Dr. Lutz Engelmann

Fachdidaktische Beratung
Prof. Dr. Ira Diethelm

Autoren
Robby Buttke (Kapitel 7, 10, 11, 12)
Prof. Dr. Ira Diethelm (Kapitel 1, 6)
Dr. Lutz Engelmann (Kapitel 1, 2, 3, 4, 9, 10, 11, 12)
Franz X. Forman (Kapitel 5, 8, 13)

Redaktion Dr. Lutz Engelmann
Umschlaggestaltung Britta Scharffenberg
Layout und Zeichnungen Dr. Lutz Engelmann, zweiband.media, Berlin
Screenshots durch die jeweiligen Autoren
Titelbild Geocaching, Fotolia/Petair

www.coenelsen.de

1. Auflage, 3. Druck 2020

Alle Drucke dieser Auflage sind inhaltlich unverändert
und können im Unterricht nebeneinander verwendet werden.

© 2017 Cornelsen Verlag GmbH, Berlin

Druck und Bindung: Livonia Print, Riga

ISBN 978-3-89818-647-6 (Schülerbuch)
ISBN 978-3-89818-001-6 (E-Book)

PEFC zertifiziert
Dieses Produkt stammt aus nachhaltig
bewirtschafteten Wäldern und kontrollierten
Quellen.

PEFC
PEFC/12-31-006

www.pefc.de

Inhaltsverzeichnis

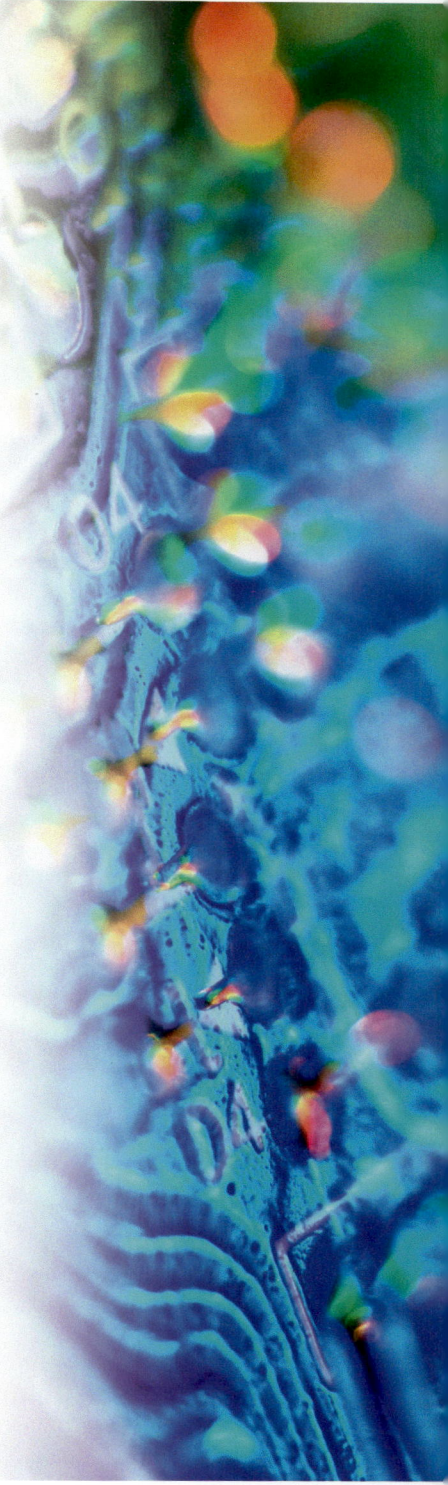

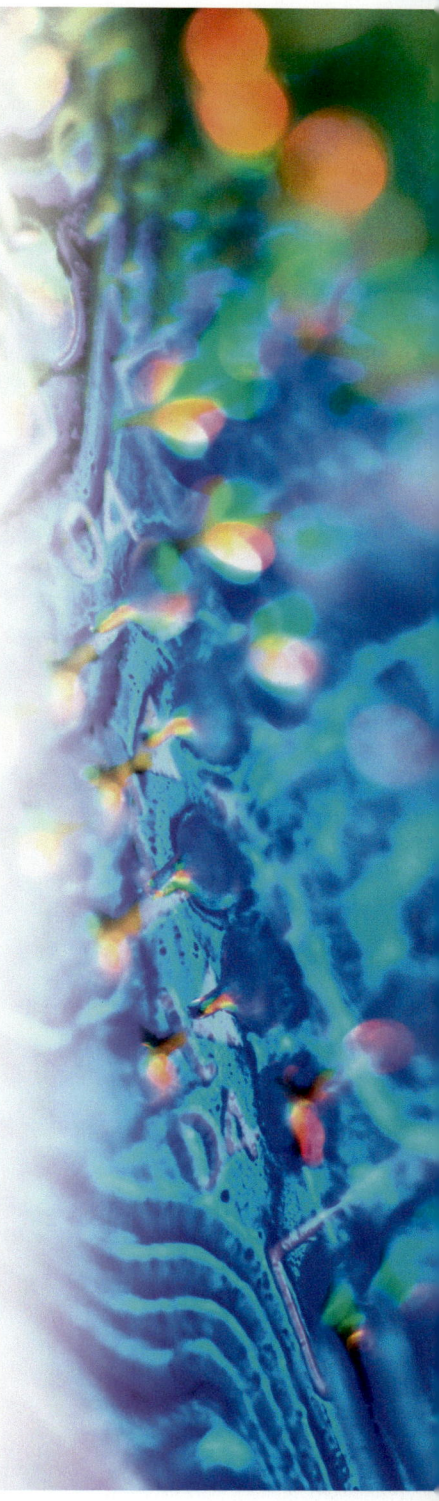

Informationen, Daten und Computer

1

Vom Blinzeln zur Bedeutung

Stell dir vor, du wachst in einem Krankenhaus auf: Es ist hell, du kannst alles hören, sehen und fühlen, jedoch dein Körper gehorcht dir nicht. Du kannst dich weder drehen noch sprechen, nur eines kannst du noch: blinzeln. Ein Arzt kommt vorbei und erklärt dir, dass die Krankheit Locked-In-Syndrom heißt. Man ist dabei wortwörtlich in seinem Körper eingeschlossen, nachdem man einen Gehirnschlag erlitten hat.

JEAN-DOMINIQUE BAUBY war der Chefredakteur der Mode-Zeitschrift „Elle" und 43 Jahre alt als ihm dies wiederfuhr. Nach ein paar Wochen schlug ihm seine Logopädin ein System vor, mit dem er sogar in der Lage war ein Buch zu schreiben: Dabei sagt eine Person langsam das Alphabet auf und beim richtigen Buchstaben blinzelt der Patient. Dieser Buchstabe wird notiert und man beginnt wieder im Alphabet von vorn.

Bild aus dem Film „Schmetterling und Taucherglocke" (Le Scaphandre et le papillon, Frankreich/USA 2007, Regie: JULIAN SCHNABEL, Szene mit: MARIE-JOSEE CROZE), der die Biografie von JEAN-DOMINIQUE BAUBY erzählt

Aufgaben

1. Überlege dir ein kurzes Wort und verwende das System, um das Wort deinem Nachbarn zuzublinzeln.

2. Beobachtet und notiert die Schwierigkeiten dabei.

3. Stellt weitere Absprachen auf, um das System zu verbessern, z. B.
   a) wenn man einen Fehler gemacht hat oder
   b) ein Wort bereits erraten kann oder
   c) das Verfahren anders beschleunigen will.

4. Das Bild mit der Buchstabentafel stammt aus der (französischen) Verfilmung des Buches. Überlegt und recherchiert, wieso hier die Buchstaben anders als im Alphabet gereiht sind.

Protokolle

Um das Gemeinte so zu übermitteln, dass der Empfänger immer dasselbe darunter versteht wie der Absender, müssen Absprachen über die übermittelten Zeichen, ihre Reihenfolge und ihre Bedeutung getroffen werden. Dies ist die Voraussetzung für jede gelungene Kommunikation. Solche Absprachen (auch Protokolle genannt) sind nicht nur in der Informatik von großer Bedeutung, sondern wurden schon früh entwickelt. Neben den gesprochenen und geschriebenen Sprachen sind auch Gestik und Symbole aller Art Teil dieser Protokolle.

- Zur Kommunikation über größere Entfernungen wurde z. B. der Morse-Code eingeführt.
- In der Schifffahrt wird ein „Flaggenalphabet" verwendet, um Nachrichten auf optischem Wege zwischen Schiffen auszutauschen. Dabei stehen 26 Buchstabenwimpel, zehn Zahlenwimpel und etliche weitere Wimpel zur Verfügung. Es werden bis zu vier verschiedene Buchstaben gleichzeitig gesetzt und von oben nach unten gelesen. Die einzelnen Wimpel haben auch eine komplexe Bedeutung. Die drei ersten Flaggen auf der rechten Seite im nebenstehenden Bild bedeuten von oben nach unten:

  „Meine Maschine ist gestoppt; ich mache keine Fahrt durchs Wasser." (oder Buchstabe M)

  „Ihnen droht Gefahr." (oder Buchstabe U)

  „Ich ändere meinen Kurs nach Steuerbord." (oder Buchstabe E)
- Faxgeräte benötigen ebenfalls Protokolle um die Texte und Bilder zu übertragen.
- Das gilt auch für die Telekommunikation allgemein, ob über das Festnetz oder mit Mobiltelefonen.
- Die Flexibilität des Internets gewährleistet das TCP/IP-Protokoll.
- Alle Internetdienste besitzen eigene Übertragungsprotokolle, Beispiele:
  - World Wide Web ⟶ HTTP
  - E-Mail ⟶ SMTP, POP3 oder IMAP
  - Internet-Telefonie (z. B. Skype) ⟶ SIP

Protokolle werden uns im Lehrbuch überall dort begegnen, wo es um die Übertragung von Nachrichten geht. Im ersten Kapitel werden wir vor allem Grundlagen der Informationsübertragung behandeln und in die Arbeit am Computer einführen.

Leitfragen für das erste Kapitel

- Wie werden aus Daten Informationen?
- Wie werden Daten durch den Computer dargestellt?
- Wie können Alltagsdaten für den Computer sinnvoll modelliert werden?
- Wie hat sich die Rechentechnik entwickelt?
- Was versteht man unter „analog", was unter „digital"?
- Wie werden Daten durch den Computer verarbeitet?
- Welche technischen Hilfsmittel zur Eingabe, Speicherung und Ausgabe von Daten gibt es?
- Wie können grafische Benutzeroberflächen bei der Arbeit am Computer helfen?

1.1   Informationen und ihre Darstellung

Informationen werden sowohl in der Natur als auch in der menschlichen Gesellschaft aufgenommen, gespeichert, verarbeitet und weitergegeben.

> Informationen (Mitteilungen) werden mithilfe von **Zeichen** (das können Buchstaben, Zahlen oder Symbole sein) dargestellt. Die Übertragung geschieht mit **Signalen** (das sind insbesondere Töne, Lichtblitze oder Radiowellen).
> Eine Folge von Zeichen oder Signalen bezeichnet man als **Nachricht**. Die Nachricht besitzt für den Empfänger zunächst keine Bedeutung, erst durch ihre Verarbeitung oder Bewertung erhält die Nachricht einen Sinn. Diese Bedeutung, die einen Sachverhalt ausdrückt, einem Zweck dient oder eine Aktion auslöst, wird umgangssprachlich als **Information** bezeichnet.

Der Mensch gibt Informationen insbesondere über die Sprache weiter. Mit Entwicklung der Schrift konnten Informationen auf Tontafeln, Pergament- oder Lederrollen und in Büchern festgehalten werden.
Durch die Erfindung des Buchdrucks mit beweglichen Lettern aus Metall durch JOHANN GUTENBERG – das erste 1455 gedruckte Buch war eine Bibel – konnten Informationen massenhaft verbreitet werden. Davor wurden Bücher durch Mönche in mühevoller Handarbeit kopiert.
Interessant ist: Datenschutz hat in der Geschichte schon immer eine Rolle gespielt. Oft mussten vertrauliche Botschaften zwischen Königen und Kriegsherren, Kaufleuten und anderen Personen übermittelt werden, wobei selbst der Bote, der Überbringer der Nachricht, deren Inhalt nicht kennen durfte.

1 Auf dem Bild ist ein **Balkentelegraf** von ABBÈ CLAUDE CHAPPE (1763–1805) dargestellt. Dies ist ein optisches Nachrichtenübertragungsgerät. Für die Einstellung der drehbaren Balken auf dem Dach der Station gab es 92 Möglichkeiten. Ihre Bedeutung war in einem „Codebuch" festgelegt, das jede Station besaß. Da die Nachrichten (vor allem in Kriegszeiten) meist geheim bleiben mussten, wurde der Code oft geändert. Um 1800 waren in Frankreich 29 Städte durch eine solche Telegrafenlinie verbunden.
Die Stationen lagen ungefähr 10 km voneinander entfernt. Weil die Nachrichtenübertragung so schnell war, gab es Telegrafenlinien bald auch in Deutschland und Italien.

Die Spartaner schrieben vor 2500 Jahren ihre Nachrichten auf schmale Pergamentstreifen, die sie in vielen Windungen um einen zylindrischen Stab gewickelt hatten. Die Botschaft wurde am Stab entlang (von oben nach unten) geschrieben, der Rest der Pergamentrolle wurde mit sinnlosen Buchstaben gefüllt. Der Empfänger besaß einen Stab gleicher Form und Größe, auf den er das Pergamentband aufwickelte und so die Botschaft entschlüsseln konnte.

Ein anderes Beispiel: Der römische Imperator JULIUS CÄSAR ersetzte für vertrauliche Nachrichten einfach jeden Buchstaben des Textes durch jenes Zeichen, das im Alphabet 3 Plätze weiter steht. Heraus kam ein unleserlicher Text. Der Empfänger kannte den Schlüssel, er musste jeden Buchstaben jeweils durch den Buchstaben ersetzen, der im Alphabet 3 Plätze vorher steht.

In den Beispielen wird klar: Es werden *Nachrichten* übermittelt. Erst durch ihre Entschlüsselung (Decodierung) werden sie zu *Informationen*.

Wie müssen aber nun Informationen beschaffen sein, damit sie mit informationsverarbeitender Technik bearbeitet werden können? Um diese Frage zu beantworten, machen wir eine kleine Zeitreise.

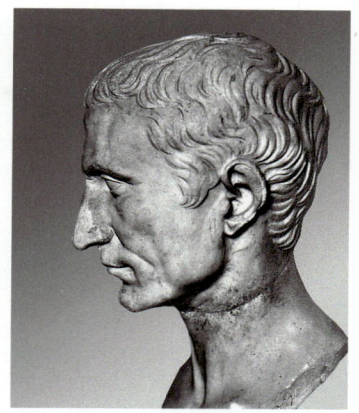

1 GAIUS JULIUS CÄSAR (100 – 44 vor Christus)

Die Vorläufer der heutigen Computer waren mechanische Rechenautomaten (↗ Seite 26), die mithilfe von Zahnrädern oder Walzen Rechenalgorithmen nachbildeten. Das ist nur möglich, wenn man in einem **Positionssystem (Stellenwertsystem)** rechnet, wie ihr es aus dem Mathematikunterricht kennt:
Zum Darstellen unserer Zahlen benutzen wir 10 Ziffern, nämlich 0, 1, 2, 3, 4, 5, 6, 7, 8 und 9. Entscheidend ist aber die Stellung der Ziffern. Betrachten wir zum Beispiel die Zahl 10349:

10349 =	$1 \cdot 10000$	+	$0 \cdot 1000$	+	$3 \cdot 100$	+	$4 \cdot 10$	+	$9 \cdot 1$
10349 =	$1 \cdot 10 \cdot 10 \cdot 10 \cdot 10$	+	$0 \cdot 10 \cdot 10 \cdot 10$	+	$3 \cdot 10 \cdot 10$	+	$4 \cdot 10$	+	$9 \cdot 1$
10349 =	1 Zehntausender	+	0 Tausender	+	3 Hunderter	+	4 Zehner	+	9 Einer

Es geht auch anders. Die Römer hatten ein sogenanntes **„Additionssystem"**. Bestimmte Zeichen standen für einen bestimmten Wert. Diese Werte wurden addiert oder subtrahiert:
MCMLXXVI = 1000 – 100 + 1000 + 50 + 10 + 10 + 5 + 1 = 1976

Sehen wir uns das bisher Gelesene doch noch einmal an:

Additionssysteme	Positionssysteme
• Symbole stehen für festgelegte Zahlenwerte, die zur Zahlendarstellung addiert werden. • Es gibt keine einfachen Rechenalgorithmen. • Große Zahlen lassen sich nur schwer darstellen.	• Wo ein Symbol (eine Ziffer) in der Zahl steht, ist entscheidend für ihren Wert. • Es gelten einfache Algorithmen für die Grundrechenarten. • Große Zahlen lassen sich ganz leicht konstruieren.
Beispiel: • Römisches Zahlensystem	Beispiel: • Dezimalsystem

2 Das römische Additionssystem begegnet uns auch heute noch oft. Hier ist eine Sonnenuhr zu sehen, auf der die Stunden mit römischen Zahlzeichen benannt sind.

1 Die Null spielt auch in der Informatik eine große Rolle, wie ihr auf den nächsten Seiten erfahren werdet.

Die Null

Zur Darstellung von Zahlen in Positionssystemen ist die Null notwendig, da man irgendwie ausdrücken muss, dass es beispielsweise keine Tausender in der Zahl 10349 gibt.

Die Null, die uns so selbstverständlich erscheint, fand erst um 1200 in Europa Verbreitung. Sie stammt aber ursprünglich aus dem indischen Kulturkreis. Im Jahre 773 brachte ein Inder astronomische Schriften an den Hof des Kalifen AL-MANSUR in Bagdad. AL-CHWARIZMI (↗ Seite 22) erklärte die neuen indischen Zahlen und das indische Positionssystem in einem Buch, das 820 erschien und im 12. Jahrhundert durch ROBERT VON CHESTER ins Lateinische übersetzt wurde. Die Null gab es bis dahin einfach nicht. Das merkt man noch heute daran, dass es in unserer Zeitrechnung kein Jahr „0" gibt und das neue Jahrtausend deshalb eigentlich erst am 1. Januar 2001 begann. Die Menschen des Mittelalters, selbst Mathematiker, konnten mit einer Zahl, die „Nichts" bedeutete, wenig anfangen. Erst LEONARDO VON PISA, genannt FIBONACCI (um 1170 – 1240) förderte die Verbreitung der neuen arabischen Ziffern und der Null.

Die arabischen Zahlen müsste man also eigentlich „indische" nennen. Wir bezeichnen das Zahlensystem als **„dekadisch"** (vom griechischen „deka" = „zehn") oder als **Dezimalsystem** (vom lateinischen „decem" = „zehn").

Rechnen im Dezimalsystem erscheint uns ganz natürlich. Vielleicht liegt es daran, dass die Menschen zu Beginn erlegte Tiere oder Ähnliches mit ihren Fingern abzählten. Davon haben wir ja zehn. Hätten wir nur 8 Finger, würden wir vielleich ein Positionssystem benutzen, welches aus 8 Ziffern bestehen würde: ein **Oktalsystem** (vom griechischen „okto" = „acht"). Das „Kleine Einmaleins" würde nur aus 8·8=64 Aufgaben bestehen, die Zahlen wären aber eine Winzigkeit länger.

Die mittelamerikanischen Mayas rechneten mit einem Zwanziger-System und die alten Babylonier benutzten schon vor 3000 Jahren ein 60er-System. Die Schüler in den Priesterschulen von damals mussten sich 60·60=3600 Kleine-Einmaleins-Aufgaben merken. Andererseits waren die Zahlen kürzer. Da es zum Beispiel für die 58 ein Zeichen gab, war diese Zahl also einstellig, im Dezimalsystem ist sie zweistellig. Reste des babylonischen Zahlensystems (**„Sexagesimalsystem"** = „Sechzigersystem") schwirren immer noch durch unseren Alltag: So hat eine Stunde 60 Minuten, eine Minute 60 Sekunden, ein Vollwinkel besteht aus 6·60°=360°.

2 Zum Bau dieser Maya-Pyramide waren viele Rechnungen notwendig. Die Mayas (altes Volk in Mittelamerika), deren Kultur bis ins 3. Jahrtausend vor Christus zurückreicht, hatten auch einen sehr genauen Weltkalender.

1.1 Betrachte die Übersicht zu Unterschieden zwischen Additions- und Positionssystemen auf Seite 11.
Begründe, dass Additionssysteme für Rechenautomaten ungeeignet sind!

Bei den mechanischen Rechenautomaten ist zum Beispiel eine Addition zweier Zahlen mittels Zahnrädern oder Walzen denkbar: Gibst du eine 3 ein, dreht sich ein zehnzackiges Zahnrad drei Stellen weiter. Gibst du nun eine 8 ein, kommen acht Zacken dazu. Das Zahnrad hat sich insgesamt einmal um seine Achse und einen Zacken gedreht. Bei einmaliger voller Umdrehung könnte nun ein anderes Zahnrad, welches für die „Zehner" steht, um einen Zacken weitergedreht werden. Der Übertrag ist also mechanisch möglich.

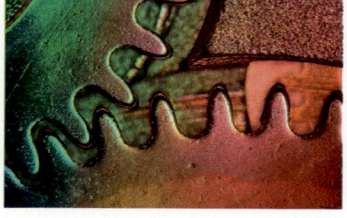

1 Zahnräder

Solche technischen Konstruktionen haben aber ihre Grenzen. Deshalb mussten sich die Rechnerkonstrukteure nach anderen Möglichkeiten umschauen. Statt mechanischer Teile bot es sich an, die Elektrizität zu nutzen. Aber da sind eigentlich nur zwei Ziffern darstellbar – die *Null* (Strom fließt nicht, Schalter geöffnet) und die *Eins* (Strom fließt, Schalter geschlossen).

Kann man denn mit 2 Ziffern Zahlen aufschreiben? Das geht. Wir konstruieren die Zahlen so ähnlich wie wir das auf Seite 11 für Dezimalzahlen getan haben. Die neuen Zahlen heißen **Dualzahlen** (vom lateinischen „duo" = „zwei"):

$$110101 = 1 \cdot 32 + 1 \cdot 16 + 0 \cdot 8 + 1 \cdot 4 + 0 \cdot 2 + 1 \cdot 1$$
$$110101 = 1 \cdot 2 \cdot 2 \cdot 2 \cdot 2 \cdot 2 + 1 \cdot 2 \cdot 2 \cdot 2 \cdot 2 + 0 \cdot 2 \cdot 2 \cdot 2 + 1 \cdot 2 \cdot 2 + 0 \cdot 2 + 1 \cdot 1$$
$$110101 = 1 \text{ Zweiunddreißiger} + 1 \text{ Sechzehner} + 0 \text{ Achter} + 1 \text{ Vierer} + 0 \text{ Zweier} + 1 \text{ Einer}$$

Wenn du nun alles zusammenrechnest, erhältst du für die Dualzahl 110101 die Dezimalzahl 53. Damit es keine Verwechslungen gibt, schreiben wir am besten $110101_{[2]} = 53_{[10]}$. Wir haben die Dualzahl 110101 „decodiert", das heißt ins Dezimalsystem übersetzt. Du siehst bestimmt auch, dass die Dualzahlen länger sind als die Dezimalzahlen und dass du sie deswegen nicht so leicht lesen kannst. Das stört aber den Computer nicht.

1.2 Gib die folgenden Dualzahlen als Dezimalzahlen an!
0; 1; 10; 11; 100; 101; 1011; 10101; 10111

Du kannst auch den umgekehrten Weg gehen und Dezimalzahlen als Dualzahlen „codieren". Dazu musst du schauen, welche der folgenden Zahlen in die gegebene Dezimalzahl passt:
1 2 4 8 16 32 64 128 256 512 1024 2048 …

Die Zahlen entstehen durch fortgesetzte Verdopplung. Wir schreiben uns die „Zweier-Reihe" am besten von rechts nach links hin. Dann notieren wir darunter alle Zahlen der Zweier-Reihe, die in die gegebene Zahl (in unserem Beispiel 330) passen, und kennzeichnen das auch („1" bedeutet „Zweier-Zahl steckt drin"; „0" heißt „Zweier-Zahl steckt nicht drin"). Darunter notieren wir immer die verbleibenden Reste, also 330 – 256 = 74, dahinein passt erst wieder die 64:

	256	128	64	32	16	8	4	2	1
$330_{[10]}$ =	1	0	1	0	0	1	0	1	$0_{[2]}$
	74		10			2		0	

i Das „Kleine Einmaleins" im Dualsystem ist wirklich richtig klein und besteht nur aus 4 Aufgaben:

$0 \cdot 0 = 0 \qquad 0 \cdot 1 = 0$
$1 \cdot 1 = 1 \qquad 1 \cdot 0 = 0$

Und das „Kleine Einspluseins" geht so:

$0 + 0 = 0 \qquad 0 + 1 = 1$
$1 + 1 = 10 \qquad 1 + 0 = 1$

Übertrag

i **Bit** ist die Abkürzung für „**B**inary D**i**gi**t**". Das heißt aus dem Englischen übersetzt „Binärzeichen".
Oft sagt man zu den Dualzahlen auch „**Binärzahlen**". Das Wort „binär" kommt aus dem Lateinischen und heißt so viel wie „zweiteilig".

1.3 Codiere die folgenden Dezimalzahlen als Dualzahlen!
7; 15; 16; 17; 18; 131; 69; 70; 1024; 0; 1

Man kann mit Dualzahlen genauso rechnen wie mit Dezimalzahlen. Es gelten also beispielsweise die gleichen Algorithmen der Addition oder Multiplikation. Hier wurden zum Beispiel die Zahlen 17 und 29 addiert. Die blauen Ziffern verdeutlichen den Übertrag.

```
    1 0 0 0 1              1 7
+  11 1 1 0 11          +  2 19
   1 0 1 1 1 0 [2]         4 6 [10]
```

> Der Computer kann nur mit zwei Zuständen „rechnen" (Strom fließt nicht / Strom fließt). Dafür verwendet man die Ziffern 0 und 1 des Dualsystems. Mit technischen Schaltungen können so Rechenoperationen durchgeführt werden.
> Eine Stelle in einer Dualzahl heißt **Bit**. Ein Bit ist die kleinste Darstellungseinheit und kann nur die Werte „0" oder „1" annehmen. Um mehr Zahlen darstellen zu können, schreibt man „**Bitmuster**" auf, wobei die Position der einzelnen Nullen und Einsen von entscheidender Bedeutung ist.

Aber man will mit dem Computer nicht nur rechnen, sondern jede Art von Information mit Nullen und Einsen darstellen.
Wir überlegen uns einmal, wie viele Zeichen wir im Deutschen verwenden: Man benötigt Buchstaben (groß/klein, 59 Zeichen), Ziffern (10 Zeichen) und Sonderzeichen (Satzzeichen, Operationszeichen wie „+" oder „–", Relationszeichen wie „<" oder „=", ungefähr 30 Zeichen). Für den Computer müssen wir auch noch an Steuerzeichen denken wie zum Beispiel <Entf>. So kommen wir auf mindestens 120 Zeichen. Und daraus ergibt sich

wiederum die Frage, wie lang unsere Bitmuster sein müssten, um alle diese Zeichen darzustellen.

Mit einer Stelle können wir wie gesagt 2 Zeichen darstellen. Mit 2 Stellen sind das schon 4 Zeichen, nämlich „00", „01", „10" und „11". Wenn wir dies weiter so durchgehen, werden wir feststellen, dass man mit 7 Stellen, also mit 7 Bit, 128 Zeichen aufschreiben kann. Und so bestand der erste Code für Computer auch aus 7 Bit. Hinzu kam ein achtes Bit, ein sogenanntes „Prüfbit". Dieser Code heißt **ASCII** (**A**merican **S**tandard **C**ode for **I**nformation **I**nterchange = Amerikanischer Standard-Code für den Informationsaustausch).

Bald reichten auch diese Zeichen nicht mehr aus und der nationale Normenausschuss der USA (**A**merican **N**ational **S**tandards **I**nstitute) legte einen 8-Bit-Code (ohne Prüfbit) fest, den **ANSI-Code**.

Mit diesem Code konnte man schon 256 Zeichen darstellen. Die Zeichen für die Plätze 0 bis 127 sind mit den ASCII-Zeichen identisch. Für die Zeichen 128 bis 255 gibt es unterschiedliche Ländertabellen, denn im Deutschen gibt es beispielsweise Buchstaben wie „ß" oder die Umlaute, die es im Englischen nicht gibt. Diese Buchstaben sind also in der ASCII-Tabelle nicht aufgeführt.

> Werden 8 Bit zu einem Bitmuster zusammengefasst, nennt man das 1 Byte. Mit einem Byte können 256 Zeichen codiert werden. **„Byte"** kann man daher auch mit „Zeichen" übersetzen.
>
> Die Zeichen 0 bis 127 werden durch **ASCII-Code** festgelegt und sind auf allen Computern der Welt gleich. Das sind Steuerzeichen, die Groß- und Kleinbuchstaben des lateinischen Alphabets und gebräuchliche Satzzeichen.
>
> Die Zeichen 128 bis 255 werden durch **ANSI-Tabellen** festgelegt und sind für die einzelnen Länder unterschiedlich. Diese Zeichen sind mit Ausnahmen wie „ä" oder „ß" nicht auf der Tastatur zu finden. Wenn man aber den Platz in der ANSI-Tabelle kennt, kann man sie mithilfe des Numerikblocks der Tastatur auf dem Bildschirm erscheinen lassen. Dazu wird die <Alt>-Taste gedrückt gehalten und auf dem Numerikblock werden nacheinander die entsprechenden Ziffern eingegeben (↗ auch Randspalte).
>
> Für den Informationsaustausch im Internet wurde 1996 ein 16-Bit-Code mit dem Namen **„Unicode"** („Einheitsschlüssel") vereinbart. Damit können sogar 65 536 Zeichen dargestellt werden – also z. B. auch die kyrillische Schrift oder die chinesische Silbenschrift.

i Der Ausdruck „120 Zeichen" sieht als Bitmuster so aus wie unten dargestellt. Auch das Leerzeichen nach „120" ist ein Zeichen. Ganz rechts steht der ASCII-Wert des Zeichens.

1	0	0	1	1	0	0	1	49
2	0	0	1	1	0	0	1	0	50
0	0	0	1	1	0	0	0	0	48
	0	1	0	0	0	0	0	32
Z	0	1	0	1	1	0	1	0	90
e	0	1	1	0	0	1	0	1	101
i	0	1	1	0	1	0	0	1	105
c	0	1	1	0	0	0	1	1	99
h	0	1	1	0	1	0	0	0	104
e	0	1	1	0	0	1	0	1	101
n	0	1	1	0	1	1	1	0	110

i Das Zeichen 2 in der ASCII-Tabelle steht für den Anfang eines Textes, das Zeichen 3 für das Ende des Textes. Das Zeichen 127 ist auch ein Steuerzeichen und bedeutet „Lösche das folgende Zeichen". Dafür ist die <Entf>-Taste da.

Für die Großbuchstaben A bis Z sind die Stellen 65 bis 90 reserviert.

Man kann diese Buchstaben nicht nur auf dem Schreibmaschinenblock der Tastatur abrufen. Es gibt auch eine Tastenkombination auf dem Ziffernblock. Halte die Taste <Alt> mit dem Zeigefinger der linken Hand gedrückt und gib gleichzeitig mit der rechten Hand nacheinander die Ziffern 065 oder 65 auf dem Numerikblock ein. Es erscheint ein „A" auf dem Bildschirm. Probiere andere Tastenkombinationen!

Das Zeichen mit dem ANSI-Wert 190 ist „¾". Unter Windows erhält man es, wenn man bei gedrückter <Alt>-Taste 0190 eingibt. Bei Eingabe von 0163 bekommst du das Zeichen für die englische Währung (Pfund): „£".

Im Textverarbeitungsprogramm Word kann man ganz einfach einen Unicode in ein Zeichen umwandeln. Man markiert die „Codezahl" und drückt Alt+C.
Aus 2603 wird dann z. B. ein Schneemann.

1.4 Da der Unicode ein 16-Bit-Code ist, besteht er aus 4 „Ziffern".
Welche Zeichen verbergen sich hinter folgenden Unicodes?
a) 2602   b) 2669   c) 266A   d) 262F   e) 2222   f) 2740

> Die Wissenschaft **Informatik** beschäftigt sich mit Informationen, die so dargestellt sind, dass sie *maschinell* erfasst, übertragen, gespeichert und zur Nutzung weitergegeben werden können. Dabei werden Dualzahlen und „Bitmuster" verwendet.
> Automatisch oder elektronisch verarbeitbare Informationen heißen **Daten** (Einzahl: **Datum**). Früher sagte man zur Informatik auch „Datenverarbeitung".

1 Japanisches Theater

1.5 Welche der folgenden Informationssysteme lassen sich *überwiegend* elektrotechnisch realisieren, also als *Daten* verarbeiten und speichern? Diskutiert in der Klasse Sinn und Nutzen der technischen Umsetzung des jeweiligen Informationssystems!
a) Buchhandel
b) Schreiben eines Romans und Kommunikation mit den Lesern dieses Romans
c) Fotografie
d) Theateraufführung
e) Produktion und Vertrieb einer Zeitschrift
f) Komponieren und Vertreiben von musikalischen Werken
g) Wahl einer neuen Regierung

Für USB-Sticks, Festplatten oder DVDs muss man wissen, wie viele Zeichen (also Byte) der jeweilige Speicher aufnehmen kann. **Byte** ist also auch eine Einheit für die Kapazität von Speichermedien.

> **1 Byte** besteht aus 8 Bit.
> **1 Kibibyte (KiB)** = 2^{10} Byte = 1 024 Byte (Zeichen)
> **1 Mebibyte (MiB)** = 2^{20} Byte = 1 048 576 Byte (Zeichen)
> **1 Gibibyte (GiB)** = 2^{30} Byte = 1 073 741 824 Byte (Zeichen)
> **1 Tebibyte (TiB)** = 2^{40} Byte

IEC ist die Abkürzung für **I**nternational **E**lectrotechnical **C**ommission, einer internationale Normungsorganisation für Elektrotechnik und Elektronik mit Sitz in Genf.

Die Einheitenvorsätze Kibi, Mebi, ... wurden 1996 von der IEC vorgeschlagen, damit es nicht zu Verwechslungen mit SI-Einheiten wie Kilo (1 000) oder Mega (1 000 000) kommen kann. SI-Einheiten sollten nur wie folgt verwendet werden:

1 Kilobyte (kB)	$= 10^3$ Byte = 1 000 Byte (Zeichen)
1 Megabyte (MB)	$= 10^6$ Byte = 1 000 000 Byte (Zeichen)
1 Gigabyte (GB)	$= 10^9$ Byte = 1 000 000 000 Byte (Zeichen)

Wir wissen: Informationen werden mit Zeichen (Texte, Diagramme, Bilder, …) oder Signalen (Töne, Fernsehbilder, …) dargestellt. Eine Folge von Zeichen oder Signalen heißt **Nachricht**. Der Empfänger muss die Nachricht interpretieren, er muss also die *Bedeutung* erkennen. Erst wenn er dies getan hat, wird die Nachricht für ihn zur **Information**.
Die Bedeutung einer Nachricht erschließt sich oft nicht leicht. Meist muss sie sogar erlernt werden.

1.6 Im Bild 1 sind Verkehrszeichen abgebildet.
Welche Information wird jeweils gegeben? Begründe!

Die menschliche Sprache hat sich so entwickelt, dass viele Wörter oder Wortgruppen mehrere Bedeutungen haben. Von diesem Sachverhalt lebt Komik.

1.7 Kunde: „Ich hätte gerne drei Brathähnchen."
Verkäufer: „Tut mir leid, mein Herr, die sind ausgegangen."
Kunde: „Und wann kommen sie wieder?"
Durchdenke diesen Wortwitz:
Was meint der Verkäufer? Was versteht der Kunde?
An welcher Stelle des Informationsflusses kam es zum Fehler?

Information wird oft auch bewusst „versteckt":

1.8 Der römische Imperator GAJUS JULIUS CÄSAR ersetzte einfach jeden Buchstaben eines vertraulichen Textes durch jenes Zeichen, das im Alphabet drei Plätze weiter steht. Du kannst dir folgende Buchstabenreihen notieren:
X Y Z A B C D E F G H I J K L M N O P Q R S T U V W
A B C D E F G H I J K L M N O P Q R S T U V W X Y Z
LOB wird hier zu ORE, WASSER zu ZDVVHU.
a) Codiere deinen Namen!
b) Variiere den Code, indem du die Buchstaben 4, 5 oder 6 Stellen verschiebst! Codiere einen Satz und lasse ihn von deinem Banknachbarn „entschlüsseln"!
c) Stell dir vor, du hast einen Text, der nach dem Muster von b) verschlüsselt wurde, kennst aber nicht das genaue Prinzip. Wie kannst du dennoch den Code „knacken"? Begründe!

1 Verkehrsschilder

1 Fotografie einer Katze

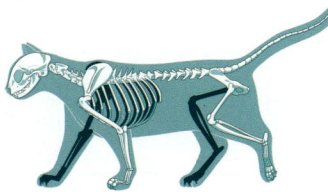

2 Zeichnung: Skelett einer Katze

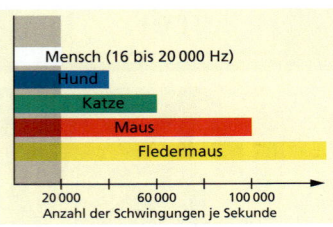

3 Diagramm: Vergleich der Hörbereiche von Mensch (weiß), Hund (blau), Katze (grün), Maus (rot) und Fledermaus (gelb)

1.9 Auf dem Umschlag deines Lehrbuchs findest du einen Strichcode, den sogenannten **EAN-Code.**
Was bedeutet dieser Code?
Wie kann der Buchhändler ihn nutzen?

ISBN 978-3-89818-647-6

9 783898 186476

Ob ein Empfänger alle wesentlichen Inhalte einer Information erfasst, hängt in starkem Maße von der gewählten Darstellungsform ab, die derjenige gewählt hat, der die Nachricht sendet.
Ein Beispiel: Du möchtest das Wichtigste über deine Katze mitteilen. Dazu kannst du z. B. folgende Darstellungsarten nutzen:

- Fotos:
  Das Aussehen kann man recht genau erkennen (↗ Bild 1).
- Zeichnungen:
  Damit können Dinge bildlich dargestellt werden, die der Betrachter einer Fotografie im Allgemeinen gar nicht sehen kann (↗ Bild 2). Es können aber auch bestimmte Besonderheiten hervorgehoben („überzeichnet") werden, die man auf einer Fotografie nicht wahrnimmt.
- Text:
  Mit Worten kannst du eigentlich alles ausdrücken: Aussehen, Eigenschaften, Verhalten. Du wirst aber nicht immer alles anschaulich beschreiben können.
- Tonaufnahmen (Audios):
  Wir hören die Katze z. B. schnurren, wenn sie sich wohl fühlt.
- Filmaufnahmen (Videos):
  Bewegungsabläufe (z. B. beim Springen) werden sichtbar.
- Diagramme:
  Damit können Werte und Größen unterschiedlichster Art veranschaulicht werden (↗ Bild 3).

Alle diese Darstellungsmöglichkeiten („Codierungen") der Information besitzen Vor- und Nachteile. Oft ist es sinnvoll, mehrere Darstellungen gleichzeitig zu nutzen. Du solltest also einen echten Multimediavortrag halten. Der Empfänger dieser Nachrichten kann sich dann am besten ein Bild von der Katze machen, er erhält umfassende Informationen.

1.10 Erarbeite einen Vortrag zum Thema „Wellensittich"!
Überlege, welche Darstellungen du am sinnvollsten nutzen kannst!
Beschreibe Vor- und Nachteile der gewählten Darstellungsmittel in Bezug auf das Thema!

4 Wellensittiche

1.2 Objekte, Attribute und Methoden

Die Darstellung von Informationen über die uns umgebende Welt (über ein Ding, ein Tier, einen Menschen, einen Sachverhalt, einen Begriff) ist immer auch mit Informationsverlust verbunden.

Im Bild 1 ist ein Haus mit Garten als Fotografie dargestellt. Damit gehen schon Informationen verloren: Wir sehen nicht die Rückfront oder das Innere des Hauses. Ob das Haus einen Keller hat, können wir nur mutmaßen.
Details gehen verloren, aber vielleicht erhält der Betrachter einen Gesamteindruck von dem Gebäude.
Im Bild 2 sehen wir den Grundriss eines Wohnzimmers. Das kann ein Raum im Haus von Bild 1 sein. Hier wird deutlich, wie das Wohnzimmer eingerichtet ist oder eingerichtet werden soll.

Durch Weglassen nebensächlicher Informationen kann sich der Betrachter eines Bildes auf das Wesentliche konzentrieren.

Die Bilder 1 und 2 auf dieser Seite sowie die Bilder 1, 2 und 4 auf der vorhergehenden Seite sind Darstellungen von realen Objekten.
Mit **Objekt** werden in der Informatik ein Ding, ein Lebewesen oder ein Sachverhalt bezeichnet wie das Kinderzimmer, der Baum im Vorgarten oder der abgebildete Wellensittich.

In Bild 1 und 3 sind unter anderem Bäume dargestellt. Wenn du den Begriff „Baum" hörst, hast du eine Vorstellung, einen „Bauplan" für einen Baum.
Es gibt so viele unterschiedliche Bäume, aber allen ist gemeinsam, dass sie einen Stamm und eine Krone besitzen. Damit hast du das Wesentliche hervorgehoben: Stamm und Krone. Alles andere wird erst einmal vernachlässigt. Ohne diese Vereinfachung und Konzentration auf Wichtiges, ohne diese ständige Modellbildung im Kopf könnten wir uns gar nicht vernünftig unterhalten.
Weil jeder einzelne Baum nach dem gleichen Bauplan konstruiert ist, spricht man von der **Klasse** BAUM.

1 Wohnhaus

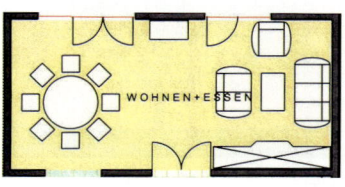

2 Grundriss eines Wohnzimmers

3 Buche

1 Baum im Abendrot

Bäume werden letztlich von anderen Dingen durch bestimmte Eigenschaften **(Attribute)** unterschieden: Bäume besitzen zum Beispiel einen *Standort,* einen *Stammumfang,* eine *Baumhöhe* und eine *Kronenform.*

Einzelne Bäume kann man beispielsweise durch folgende **Attributwerte** unterscheiden:
* Jeder Baum besitzt einen anderen Standort. Das ist ein grundlegendes Unterscheidungsmerkmal.
Attributwerte können hier sein: „an unserem Haus", „in der nordöstlichen Ecke von Brittas Garten", „der fünfte Baum auf der linken Straßenseite" usw.
* Werte für das Attribut Stammumfang könnten sein: „60 cm", „95 cm", „1 m", „2 Armlängen", …
* Beispiele für Attributwerte für die Baumhöhe sind: „12 m", „9,50 m", „2 m höher als unser Haus".
* Kronenformen können sein: „kugelförmig" (z. B. beim Apfelbaum) oder „kegelförmig" (z. B. bei der Tanne) usw.

i Diese Betrachtungsweise ist für uns erst einmal ungewohnt. Wer sagt schon „Der Baum erhält die Botschaft, dass ein starker Wind weht. Damit wird die Methode Sichbiegen ausgelöst." Andererseits ist diese Modellierung durchaus einleuchtend, wenn wir an einen Programmierer denken, der ein Computerspiel entwickeln soll, in dem die Natur nachgebildet wird und der Spieler per Knopfdruck auch Wind „erzeugen" kann.

Bäume besitzen auch bestimmte Fähigkeiten, wir wollen sie (wie die Informatiker) als **Methoden** bezeichnen. Bäume können „wachsen" oder „sich im Wind biegen".
Beim Auslösen bestimmter Methoden reagiert der Baum auf **Botschaften.**
Solche Botschaften könnten hier sein: „Der Frühling hat begonnen. Die Sonne steht höher am Himmel. Es wird wärmer." oder „Es weht ein starker Wind."

Die Informatik beschäftigt sich vor allem damit, Alltagsprozesse in Informatiksystemen abzubilden, um sie mithilfe von informationsverarbeitender Technik effektiver zu gestalten.

Beim Modellieren hat sich eine Betrachtungsweise als sehr sinnvoll erwiesen, die man als **objektorientiertes Modellieren** bezeichnet. Im Grunde genommen haben wir das eben schon an unserem „Baumbeispiel" durchgeführt. Im Folgenden wollen wir aber die Begriffe und Darstellungsformen exakt beschreiben.

> **Objekte** sind Dinge, Lebewesen oder Sachverhalte der uns umgebenden Welt.
> Mit **Klasse** bezeichnet man den Bauplan von gleichartigen Objekten. Man sagt auch **Objekttyp**.
> Alle Objekte einer Klasse haben die *gleichen Attribute* und die *gleichen Methoden.*
> Klassennamen werden mit Großbuchstaben geschrieben.

Zum Darstellen von Klassen benutzt man sogenannte **Klassenkarten**. Das sind Rechtecke, in die alle Attribute und alle Methoden einer Klasse eingetragen sind (↗ links in der folgenden Übersicht).

BAUM	Linde1: BAUM
Attribute	**Attribute und ihre Werte**
Standort Stammumfang Baumhöhe Kronenform Kronenumfang Laubfarbe ...	Standort = in Kais Garten Stammumfang = 53 cm Baumhöhe = 5 m Kronenform = birnenförmig Kronenumfang = 9 m Laubfarbe = hellgrün ...
Methoden	**Methoden**
BaumSamenAbwerfen() Wachsen(Länge) LaubVerfärben(Jahreszeit) ...	BaumSamenAbwerfen() Wachsen(20 cm im Jahr) LaubVerfärben(im Herbst) ...

 Oft gibt man die Methoden nur in der Klassenkarte an.

Zum Darstellen von Objekten werden **Objektkarten** genutzt. Sie unterscheiden sich von Klassenkarten auf den ersten Blick dadurch, dass die Ecken abgerundet sind (↗ rechts im obigen Bild). Zusätzlich sind hier aber die konkreten Attributwerte für das jeweilige Objekt eingetragen.

Um Methoden von Attributen zu unterscheiden, stehen am Ende von Methoden Klammern, in die bestimmte Werte eingetragen werden können. Nach den Attributnamen stehen Gleichheitszeichen, gefolgt von konkreten Attributwerten.

1.11 Findet euch zu Gruppen von jeweils 4 bis 5 Schülerinnen und Schülern zusammen!
Ihr sollt Artikel im elektronischen Online-Markt „eKauf" anbieten – und zwar jede Gruppe eine Musik-CD, ein Buch und ein Paar Inlineskates.

a) Zu jedem Artikel soll eine Klasse entworfen werden: Einigt euch in der Gruppe auf diejenigen Attribute, die für die Darstellung des Artikels im Online-Markt notwendig sind! Welche Methoden werden für die jeweiligen Klassen benötigt?

b) Legt dann die Klassen MUSIKCD, BUCH und INLINESKATES fest und zeichnet die Klassenkarten!

c) Erstellt zu jedem Artikel die zugehörige Objektkarte!

d) Jede Gruppe stellt die Objektkarten in der Klasse vor! Diskutiert und macht Verbesserungsvorschläge!

1 Für Inlineskates muss man bestimmte Attribute wie „Farbe", oder „Schuhgröße" angeben.

1 Der arabische Mathematiker MUHAMMAD IBN MUSA AL-CHWARIZMI (787–um 850) beschrieb im Jahre 820 in einem berühmten Buch unzählige Rechenverfahren. Von seinem Namen leitet sich das Wort „Algorithmus" ab.

2 Der Mathematiker BLAISE PASCAL (1623–1662) baute um 1642 einen „Zweispeziesrechner" zum Addieren und Subtrahieren, der mechanisch mit einem Rädertriebwerk arbeitete.

3 GUGLIELMO MARCONI (1874–1937) demonstrierte 1897 seine Erfindung der drahtlosen Nachrichtenübertragung – das Radio.

1.3   Eine Wissenschaft bildet sich heraus

Schon seit Jahrhunderten bemühten sich Forscher darum, Rechenabläufe so zu beschreiben, dass diese von anderen nachvollzogen werden konnten. Solche Beschreibungen von Verfahren nennt man auch **Algorithmen**.

Manchmal stand auch der Traum dahinter, Rechnungen zu automatisieren, also auf Maschinen zu übertragen. Denn Addieren, Subtrahieren oder Multiplizieren großer Zahlen und eigentlich fast alles Rechnen sind zeitaufwändig und langweilig. So waren es dann auch berühmte Mathematiker, die sich mit der Konstruktion von **Rechenautomaten** beschäftigten. Diese Automaten wurden zuerst aus Stangen und Zahnrädern, das heißt aus *mechanischen* Teilen gebaut und waren daher störanfällig und vor allem für kompliziertere Rechnungen ungeeignet.

Vielleicht hat der eine oder andere von euch schon einmal eine alte Registrierkasse mit einer Handkurbel gesehen. Das ist ein solcher mechanischer Rechenautomat.

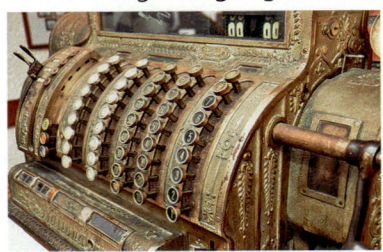

Als man die meisten mechanischen Teile (Wellen und Zahnräder) durch elektronische (Röhren und Relais) ersetzen konnte, entstanden die *elektronischen* Rechenmaschinen, die „eigentlichen" **Computer**. Die ersten Computer waren in ihren Ausmaßen riesig und verbrauchten viel Energie.

Anfang der 60er-Jahre des vorigen Jahrhunderts wurden die Röhren durch Halbleiterschaltkreise ersetzt, in den 70er-Jahren durch hochintegrierte Schaltkreise (Mikroprozessoren, auch „Chips" genannt).

Die **Mikroelektronik** war also die Voraussetzung dafür, dass die Computer auf Taschenrechnergröße schrumpften.

Und noch eine Entwicklungslinie ist entscheidend für die Wissenschaft, mit der wir uns hier beschäftigen: Seit Jahrtausenden versuchten die Menschen, über große Entfernungen miteinander zu kommunizieren, Nachrichten auszutauschen. Hierbei war der Mensch sehr kreativ und erfand immer neue Methoden, Mittel und Instrumente der Nachrichtenübertragung (Rauchzeichen, Post, Telefon, …, Internet).

Die herkömmliche **Nachrichtentechnik** wurde 1949 durch die **Informationstheorie** von CLAUDE E. SHANNON (1916–2001) theoretisch untermauert.

Mit Beginn der wissenschaftlich-technischen Revolution in der Mitte des vorigen Jahrhunderts war ein stürmisches Anwachsen von Informationen zu verzeichnen. Man sprach damals auch von „Informationsexplosion". Und es bestand ein dringendes gesellschaftliches Bedürfnis, diese Informationsflut zu beherrschen. Die theoretischen und technischen Voraussetzungen hierzu waren gegeben.

Die **Informatik** ist die Wissenschaft von der automatischen Informationsverarbeitung. Drei mathematische und technische Grundlagen waren für die Herausbildung der Informatik von entscheidender Bedeutung:
• Algorithmusbegriff und Automatentheorie,
• Rechentechnik und Mikroelektronik,
• Nachrichtentechnik und Informationstheorie.

i Der Begriff **Informatik** ist im Jahre 1967 in Frankreich aufgekommen. Es war ein Kunstwort aus
– „l'information" (Information)
– und
– „l'automatique" (Automation).

Neuerdings setzt sich der Begriff auch in den USA durch, wo bislang von „*Computer Science*" (Computer-Wissenschaft) gesprochen wurde, wenn man Informatik meinte.

Heute durchdringt die Informatik fast alle Lebensbereiche. Das hatte und hat zur Folge, dass viele andere Wissenschaften von ihr beeinflusst werden, dass aber auch Inhalte anderer Wissenschaften und gesellschaftlicher Bereiche für die Informatik wichtig sind. Der folgende Lesetext gibt dafür ein Beispiel:

Professor Negroponte und Multimedia
Bevor NICHOLAS NEGROPONTE (geb. 1943) am berühmten MIT, dem Massachusetts Institute of Technology, 1984 das neue Institut „Media Lab" gründen konnte, suchte er viele große Firmen auf, denn für sein Projekt musste er nicht weniger als 50 Millionen Dollar sammeln.
NEGROPONTE zeigte den möglichen Geldgebern eine Zeichnung mit drei sich überlappenden Kreisen (↗ Bild 1) und meinte, das wäre ihre Zukunft. Im neuen Institut „Media Lab" sollten Ton und Bild von der TV-Unterhaltungsindustrie genommen und Sachwissen und Informationen aus den gedruckten Medien hinzugefügt werden. Das Ergebnis sollte allen durch interaktive Computer zugänglich gemacht werden. Die Sponsoren standen dieser für sie „wahnwitzigen" Idee meist sehr skeptisch gegenüber. Heute ist das alles Wirklichkeit geworden und nennt sich **„Multimedia".**

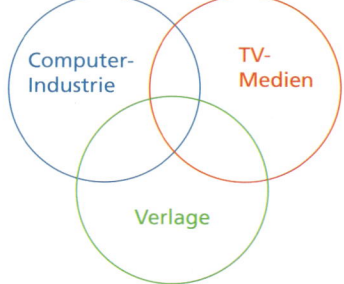

1 NEGROPONTES Kreise

1.12 Was heißt „Multimedia"? Wie funktioniert es? Stelle Informationen für einen Schülervortrag zu diesem Thema zusammen! Beschreibe zwei Multimedia-Anwendungen!

1.4 Vom Abakus zum Computer

Die Entwicklung der Rechentechnik ist eng verbunden mit der Geschichte des menschlichen Denkens. Dabei sind zwei grundlegende Arten von Rechenhilfsmitteln zu unterscheiden:

1 Zählstäbchen

digital	analog
Das Rechnen beruht auf einem Zählvorgang.	Das Rechnen beruht auf einem Messvorgang.
Beispiele: • Zählstäbchen, Zählsteine, • Abakus, • Computer.	Beispiele: • Rechenstab (↗ Seite 25), • SCHICKARDTS „Vierspeziesrechner" (↗ Seite 26).

2 Dem „Stchoty" begegnet man manchmal noch an der Kasse russischer Läden.

3 Soroban

Der Abakus – ein digitales Rechenhilfsmittel
Als ältester Vorläufer einer digitalen Rechenmaschine gilt der Abakus. Der **Abakus** aus hellenistischer Zeit (etwa 300 bis 30 vor Christus) war eine Tafel aus Stein oder Holz mit aufgemalten oder eingeschnittenen Linien. Auf diesen Linien wurden Rechensteine geschoben. Die Linien bedeuteten Größenordnungen und ersetzten Dezimalstellen.
Später entwickelte sich daraus der Rechenrahmen mit verschiebbaren Kugeln. Dieser Rechenrahmen ist heute noch in verschiedenen Ländern der Erde gebräuchlich.
• In Russland ist er ein beliebtes Rechenhilfsmittel von Verkäuferinnen und heißt **„Stchoty"**. Es wird oft sogar dann noch benutzt, wenn andere Rechenhilfsmittel (Tischrechner oder Computer) an der Kasse vorhanden sind.
• In China gibt es den Abakus seit dem 13. Jahrhundert als **„Suan Pan"**. Dieser Rechenrahmen hat viel Ähnlichkeit mit dem Soroban.
• In Japan heißt der Rechenrahmen **„Soroban"**. Jedes Jahr werden Millionen von diesen Rechenrahmen angefertigt, ein Teil davon für Kinder in der 3. bis 6. Schulklasse. Im „Computerland" Japan legen viele Menschen Sorobanprüfungen ab. Selbst Computerfirmen stellen mit Vorliebe junge Leute ein, die ein Ass auf dem Soroban sind.
• Der Soroban (↗ Bild 3) hat senkrecht angeordnete Stäbe mit je fünf Kugeln, wobei eine obere Kugel durch einen Querstab von den unteren vier getrennt ist.
• Die Kugeln der ganz rechten Spalte entsprechen den Einern, die links daneben den Zehnern usw. Die Kugeln unter dem Querstab stellen je eine Einheit dar, die obere jeweils fünf Einheiten.

Der Rechenstab – ein analoges Rechenhilfsmittel

Beim analogen Rechnen werden bestimmte Zahlen den unterschiedlichen Werten einer physikalischen Größe zugeordnet. Zum Beispiel könnte die Zahl 2 einer doppelt so hohen Spannung (das ist das, was an der Steckdose anliegt) zugeordnet werden wie die 1. Auch die Länge ist eine physikalische Größe. Man kann beispielsweise mit zwei Linealen recht einfach addieren oder subtrahieren:

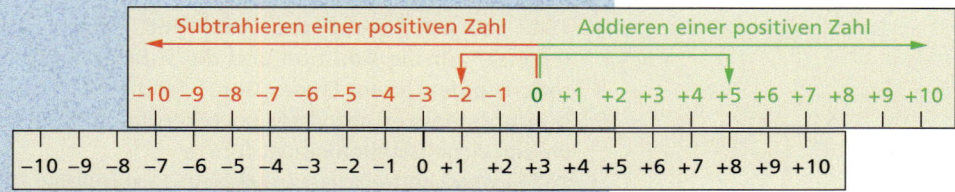

Im Jahre 1614 gab JOHN NAPIER (1550–1617) Logarithmentafeln heraus. Mit diesen Zahlenwerten konnte man die Multiplikation auf die Addition und die Division auf die Subtraktion zurückführen. Das vereinfachte nicht nur das schriftliche Rechnen der Kaufleute der damaligen Zeit – auch du wirst bestimmt lieber Zahlen addieren als multiplizieren –, auch rechentechnisch lässt sich das leicht umsetzen: Wieder werden zwei Lineale nebeneinander gelegt und es werden Strecken addiert. Nur dass die Skaleneinteilung nicht so gleichmäßig wie auf dem Zeichenlineal ist: Größeren Zahlen wird eine kürzere Strecke zugeordnet.

JOHN NAPIER entwarf auch ein System von Rechenstäbchen zur Durchführung von Multiplikationsaufgaben. Und schon 1622 entwickelte WILLIAM OUGHTRED (1574–1660) den sogenannten **Rechenstab**, mit dem man multiplizieren und dividieren kann.

Den Rechenstab mit verschiebbarer Zunge, mit dem noch eure Eltern in der Schule gerechnet haben, schufen EDMUND WINGATE (1593–1656) und SETH PARTRIDGE (1603–1686).

1 Läufer am Rechenstab

2 Rechenstab

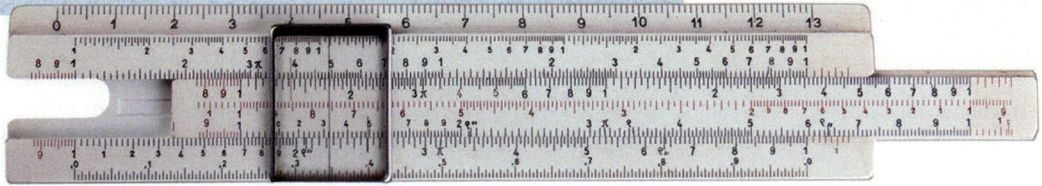

2 Nachbau des Vierspeziesrechners von WILHELM SCHICKHARDT im Stadtarchiv von Herrenberg im Kreis Böblingen

Rechenmaschinen im eigentlichen Sinne, das heißt *mechanische* Geräte, mit denen man die Grundrechenarten ausführen konnte, kamen erst im 17. Jahrhundert auf:

- 1623 entwarf WILHELM SCHICKHARDT (1592–1635) einen Ziffernrechner für die vier Grundrechenarten (man sagt daher auch „Vierspeziesrechner"), der auf Grundlage verschiebbarer Rechenstäbe arbeiten sollte (↗ Bild 1).
  Dieser Ziffernrechner wurde noch vor seiner vollständigen technischen Ausführung durch ein Feuer zerstört und es ist nicht bekannt, dass SCHICKHARDT einen zweiten Rechner gebaut hat.
- 1642 ließ sich BLAISE PASCAL (1623–1662) einen „Zweispeziesrechner" für die Addition und die Subtraktion mittels Zahnrädern patentieren. Dieses Gerät fand eine solch weite Verbreitung, dass es unter der Bevölkerung zu Beunruhigungen wegen Arbeitsstellenverlust führte.
- 1671 entwickelte GOTTFRIED WILHELM LEIBNIZ (1646–1716) einen Vierspeziesrechner, der auf der Grundlage von Walzen arbeitete.

Ab 1832 entwarf CHARLES BABBAGE (1791–1871) einen Universalrechner, der aus vier Baugruppen aufgebaut werden sollte, nämlich:

- einem *Rechenwerk* für die Darstellung von Dezimalzahlen,
- einem *Speicher* für tausend 50-stellige Zahlen (der aus 50 000 Ziffernrädern bestand),
- einem *Eingabewerk* für Zahlen und *Verarbeitungsvorschriften* auf der Grundlage eines Lochkartenlesers, wie er von dem französischen Seidenweber JOSEPH MARIE JACQUARD (1752–1834) für die Steuerung von Webstühlen benutzt wurde,
- einem Druckwerk für die *Ergebnisausgabe*.

Diese Maschine nannte BABBAGE „Analytical Engine" (↗ Bild 2). Das war der *erste digitale programmgesteuerte Rechenautomat.*

Das von BABBAGE entworfene Konzept entspricht in den Grundgedanken dem Aufbau von modernen Computern. Damit war BABBAGE seiner Zeit weit voraus:

2 Nachbau der Analytical Engine auf Grundlage der Beschreibung von Charles Babbage

> Der Aufbau der von CHARLES BABBAGE entworfenen **„Analytical Engine"** entspricht dem Aufbau von modernen Computern mit folgenden Einheiten:
> - Rechenwerk,
> - Datenspeicher,
> - Steuereinheit,
> - Ein- und Ausgabegeräte.

1.5   Der Computer – Einheit von Hardware und Software

BABBAGES Computer wurde zu seiner Zeit nicht gebaut. Die vielen mechanischen Teile behinderten die Funktionsfähigkeit.

Der Bau des ersten funktionstüchtigen Rechners mit Programmsteuerung gelang erst KONRAD ZUSE (1910–1995) im Mai 1941. Diesen Rechner nannte Zuse „Z3".
Die Programmeingabe wurde über ein Lochbandgerät durchgeführt. Die Verarbeitung erfolgte durch 2000 Relais, das sind elektromagnetische Schalter. Damit KONRAD ZUSE die Relaistechnik zum Rechnen nutzen konnte, führte er das Dualsystem in die Rechentechnik ein (↗ Seite 13).

1 KONRAD ZUSE steht vor dem Nachbau seines Rechners Z3 im Deutschen Museum in München.

Unabhängig von ZUSE wurden auch in Großbritannien und den USA elektronische Rechner entworfen und gebaut. Man benutzte Elektronenröhren als Schaltelemente, später Transistoren und Dioden. Das Programm (der Algorithmus zum Lösen eines Problems) wurde über Schalter oder Lochkarten und Lochstreifen eingegeben. Das war eine aufwändige Arbeit.
JOHN VON NEUMANN (1903–1957) entwickelte die Idee, dass auch das Programm selbst im Rechner gespeichert werden sollte. Erst das Programm macht den Rechner arbeitsfähig.

2 Der vollelektronische Computer „ENIAC", gebaut 1946 in den USA, wog 30 Tonnen und stand auf einer Fläche von 140 m^2. 18 000 Elektronenröhren dienten als Schaltelemente.

> **Computer** sind immer als Einheit von Hardware und Software zu betrachten:
> - Die **Hardware** sind alle technischen Geräte zur Eingabe, Verarbeitung und Ausgabe von Daten.
> - Die **Software** sind die Programme zur Steuerung des Computers und zum Lösen von Problemen.

Alle heutigen Rechner arbeiten auf Grundlage der Ideen von CHARLES BABBAGE, KONRAD ZUSE und JOHN VON NEUMANN.

1.13   Berichte über das Leben und die Leistungen von CHARLES BABBAGE oder KONRAD ZUSE!
Nutze zur Informationsrecherche das Internet, beispielsweise www.schuelerlexikon.de oder www.lernhelfer.de.

Die Computer waren bis in die 60er-Jahre des vorigen Jahrhunderts hinein Einzelrechner für wissenschaftlich-technische Berechnungen. Erst als die Schaltelemente so verkleinert worden waren, dass sie auf einer Leiterplatte Platz fanden, konnte man an eine Massenfertigung von Computern denken – der Personal-Computer (PC) wurde entwickelt. Den Siegeszug des PC

i   **PC** ist eine Abkürzung aus dem englischen Sprachgebrauch, heißt eigentlich „**p**ersonal **c**omputer" und bedeutet so viel wie „persönlicher Computer".

konnte ab 1980 niemand mehr aufhalten. Das hatte vor allem zwei Ursachen:

- Die Schaltungen für die Rechen- und Steuereinheit des Computers wurden so verkleinert und zusammengefasst, dass daraus ein winziger Chip **(Mikroprozessor)** wurde.
- Und auch auf der Software-Seite fand eine Revolution statt: Im Jahre 1980 brachte BILL GATES' Firma Microsoft das Betriebssystem MS-DOS auf den Markt.
- Bis dahin waren die Programme zur Steuerung des Computers (also das **Betriebssystem**) durch den Nutzer schwer änderbar. MS-DOS war von Diskette aus installierbar und mit einer neuen Version des Betriebssystems musste man nicht mehr den gesamten Computer austauschen, sondern nur eine neue Diskette einlegen.

i **MS-DOS** ist die Abkürzung für „**M**icrosoft **D**isc Operating **S**ystem", also ein Betriebssystem, mit dem von Diskette aus gearbeitet werden kann.

Alle heutigen Personalcomputer bestehen aus einem Grundgerät, in dem auf einer Platine (dem **Motherboard**) das Herzstück des Computers, der Mikroprozessor (Mikrochip, CPU) aufgesteckt ist. Auch der Arbeitsspeicher (RAM) befindet sich auf dem Motherboard.

i **CPU** steht für „**C**entral **P**rocessing **U**nit" (zentrale Verarbeitungseinheit).

RAM ist die Abkürzung für „**R**andom **A**ccess **M**emory", was so viel wie „Schreib-Lese-Speicher" bedeutet.

ROM heißt „**R**ead **O**nly **M**emory", also „Nur-Lese-Speicher".

In das Grundgerät sind meist weitere Speichergeräte eingebaut wie die sogenannte Festplatte oder ein CD-ROM-Laufwerk. Die Verbindungen der Ein- und Ausgabegeräte zur CPU werden über ein sogenanntes **Bussystem** hergestellt.

Daten werden immer **e**ingegeben, **v**erarbeitet und **a**usgegeben – das Ganze bezeichnet man deshalb auch als **EVA-Prinzip**:

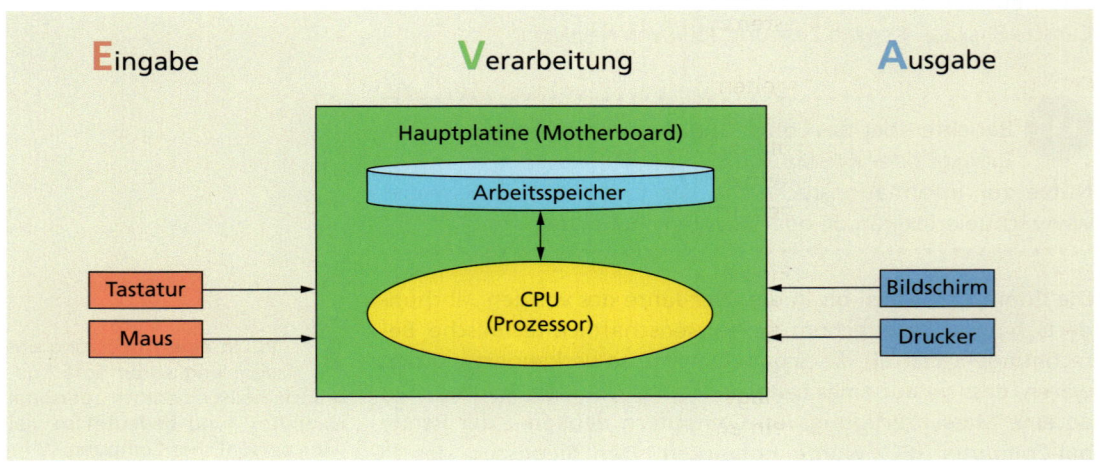

Auf den folgenden Seiten ist das Wissen kurz dargelegt, was wir benötigen, um uns sofort an den Computer zu setzen.

Das Wichtigste zur Hardware:
- Tastatur, Maus und Touchscreen als Eingabegeräte,
- USB-Stick, CD-ROM, DVD und Festplatte als Speichermedien,
- Monitor und Touchscreen als Ausgabegeräte.

Das Wichtigste zur Software:
- Grafische Benutzeroberflächen,
- Anwendungsprogramme.

Die **Tastatur** (engl.: keyboard) ist immer noch das gebräuchlichste Eingabegerät eines Computers. Sie dient der Eingabe von Zeichen und ist meist mit einem Monitor gekoppelt.

Steuerblock

Schreibmaschinenblock   Bewegungsblock   Numerikblock

Die heutige Standardtastatur besteht aus 4 Tastenblöcken:
- **Schreibmaschinenblock** (wird fast wie eine Schreibmaschine bedient),
- **Bewegungsblock** (für Bewegungen des Cursors),
- **Numerikblock** (zur Eingabe von Zahlen und Rechenzeichen),
- **Steuerblock** (Funktionstasten zum Befehlsaufruf).

Sogenannte **Stummtasten** gelten nur in Verbindung mit anderen Tasten. Diese Stummtasten und **Sondertasten** in allen Funktionsblöcken dienen der Nutzung von Befehlen, die die Arbeit erleichtern. Diese Möglichkeiten werden im Kapitel 3 bei der Textverarbeitung genauer behandelt.

Die **Maus** (mouse) ist ein Eingabegerät, welches für menügesteuerte Programme und grafische Benutzeroberflächen entwickelt wurde. Sie ersetzt nicht die Tastatur, sondern erfüllt vor allem Funktionen des Bewegungsblocks der Tastatur. Die Maus wird auf einer festen Unterlage **(Mousepad)** hin und her bewegt, um den Cursor oder ein anderes Markierungssymbol auf dem Bildschirm zu steuern.

i Eine Stummtaste ist zum Beispiel die **Umschalt-Taste** auf dem Schreibmaschinenblock, mit der auf die Eingabe großer Buchstaben umgeschaltet werden kann.

i Eine Sondertaste ist die **Entfernen-Taste** auf dem Bewegungsblock. Mit ihr können markierte Objekte – Zeichen, Grafikelemente, ja ganze Dateien – gelöscht werden.

    oder

1 Maus

i Bei geringem Schreibtisch-
platz kann man statt einer
Maus auch einen **Trackball** benutzen. Er sieht aus wie eine auf den
Rücken gefallene Maus. Die Kugel
wird mit dem Finger gerollt. Die
Tasten befinden sich links und
rechts der Kugel.

2 Trackball

3 Mädchen mit Touchscreen

Bei **optomechanischen Mäusen** werden die Mausbewegungen
über eine Rollkugel, zwei Lochscheiben und zugehörige Licht-
schranken in elektrische Signale umgewandelt. Durch die Rollkugel sind solche Mäuse anfällig für Verschmutzungen und müssen regelmäßig gereinigt werden.
Bei **optischen Mäusen** wird die Oberfläche, auf der die Maus
bewegt wird, mit einer Leucht- oder Laserdiode beleuchtet, die
Reflexionen werden mit einem optischen Sensor aufgenommen
und die Bewegung der Maus wird mit einem eingebauten Mikroprozessor daraus errechnet.
Für die Mausführung sind einige Regeln zu beachten:
• Es sollte eine saubere, glatte, nicht zu harte, ausreichend
  große, nicht rutschende Mausunterlage gewählt werden.
• Beim Bewegen der Maus sollte der Handballen auf der Tischo-
  berfläche mitrutschen.
• Die Maus sollte mit der ganzen Hand in ihrer Position festgehalten werden, auch dann, wenn z. B. mit dem Zeigefinger
  die linke Maustaste gedrückt werden muss.

Techniken der Arbeit mit der Maus	
Zeigen	Mauszeiger auf ein Objekt auf dem Bildschirm bewegen
Klicken	kurzes Drücken der Maustaste
Doppelklicken	zweifaches Drücken der Maustaste in kurzer Folge
Anfassen	auf ein Objekt zeigen, Maustaste drücken und gedrückt halten
Ziehen	Maustaste gedrückt halten, während die Maus bewegt wird

Beim **Touchscreen** wird der Programmlauf durch die Berührung
von Teilen des Bildschirms direkt gesteuert. Der Bildschirm ist
berührungsempfindlich, statt einen Cursor mit der Maus zu
steuern, können Finger oder Zeigestift verwendet werden.

Techniken der Arbeit mit dem Touchscreen	
Tippen	mit dem Finger oder Stift Objekt auf dem Bildschirm berühren; Analogie zum Mausklick
Doppeltippen	wie Doppelklicken
Ziehen	Finger oder Stift auf dem Touchscreen bewegen, dabei immer Kontakt halten; mit zwei Fingern kann man auch Elemente drehen oder skalieren
Wischen	horizontale oder vertikale Bewegungen mit mehreren Fingern werden vom Computer als Vor- oder Zurückblättern interpretiert

Touchscreens werden vor allem für Smartphones und Tablets, aber auch als Info-Monitore zur Orientierung in großen Kaufhäusern oder für die Fahrplanauskunft auf Bahnhöfen verwendet. Der Touchscreen ist ein kombiniertes Ein- und Ausgabegerät.

Programme, aber auch Ein- und Ausgabedaten müssen irgendwo außerhalb („extern") der Zentraleinheit des Computers aufgehoben, also gespeichert werden.

> Die wichtigsten **externen Speicher** für einen PC sind zurzeit Festplatte, USB-Stick, CD-ROM und DVD.

Die **Festplatte** ist meist in das Computergrundgerät eingebaut. Die Festplatte besteht aus mehreren, übereinanderliegenden Scheiben, die sich je nach Typ (mit 5 400 bis maximal 15 000 Umdrehungen in der Minute) sehr schnell drehen. Der Schreib-/Lesekopf eines beweglichen Armes (ähnlich wie beim Plattenspieler) kann Daten magnetisch auf die Festplatte auftragen, lesen oder löschen.
Das geht alles sehr schnell. Und da man außerdem sehr viele Daten (100 GiB und mehr, ↗ Seite 16) speichern kann, bringt man auf die Festplatte das Betriebssystem und alle Anwendungsprogramme, also alle Software, die zur Arbeit mit dem PC wichtig ist.

1 Festplatte ohne Gehäuse

Der **USB-Speicherstick** (kurz **USB-Stick**) ist ein kompakt gebauter elektronischer Massenspeicher, der als Wechseldatenträger am PC verwendet wird. Der USB-Stick wiegt nur wenige Gramm und wird über eine USB-Schnittstelle mit dem Computer verbunden. Preiswerte USB-Sticks haben eine Speicherkapazität von 1 bis 16 GiB, teurere weisen 32 GiB, 64 GiB, 128 GiB, 256 GiB, 512 GiB oder sogar 1 TiB auf.

2 USB-Stick

Anders als bei Festplatten werden bei einer **CD-ROM** die Daten in eine Metallschicht aus Aluminium „eingebrannt".
Softwarehersteller speichern ihre Programme oder umfangreiche Datenmengen auf CD-ROMs, weil diese eine Speicherkapazität zwischen 650 und 879 MiB (682 und 921 MB) haben.
Die Daten auf einer CD-ROM können nicht geändert werden.
Mit sogenannten „Brennern" kann man sich CDs selbst herstellen. Dabei gibt es zwei Möglichkeiten:
- **CD-R:** Die gebrannte CD ist nicht änderbar.
- **CD-RW:** Die CD kann mehrmals neu beschrieben werden.

Mit CD-Brennern kann man auch Musik-CDs kopieren. Bei all dem ist aber Folgendes zu beachten:

i Das folgende Zeichen zeigt an, dass Software, Musik oder Literatur gesetzlich geschützt ist:

©

> Die meisten Programme von Softwareherstellern dürfen nicht kopiert und privat weitergegeben werden. Sie sind mit einem sogenannten **Copyright** versehen. Das gilt auch für Musik-CDs. Softwarenutzer und Softwarehersteller schließen einen **Lizenzvertrag**, in dem die Rechte des Nutzers genau festgelegt sind. Meist ist es nur erlaubt, sich *eine* Sicherungskopie zu „brennen".
> Andererseits gibt es auch Programme, die zwar urheberrechtlich geschützt sind, die aber privat kopiert und weitergegeben werden dürfen, sogenannte **Freeware**.

CD-Rs und CD-RWs können auch mit DVD-Brennern gebrannt werden, die eigentlich für DVDs da sind.

Die **DVD** ist im Grunde genommen eine neuartige CD. Allerdings besitzt sie so viel Speicher, dass sie bis zu 25 CD-ROMs fassen kann. Sie war ursprünglich für Videos vorgesehen, wird aber immer mehr für Computeranwendungen erschlossen.

Das wichtigste Ausgabegerät ist neben dem Drucker der Bildschirm, in der Informatik meist **Monitor** genannt. Gerade für Monitore gelten viele Anforderungen, die der Gesundheit dienen und vor allem auch in der Schule zu beachten sind:

1 Ein optischer Speicher (CD-ROM oder DVD liegt in einem CD-ROM/DVD-Laufwerk.

- Schrift muss gut lesbar sein. Dazu sollten z.B. Monitore mit 17 Zoll Bildschirmdiagonale eine Auflösung von 1280 × 1024 besitzen. Das heißt, der Bildschirm besteht aus lauter kleinen Bildpunkten (Pixeln) – 1280 in einer Zeile und 1024 in einer Spalte.
  4,8-Zoll-Monitore von Smartphones besitzen meist eine Auflösung von 1280 × 720. Die Pixeldichte ist hier höher, damit man auch kleine Schrift noch gut lesen kann.

i Monitore mit dem **TCO-Zeichen** sind auf alle Fälle strahlungsarm. Dieses Symbol ist ein Umweltabzeichen. Es zeigt an, dass von dem geprüften Gerät keine gesundheitlichen oder die Umwelt schädigenden Belastungen zu erwarten sind. Um das Prüfsiegel zu erhalten, muss der Hersteller des Monitors außerdem die fachgerechte Verwertung des Geräts garantieren.

- Das Bild darf nicht flimmern. Dazu muss die Bildwiederholfrequenz 60 Hz betragen (sprich: „60 Hertz"). Das heißt, in jeder Sekunde baut sich das Bild 60 mal neu auf.
- Der Monitor muss strahlungsarm sein.
- Auf dem Bildschirm dürfen sich nicht Lampen oder das Sonnenlicht spiegeln.
- Der Monitor sollte immer sauber sein. Man darf die Bildschirmoberfläche nicht berühren. Hast du es doch aus Versehen getan, wische deine Fingerabdrücke mit einem sauberen Lappen wieder weg.
- Der Monitor muss frei drehbar und neigbar sein. Er wird so eingestellt, dass deine Augen 45 cm bis 70 cm von ihm entfernt sind und du ganz leicht von oben auf ihn herunterschaust.

1.6 Grafische Benutzeroberflächen

Das Betriebssystem der ersten Personalcomputer wurde durch den Nutzer über Befehle gesteuert. Man musste alle Kommandos zum Kopieren, Löschen oder Verschieben von Dateien und Ordnern im Kopf haben. Auch der kleinste Fehler beim Eingeben des Kommandos mit der Tastatur wurde hart mit einem „Error" bestraft.

Seit ungefähr 1990 wurden **grafische Benutzeroberflächen** entwickelt. Wenn du dich nun an den Computer setzt, sieht der Bildschirm aus wie ein Schreibtisch, auf dem alle Arbeitsmittel (Anwendungsprogramme, wichtige Ordner für Dateien usw.) mehr oder weniger sinnvoll angeordnet sind.

i „Error" kommt aus dem Englischen und bedeutet so viel wie „Irrtum" oder auch „Fehler".

Am unteren Ende des Bildschirms findet man die **Task-Leiste**. Hier werden alle geöffneten Fenster durch Schaltflächen angezeigt. Die Task-Leiste ist auch dann zu sehen, wenn man das Fenster eines Anwendungsprogramms maximiert hat. Ein Wechsel zwischen den verschiedenen Programmen wird durch Anklicken der entsprechenden Schaltfläche erreicht. Geöffnet sind hier beispielsweise zwei Word-Dateien:

Ganz links ist die Schaltfläche „Start" zu sehen. Bei Anklicken erscheint ein Menü mit wichtigen Befehlen (z. B. Aufruf von installierten Programmen, Änderungen von Einstellungen des Betriebssystems, Suchen von Dateien, **Hilfe-Funktion**, Beenden der Arbeit am Computer).

i Die **Direkt-Hilfe von Windows** lässt sich nicht nur über die Task-Leiste aufrufen, sondern auch mit der Funktionstaste <F1> oder dem Hilfe-Menü „?" in den Arbeitsplatz- oder Explorerfenstern.

Ein typisches Merkmal für die Arbeit mit grafischen Benutzeroberflächen ist die Arbeit in **Fenstern**.
Durch einen Doppelklick mit der Maus auf ein Programm-Icon oder ein Ordner-Icon (z. B. „Arbeitsplatz") wird ein **Fenster** geöffnet, in dem man dann arbeiten kann.

Mehrere Programmgruppen oder Anwendungsprogramme können gleichzeitig in verschiedenen Fenstern geöffnet werden, man kann bei der Arbeit zwischen den Fenstern hin- und herspringen.

i Grafische Benutzeroberflächen besitzen einen Papierkorb. Hier werden gelöschte Dateien hineingeworfen.
Das Schöne daran ist, dass man versehentlich „weggeworfene" Dateien dort wieder herausholen kann.

Die Fenster können durch Anklicken und Ziehen der Randleisten in die gewünschte Größe oder Form und durch Klicken auf die Leiste mit dem Namen des Fensters und Ziehen in die gewünschte Position auf dem Bildschirm gebracht werden (⚹ folgende Seite).

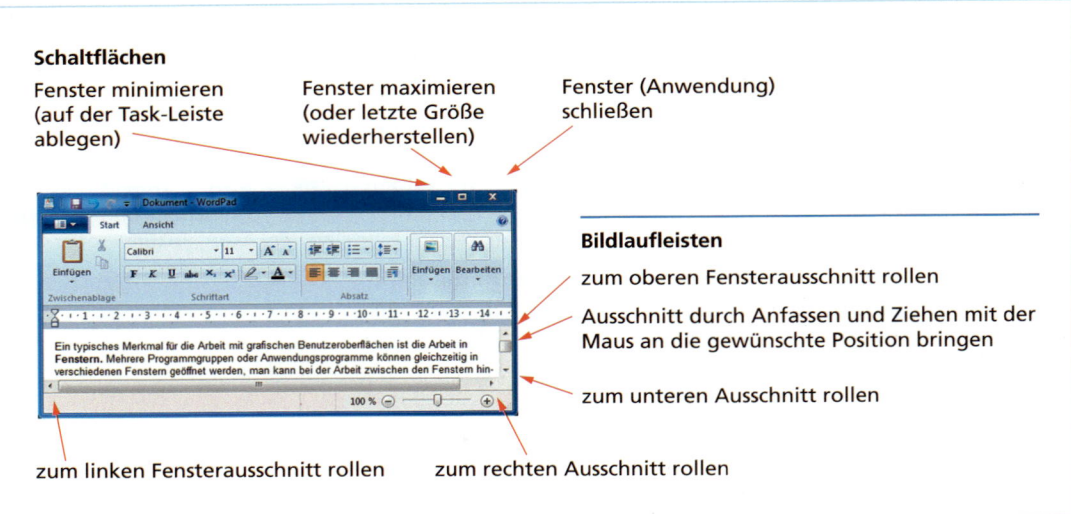

Schaltflächen

Fenster minimieren
(auf der Task-Leiste
ablegen)

Fenster maximieren
(oder letzte Größe
wiederherstellen)

Fenster (Anwendung)
schließen

Bildlaufleisten

zum oberen Fensterausschnitt rollen

Ausschnitt durch Anfassen und Ziehen mit der
Maus an die gewünschte Position bringen

zum unteren Ausschnitt rollen

zum linken Fensterausschnitt rollen   zum rechten Ausschnitt rollen

In fast alle Fenster ist die **Menütechnik** integriert. Ein **Menü** ist eine Liste von Befehlen, die in der aktuellen Situation am Bildschirm erlaubt bzw. möglich sind.

Im obigen Bild wird in der Menüleiste ganz links das Menü „Datei", angezeigt. Durch Anklicken des Menüs erscheint das gesamte Untermenü wie ein Rollladen. Es heißt deshalb auch **Pull-down-Menü**. Selbst der Inhalt der Pull-down-Menüs ist in den Programmen unter Windows einheitlich, im Menü „Datei" gibt es immer „Neu", „Öffnen", „Speichern", „Speichern unter…", „Drucken" oder (Programm) „Beenden". Befehle, die man in bestimmten Situationen nicht ausführen kann, sind grau gekennzeichnet. Befehle, die nicht direkt ausgeführt werden können, wo weitere Eingaben notwendig sind, sind mit drei Pünktchen (Öffnen eines Dialogfensters) markiert.

Neben Menüs gibt es in Anwendungsprogrammen waagerechte oder senkrechte **Symbolleisten (Werkzeugleisten, Toolbars)** mit kleinen Icons. Durch Anklicken der Icons ist ein Schnellzugriff auf häufig verwendete Funktionen (Speichern, Drucken, Kopieren, Texte formatieren, …) möglich. Auch die Task-Leiste (↗ Seite 33) ist eine Symbolleiste.

Anwendungsprogramme wie Microsoft Office ab Version 2007, Microsoft Paint unter Windows 7 oder WordPad (↗ Bild oben) haben ein neues grafisches Bedienkonzept, das Menüsteuerung, Symbolleisten und Dialogfenster miteinander verbindet:
Begriffe, die Befehlsgruppen repräsentieren, z. B. „Start", „Ansicht" oder „Einfügen", sind wie ein Band **(Ribbon)** nebeneinander angeordnet. Beim Anklicken wird aber kein Menü ausge-

klappt, sondern eine Registerkarte eingeblendet, die die zugehörigen Befehlsschaltflächen enthält. Im WordPad-Fenster auf Seite 34 ist z. B. die Registerkarte „Start" zu sehen.

i Befehlsschaltflächen sind in Gruppen eingeteilt. Im Fenster auf Seite 34 sieht man z.B. die Gruppen Zwischenablage, Schriftart und Absatz.

Menüs haben den Vorteil, dass man keine Kommandosprache beherrschen muss, um am Computer zu arbeiten. Allerdings kann man keinen Befehl überspringen, um zu einem bestimmten Menüpunkt zu gelangen und eine Aktion auszulösen.

Fortgeschrittenen Nutzern helfen daher **Tastenkombinationen (Hotkeys, „heiße Tasten")** für bestimmte Befehle, die ebenfalls bei der Arbeit mit grafischen Benutzeroberflächen möglich sind. Die Tastenkombinationen zum Auslösen von Aktionen stehen oft in den Untermenüs hinter den Befehlen. Einige sollte sich auch der Anfänger merken:

i Immer im Kopf: <Strg> + c und <Strg> + v. Unter dem Betriebssystem Mac OS sind die Tastenkombinationen ähnlich, statt <Strg> wird allerdings die ⌘-Taste verwendet.

- <Strg> + s   Die aktuell bearbeitete Datei wird gespeichert.
- <Strg> + p   Das Druck-Dialogfeld wird aufgerufen.
- <Strg> + c   Kopieren in die **Zwischenablage** von Window
- <Strg> + v   Einfügen aus der Zwischenablage an eine zuvor markierte Stelle

Zur **Software** eines Computers gehören nicht nur das Betriebssystem und seine grafische Benutzeroberfläche, sondern auch Programme, die in unterschiedlichen Bereichen der Berufswelt und der Freizeit Anwendung finden.
Solche **Anwendungsprogramme** können sein:
- **Textverarbeitungsprogramme** zum Schreiben,
- **Kalkulationsprogramme** zum Rechnen,
- **Datenbanksysteme** zum Erfassen und Auswerten von Daten,
- **Grafikprogramme** zum Malen und Zeichnen,
- **Präsentationsprogramme** zum multimedialen Darstellen,
- **Software für das Internet** und
- **Spiele.**

Mittlerweile gelten gewisse Standards in der Fenster- und Menütechnik für alle Anwendungsprogramme gleichermaßen. Das vereinfacht uns das Lernen und die Arbeit.

1.14 Erkunde die Fenstertechnik und die Menütechnik auf deinem Computer!

1.15 Beschreibe alle Möglichkeiten, mit denen man unter Windows Hilfe zur Benutzeroberfläche selbst oder zu einem Anwendungsprogramm erhalten kann!

1 Anwendungsprogramme, Betriebssysteme, Programmierumgebungen – all das gehört zur Software.

Informatik
Wissenschaft von der automatischen Informationsverabeitung

Grundbegriffe

Algorithmus
Verarbeitungsvorschrift, die aus einer endlichen Folge von eindeutig ausführbaren Anweisungen besteht.
Algorithmen können mit der Umgangssprache, grafisch oder als **Programm** dargestellt werden.
Ein Computer kann nur Probleme lösen, die sich als Algorithmen beschreiben lassen.

Information
Bedeutung (Sinn) einer Nachricht für den Empfänger.
Informationen, die in den Computer eingegeben und durch ihn verarbeitet werden, heißen **Daten.**
Die kleinste Einheit der Datendarstellung ist ein **Bit.** Ein Bit kann 2 Werte annehmen (0 und 1).
Die Zusammenfassung von 8 Bit heißt **Byte (Zeichen).**

Computer

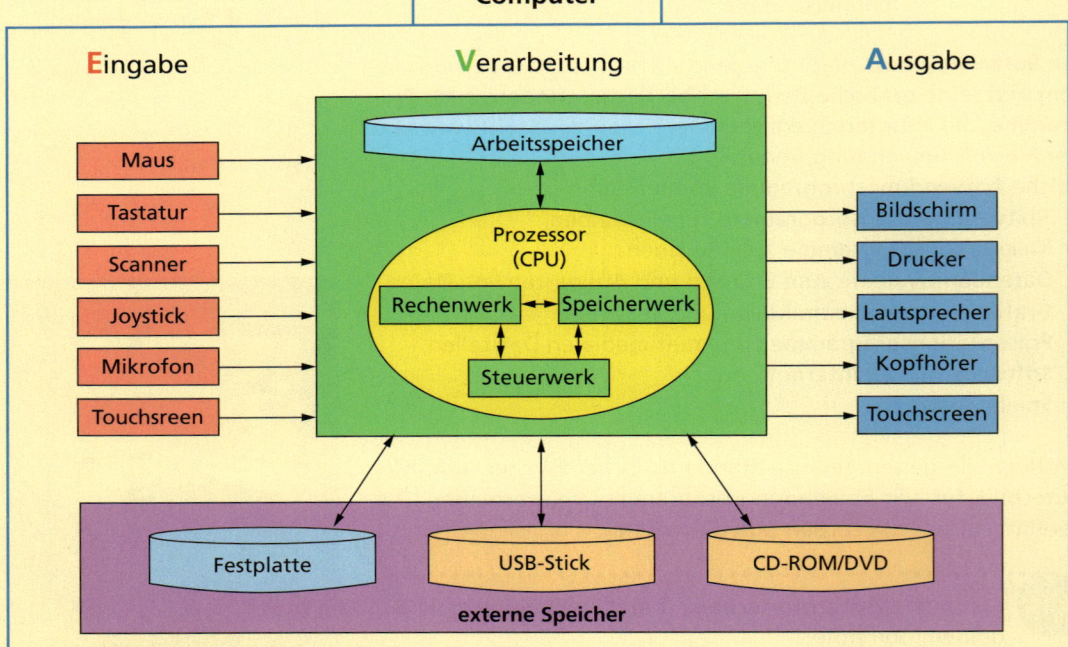

Speichereinheiten
- **1 KiB** (Kibibyte) = 2^{10} Byte = 1024 Byte ≈ 1000 Byte
- **1 MiB** (Mebibyte) = 2^{20} Byte ≈ 1 Million Byte
- **1 GiB** (Gibibyte) = 2^{30} Byte ≈ 1 Milliarde Byte

1.16 Rechne um! Setze für die Unbekannte x jeweils den korrekten Wert ein.

a) $111_{[2]} = x_{[10]}$ b) $11101_{[2]} = x_{[10]}$
c) $111_{[10]} = x_{[2]}$ d) $112_{[10]} = x_{[2]}$
e) $1111_{[10]} = x_{[2]}$ f) $1111_{[2]} = x_{[10]}$
g) $10000_{[2]} = x_{[10]}$ h) $10001_{[2]} = x_{[10]}$
i) $127_{[10]} = x_{[2]}$ k) $128_{[10]} = x_{[2]}$
l) $129_{[10]} = x_{[2]}$ m) $101010101_{[2]} = x_{[10]}$
n) $11111_{[2]} = x_{[10]}$ o) $100000_{[2]} = x_{[10]}$

1.17 Wie alt ist das Geburtstagskind, dem zum $1\,000\,000$. Geburtstag gratuliert wird?
(Der Gratulant hatte vergessen mitzuteilen, dass das eine Dualzahl ist.)

1 Geburtstagsfeier

1.18 Addiere die folgenden Dualzahlen! Überprüfe dein Ergebnis, indem du die Zahlen ins Dezimalsystem umcodierst und dort die gleichen Aufgaben noch einmal rechnest.

a) $111000_{[2]}$ und $111_{[2]}$
b) $101010101_{[2]}$ und $10101010_{[2]}$
c) $1010101_{[2]}$ und $101011_{[2]}$
d) $111_{[2]}$ und $111_{[2]}$
e) $111011101_{[2]}$ und $101010101_{[2]}$
f) $10101010_{[2]}$ und $101010101_{[2]}$
g) $111_{[2]}$ und $111_{[10]}$
h) $1010101_{[2]}$ und $101011_{[2]}$ und $101010_{[2]}$

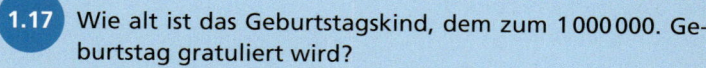

1.19 Multipliziere die folgenden Dualzahlen! Führe die Probe wie in Aufgabe 1.18 durch!

a) $111000_{[2]}$ und $11_{[2]}$
b) $10101010101_{[2]}$ und $11_{[2]}$
c) $1010101_{[2]}$ und $101_{[2]}$
d) $10101010101_{[2]}$ und $10000000000_{[2]}$
e) $11_{[2]}$ und $111000_{[2]}$
f) $101_{[2]}$ und $1010101_{[2]}$
g) $10101010101_{[2]}$ und $10000010000_{[2]}$

ℹ Hier noch einmal die 4 Aufgaben des „Kleinen Einmaleins" im Dualsystem:

$0 \cdot 0 = 0$ $0 \cdot 1 = 0$
$1 \cdot 1 = 1$ $1 \cdot 0 = 0$

Und das „Kleine Einspluseins" geht so:

$0 + 0 = 0$ $0 + 1 = 1$
$1 + 1 = 10$ $1 + 0 = 1$

Übertrag

1.20 Informationsverarbeitung kann man auch als Eingabe, Verarbeitung und Ausgabe von Daten betrachten (EVA-Prinzip). Trage in die folgende Tabelle ein, wie die Eingabedaten und Ausgabedaten beschaffen sind. Ein Beispiel ist schon vorgegeben.

Prozess	Eingabedaten	Ausgabedaten
a) Flächenberechnung eines Rechtecks	2 Zahlen (Länge und Breite)	1 Zahl (Flächeninhalt)
b) Flächenberechnung eines Quadrats		
c) Volumenberechnung eines Quaders		
d) Abfrage des Kontostandes bei der Bank		
e) Zahl zwischen 100 und 200 raten		
f) Einkaufen (↗ Randspalte)		
g) Musik hören mit einem MP3-Player		
h) Video mit Recorder anschauen		

1 Einkaufen: Auf den Waren ist meist ein Strichcode (der so genannte **EAN-Code**) aufgedruckt. Die Kasse ist mit einem Computer verbunden, in dem die Preise der Waren gespeichert sind. Mit einem Strichcode-Lesegerät, das der Verkäufer an der Kasse bedient, wird der EAN-Code der jeweiligen Ware ermittelt und vom Zentralcomputer der aktuelle Preis abgerufen.

1.21 Die Hardware eines Computers wird laufend weiterentwickelt.
Suche im Internet oder in Zeitschriften nach aktuellen Bildern von Hardware! Klebe die Bilder geordnet nach Eingabe, Verarbeitung und Ausgabe auf ein Blatt Papier und beschrifte sie mit korrekten Fachbegriffen!

1.22 Welche Techniken der Arbeit mit der Maus kommen bei den folgenden Aktionen zur Anwendung?
a) Fenster auswählen
b) Fenster auf dem Desktop verschieben
c) Befehl aus einem Pull-down-Menü ausführen
d) Programm starten
e) Datei aus einem Ordner in einen anderen verschieben
f) Ordner öffnen

Grafikobjekte, ihre Attribute und Methoden

2

Manch eine Lehrerin oder ein Lehrer hat 10 und mehr Klassen zu unterrichten. Es fällt ihnen anfangs schwer, alle Namen zu behalten. Helfen könnten wir unseren Lehrern durch leicht veränderbare Sitzpläne für die einzelnen Klassen und Räume.

Klassenzimmer wie die hier dargestellten kann man sicherlich übersichtlich darstellen, wenn man von oben auf sie draufschaut und die Tischanordnung mithilfe eines Grafikprogramms zeichnet.

Leitfragen

- Wie stellen wir die Tische dar?
- Wie und wo ordnen wir die Schülernamen den Tischen zu?
- Gibt es Methoden in Grafikprogrammen, die die Arbeit vereinfachen?
  Kann man z.B. Grafikobjekte in einer Reihe anordnen, die Reihen gruppieren, kopieren und verschieben?
- Ist jedes Grafikprogramm für diese Aufgabe geeignet?

2.1 Ein Bild besteht aus Pixeln

Wenn du die Bildschirmfläche deines Monitors von Nahem betrachtest, wirst du feststellen, dass das Bild aus lauter kleinen Punkten besteht. Diese Objekte nennt man **Pixel.**
Jeder einzelne Bildpunkt (Pixel) auf dem Monitor (oder auf einem ausgedruckten Blatt Papier) ist durch seine vertikale Lage (senkrecht, Spalten) und horizontale Lage (waagerecht, Zeilen) eindeutig festgelegt.
Übliche Bildschirmauflösungen sind 800 (Spalten) × 600 (Zeilen) oder 1024 × 768 (Pixel).
Man kann aber auch 640 × 480 einstellen, dann sieht man die Pixel sehr deutlich. Bei 1280 × 1024 sind die Bildpunkte so klein, dass sie nicht mehr zu erkennen sind.

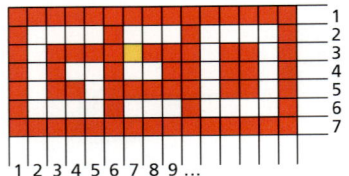

1 Pixelgrafik auf dem Bildschirm. Jeder Punkt ist eindeutig durch seine Spalten- und Zeilennummer bestimmt. Das gelbe Pixel liegt in der 7. Spalte und 3. Zeile (gezählt von der linken oberen Ecke der Grafik an).

Jedes Pixel ist also durch seine Lage eindeutig bestimmt. Und noch ein Attribut kennzeichnet jedes Pixel: seine Farbe.
Grafiken, die so beschrieben werden, nennt man auch Pixelgrafiken.

> Eine **Pixelgrafik (Bitmap, Punktgrafik)** setzt sich aus einzelnen Bildpunkten (Pixeln) zusammen.
>
> Jedes Pixel wird durch die Werte zweier **Attribute** bestimmt:
> • Position (Lage) und
> • Farbe.

i Unter dem Windows-Zubehör findest du das Malprogramm *Paint*.

Anwendungsprogramme, mit denen man Pixelgrafiken erstellen kann, heißen **Malprogramme**.
Den Namen „Malprogramme" hat man deshalb gewählt, weil solche Programme eher für künstlerische Darstellungen geeignet sind.

Werkzeuge zum Erstellen von Pixelgrafiken sind daher vor allem auch Malutensilien wie die folgenden:
a Der **Pinsel** malt dicke Linien, deren Farbe und Form man einstellen kann.
b Der **Stift** malt dünne Linien mit eingestellter Farbe.
c Der **Sprayer (Airbrush)** funktioniert wie eine reale Farbspraydose: Je langsamer er bewegt wird, umso dichter liegen die aufgetragenen Farbpigmente.

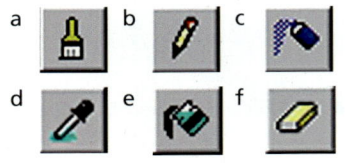

2 Werkzeuge in Malprogrammen

d Mit der **Pipette** wird eine Bildfarbe ausgewählt.
e Der **Farbfüller** gießt eine ausgewählte Farbe in ein Feld, welches lückenlos von einer anderen Farbe (als die Hintergrundfarbe) umschlossen wird.
f Der **Radierer** entfernt Bildteile bis zur Hintergrundfarbe. Die Stärke kann eingestellt werden.

2.1 Öffne die Grafik-Datei RONJA.BMP, die dir dein Lehrer gibt! Aus wie vielen Pixeln besteht das Bild?
Wie viele Pixel besitzen das Attribut „Farbe" mit dem Wert „gelb"?

Wir wissen: Eine Punktgrafik besteht aus elementaren Objekten, nämlich Pixeln, die jeweils nur zwei Attribute besitzen: Position und Farbe. Für das Pixel, welches die Schwanzspitze des nebenstehenden Hundes bildet, kann man schreiben:

```
Pixel_Schwanzspitze.Position = (65;50)
```

Das bedeutet, das Pixel liegt in der 65. Spalte und 50. Zeile des Bilddokuments.
Ähnlich kann man den Attributwert für die Farbe notieren:

```
Pixel_Schwanzspitze.Farbe = schwarz
```

1 Mit einem Menüaufruf wie „Ansicht ⟶ Zoomfaktor ⟶ Benutzerdefiniert ⟶ 800 %" und „Raster einblenden" kann man die einzelnen Pixel sehr gut erkennen!

Eine wichtige Methode in Pixelgrafiken ist das Färben. Eigentlich müsste es „Ersetzen der Farbe" heißen, denn ein Pixel hat immer eine Farbe, zum Beispiel Weiß.
Eine Methode kennzeichnen wir wie im folgenden Beispiel.
Für das Setzen des Attributwerts „braun" des Attributs „Farbe" für das betrachtete Pixel schreiben wir kurz:

```
Pixel_Schwanzspitze.FarbeSetzen(braun)
```

ℹ️ Für die Methode „Farbe setzen" nutzt man am besten als Werkzeug den Farbfüller.

Allgemein kann man **Attribute** und **Methoden** in dieser „**Punktnotation**" folgendermaßen notieren:

```
Objektname.Attribut = Attributwert
Objektname.Methode()
```

2.2 Zeichne selbst ein Bild mit einem Malprogramm mit mindestens 60 × 40 Pixeln! Nutze dabei zumindest die Farben Rot und Gelb. Wende nun auf alle Pixel mit dem Attributwert `Farbe = rot` die Methode `FarbeSetzen(blau)` an!
Speichere dein Bild in den Ordner \UEBUNG unter der Bezeichnung PIXEL2.BMP auf deinem Datenträger!

Du wirst beim Ersetzen der Farbe bestimmt die Ansicht der Grafik vergrößert (**„gezoomt"**) haben. So arbeitet es sich leichter. Dabei sieht man aber auch sehr deutlich die einzelnen Pixel. Man spricht vom sogenannten **„Treppeneffekt"**. Dieser Effekt tritt auch dann auf und wird für den Betrachter überdeutlich, wenn die Grafik selbst (und nicht nur ihre Ansicht) oder ein Teil von ihr vergrößert (**„skaliert"**) wird.

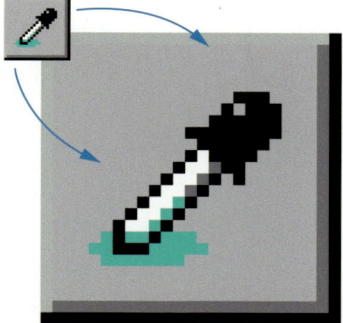

2 Bei der Vergrößerung von Pixelgrafiken sieht man sehr deutlich den Treppeneffekt.

2.2 Bildbearbeitung und Farben

Auch Fotografien, die mit einer Digital-Kamera geschossen wurden, sind Pixel-Grafiken. Oft möchte man solche Bilder bearbeiten, z. B. Farben ändern oder einen Bildausschnitt hervorheben. Hierzu nutzt man spezielle Malprogramme, die auch **Bildbearbeitungsprogramme** genannt werden.

Es stehen meist folgende **Auswahlwerkzeuge** zur Verfügung:

 Es steht immer ein **Rechteck** zur Verfügung. Mit gedrückter Shift-Taste erreicht man in Paint.NET und Photoshop beim Aufziehen ein **Quadrat**.

 Oft gibt es auch eine Ellipse zum Auswählen bestimmter Bildbereiche. Mit gedrückter Shift-Taste erhält man beim Aufziehen einen **Kreis**.

 Die Form der Auswahl kann der Nutzer beim Lasso selbst festlegen. Das kann ein Vieleck, aber auch eine gekrümmte Fläche sein.

 Der **Zauberstab** eignet sich zum Auswählen unregelmäßig geformter, aber gleichmäßig gefärbter Bildteile. Es werden nebeneinander liegende Pixel ausgewählt, die eine ähnliche Farbe haben (mit einem vorher vom Nutzer festgelegten Farbbereich).

Ist ein Bereich ausgewählt worden, kann man ihn skalieren (vergrößern/verkleinern) und drehen, spiegeln oder verschieben.

• •

2.3 Überlege, welche Bereichsmanipulation (skalieren, drehen, ...) auf den vorgegebenen Schneemann jeweils angewendet wurde und nenne sie!

a)  b)  c)  d)

Male selbst ein Bild und führe die Manipulationen a) bis d) aus. Beschreibe, wie du in deinem Bildbearbeitungsprogramm vorgegangen bist!

• •

Mit ausgewählten Bereichen oder ganzen Bilder kannst du auch Farbmanipulationen durchführen:
- Helligkeit/Kontrast ändern,
- Farbton/Sättigung ändern,
- Entfärben (Farben in Graustufen umwandeln,
- Invertieren (Farbumkehr: jedem Pixel seine Komplementärfarbe zugeweisen).

1 Ausgangsbild

Zu den kostenlosen Bildbearbeitungsprogrammen zählen *GIMP* und *Paint.NET*. Für professionelle Zwecke wurde das Bildbearbeitungsprogramm *Adobe Photoshop* entwickelt.

Man unterscheidet zwischen additiver Farbmischung (RGB-Modell, beispielsweise für den Monitor) und subtraktiver Farbmischung (CMYK-Modell, beispielsweise für den Drucker).

> Bei der **additiven Farbmischung (RGB-Farbraum)** werden alle Farben des Farbkreises durch Mischen des Lichtes der Grundfarben **R**ot, **G**rün und **B**lau erzeugt. Durch Mischen von rotem, grünem und blauem Licht erhält man weißes Licht. Die Wellenlängen der drei Grundfarben werden übereinander gelagert (addiert).

1 additive Farbmischung

Für jede Grundfarbe stehen $256 = 2^8$ Intensitätsstufen zur Verfügung (von 0 bis 255). Das Tripel (R, G, B) = (255, 0, 0) liefert reines Rot; (200, 0, 0) ist ein dunkleres Rot; (0, 0, 0) ist Schwarz.
Das Produkt der Darstellungstiefen der Grundfarben ist
$$256 \cdot 256 \cdot 256 = 2^8 \cdot 2^8 \cdot 2^8 = 2^{24}.$$
Man sagt auch: Der RGB-Farbraum besitzt eine „**Farbtiefe**" von 24 Bit (16 777 216 Farben).

 Im RGB-Farbraum gilt:

– Gegenüberliegende Farben des Farbkreises ergeben beim Mischen Weiß **(Komplementärfarben)**.
– Jede Farbe des Farbkreises kann man durch Mischen der beiden benachbarten Farben erhalten.

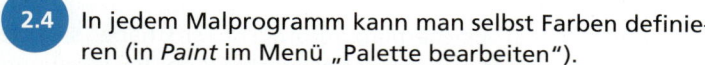

2.4 In jedem Malprogramm kann man selbst Farben definieren (in *Paint* im Menü „Palette bearbeiten").
Benenne die Farben, die du durch die folgenden (R, G, B)-Tripel erhältst!
a) (255, 255, 0)   b) (125, 125, 0)   c) (0, 100, 100)
d) (200, 0, 200)   e) (255, 255, 255)   f) (0, 0, 50)

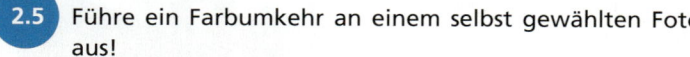

2.5 Führe ein Farbumkehr an einem selbst gewählten Foto aus!
Speichere das Foto im RGB-Modus im JPG-Format ab!

 Zu Grafikformaten wie JPG und PNG ↗ auch Seite 286.

> Bei der **subtraktiven Farbmischung (CMYK-Farbraum)** werden alle Farben des Farbkreises durch Mischen der Grundfarben **C**yan (Blaugrün), **M**agenta (Purpur) und **Y**ellow (Gelb) erzeugt. Blac**k** (Schwarz) erhält man durch Mischen von Cyan, Magenta und Yellow. Beim Druck wird meist eine gesonderte Schwarz-Patrone oder Schwarz-Platte genutzt.

2.6 Begründe, dass der CMYK-Farbraum eine Farbtiefe von 32 Bit besitzt!

2 subtraktive Farbmischung

2.3 Vektorgrafiken

Bei einer Pixelgrafik muss jedes einzelne Pixel mit seiner Position und seinem Farbwert gespeichert werden. Dabei können recht große Dateien entstehen. Ein Beispiel:

Eine 256-Farben-BMP-Datei sei 400 Pixel breit (ca. 11 cm) und 300 Pixel hoch (ca. 8 cm). Das sind insgesamt $400 \cdot 300$ Pixel = 120 000 Pixel. Zur Codierung der Pixel benötigt man 120 000 Byte, das sind 120 kB ($\nearrow$ Seite 17).

Zur Codierung der 256 Farben benötigt man 8 Bit, also ein Byte, weil $256 = 2^8$ ist. Eine solche Pixelgrafik hat also eine Farbtiefe von 8 Bit. Für jedes der 120 000 Pixel werden demnach 8 Bit = 1 Byte zur Farbcodierung benötigt, also insgesamt 120 000 Byte (120 kB).

Dabei hat diese Grafik auf dem Monitor eine Auflösung von knapp 100 dpi. Jeder Drucker kann heute schon Bilder mit einer Auflösung von 300 dpi drucken. Außerdem sind nicht nur 256, sondern im Druck theoretisch 4 294 967 296 Farben möglich. Das ergibt dann für die gleiche Bildgröße (11 cm × 8 cm) eine Dateigröße von fast 30 MB.

i Die Maßeinheit **dpi** wird bei Druckern benutzt und steht für „**d**ots **p**er **i**nch". Das bedeutet „Punkte pro Zoll". Ein Zoll sind 2,54 cm. Wenn dein eigener Drucker 600 dpi, also 600 Punkte auf einer Strecke von 2,54 cm setzt, ist das schon ein recht guter Drucker.

Eine weitere übliche Maßeinheit für das Auflösungsvermögen von Ausgabegeräten ist der **Punkt (pt):**
$1 \text{ pt} = \frac{1}{72}$ Zoll = 0,0351 cm (USA), also sind 3 pt ungefähr 1 mm.

Damit nicht so viel Speicherplatz verbraucht wird, haben sich die Softwarespezialisten eine andere Möglichkeit der Beschreibung von Grafiken einfallen lassen:

Die Grafik wird als Zusammensetzung einzelner geometrischer Figuren (Strecken, Kreise, Vielecke, ...) betrachtet. Diese Objekte werden mathematisch beschrieben.

Zum Beispiel ist die Lage eines Vierecks durch seine Eckpunkte eindeutig bestimmt. Schließlich weist man noch dem Rand und der Fläche des Vierecks bestimmte Farbwerte zu und tut das Gleiche für alle anderen Objekte der Grafik. Man nennt eine solche Grafik **Vektorgrafik.**

Die Software heißt **Zeichenprogramm (CAD-Programm). CAD** steht für „**c**omputer-**a**ided **d**esign". Das bedeutet „computerunterstütztes Entwerfen" (von Produkten).

i Professionelle Zeichenprogramme sind *Adobe Illustrator* oder *Corel Draw.*

Es gibt eine Reihe professioneller Zeichenprogramme, die meist recht teuer sind.

In den meisten Textverarbeitungsprogrammen sind kleine Grafikwerkzeuge (engl. tools) enthalten, die Zeichenprogramme sind.

Nicht nur der geringere Speicherbedarf von Vektorgrafiken ist von Vorteil. Wir werden noch sehen, dass sich Grafiken durch geometrische Objekte exakter und einfacher beschreiben lassen. Und dass es vor allem viele Methoden gibt, die dem Zeichner die Arbeit erleichtern.

> Eine **Vektorgrafik** setzt sich aus geometrischen Objekten zusammen, die durch Randlinien mit den Attributen Linienart (z.B. mit dem Wert „gestrichelt"), Linienbreite und Linienfarbe sowie Flächen mit Attributen wie Farbe oder Füllmuster eindeutig beschrieben sind.
> **Vektorgrafikprogramme (Zeichenprogramme)** stellen viele Methoden zur Verfügung, die das Ändern und Korrigieren der Grafik leicht machen.
> Vektorgrafiken benötigen im Allgemeinen nicht so viel Speicherplatz wie Pixelgrafiken.

i Für viele Zwecke ausreichend ist das Zeichenprogramm *Draw* unter *Libre Office* bzw. *OpenOffice*.

Auch im Textverarbeitungsprogramm *Word* von Microsoft gibt es ein Zeichnen-Tool.

Das Zeichenprogramm *Object-Draw* des Lehrers MARTIN PABST zeigt während des Zeichnens die Objektstruktur des Zeichendokuments durch Klassenkarten, Objektkarten und Objektbaum an und protokolliert Methodenaufrufe. Man kann auch eigene Methodenaufrufe eingeben.

Mit *EOS* (Einfache Objektorientierte Sprache) kann man Vektorgrafikobjekte durch Programmanweisungen erzeugen und sogar bewegen.

2.7 Welche Objekte findest du im Computerraum der Schule? Über welche Attribute und Attributwerte verfügen diese Objekte? Gib jedem Objekt einen eindeutigen Namen (beispielsweise „Computer von Alex")!
Nutze zum Beschreiben zweier Objekte sowohl Objektkarten (↗ Seite 21) als auch die Punktnotation (↗ Seite 43)! Vergleiche beide Modellierungsmöglichkeiten!

1 Computerraum

Du wirst festgestellt haben: Die Objekte im Computerraum haben bestimmte Attribute und Attributwerte.
Wenn wir diese Objekte zeichnen wollen, müssen wir sie durch geometrische Formen beschreiben. Diese haben andere Attribute und Attributwerte als die realen Tische, Computer und Stühle.
Ein Tisch im Computerkabinett besitzt mindestens die Attribute „Länge", „Breite", „Höhe" und „Masse" (Gewicht) mit bestimmten Werten.
Das Bild des Tisches wird ein Rechteck sein, wenn wir eine „Draufsicht" wählen. Attribute wie „Höhe" und „Masse" gibt es hier nicht. Und die Attributwerte für die Länge und Breite sind anders (kleiner) als die Attributwerte des Originals.
Wenn wir zukünftig die Attributwerte von Objekten in einer Grafik angeben, so sollen das die „Bildwerte" sein.

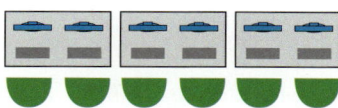

2 So könnte ein Teil des Computerkabinetts als Vektorgrafik aussehen.

1 Sich überlappende Objekte in unterschiedlichen Ebenen.

2 Ausschnitt aus der Zeichnen-Leiste eines Textverarbeitungsprogramms.

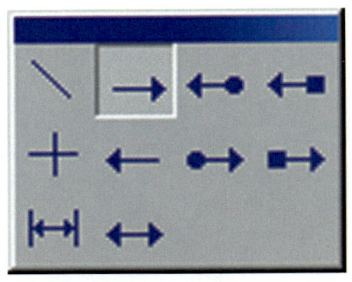

3 Pfeile sind nichts anderes als Strecken mit bestimmten Attributwerten für die Endpunkte der Strecke. In vielen Zeichenprogrammen werden sie aber als gesonderte Klassen behandelt.

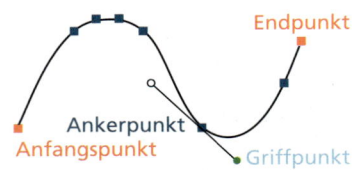

4 Freihandlinien heißen auch **Bézierkurven** und können mithilfe der hier dargestellten „Griffpunkte" verändert werden.

2.4 Geometrische Figuren in Vektorgrafiken

Um ein Bild zu beschreiben, reichen meist wenige geometrische Formen aus, die sich auch überlappen können – so als würde man farbige Kreise und Dreiecke aus Papier versetzt übereinander anordnen.
Die geometrischen Formen, die in fast allen Zeichenprogrammen vorkommen, sind im Folgenden kurz beschrieben.

Die in einem Zeichenprogramm möglichen Formen werden in einer Art Zeichnen- oder Werkzeug-Leiste angezeigt. Will man ein Objekt zeichnen, muss man zuerst die Form des Objekts – die **Klasse** – auswählen. Das Auswählen erfolgt durch Markieren. Dazu klickt man mit der Maus z. B. einfach auf das Streckensymbol.

Zum Zeichnen einer **Strecke** sind der Anfangs- und der Endpunkt mit der Maus zu setzen. Bei den meisten Zeichenprogrammen wird die Strecke „aufgezogen". Das heißt, auf die Stelle, wo der Anfangspunkt hin soll, wird geklickt und die Maustaste wird bis zum Erreichen des Endpunktes festgehalten.
Durch „Anfassen" (Klicken und Ziehen) des Anfangs- oder Endpunktes der Strecke können Länge und Lage der Strecke verändert werden. Fasst man die Strecke „im Innern" an, kann sie mit der Maus beliebig verschoben werden.
Mit gedrückter <⇧>-Taste kann man in den meisten Zeichenprogrammen Strecken im Winkel von 45°, 90° usw. zeichnen.

Strecken kann man zu **Streckenzügen** zusammensetzen. In manchen Zeichenprogrammen gibt es für Streckenzüge eine eigene Klasse. Die einzelnen Punkte werden durch Klicken mit der linken Maustaste gesetzt. Die <Enter>-Taste schließt meist den Streckenzug ab.
Sind Anfangs- und Endpunkt des Streckenzugs gleich, hat man ein **Vieleck (Polygon)**. Vielecke werden oft auch gesondert angeboten.

Interessante Objekte sind die **Freihandlinien (Kurven)**. Nach dem Anklicken des entsprechenden Symbols wird die Linie wie mit einem Bleistift auf das Blatt gezeichnet – nur dass unser Bleistift die Maus ist, deren linke Taste gedrückt gehalten wird (Beispiel: *Draw*). Es gibt aber auch Zeichenprogramme, wo der Anfangspunkt, dann alle sogenannten „Ankerpunkte" und der Endpunkt durch Klicken mit der Maus gesetzt werden. Mit der <Enter>-Taste bzw. Doppelklick wird die Linie abgeschlossen (Beispiel: Zeichnentool in *Word*).

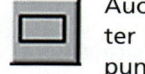

Auch zum Zeichnen von **Rechtecken** gibt es einen Schalter in der Werkzeugleiste. Mit der Maus wird ein Eckpunkt des Rechtecks auf das Zeichenblatt gesetzt. Dann wird das Rechteck „aufgezogen".

Wird beim Erstellen des Rechtecks die <⇧>-Taste auf dem Keyboard niedergedrückt gehalten, stellen sich gleiche Längenänderungen in horizontaler und in vertikaler Richtung ein. Einfacher ausgedrückt: Es wird ein **Quadrat** gezeichnet.

Wird auf ein solches Symbol geklickt und beim Aufziehen der Figur die <⇧>-Taste gedrückt gehalten, entsteht ein **Kreis**.

Ohne Festhalten der <⇧>-Taste wird ein „zerdrückter Kreis" gezeichnet. Die Figur hat viele verschiedene Durchmesser, man kann sie deshalb nicht als Kreis bezeichnen. Sie heißt in der Mathematik **Ellipse**.

Man kann ganz unterschiedliche Strecken, Rechtecke oder Kreise zeichnen – unterschiedlich in ihrer Lage, Größe, Farbe usw.

Trotz aller Unterschiede: Für Rechtecke wird immer gelten, dass sie vier Eckpunkte haben und dass sie zwei Paar paralleler Seiten besitzen, die außerdem noch senkrecht zueinander stehen. So wie ein Rechteck in der Mathematik definiert wird.

Um diesem Sachverhalt gerecht zu werden, sagt man auch: Die unterschiedlichen Objekte mit Rechteckform gehören zur **Klasse** der Rechtecke.

In allen Zeichenprogrammen gibt es folgende **Klassen**:
- Strecke,
- Streckenzug,
- Vieleck,
- Freihandlinie,
- Rechteck (Sonderform Quadrat),
- Ellipse (Sonderform Kreis).

Darstellung in Punktnotation:
```
Objektname: KLASSE
```

2.8 Zeichne einen Schneemann mit einem Vektorgrafikprogramm und gib alle Klassen an, die du verwendest!
Beispiel:
```
Kopf: KREIS
```
Speichere die Datei beispielsweise mit dem Namen „Schnee1".

1 Rechtecke und Quadrate mit unterschiedlichen Rand- und Füllfarben. Dabei kann ein Rechteck auch durchsichtig („transparent") sein.

2 Ellipsen und Kreise mit unterschiedlichen Rand- und Füllfarben.

Es gibt noch eine weitere Klasse in Zeichenprogrammen: **TEXTFELD.**
Diese Klasse wird insbesondere für technische und Konstruktionszeichnungen benötigt.

3 Schneemann

2.5 Objektnamen

Ein Lehrer hat eine Klasse neu übernommen. Da er sich die Namen der Schüler nicht so schnell merken kann, fertigt er gemeinsam mit der Klasse einen Sitzplan an.
Der Sitzplan könnte beispielsweise so aussehen:

1 Klassenraum

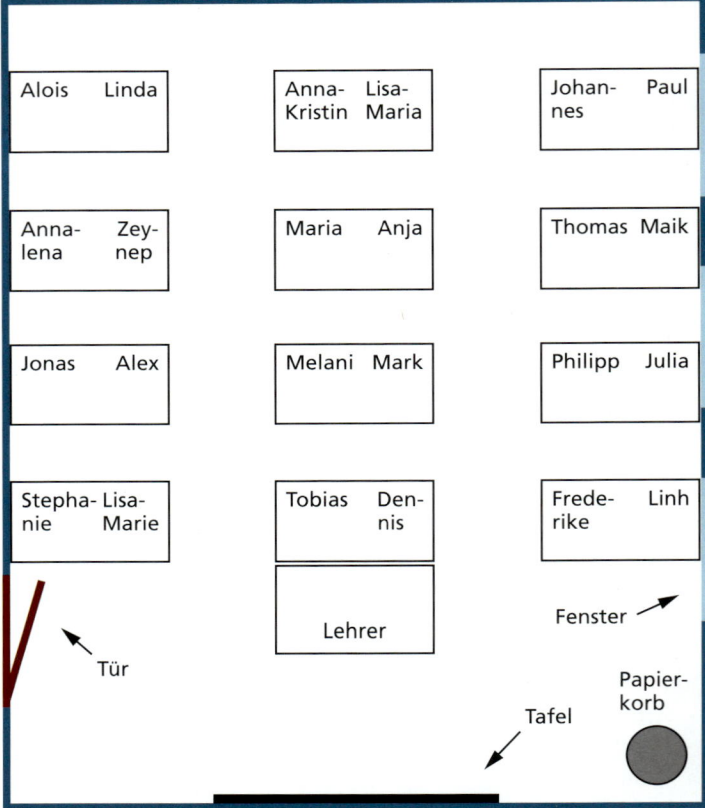

Beim Zeichnen mit dem Zeichnen-Tool von *Word* ist Folgendes zu beachten:
Mit dem Menü „Ansicht ⟶ Symbolleisten ⟶ Zeichnen" kann man die Zeichnen-Werkzeuge sichtbar machen (falls sie nicht zu sehen sind).
Mit den Menüs „Format ⟶ AutoForm ..." und „Format ⟶ Objekt ..." kann man die Attributwerte eines Objektes erfragen oder auch verändern.

Bei *Word* mit Ribbon-Technik (ab Word 2010) kann man ein gewünschtes Grafikobjekt über „Einfügen ⟶ Formen" zeichnen. Gleichzeitig erscheint eine Registerkarte „Format/Zeichentools" mit allen verfügbaren Möglichkeiten zum Erzeugen und Verändern von Grafikobjekten.

Natürlich benutzen Lehrer und Schüler den Computer zum Zeichnen eines Sitzplans, denn vielleicht steht der Lehrer im nächsten Jahr vor dem gleichen Problem. Die Klasse hat den Sitzplan mit einem Zeichenprogramm erarbeitet.

Alle Schülertische haben sehr viele Attributwerte gemeinsam. Allerdings unterscheiden sie sich zumindest in ihrer Position. Wenn wir nun beschreiben wollen, dass für einzelne Tische bestimmte Attributwerte verändert werden sollen, wäre es sinnvoll, dass jeder Tisch einen Namen besitzt. Das ist in unserem Beipiel auf verschiedene Art und Weise möglich:

1. Wir könnten die Position (Lage) auf dem Zeichenblatt (von links, von oben) angeben.

2. Wir könnten die Position im Klassenzimmer angeben, beispielsweise „3. Reihe Mitte, vom Lehrer aus betrachtet".
3. Wir könnten aber auch sagen „der Tisch von Maria und Anja" oder kurz „Tisch (Maria, Anja)". Dabei wäre „Maria, Anja" der Name des Schülertisches.
4. Wir könnten die Tische einfach durchnummerieren, also „Schülertisch 1", „Schülertisch 2" usw.

2.9 Beschreibe den Schülertisch von Jonas und Alex und den Tisch von Frederike und Linh mithilfe der vier oben aufgeführten Möglichkeiten! Diskutiere Vor- und Nachteile der einzelnen Namensgebungen!
Gib auch den Fenstern einen Namen und führe die Objektbeschreibung eines Fensters in Punktnotation durch!

> Jedes Objekt einer Vektorgrafik hat einen eindeutigen Namen – den **Objektnamen** oder **Bezeichner**.

2.6 Attribute von Objekten

Die Objekte einer Klasse besitzen alle die gleichen **Attribute**. Sie unterscheiden sich nur in den **Attributwerten**.

2.10 Beschreibe einzelne Objekte des Klassenzimmers auf Seite 50 mithilfe der kennengelernten Punktnotation!
Beispiel:
```
Lehrertisch: RECHTECK
Lehrertisch.Randstärke = 1 pt
Lehrertisch.Randfarbe = Schwarz
...
```

Ein wichtiges Attribut eines jeden Objekts ist seine Lage auf dem Zeichenblatt. Diese Lage wird in professionellen Zeichenprogrammen meist durch die Abstände vom oberen und vom linken Blattrand angegeben:
```
Objektname.Position = (von links; von oben)
```
Dabei können die Abstände durch unterschiedliche Maßeinheiten beschrieben werden – durch Pixel, Zentimeter oder Zoll. Rechtecke und Ellipsen haben wie alle Flächen eine Länge und eine Breite, die wir am besten in Zentimetern angeben:
```
Objektname.Breite = x cm
Objektname.Höhe = y cm
```
oder kürzer
```
Objektname.Größe = (x cm; y cm)
```

i Das Zeichnentool in *Word* gibt die Objektposition nicht automatisch an. Man muss sie selbst ausmessen.

Anders in *Draw*: Hier kann die Lage eines Objekts und die jeweilige Cursor-Position recht genau an den Linealen am oberen und linken Fensterrand abgelesen werden.

Noch exakter kann man die Objektposition in *Object-Draw* festlegen oder bestimmen. Hier kann der Anfangs- und Endpunkt einer Strecke an der entsprechenden Objektkarte abgelesen werden:

> **li1:LINIE**
>
> Linienfarbe = schwarz
> Linienart = durchgezogen
> Linienstärke = 0.10 mm
> Punkt1X = 4,05 cm
> Punkt1Y = 1,08 cm
> Punkt2X = 6,93 cm
> Punkt2Y = 3,41 cm

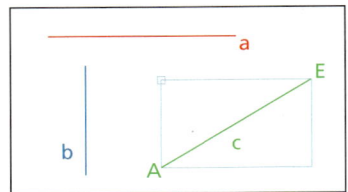

1 Die Strecken a, b und c haben alle eine Höhe und eine Breite.

Die im Bild 1 dargestellte Strecke a liegt 0,5 cm vom linken Bildrand und 0,4 cm vom oberen Bildrand entfernt. Ihre waagerechte Ausdehnung (Breite) beträgt 2,5 cm. Sie liegt horizontal (waagerecht) und hat damit eine senkrechte Ausdehnung (Höhe) von 0 cm. Das kann man kurz so notieren:

```
a: STRECKE
a.Position = (0,5 cm; 0,4 cm)
a.Größe = (2,5 cm; 0 cm)
```

Ähnlich kann man die Attribute von b notieren:

```
b: STRECKE
b.Position = (1,0 cm; 0,8 cm)
b.Größe = (0 cm; 1,5 cm)
```

Die Strecke c spannt ein Rechteck auf. In den meisten Zeichenprogrammen wird die Position des Rechtecks (der linken oberen Ecke) und dessen Breite und Höhe angegeben:

```
c: STRECKE
c.Position = (2,0 cm; 1,0 cm)
c.Größe = (2,0 cm; 1,2 cm)
```

i Mit unserer Punktnotation besitzen wir eine „Seitenbeschreibungssprache". Eine solche Sprache ist auch **PostScript**. PostScript beschreibt für (postscriptfähige) Drucker, wie eine ausgedruckte Seite auszusehen hat. Beim Befehl zum Zeichnen einer Strecke wird dort auch nur der Anfangs- und der Endpunkt der Strecke angegeben.

Das ist aber nicht ganz eindeutig, denn genauso gut könnte die andere Diagonale des grauen Rechtecks in Bild 1 gemeint sein. Besser wäre es daher, die Endpunkte der Strecke anzugeben:

```
c.Position = A(2,0 cm; 2,2 cm),
             E(4,0 cm; 1,0 cm)
```

In *Object-Draw* würde für `c:LINIE` Folgendes stehen:

```
Punkt1X = 2,00 cm; Punkt1Y = 2,20 cm;
Punkt2X = 4,00 cm; Punkt2Y = 1,00 cm;
```

Und so würde der Befehl zum Zeichnen der Strecke c in der Programmiersprache *Java* lauten:

```
c.drawline(57,63,114,29)        (in Pixeln gemessen)
```

Alle flächenhaften Objekte haben einen Rand, der eine bestimmte „Dicke" und Farbe hat. Und eine Fläche mit den Attributen „Farbe" und oft auch „Füllmuster". Man kann das allgemein so notieren:

```
Objektname.Randstärke = x pt
Objektname.Randfarbe = Farbwert
Objektname.Flächenfarbe = Farbwert
Objektname.Füllmuster = Wert
```

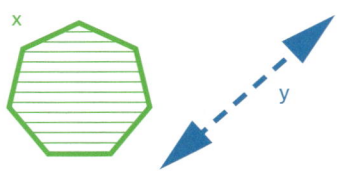

2 Die Objekte x und y haben unter anderem folgende Attribute und Attributwerte:

```
x.Randstärke = 2 pt
x.Randfarbe = grün
x.Füllmuster = Streifen
y.Linienart = gestrichelt
y.Linienenden = Pfeile
```

Für alle Linien kann man natürlich auch eine Linienfarbe und eine Linienstärke festlegen.
Fast immer ist auch eine Linienart (durchgezogen, gepunktet, gestrichelt usw.) möglich.

Und letztlich können die Eigenschaften der Linienenden festgelegt werden. Sie können z. B. abgerundet oder als Pfeile ausgebildet sein.

> Die in allen Zeichenprogrammen vorkommenden Klassen haben folgende **Attribute:**
> Position, Größe, Linien- bzw. Randstärke, Linien- bzw. Randfarbe, Linienart und evtl. Flächenfarbe sowie Füllmuster.

T ex feld   **Textfelder** sind auch Objekte. Für sie gelten die Attribute, die Schriftzeichen zugewiesen werden können, was wir genauer in Kapitel 3 kennenlernen werden.

1 Oft kann man auch sehr leicht 3-D-Objekte zeichnen mit Attributen wie Position und Farbe.
„3-D" steht für „dreidimensional", also „räumlich". Die hier dargestellten Objekte Kugel, Ring und Kegel wurden mithilfe von Draw gezeichnet.

Die folgende Tabelle zeigt, welche Attribute und Attributwerte für die einzelnen Objekte möglich sind:

Klassen	Attribute	Attributwerte (Beispiele)
STRECKE, STRECKENZUG, FREIHANDLINIE	Position Größe Linienstärke Linienfarbe Linienart Stil des Linienendes	(3 cm; 4 cm) 4 cm lang 0,5 pt Schwarz Strich-Punkt-Linie Pfeil
VIELECK, RECHTECK, ELLIPSE, KREIS	Position Größe Randstärke Randfarbe Linienart Flächenfarbe Farbverlauf Füllmuster	(200 Pixel; 140 Pixel) (44 mm; 62 mm) 1 pt Grün Gestrichelt Blau von Blau nach Rot Streifen
TEXTFELD	Position Schriftgröße Schriftfarbe	(44 mm; 62 mm) 12 pt Rot

Für das Zuweisen von Attributwerten besitzen die Objekte Methoden. Zum Beispiel wird der Attributwert für die Linienfarbe durch die Methode „LinienfarbeSetzen" geändert.

2.11 Gib für den Schneemann aus Aufgabe 2.8 (Datei „Schnee1") alle Attribute mit den Attributwerten für die einzelnen Objekte an!

2 Schneemann

1 Die Auswahl (Markierung) eines Objekts erkennst du an den sichtbar werdenden **„Anfassern"**, wenn du mit der Maus auf die Grafik klickst.
„Anfasser" an einem Stern: Durch Ziehen an den großen Randrechtecken kann die Form und die Größe des Sterns verändert werden. Durch Ziehen an den kleinen Rechtecken kann die Lage einzelner Punkte des Sterns geändert werden.
Durch Klicken in die Mitte des Sterns und Ziehen kann der Stern verschoben werden.
Die Darstellung der Anfasser ist in den einzelnen Programmen unterschiedlich.

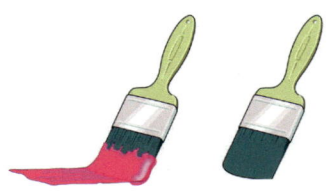

2 Das Objekt „Farbe" am Pinsel wurde hier markiert und einfach gelöscht. Voraussetzung dafür, dass ein vollständiger Pinsel übrigbleibt ist natürlich, dass zuerst der ganz Pinsel gezeichnet und zuletzt die Farbe darübergelegt wurde.

ℹ️ Achtung! In manchen Programmen (z. B. *Draw*) liegen Original-Objekt und Bild-Objekt übereinander und man sieht nicht gleich, dass man das kopierte Bild bereits eingefügt hat.

2.7　Methoden für Vektorgrafiken

Deine Eltern wollen sich eine neue Küche anschaffen. Im Fachgeschäft stellt der Verkäufer mit deinen Eltern und einem Zeichen-Programm die Einrichtung zusammen, platziert den Kühlschrank, verschiebt Möbel, verändert Schrankfarben usw.
Das Besondere an Vektorgrafiken ist, dass man Objekte, nachdem man sie erzeugt hat, bewegen, verändern, unterschiedlich anordnen und auch wieder löschen kann.

> Soll ein Objekt eine **Methode** ausführen, so muss es zunächst markiert, also ausgewählt werden.
> Mithilfe von Menüs, Schaltern oder Tastenkombinationen senden wir eine **Botschaft**, die die jeweilige Methode auslöst.

 In jedem Anwendungsprogramm – auch in Zeichenprogrammen – findet der Nutzer in der Standardleiste die Schere zum „Ausschneiden" von Objekten, daneben ein Symbol, welches das Kopieren von Objekten verdeutlichen soll und einen Schalter zum Einfügen von (vorher kopierten) Objekten.

Objekt löschen (ausschneiden):
Mit dem Scheren-Schalter, mit der <Entf>-Taste oder mit Menü „Bearbeiten ⟶ Löschen" kann ein markiertes Objekt gelöscht werden. Es ist dann verschwunden, es sei denn, dass das Zeichenprogramm die Funktion „Rückgängig machen" besitzt, mit der die letzten Aktionen einer Arbeitssitzung schrittweise rückgängig gemacht werden können.
Wir kennzeichnen das in unserer „Punktnotation" so:

　　Objektname.Löschen()

Die Klammern sollen ausdrücken, dass „Löschen" eine Methode ist – und kein Attribut.

Objekt kopieren:
Auch hier gibt es verschiedene Möglichkeiten:
- Mit dem Kopierschalter wird das markierte Objekt in die „Zwischenablage" gebracht.  Das ist ein Speicher, in dem sich immer das zuletzt kopierte Objekt befindet. Nun geht man an die Stelle, wo man das Objekt einfügen will. Das kann auch ein anderes Dokument sein. Jetzt wird der Einfügen-Schalter gedrückt. Das Bild-Objekt erscheint. Ist man auf der gleichen Arbeitsfläche, sieht man nun 2 Objekte, die sich in der Regel nur durch ihre Position unterscheiden.

- Das eben Beschriebene geht auch mithilfe der Menüs „Bearbeiten —→ Kopieren" und „Bearbeiten —→ Einfügen".
- Und immer gelten auch die beiden Tastenkombinationen <Strg> + c (für das Kopieren eines markierten Objekts in die Zwischenablage) und <Strg> + v (für das Einfügen des Objekts).

  Das gilt auch unter dem Betriebssystem *Mac OS* von Apple. Nur dass man hier statt der <Strg>-Taste die Apfel-Taste benutzt.

Allgemein kennzeichnen wir die Methode wie folgt:

```
Objektname.Kopieren()
```

Zwischen die Klammern könnte man – wenn notwendig – eintragen, an welcher Stelle oder in welches andere Dokument das kopierte Objekt eingefügt werden soll.

1 Beim Kopieren gibt es keinen Unterschied zwischen dem Original- und dem Bild-Objekt.
Hier wurde ein Fünfeck gleich 3-mal kopiert.

Objekt verschieben:

- Mit der Schere wird das markierte Objekt ausgeschnitten und in die Zwischenablage gebracht. Das Objekt ist erst 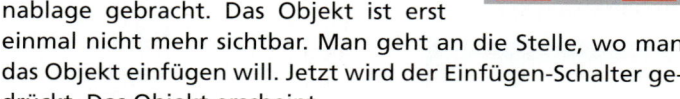 einmal nicht mehr sichtbar. Man geht an die Stelle, wo man das Objekt einfügen will. Jetzt wird der Einfügen-Schalter gedrückt. Das Objekt erscheint.
- Das eben Beschriebene geht auch mithilfe der Menüs „Bearbeiten —→ Ausschneiden" und „Bearbeiten —→ Einfügen".
- Und auch hier gelten die beiden Tastenkombinationen <Strg> + x (für das Ausschneiden) und <Strg> + v (für das Einfügen des Objekts).
- Bleibt man auf ein und derselben Arbeitsfläche, geht das Verschieben ganz einfach:

  Objekt mit der Maus anfassen und an die gewünschte Stelle ziehen.

Allgemein kennzeichnen wir diese Methode wie folgt:

```
Objektname.Verschieben()
```

Zwischen die Klammern könnte man – wenn man auf dem gleichen Zeichenblatt ist – exakte Angaben zur Verschiebung machen, z. B. „4 cm nach rechts; 3 cm nach oben".

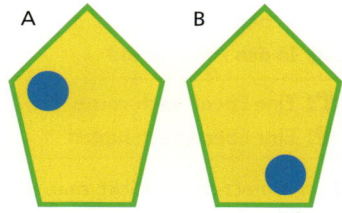

2 Der blaue Kreis in der linken Ecke des Fünfecks (Bild A) wurde in die rechte untere Ecke verschoben. Man könnte auch schreiben:

```
Kreis.Verschieben()
```

Oder genauer:

```
Kreis.Verschieben (8 mm
nach rechts; 11 mm nach
unten)
```

Jedes Objekt besitzt die Methoden Löschen (Ausschneiden), Kopieren und Einfügen:
- Ausschneiden <Strg> + x
- Kopieren   <Strg> + c
- Einfügen   <Strg> + v

Diese Methoden gelten nicht nur in Zeichenprogrammen, sondern in allen Anwendungsprogrammen. Auch die Schalter und Tastenkombinationen sind immer die gleichen.

(1)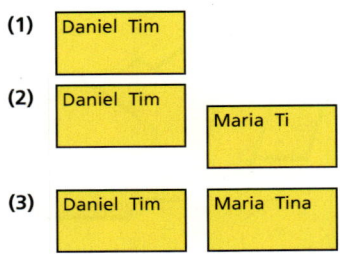

(2)

(3)

1 Effektives Zeichnen: Die Namen werden über (vor) dem Tisch **angeordnet** (1). Der Tisch wird mit den Namen **gruppiert** und kopiert. Die Namen der Kopie werden geändert (2). Die Tische werden **ausgerichtet** (3).

Man kann auch mehrere Objekte anordnen.
Wie würde man zum Beispiel vorgehen, wenn der Sitzplan der eigenen Klasse mit einem Zeichenprogramm erstellt werden soll (↗ auch Seite 50)?
Und dieses Vorgehen soll effektiv sein, also mit möglichst wenig Arbeitsschritten ausgeführt werden:
Zuerst würde man bestimmt den Tisch zeichnen und darüber zwei Textfelder mit den Namen der Schüler **anordnen.**
Der Tisch und die beiden Textfelder werden zu *einem* Objekt zusammengefasst, man sagt **„gruppiert"**. Das hat den Vorteil, dass man den Tisch problemlos verschieben oder kopieren kann. Und das tun wir auch.
Bei der Kopie werden die Namen korrigiert und man kann die Tische **ausrichten,** also zum Beispiel in einer Reihe anordnen.

Wir haben in diesem Beispiel drei neue, wichtige Methoden angewandt, die im Folgenden kurz erläutert werden.

Objekte anordnen:

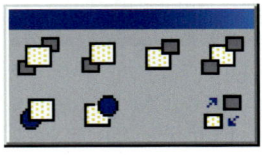

Die geometrischen Objekte sind über der Zeichenfläche in unterschiedlichen Ebenen angeordnet. Was zuletzt gezeichnet wurde, liegt ganz oben. Man kann die Reihenfolge der Ebenen vertauschen, also beispielsweise das zuletzt Gezeichnete eine Ebene nach hinten oder sogar ganz nach unten bringen.
Man kann das Vorgehen auch notieren:

`Rechteck.Anordnen(eine Ebene zurück)`	oder
`Rechteck.Anordnen(ganz nach hinten)`	oder
`Kreis.Anordnen(eine Ebene vor)`	oder
`Kreis.Anordnen(ganz nach vorn)`	

2 In *Object-Draw* klickt man ein Objekt mit der rechten Maustaste an, geht im erscheinenden Kontextmenü auf „Reihenfolge …" und wählt die gewünschte Anordnung aus (↗ oben).

Objekte gruppieren:

Objekte können zu einem Objekt zusammengefasst werden, welches zur Klasse GRUPPE gehört.
Zuvor müssen sie aber markiert werden. Mehrere Objekte können gleichzeitig markiert werden, wenn man beim Anklicken der einzelnen Objekte die <⇧>-Taste gedrückt hält.
Wir stellen das kurz wie folgt dar:

    `{Objekt1, Objekt2, ...}.Gruppieren()`

oder mit konkreten Objekten:

    `{Kreis2, Rechteck3}.Gruppieren()`
    `{Kreis1, Kreis2, Kreis3}.Gruppieren()`

Das neue Objekt ist eigenständig, kann aber jederzeit (oft mit dem gleichen Schalter) wieder aufgelöst werden.

3 In *Object-Draw* werden alle zu gruppierenden Objekte markiert und mit der rechten Maustaste angeklickt. Im Kontextmenü wird „Gruppieren" ausgewählt.

Objekte ausrichten:

Markierte Objekte können an einer gedachten Linie ausgerichtet werden. Dabei gehört die Methode „AnLinieAusrichten" zum einzelnen Objekt. Wir wollen das vereinfacht wie folgt notieren:

```
{Kreis, Rechteck2}.Ausrichten(linksbündig)
```

Oft gibt es auch noch den Menüpunkt „Verteilen". Hier kann beispielsweise vorgegeben werden, dass die Abstände zwischen den einzelnen Objekten gleich sind, oder manchmal auch dass die Objekte den Abstand 0 haben, also aneinanderliegen.

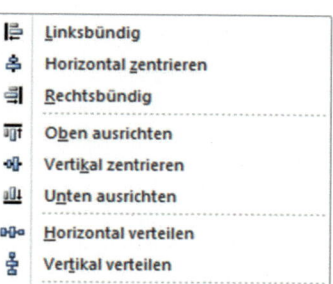

	Linksbündig
	Horizontal zentrieren
	Rechtsbündig
	Oben ausrichten
	Vertikal zentrieren
	Unten ausrichten
	Horizontal verteilen
	Vertikal verteilen

1 In den Zeichentools von *Word* mit Ribbontechnik erreicht man das Ausrichten markierter Objekte, indem man das Menü „Ausrichten" aufruft.

2.12 Zeichne die Sitzordnung für dein eigenes Klassenzimmer! Nutze sinnvoll kennengelernte Methoden wie Anordnen, Gruppieren, Kopieren, Verschieben usw.

2.13 Beschreibe mithilfe der Punktnotation, wie du deinen Sitzplan schrittweise erstellt hast! Gehe davon aus, dass der Schülertisch in der linken vorderen (unteren) Ecke vorgegeben ist.

Tauscht die Beschreibungen in der Klasse mit dem Nachbarn aus und zeichnet nach dessen Konstruktionsvorgaben! Vergleicht die Ergebnisse!

Objekte können bewegt und in ihrer Form verändert werden. Die wichtigsten Bewegungen sind *Verschieben, Spiegeln und Drehen.*

(a) Spiegelachse

Das **Verschieben** haben wir schon im Zusammenhang mit dem Ausschneiden und Kopieren kennengelernt (↗ Seite 55).
Die beiden anderen Bewegungen seien hier kurz erläutert:

Objekt spiegeln:

Ein Spiegelbild entsteht an einer Spiegelachse. In fast allen Zeichenprogrammen kann man horizontal (waagerecht, die Spiegelachse liegt senkrecht) und vertikal (senkrecht, die Spiegelachse liegt waagerecht) spiegeln (s. auch Bild 2). Beim Spiegeln bleiben die Abmessungen erhalten, das Spiegelbild erscheint zentriert über dem Original, das Original verschwindet. Manchmal kann man die Lage der Spiegelachse auch selbst festlegen.
Wir stellen das kurz wie folgt dar:

```
Objektname.Spiegeln(horizontal)
```

(b) Spiegel-achse

2 Horizontale Spiegelung (a) und vertikale Spiegelung (b), rechts ist jeweils das Spiegelbild zu sehen.

Horizontal Spiegeln
 Vertikal Spiegeln
 Kippen 90° nach Links
 Kippen 90° nach Rechts

1 So könnten die Methoden „Drehen" und „Spiegeln" in einem Zeichenprogramm angezeigt werden.
Mit „Kippen" ist hier (in *Object-Draw*) spiegeln gemeint.
In *Object-Draw* kann man Methodenaufrufe direkt vornehmen.
Mit `elli_1.drehen(78)` wird z.B. eine Ellipse um 78° gegen den Uhrzeigersinn gedreht.

Objekt drehen:

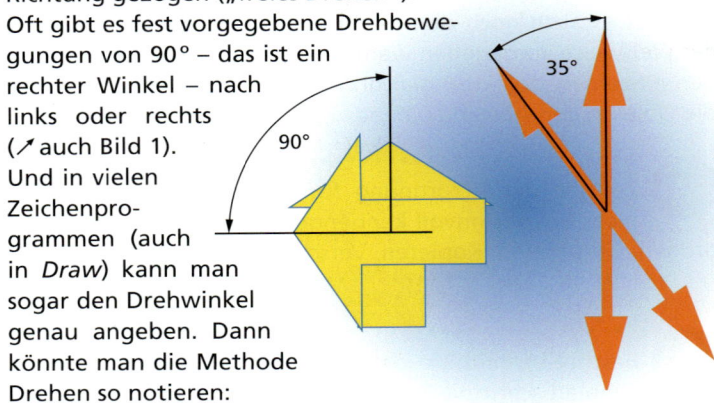

Das Drehen kann im Uhrzeigersinn (Rechtsdrehung) oder entgegengesetzt dem Uhrzeigersinn (Linksdrehung) erfolgen. Der „Drehschalter" wird mit der Maus angeklickt und im vorher markierten Objekt erscheinen Anfasser zum Drehen. Der Mauszeiger wird über einem Anfasser positioniert und zum Drehen wird mit der Maus in die gewünschte Richtung gezogen („freies Drehen").
Oft gibt es fest vorgegebene Drehbewegungen von 90° – das ist ein rechter Winkel – nach links oder rechts (↗ auch Bild 1). Und in vielen Zeichenprogrammen (auch in *Draw*) kann man sogar den Drehwinkel genau angeben. Dann könnte man die Methode Drehen so notieren:

`Objektname.Drehen(35° im Uhrzeigersinn)`

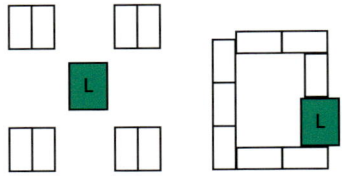

2 Fantasie-Sitzpläne

2.14 Zeichne den Sitzplan deiner Klasse, wie du ihn gern haben möchtest!
Nutze auch Methoden wie Drehen, Verschieben und Spiegeln von Objekten!

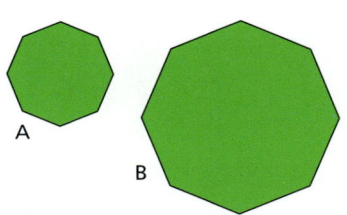

3 Das Achteck A wurde so skaliert, dass es jetzt doppelt so breit und lang ist wie vorher.
(Hinweis: Die Fläche hat sich dabei vervierfacht.)
Es entsteht ein neues Achteck B, wobei alle Attributwerte bis auf die Werte für Länge und Breite (Größe) gleich geblieben sind. Objekt A ist danach nicht mehr vorhanden.

Objekt skalieren

Objekte können auch vergrößert oder verkleinert werden. Man sagt dazu **Skalieren**.
Will man ein Objekt „gleichmäßig" skalieren, reicht es meist aus, die <Shift>-Taste gedrückt zu halten und mit der Maustaste an einem Eckpunkt des Objektes zu ziehen.
Es ist auch möglich, nur die Länge oder nur die Breite eines Objekts zu ändern und den jeweils anderen Attributwert beizubehalten.
Dies kann man kurz und knapp mithilfe der Punktnotation aufschreiben:

`Objektname.Skalieren()`

Und hier einige Beispiele:

```
Achteck.Skalieren(Breite halbieren)
Achteck.Skalieren(in der Länge auf 6 cm)
Achteck.Skalieren(verdoppeln)          (↗ Bild 3)
Achteck.Skalieren(200%)                (↗ Bild 3)
```

Objekte färben:

Einem Objekt können Rand- und Flächenfarbe (Füllfarbe) zugewiesen werden.

Meist gibt es beim Zeichnen eines Objekts Voreinstellungen: Strecken oder Randlinien sind eben am Anfang erst einmal schwarz, Flächenfarben weiß oder es ist für das Innere von flächenhaften Objekten überhaupt keine Farbe vorhanden. Man blickt durch das Objekt hindurch auf den Hintergrund.

Für die Farbzuweisung gibt es ähnlich wie bei Malprogrammen das Werkzeug „Farbfüller". Damit kann natürlich auch die Farbe verändert werden. Das kann dann beispielsweise so notiert werden:

```
Objektname.FarbeSetzen()
```

Hier einige konkrete Beispiele:

```
Strecke_a.LinienfarbeSetzen(grün)
Fünfeck.LinienfarbeSetzen(schwarz)
Fünfeck.FüllfarbeSetzen(orange)
Rechteckeck.FüllfarbeSetzen(gelb)
```

Farben werden aus Grundfarben gemischt.

Am Bildschirm sind das die Farben **R**ot, **G**rün und **B**lau (**RGB-Farbmodell**).

Der Drucker benutzt die Farben **C**yan (Blaugrün), **M**agenta (Purpur), **Y**ellow (Gelb) und Blac**k** (Schwarz). Das ist das **CMYK-Farbmodell**. Bei einem Tintenstrahldrucker werden in den Patronen genau diese Farben bereitgestellt.

Du musst also nicht nur vorgegebene Farben nutzen, du kannst dir auch neue Farben mischen (z. B. unter Word mit „Weitere Füllfarben ... ⟶ Benutzerdefiniert").

Es gibt etliche andere interessante Methoden in Zeichenprogrammen. Das ist von Programm zu Programm aber recht unterschiedlich. Was man beispielsweise mit Objekten so machen kann, sei im Folgenden zumindest genannt:

Flächen (im nebenstehenden Bildausschnitt sind das ein orangefarbenes Fünfeck und ein gelbes Rechteck) können mit Schatten unterschiedlicher Art versehen werden. Es ist auch möglich, Flächen (im Bild ein Kreuz) zu 3-D-Objekten, also zu Körpern, zu ergänzen.

1 In *Object-Draw* kann einem Objekt über den Methodenaufruf `name.FuellfarbeSetzen()` eine Farbe zugewiesen werden. Das Programm unterstützt die Farbauswahl dadurch, dass mit dem Setzen der öffnenden Klammer ein Auswahlmenü erscheint (↗ oben). Ein Methodenaufruf könnte dann z.B. wie folgt aussehen:

```
ell.FuellfarbeSetzen(gelb)
```

Ähnlich kann man beim Zuweisen der Rand- bzw. Linienfarbe vorgehen:

```
ell.LinienfarbeSetzen(rot)
```

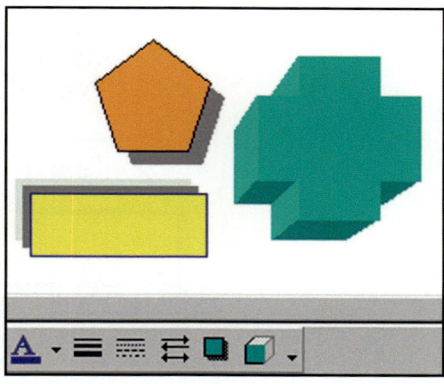

1 Bodenfliesen

2.15 Gegeben seien die im Folgenden dargestellten Parkett-muster A und B, die du zeichnen sollst.

A

B

a) Welchen Typ von Grafikprogrammen nutzt du – ein Malpro-gramm oder ein Zeichenprogramm? Begründe!

b) Beschreibe, wie du am effektivsten beim Zeichnen vorgehst!

c) Wer hat Recht?

Andreas sagt: „Quadrat 1 und Quadrat 2 sind von der gleichen Klasse.“

Britta meint: „Quadrat 1 und Quadrat 2 haben die gleichen Attribute.“

Christian sagt: „Quadrat 1 und Quadrat 3 besitzen die gleichen Attributwerte.“

2.16 Fertige mithilfe eines vektororientierten Grafikpro-gramms eine technische Zeichnung (Ansicht von vorn, oben und rechts, Maßpfeile) von dem dargestellten Gegenstand an!

Das Werkstück ist in Originalgröße dargestellt. Übernimm die restlichen Maße der Zeichnung!

i In technischen Zeichnun-gen verwendete Linien:
Für alle sichtbaren Kanten wird eine durchgezogene Linie mit der Stärke 0,7 mm (ca. 2 pt) verwen-det.
Für Strichlinien (verdeckte Kör-perkanten) wird eine Stärke von 0,35 mm (ca. 1 pt) verwendet.
Bei Hilfslinien ist eine Stärke von 0,5 pt zu empfehlen.

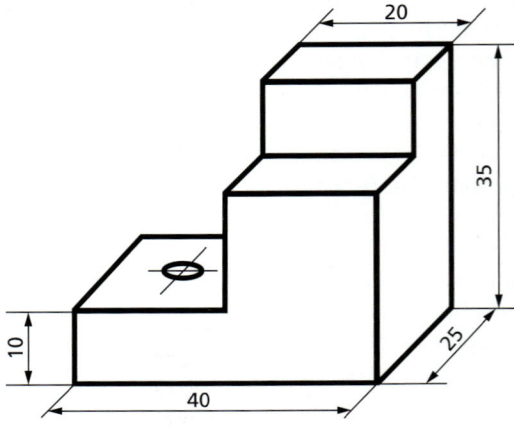

Klassen, Attribute und Methoden in Vektorgrafiken

Klasse	Attribute	Methoden
STRECKE, STRECKENZUG, FREIHANDLINIE	• Position (Lage auf dem Zeichenblatt) • Größe (Länge, Breite) • Linienstärke • Linienfarbe • Linienart	• Position zuweisen • Kopieren, Einfügen, Löschen • Verschieben, Drehen, Spiegeln • Größe setzen • Skalieren • Linienstärke setzen • Linienfarbe setzen • Linienart setzen
RECHTECK, QUADRAT VIELECK, ELLIPSE, KREIS	• Position • Größe (Länge, Breite) • Linienstärke, Linienfarbe, Linienart • Flächenfarbe • Füllmuster • Farbverlauf	• wie bei STRECKE • wie bei STRECKE • wie bei STRECKE • Flächenfarbe setzen • Füllmuster setzen • Farbverlauf setzen
TEXTFELD	• Position • Größe des Textfeldes • Schriftgröße • Schriftfarbe	• wie bei STRECKE • Größe setzen • Schriftgröße setzen • Schriftfarbe setzen

Vergleich von Pixel- und Vektorgrafiken

	Pixelgrafik	Vektorgrafik
Grafik-Eigenschaften	• hoher Speicherbedarf • Skalierung mit Verlusten	• geringer Speicherbedarf • verlustfreie Skalierung
Verwendung der Programme	besonders geeignet für alle künstlerischen Darstellungen (Malerei: „Pinselzeichnungen") und Fotos	besonders geeignet für Konstruktions-Zeichnungen (CAD-Programme) und großflächige Grafiken (z. B. Cartoons)

2.17 Wandle eine digitale Fotografie deiner Wahl in ein Schwarz-Weiß-Bild um!
Mit Bildbearbeitungsprogrammen wie *Paint.NET* ist es möglich, einzelne Bereiche zu entfärben. Wähle aus einer Farbfotografie einen Bereich aus und entfärbe ihn!

ℹ️ Bildbearbeitungsprogramme wie *Paint.NET* und *GIMP* arbeiten mit Ebenen, um komplexere Grafiken und Bilder zu erstellen.
Die Ebenen sind übereinander gestapelt, die oberste Ebene liegt im Vordergrund, die unterste ist der Hintergrund. Jede Ebene kann einzeln bearbeitet werden.

2.18 Erstelle ein Deckblatt für eine Urlaubsmappe!
Suche ein interessantes, für den Hintergrund geeignetes Foto aus und öffne es mit deinem Bildbearbeitungsprogramm! Füge einen Titel ein und zwar so, dass du ihn jederzeit ändern, verschieben oder löschen kannst! Die Schrift sollte also auf einer neuen Ebene platziert sein, die über dem Hintergrundbild liegt. Speichere das Deckblatt als bearbeitbare Datei (also mit allen Ebenen) unter dem Namen „Urlaub"!
Platziere kleine Fotos über dem Hintergrund und speichere die fertige Datei unter dem Namen „Urlaub_2" ab! Diskutiert in der Klasse über euer Vorgehen und über Dateigrößen!

2.19 Fertige eine Collage zum Thema „Natur" an! Suche geeignete Bilder.
a) Wähle eines davon als Hintergrund und binde die anderen Bilder ein (↗ Bild 1)! Speichere die Collage im Format deines Bildbearbeitungsprogramms unter dem Namen „Collage_Natur"! Welche Werkzeuge hast du genutzt?
b) Speichere die Collage auch im JPG-Format und vergleiche die Dateigröße mit der Ursprungsdatei!

1 Beispiel für eine Collage zum Thema „Natur"

2.20 Zeichne die folgenden Parkettmuster mit einem Zeichenprogramm!
Beschreibe, wie du am effektivsten beim Zeichnen vorgehst!

A

B

2.21 Gegeben ist die folgende Grafik, die aus einzelnen Objekten besteht:

a) Gib allen noch nicht bezeichneten Objekten einen Namen!
Notiere die Klasse, zu denen jedes einzelne Objekt gehört!
Gib die wichtigsten Attribute und Attributwerte an!
Für die Objektbeschreibung musst du nicht unbedingt die Punktnotation benutzen, du kannst das auch wie folgt tun:

Objekt1: RECHTECK	Objekt2: KREIS
Länge = 1,9 cm Breite = 1,4 cm Füllfarbe = hellblau Linienfarbe = hellblau Linienart =	Radius = 10 mm Linienstärke = 3 mm Füllfarbe = rot Linienfarbe = Linienart =

b) Zeichne den Traktor mithilfe des Grafikprogramms *Object-Draw* und speichere das Grafikdokument als Traktor.odr ab! Verwende dabei alle Objekte mit den Attributwerten, die du gemessen bzw. gesehen hast.
Verwende bei Bedarf Methodenaufrufe, um Attributwerte exakt eingeben zu können. Beispiele:
`Objekt1.LängeSetzen(1.4 cm)`
`Objekt1.BreiteSetzen(1.9 cm)`
Die Methodenaufrufe werden unter der Zeichenfläche eingegeben, wobei *Object-Draw* intelligente Hilfen gibt. So werden nach Eingabe eines Buchstabens alle Objekte angezeigt, die mit diesem Buchstaben beginnen und man kann das gewünschte Objekt auswählen. Nach Eingabe des Punktes werden alle Methoden angeboten, die möglich sind.

i In *Object-Draw* gibt es neben dem Zeichenfenster ein Analysator-Fenster mit der Registerkarte „Objektbaum". Dort können den gezeichneten Objekten neue Namen gegeben werden. Gezeigt wird hier ein Ausschnitt aus dem Objektbaum.

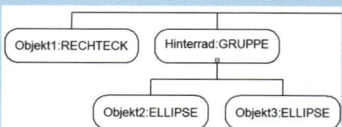

In *Object-Draw* gibt es keine eigenständige Klasse KREIS, da der Kreis letztlich eine spezielle Ellipse ist.

1 Teile des 3 × 3 × 3-SOMA-Würfels

2.22 Ein „normaler" SOMA-Würfel mit einer Kantenlänge von 3 Würfeln besteht aus 7 Teilen (↗ Bild 1).

Im folgenden Bild sind 13 Teile eines SOMA-Würfels abgebildet, der 4 kleine Würfel als Seitenkantenlänge besitzt. Zwölf Teile sind so konstruiert, dass sie in einen Quader mit den Kantenlängen 2 × 2 × 3 passen.

Stelle die einzelnen Teile mit einem Zeichenprogramm so dar, dass man sie nach deiner Vorlage bauen kann! Das kann so geschehen, dass du zu jedem Teil 3 Ansichten zeichnest:
- senkrecht von vorn,
- senkrecht von oben und
- senkrecht von links (oder rechts).

Man kann aber auch die 3-D-Objekte im Zeichenprogramm nutzen und eine räumliche Darstellung der einzelnen Teile erreichen.

Etwas für Bastler: Baue die Teile nach deiner Zeichenvorlage zusammen, indem du insgesamt 64 Würfel gleicher Größe entsprechend verklebst!

Etwas für Knobler: Setze die 13 Teile zu einem 4 × 4 × 4-SOMA-Würfel zusammen (↗ Bild 2)!

2 Das ist der zusammengesetzte 4 × 4 × 4-SOMA-Würfel

Textobjekte, ihre Attribute und Methoden

3

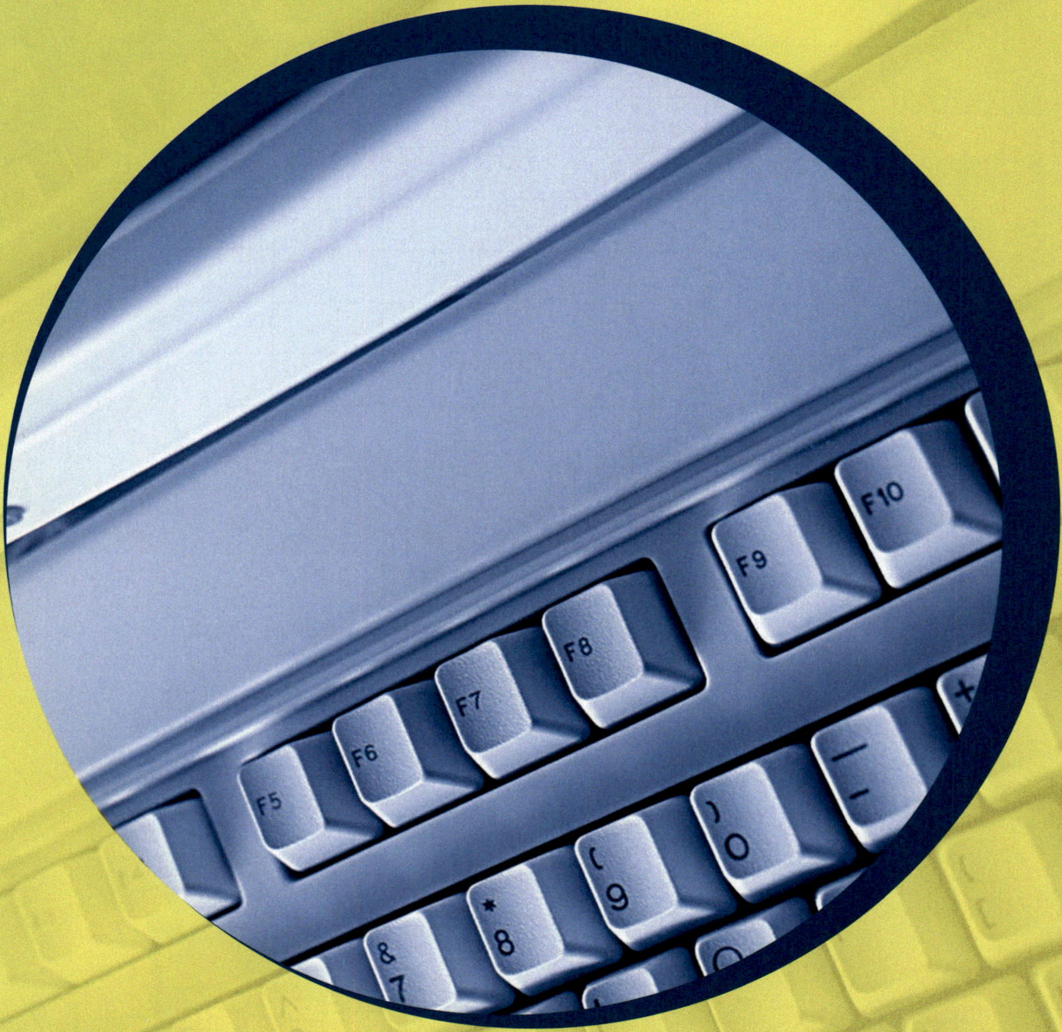

Stundenplan

Halbjährlich musst du einen neuen Stundenplan ausfüllen. Oft ändert sich der Plan innerhalb eines Schulhalbjahrs. Es ist daher sinnvoll, mit einem Textverarbeitungsprogramm eine Vorlage zu gestalten, die du bei Bedarf leicht ändern kannst.

Welche Vorteile bietet die Arbeit mit dem Textverarbeitungsprogramm gegenüber dem Ausfüllen eines vorgefertigten Kalenders mit Bleistift? Diskutiert in kleinen Gruppen!

Objekte in Textverarbeitungsprogrammen können auch Tabellen sein, die wir hierfür nutzen.

Wie viele Zeilen und Spalten sollte eine solche Tabelle haben?

Was steht im Tabellenkopf?

Wie kann man die Übersichtlichkeit des Stundenplans erhöhen?

Stundenplan

Ein selbst erstellter Stundenplan könnte beispielsweise folgendermaßen aussehen:

Stundenplan

Konrad-Zuse-Schule
Klasse 8c

Std.	Zeit	Montag	Dienstag	Mittwoch	Donnerstag	Freitag
1	8:00 bis 8:45	Mathematik Frau Herz Raum 201		Sport Herr Heller Sporthalle	Sport Herr Heller Sporthalle	Mathematik Frau Herz Raum 201
2	8:50 bis 9:35	Biologie Frau Blume Raum 111	Mathematik Frau Herz Raum 201	Mathematik Frau Herz Raum 201	Sport Herr Heller Sporthalle	Rel./Ethik Frau Mertens Raum 107
3	9:55 bis 10:40	Englisch Frau Deutsch Raum 202	Physik Herr Otto Raum 214	Deutsch Herr Meyer Raum 202	Englisch Frau Deutsch Raum 102	Englisch Frau Deutsch Raum 102
4	10:45 bis 11:30	Englisch Frau Deutsch Raum 202	Chemie Frau Sauer Raum 213	Deutsch Herr Meyer Raum 202	Rel./Ethik Frau Mertens Raum 107	Geographie Herr Meyer Raum 242
5	11:35 bis 12:20	Deutsch Herr Meyer Raum 202	Geschichte Frau Kaiser Raum 202	Geschichte Frau Kaiser Raum 202	Physik Herr Otto Raum 214	Deutsch Herr Meyer Raum 202
6	13:15 bis 14:00	Informatik Frau Großer Raum 312	Musik Frau Bach Raum 222	Kunst Herr Mahler Raum 133	Chemie Frau Sauer Raum 213	WTH Frau Müller Raum 302
7	14:05 bis 14:50	WTH Frau Müller Raum 302				WTH Frau Müller Raum 302

Leitfragen

- Wie ist ein Textverarbeitungsprogramm aufgebaut?
- Was ist der „Einfügemodus", was der „Überschreibmodus"?
- Wie kann man schnell ein Textdokument erzeugen?
- Wie ist eine Seite aufgebaut? Was ist eine Kopfzeile, was eine Fußzeile, was ein Bundsteg? Wie legt man Seitenränder im Textverarbeitungsprogramm fest?
- Was ist ein Absatz? Woran erkennt man das Absatzende?
- Warum sollte man einen Text in Absätze einteilen?
- Was versteht man unter „Absatzausrichtung"? Welche Werte hat dieses Absatz-Attribbut?
- Was ist ein „Durchschuss"?
- Was ist ein Absatzeinzug, was ein „hängender Einzug"?
- Wie kann man Texte in tabellarischer Form ausrichten, ohne eine Tabelle zu benutzen?
- Welche Schriftarten gibt es? Was ist ein Schriftschnitt?
- Was sind Formatvorlagen? Wie helfen sie, ein einheitliches Layout zu erzeugen?
- Welche der aufgeführten Fragen sind auch für die Erstellung des Stundenplans wichtig?

3.1 Schreiben – früher und heute

Informationen geben die Menschen weiter, indem sie miteinander sprechen, man sagt auch „kommunizieren". Lange Zeit waren Sprache und Gesten die einzigen Mittel, sich zu verständigen: über wilde Tiere, die ein Jäger gesehen hat, über den Fundort von Früchten oder darüber, wer wen liebt.
Erfindungen oder Entdeckungen, Normen des menschlichen Zusammenlebens oder handwerkliches Wissen und Können wurden mündlich an die Nachkommen weitergegeben – und gingen gar nicht so selten im Laufe der Zeit verloren.

1 *Sprechen und Hören* sind Methoden der Informationsübertragung mithilfe der Sprache.

Welch großer Fortschritt war da die Erfindung der **Schrift,** mit der man außerordentliche Ereignisse, Gesetze, Verträge und Abkommen festhalten konnte.

i Dargestellt sind hier einige Zeichen der **sumerischen Keilschrift,** ihre Aussprache und Bedeutung:

	A	Wasser
	Uru	Stadt
	An, Dingir	Himmel, Gott
	Za	Mensch

Die erste Schrift
Die älteste bekannte „Nichtbilderschrift" ist die **Keilschrift** der Sumerer, die im Zweistromland (das ist der heutige Irak) lebten. Diese Schrift ist ungefähr 7500 Jahre alt und wurde mit einem Griffel in Ton eingedrückt. Viele dieser Tontafeln sind bis heute erhalten geblieben und übersetzt worden. So weiß man, dass die Sumerer regen Handel trieben und die Kaufleute gewissenhaft alle Geschäfte schriftlich festhielten. Die Sumerer nutzten den Klang eines Zeichens. Beispielsweise gab es für „Ei" ein Zeichen, das dann zum Schreiben aller Wörter genutzt wurde, die die Silbe „ei" enthielten. So konnte man mit ungefähr 600 Zeichen den erforderlichen Wortschatz ausdrücken.
Die Perser vervollkommneten die Keilschrift so weit, dass 41 Zeichen zum Schreiben ausreichten.

2 *Schreiben und Lesen* sind Methoden der Informationsübertragung mithilfe der Schrift.

Informationen konnten also jetzt dauerhaft „gespeichert" werden. Bei der Informationsweitergabe durch *Sprechen und Hören* waren flüchtige Schallwellen Träger der Information. Informationsträger bei der Keilschrift waren haltbare Tontafeln, zur Informationsübermittlung musste man *schreiben und lesen* können. Das bedeutete auch, dass wichtige Informationen nicht allen zugänglich waren: Man musste eben schreiben und lesen können oder „Schreiber" in seinen Diensten haben.

Und durch die Erfindung der Schrift kam eine neue „Methode" der Informationsverarbeitung hinzu: Informationen konnten beliebig vervielfältigt (man sagt auch **„kopiert"**) werden.

Im mittelalterlichen Europa waren es Mönche, die in den Klöstern als **„Kopisten"** beschäftigt waren. Um beispielsweise eine Bibel exakt abzuschreiben, benötigte ein Kopist oft mehrere Jahre. Der Mönch versah dabei die Anfangsbuchstaben längerer Abschnitte mit reichen und farbigen Verzierungen. Diese Buchstaben wurden **Initialen** genannt.

Sehr viel schneller ging das Kopieren, als JOHANN GUTENBERG (um 1395–1468) den **Buchdruck** mit beweglichen Lettern erfand: Buchstaben wurden als Typen aus Blei gegossen. Diese Metalltypen wurden zu Wörtern und Zeilen zusammengesetzt, die Zeilen zu einer Buchseite. Allerdings war alles spiegelverkehrt angeordnet. Die Seitenvorlage wurde mit Druckerschwärze bestrichen und auf Papier gepresst. Man konnte nun bis zu 1000-mal diese einzelne Seite kopieren. Dann kam die nächste Seite dran. Die Seiten wurden sortiert und zu Büchern zusammengebunden.
Die Handwerker, die die Seiten aus Metalltypen setzten, wurden **Setzer** genannt. Dieser Beruf löste den „Beruf" des Kopisten ab.

1 Kopist im Kloster

3.1 Vergleiche mithilfe einer Tabelle die Informationsübertragung bei Verwendung der *Sprache* und der *Schrift!*
Mache unter anderem Aussagen zu Informationsträgern und zur Speicherung von Informationen, zu Methoden der Informationsübertragung und zu Möglichkeiten der Vervielfältigung von Informationen.

Den klassischen Beruf des Setzers gibt es kaum noch. Heute entstehen Bücher im Allgemeinen folgendermaßen:
- Die Autoren schreiben ihr Manuskript meist am Computer und liefern es als Textdatei an einen Verlag.
- Ein **Redakteur** oder **Lektor** überprüft das Manuskript direkt am Computer auf Fehler (z.B. falsche Rechtschreibung) und reicht es an das **Satzstudio** weiter.
- Die Setzer **(Layouter)** erstellen daraus mit einem besonderen Textverarbeitungsprogramm – einem **Desktop-Publishing-Programm (DTP-Programm)** – durch Einfügen von Bildern eine veröffentlichungsreife Druckschrift am Bildschirm.
- Die Autoren erhalten einen Umbruch zur Durchsicht. Die Korrekturen werden vom Redakteur zusammengefasst und mit Satzanweisungen versehen. Die Setzer arbeiten die Korrekturen ein. Ist alles in Ordnung, gibt der Redakteur den Titel zum Druck frei, man sagt, er **„imprimiert"** ihn.
- Im Satzstudio wird eine druckfähige PDF-Datei erzeugt und an die Druckerei gegeben. Der Druck kann beginnen.

i Der Druck direkt aus den PDF-Dateien heraus wird **Digitaldruck** genannt.
Damit wird es möglich, kleine Auflagen zu drucken, die bestimmten Kundenwünschen entsprechen (Druck auf Anforderung = **„book on demand"**).

3.2 Schreiben am Computer

Es gibt verschiedene Textverarbeitungsprogramme. Die bekanntesten sind Word von der Firma Microsoft und Writer im Paket Libre Office bzw. OpenOffice. Sie sind fast gleich aufgebaut und haben eine ähnliche Menü- und Fenstertechnik.

Heute werden Texte am Computer erstellt, bearbeitet und gespeichert, was man als **Textverarbeitung** bezeichnet.

Nachdem man auf das Symbol des entsprechenden Textverarbeitungsprogramms einen Doppelklick ausgeführt hat, erscheint ein Fenster mit der Oberfläche des Programms. Meist wird auch sofort ein leeres Dokument geöffnet. Im folgenden Bild ist die Oberfläche von *Word* (mit Ribbon-Technik) zu sehen.

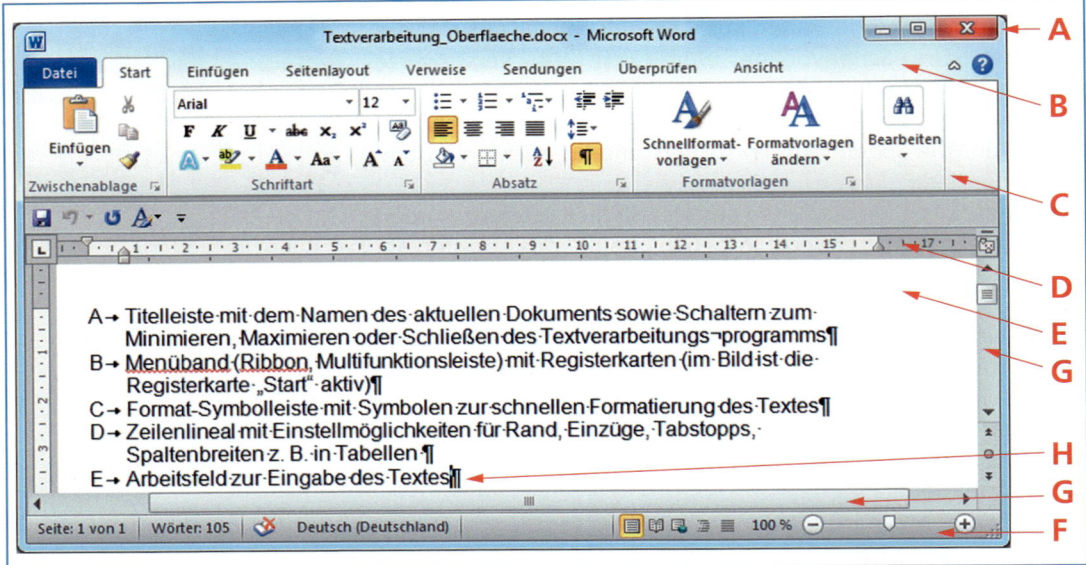

A **Titelleiste** mit dem Namen des aktuellen Dokuments sowie Schaltern zum Minimieren, Maximieren und Schließen

B **Menüband (Ribbon, Multifunktionsleiste)** mit **Registerkarten** (im Bild ist die Registerkarte „Start" aktiv)

C **Format-Symbolleiste** mit Symbolen zur schnellen Formatierung des Textes

D **Zeilenlineal** mit Einstellmöglichkeiten für Rand, Einzüge, Tabstopps, Spaltenbreiten z. B. in Tabellen

E **Arbeitsfeld** zur Eingabe des Textes

F **Statuszeile** mit Informationen zum Dokument bzw. zu einem gewählten Befehl
Hier von links nach rechts: Nummer der aktuellen Seite und Gesamtseitenzahl; Wörterzahl; Sprache für die Rechtschreibkontrolle; Ansicht (Seitenlayout, Vollbild, Weblayout, Gliederung oder Entwurf); Zoomfaktor mit Änderungsmöglichkeit)

G **Bildlaufleisten** zum Verschieben des Bildausschnitts

H **Einfügemarke** (senkrechter Strich)

Nach dem Starten des Textverarbeitungsprogramms kannst du sofort mit der Texteingabe beginnen.

Die **Einfügemarke** (der kleine blinkende Strich, auch **Cursor** genannt) kennzeichnet die Stelle, an der der nächste Buchstabe eingesetzt wird.

Die Position der Einfügemarke lässt sich mit den Tasten auf dem Bewegungsblock der Tastatur oder mit der Maus verändern – sofern schon Text vorhanden ist.

3.2 Starte dein Textverarbeitungsprogramm mit einem Doppelklick auf das Programmsymbol!

Geöffnet wird dabei ein unbeschriebenes Dokument, das so groß ist wie die Seite eines Schreibblocks (DIN A4).

Gib einen Text deiner Wahl ein! Probiere dabei aus, wie dein Textverarbeitungsprogramm reagiert und beachte die nach dieser Aufgabenstellung genannten Hinweise.

Wenn du das Folgende beim Schreiben beachtest, geht alles einfacher und schneller:

- Ein Textverarbeitungsprogramm ist keine Schreibmaschine: Zeilenumbrüche erfolgen automatisch. Nur wenn du einen Absatz beenden oder eine Leerzeile einfügen will, drückst du auf die <Enter>-Taste.
- Setze nie mehr als ein Leerzeichen hintereinander. Die Textausrichtung erfolgt durch Tabulatoren (was wir noch kennenlernen werden).
- Es gibt zwei Tasten zum Löschen von Text:
  Die **Entfernen-Taste (Entf-Taste, Löschtaste, Del-Taste)** auf dem Bewegungsblock der Tastaur löscht das Zeichen nach dem Cursor und bewegt alle nachfolgenden Zeichen um eine Stelle pro Tastendruck nach links („Vorwärtslöschung").
  Die **Rücktaste (Rücklöschtaste, Backspace-Taste)** löscht das Zeichen vor dem Cursor („Rückwärtslöschung"). Sie liegt auf dem Schreibmaschinenblock der Tastur rechts oben und ist mit einem Pfeil nach links gekennzeichnet.
- Sobald du mit dem Schreiben des Textes begonnen hast, solltest du dem Dokument einen Namen geben und es speichern.
- Das Bearbeiten von Texten wird erleichtert durch die Nutzung solcher Methoden wie Kopieren, Verschieben und Löschen (↗ Seite 54, 55). Bevor ein Textteil gelöscht, verschoben oder kopiert werden kann, muss er markiert werden.

i Es gibt zwei <Enter>-Tasten, eine auf dem Schreibmaschinenblock und eine auf dem Numerikblock.
Am besten du benutzt die auf dem Schreibmaschinenblock.

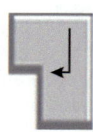

i Den Befehl „Speichern unter ..." findest du immer ganz links oben im Menü „Datei". Ist bereits ein Name vergeben, kann die Speicherung mit einem Klick auf den Schalter 🖫 in der Standard-Symbolleiste erfolgen.
Speichern solltest du auch während des Schreibens in regelmäßigen Abständen, damit bei einem „Rechnerabsturz" nur wenig Arbeit verloren geht.

1 Ein Dokument besteht aus Absätzen und Zeichen.

3.3 Objekte in einer Textdatei

Dateien, die vorwiegend Text enthalten, werden **„Textdokumente"** genannt. In einem Dokument lassen sich bestimmte Objekte erkennen: Zeichen setzen sich zu Wörtern zusammen, Wörter zu Sätzen oder Zeilen, diese wiederum zu Absätzen und Seiten. In den meisten Textverarbeitungsprogrammen können auch Tabellen erzeugt werden. All das sind Objekte, die bestimmte Eigenschaften (Attribute) besitzen.

Für die sinnvolle Arbeit mit Textverarbeitungsprogrammen reicht es aus, drei **Klassen von Objekten** zu betrachten:

- *Dokument* (bzw. Seiten)
- *Absatz* und
- *Zeichen*.

In der folgenden Übersicht wird erläutert, woran du diese Objekte erkennen kannst und es werden einige Beispiele für Attribute gegeben:

Einen Seitenwechsel kann man auch erzwingen. Und zwar dadurch, dass man die Tastenkombination <Strg> + <Enter> drückt.

Zeilen werden im Absatz automatisch umgebrochen. Man kann einen Zeilenwechsel aber auch erzwingen. Und zwar dadurch, dass man die Tastenkombination <Shift> + <Enter> drückt.

Klasse	Erzeugung und Attribute
DOKUMENT (SEITE)	Ein Dokument wird automatisch in Seiten eingeteilt. Fast immer ist folgender Standard vorgegeben: • Seitengröße: DIN A4 (21,0 cm breit; 29,7 cm hoch), • Seitenrand überall 2 cm. Ist eine Seite vollgeschrieben, wechselt das Textverarbeitungsprogramm automatisch zur nächsten.
ABSATZ	Absätze setzt man im Text, um gedankliche Einheiten zu veranschaulichen. Ein Absatzende wird durch die <Enter>-Taste erzeugt. Das Absatzende wird durch das Textverarbeitungsprogramm mit dem Steuerzeichen ¶ kenntlich gemacht. Alle Zeichen, die vor ¶ stehen, gehören zum Absatz. Das ¶ siehst du aber nur, wenn der Schalter ¶ in der Format-Symbolleiste bei *Word* bzw. in der Werkzeugleiste bei *Writer* gedrückt ist. Absätze kann man beispielsweise durch folgende Attribute kennzeichnen: • Abstand vor oder nach einem Absatz, • Abstand zwischen den Zeilen eines Absatzes.
ZEICHEN	Ein Absatz besteht aus einzelnen Zeichen. Diese Zeichen sind entweder auf der Tastatur dargestellt oder man erhält sie, indem man den ANSI-Code nutzt (↗ Seite 15). Zeichen kann man beispielsweise durch folgende Attribute hervorheben: • Schriftgröße, • Schriftart.

2 Hier ist der Buchstabe A in verschiedenen Schriftarten, Größen und Farben dargestellt.

Die Attributwerte für die einzelnen Objekte musst du zuweisen. Man sagt auch, du musst den Text „formatieren". Dein Textverarbeitungsprogramm stellt ganz unterschiedliche Möglichkeiten zur Formatierung bereit:

- *Menü:* Im Menü „Format" findest du die Befehle „Zeichen", „Absatz" und „Seite". Unter *Word* muss man die Seite im Menü „Datei" einrichten. (↗ auch Infotext 2 auf dieser Seite)
- *Format-Symbolleiste (Funktionsleiste* bei *Writer):* Hier findest du Schalter für Zeichen- und Absatzformatierungen, die du mit der Maus nur anklicken musst.
- *Tastenkombinationen:* Auch damit kann man das Erscheinungsbild von markiertem Text in einem Dokument ändern. Beispiel: <Strg> +<r> setzt einen Absatz rechtsbündig, das heißt, er wird am rechten Rand ausgerichtet.

Bei Vektorgrafiken haben wir auch schon Objekte kennengelernt, die man spiegeln, drehen, kopieren oder gruppieren konnte. Gruppieren kann man in der Textverarbeitung nicht, denn im Grunde genommen sind die Objekte schon gruppiert – nämlich Zeichen zu einem Absatz, Absätze zu einer Seite bzw. zum gesamten Dokument.

Man kann sagen: Ein Dokument enthält Absätze, ein Absatz enthält Zeichen. Diese **Enthält-Beziehung** können wir sogar zur eindeutigen Kennzeichnung der einzelnen Objekte benutzen:

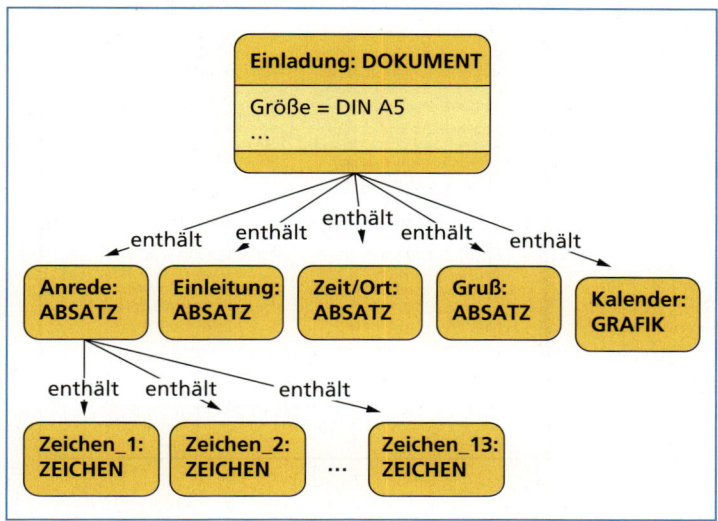

ℹ️ Text, den du formatieren möchtest, musst du vorher immer **markieren.**
Zeichen werden markiert, indem man sie bei gedrückter Maustaste überstreicht. Die Schrift sieht dann weiß aus (auf schwarzem Grund).
Absätze werden markiert, indem man den Cursor einfach irgendwo in den Absatz setzt.

ℹ️ Bei *Word* mit Ribbon-Technik kannst du Zeichen- und Absatzformatierungen unter der Registerkarte „Start" durchführen, Seitenformatierungen unter der Registerkarte „Seitenlayout".

Lieber Peter,

hiermit lade ich dich ganz herzlich zu meiner Geburtstagsfeier ein.

Wann? 22. 2. 2016, 1
Wo? Bei mir zu Haus

Bis bald,
viele Grüße, Anne.

1 Das Dokument „Einladung zur Geburtstagsfeier" ist so aufgebaut wie nebenstehend dargestellt.

Bei der Textverarbeitung unterscheidet man 3 Klassen: Dokument, Absatz und Zeichen. Ein Dokument enthält Absätze. Ein Absatz enthält Zeichen.

3.4 Wir richten ein Dokument ein

Wenn du ein Textverarbeitungsprogramm startest, wird fast immer ein leeres Dokument geöffnet.

„Leer" heißt in diesem Falle „nicht beschrieben". Aber es ist hinsichtlich seiner Attribute schon eingerichtet:

Die Seiten haben eine bestimmte Größe (meist 21,0 cm breit; 29,7 cm hoch), die Ränder eine bestimmte Breite usw.

Folgende **Attribute für Dokumente** sind im Allgemeinen möglich und schon mit bestimmten Werten belegt:

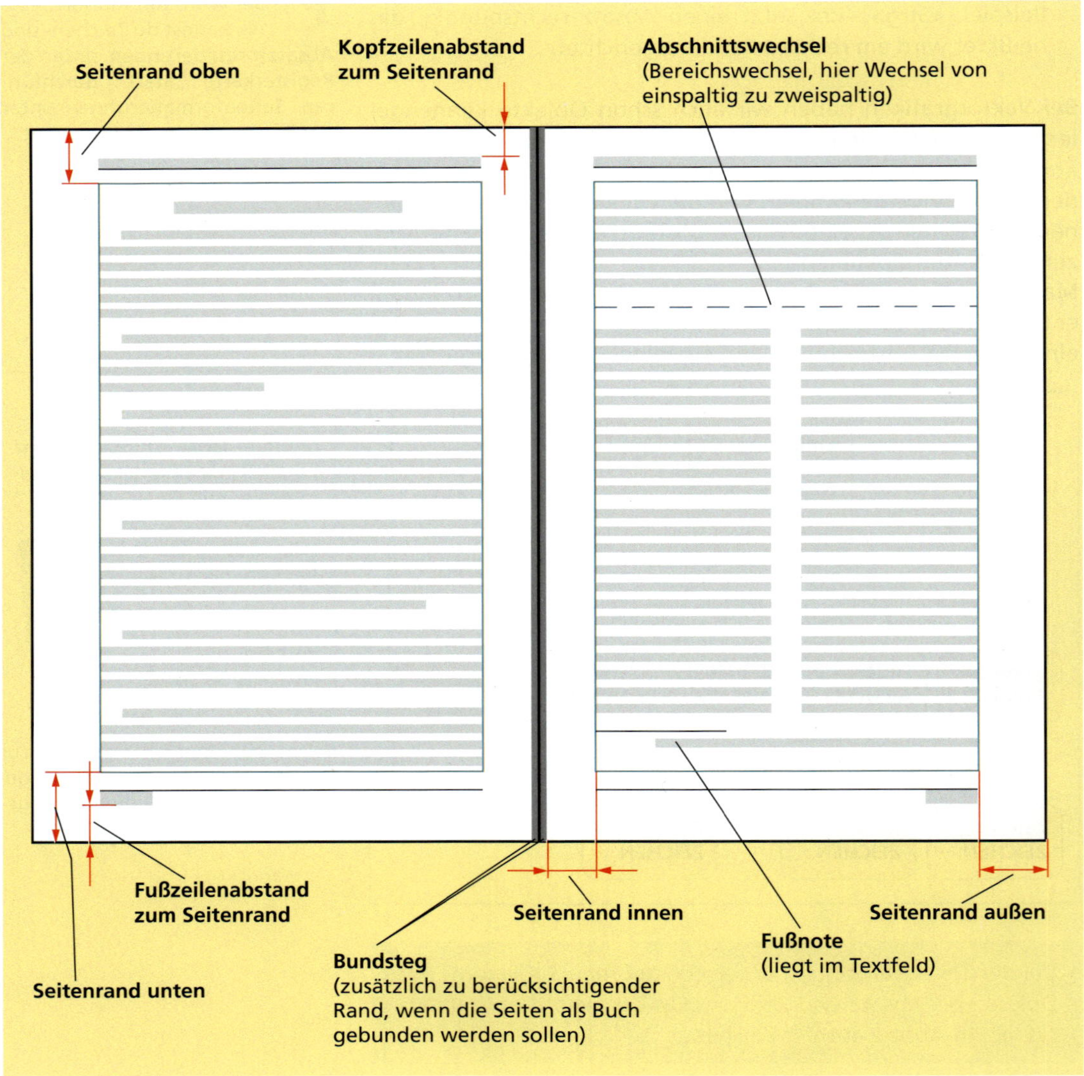

Seitenrand oben

Kopfzeilenabstand zum Seitenrand

Abschnittswechsel (Bereichswechsel, hier Wechsel von einspaltig zu zweispaltig)

Fußzeilenabstand zum Seitenrand

Seitenrand innen

Seitenrand außen

Fußnote (liegt im Textfeld)

Seitenrand unten

Bundsteg (zusätzlich zu berücksichtigender Rand, wenn die Seiten als Buch gebunden werden sollen)

Die Attributwerte des Dokuments kannst du deinen Wünschen anpassen. So muss die Einladung zu deiner Geburtstagsfeier (↗ Seite 67) nicht unbedingt auf einer DIN-A4-Seite gedruckt werden, vielleicht reicht auch DIN A5 oder DIN A6 (Postkartengröße).

Das nebenstehende Dialogfenster erreicht man unter *Word* mit Ribbon-Technik über die Registerkarte „Seitenlayout" ⟶ „Seitenränder" ⟶ „Benutzerdefinierte Seitenränder...".

In *Writer* gibt es ein ähnliches Fenster zum Ändern der Attributwerte unter dem Menü „Format ⟶ Seite...".

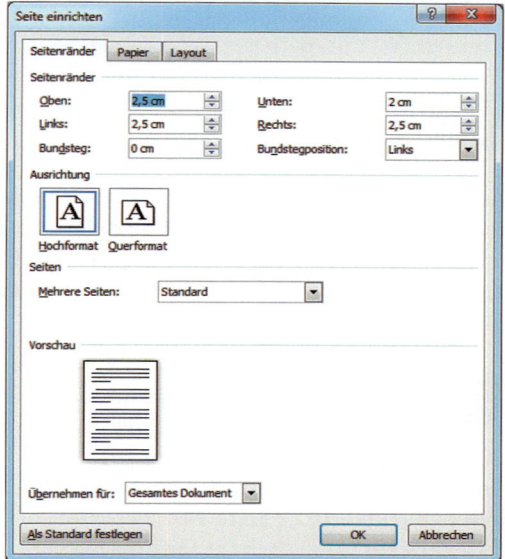

Das **D**eutsche **I**nstitut für **N**ormung **(DIN)** hat **Papierformate** festgelegt.
Ausgegangen wird von einem sogenannten A0-Blatt, das die Maße 841 mm × 1189 mm besitzt. Das ist eine Fläche von 1 m². Wird dieses Blatt in der Mitte gefaltet und auseinander geschnitten, dann erhält man zwei (gedrehte) DIN-A1-Blätter usw:

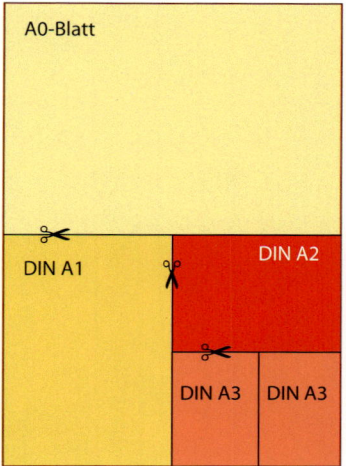

Die Seiten eines Dokuments besitzen insbesondere folgende Attribute:
• Seitenlänge und -breite (Papierformat) und
• Seitenränder, aber auch
• Seitennummerierung oder Spaltenanzahl.
Hierfür existieren in Textverarbeitungsprogrammen Voreinstellungen für Attributwerte, die man verändern kann.
Ein Textdokument enthält elementare Objekte wie Zeichen, Absätze, Tabellen und Grafiken, die ebenfalls bestimmte Attribute (Formate) besitzen.

Auf diese Weise entstehen dann auch die folgenden Formate:
DIN A4: 210 mm × 297 mm,
DIN A5: 148 mm × 210 mm.

3.3 Starte dein Textverarbeitungsprogramm! Geöffnet wird beim Start ein unbeschriebenes DIN-A4-Dokument.
Du möchtest eine Einladung für ein Fest schreiben. Sie soll auf eine Postkarte (DIN A6) passen. Bedenke: Die Postkarte wird „quer" beschrieben bzw. bedruckt!
Ändere die Seiten-Attributwerte entsprechend!
Speichere das (immer noch leere) Dokument unter der Bezeichnung EINLADUNG.DOC!

Den Befehl „Speichern unter" bzw. „Speichern" findest du im Menü „Datei".
Den Dateinamen „EINLADUNG" musst du vergeben, die Endung „.DOC" hängt das Textverarbeitungsprogramm selbst an.

Steuerzeichen sichtbar machen:
Das ¶ siehst du nur, wenn der folgende Schalter in der Standard-Symbolleiste bei *Word* bzw. in der Werkzeugleiste bei *Writer* gedrückt ist:

3.5 Ein Dokument besteht aus Absätzen

Mit „Absatz" wird eine Unterbrechung im Text bezeichnet. Solche Unterbrechungen sollen einen Text lesbarer gestalten und das zusammenhalten, was inhaltlich zusammengehört.

Absätze sind gedankliche Einheiten in einem Text. Sie enden in Textverarbeitungsprogrammen mit einer **Absatzende-marke** (¶), die man nur dann sehen kann, wenn die Steuerzeichen am Bildschirm sichtbar sind.
Für den Leser heben sich Absätze durch ihre Attributwerte voneinander ab.

Als Buchseiten noch mit Metall-Typen gesetzt wurden, fügte man nach einem Absatz eine Leerzeile, also einen *Abstand* ein. In alten Romanen sieht man auch manchmal, dass die erste Zeile eines Absatzes ein kleines Stück nach rechts eingerückt ist, einen *Einzug* bekommen hat.

3.4 Nenne die Attributwerte, mit denen die Absätze mit den Namen „Anrede" und „Einleitung" im Beispieldokument „Einladung" belegt sind (↗ Seite 73)?
Benutze zur Beantwortung der Frage die Darstellung mithilfe einer Objektkarte (↗ Seite 21)!

In Textverarbeitungsprogrammen hat man sehr viele Möglichkeiten, Absätze hervorzuheben.

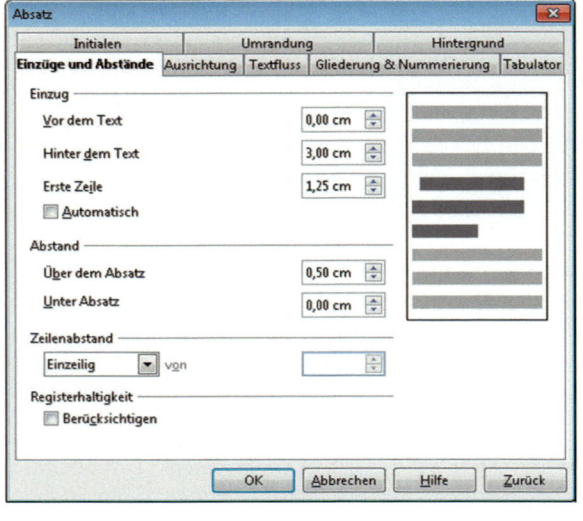

Das nebenstehende Absatzmenüfenster von *Writer* zeigt Attribute wie
• Einzüge,
• Abstand vor und nach dem Absatz und
• Zeilenabstand.
Es gibt auch Registerkarten zur Absatzausrichtung und zum Setzen von Tabulatoren, mit denen man tabellarische Übersichten gestalten kann.
Den Attributen wurden schon Werte zugewiesen. Das Attribut Einzug hinter dem Text (Einzug rechts) hat den Wert „3,00 cm" und das Attribut Erstzeileneinzug den Wert „1,25 cm". Das Attribut Abstand über (vor) dem Absatz hat den Wert „0,5 cm".
Im Folgenden wollen wir uns mit den genannten Attributen etwas genauer beschäftigen.

Die **Absatzausrichtung** gibt an, wie die Zeilen eines Absatzes zueinander liegen. Es gibt 4 Werte für dieses Attribut:

* **„Linksbündig"** oder **„Links"** heißt, dass die Zeilen am linken Rand immer an derselben Stelle beginnen.
Auf der rechten Seite entsteht dann ein „Flatterrand", weil die Zeilen unterschiedlich enden („umbrechen").
In jedem neuen Dokument gibt es immer genau einen Absatz, der leer ist, also kein Zeichen enthält. Dieser Absatz ist mit dem Attributwert „Linksbündig" belegt.

* **„Zentriert"** ist ein Absatz dann, wenn die Zeilen an einer Mittellinie ausgerichtet sind. Von dieser (nicht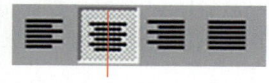
sichtbaren) Mittellinie ausgehend hat jede Zeile eine gleich lange rechte und linke Seite.

* **„Rechtsbündig"** oder **„Rechts"** bedeutet, dass die Zeilen am rechten Rand ausgerichtet sind. Der „Flatterrand" ist dann auf der linken Seite zu sehen.

* **„Blocksatz"** heißt, dass die Zeilen sowohl linksbündig als auch rechtsbündig sind. Um das zu erreichen,
werden vom Textverarbeitungsprogramm die Leerzeichen zwischen den Wörtern einer Zeile auseinandergezogen, was du an dem Absatz schön siehst, den du gerade liest.

Am einfachsten lässt sich die Ausrichtung eines Absatzes mit einem Mausklick auf die entsprechenden Schalter (↗ oben) bewerkstelligen. Der Absatz muss natürlich markiert sein. Hierzu wird der Cursor einfach in den Absatz gestellt.

Absätze kannst du auch dadurch hervorheben, dass du einen **Absatzeinzug** gegenüber dem Rand des Textfeldes vornimmst. Man unterscheidet folgende Einzüge:

* Einzug vom linken Rand des Textfeldes **(linker Einzug):** Hierfür gibt es einen Schalter in der Format-Symbolleiste.

* Einzug vom rechten Rand des Textfeldes **(rechter Einzug):**

* Dieser Einzug wird wie alle anderen Einzüge im Absatzmenüfenster meist in Zentimetern verlangt.

* **Erstzeileneinzug:**
Nur die erste Zeile besitzt einen linken Einzug.

* **Negativer Erstzeileneinzug (hängender Einzug):**
Der Absatz hat einen linken Einzug, die erste Zeile ist davon ausgenommen.
Der Absatz, den du gerade liest, ist ein solcher Einzug. Das erste Zeichen (der Punkt) steht am Rand des Textfeldes, die restlichen Zeilen haben einen Einzug von 3 mm.

 Wann benutzt man welchen Attributwert?

Linksbündig solltest du Standard-Text ausrichten, insbesondere dann, wenn nur kurze Zeilen vorhanden sind.

Zentrieren kannst du Überschriften oder Gedichte.

Rechtsbündig werden oft Datumsangaben in Briefen gesetzt.

Blocksatz ist für Standard-Text geeignet, wenn die Zeilen recht lang sind.

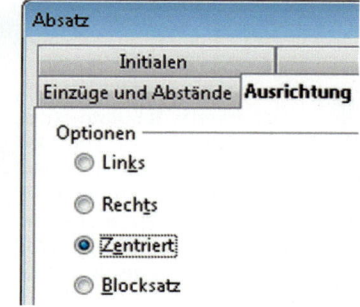

1 Es ist auch möglich, das Attribut „Ausrichtung" in dem Dialogfenster zuzuweisen, das man über das Menü „Format ⟶ Absatz" erreicht.

 Wann benutzt man welchen Absatzeinzug?

Linke und rechte Einzüge kannst du zur Hervorhebung von Zitaten benutzen.

Erstzeileneinzüge nutzt man zur Hervorhebung des Absatzbeginns (z. B. in Romanen).

Negative Erstzeileneinzüge helfen bei Aufzählungen und Gliederungen.

i Normaler Fließtext sollte einzeilig und mit geringem Abstand vor und nach einem Absatz (z. B. 3 pt) formatiert werden. Bei mehrzeiligen *Überschriften* ist der Zeilenabstand zu verringern.

i Der eigenartige Ausdruck **„Durchschuss"** stammt aus der Zeit, als man dünne Metallstreifen aus Blei zwischen die Zeilen der Schriftzeichen zur Vergrößerung der Zeilenabstände einsetzte.

i Der Begriff **Tabulator** (Kolonnensteller) ist von der Schreibmaschine übernommen worden. Auch dort gibt es eine Einrichtung zum sprunghaften Bewegen und Anhalten des Wagens, um Textkolonnen untereinander zu schreiben.

Der **Abstand vor** bzw. **nach einem Absatz** wird meist in Punkten (pt) angegeben. Dabei sind 12 pt ungefähr 0,4 cm oder eine Zeile.

Attribute für den **Zeilenabstand (Durchschuss)** eines Absatzes können sein „Einzeilig" („Einfach", Standard), „1,5zeilig" („1,5 Zeilen") oder „Zweizeilig" („Doppelt").
Der Zeilenabstand richtet sich nach der Zeichengröße im Absatz. Beträgt beispielsweise die Größe der Standardschrift 8 pt, so wird in Textverarbeitungsprogrammen der Zeilenabstand automatisch mit 10 pt festgelegt und mit „Einzeilig" oder „Einfach" bezeichnet.

3.5 Öffne die Datei, welche dir dein Lehrer gibt, mit deinem Textverarbeitungsprogramm und nimm die Formatierungen vor, die dort verlangt werden!
Speichere deine Lösung unter „ABSATZ1.DOC" ab!

Für tabellarische Übersichten werden mit der Tabulatortaste <⟶⟶> Steuerzeichen in den Text eingefügt, die man **Tabulatoren** nennt. Es muss allerdings festgelegt werden, wie weit jeweils ein Tabulator (ein solcher Schritt) reicht. Hierzu benutzt man Tabstopps.

Der **Tabstopp** ist ein Absatzattribut zum Ausrichten von Text in tabellarischer Form. Mit dem Tabstopp wird die Position angegeben, bis wohin ein Sprung mit der Tabulatortaste erfolgen soll.
Man unterscheidet vier Arten von Tabstopps:
- Linksbündig   Der Text steht nach dem Tabstopp.
- Zentriert   Der Text steht am Tabstopp mittig
- Rechtsbündig   Der Text steht vor dem Tabstopp.
- Dezimal   Der Text wird am Komma ausgerichtet.

Name	Vorname	Geburtsdatum
Engelmann	Anett	20.5.1994
Buttke	Thomas	22.12.1995
Forman	Julia	12.2.1995

linksbündiger Tabstopp   **rechtsbündiger Tabstopp**

Seitenrand

9	124,5
898	2,34
78987	222,67

zentrierender Tabstopp

Dezimaltabstopp

Tabstopps lassen sich am einfachsten über das Zeichenlineal setzen:

linksbündig   zentriert   rechtsbündig   dezimal: 2,456 kg

- Markiere die Absätze, denen du Tabstopps zuweisen willst.
- Danach klicke auf den linken Rand des Zeilenlineals so lange, bis die gewünschte Tabstoppart angezeigt wird.
- Klicke auf die Stelle im Lineal, an der du einen Tabstopp setzen willst.

Die Tabstopps kannst du jederzeit verschieben, indem du sie mit der Maus „anfasst" und an die gewünschte Position ziehst.
Tabstopps kannst du löschen, indem du sie aus dem Zeilenlineal „herausziehst".

3.6 Öffne die Übungsdatei, welche dir dein Lehrer bereitstellt! Prüfe, welche Tabstopps in der Titelzeile und der ersten blauen Tabellenzeile gesetzt sind!
Setze die gleichen Tabstopps für die drei restlichen Zeilen und speichere die Datei unter dem Namen TABSTOPP.DOC ab!

Wo speichert das Textverarbeitungsprogramm eigentlich all die Werte, die wir den Absatzattributen zugewiesen haben? Das wollen wir mit dem folgenden Experiment herausbekommen:

3.7 Öffne die Datei ABSATZ1.DOC (↗ Aufgabe 3.5) mit deinem Textverarbeitungsprogramm (*Word* oder *Writer*) und belege den ersten Absatz mit möglichst vielen ungewöhnlichen Attributwerten!
Markiere dann die Absatzendemarke (sie ist nun weiß auf schwarzem Grund) und kopiere sie (<STRG> + <c>)!
Setze den Cursor an das Ende eines beliebigen anderen Absatzes und füge die gerade kopierte Absatzendemarke dort ein (<STRG> + <v>)! Was stellst du fest?
Wir gehen noch einen Schritt weiter: Öffne das Textverarbeitungsprogramm *WordPad* (↗ Randspalte), schreibe einen kurzen Absatz, aber über mehrere Zeilen, und füge die Absatzendemarke ein (<STRG> + <v>), die sich immer noch in der Zwischenablage von Windows befindet! Du wirst staunen!

Beim Kopieren der Absatzendemarke werden also auch alle Absatzattribute kopiert. Das kann man nutzen und all die vielen komplizierten Formatierungen, die man für einen Absatz vorgenommen hat, einfach auf andere Absätze übertragen.

---

i Willst du *einen* Absatz markieren, musst du mit dem Mauszeiger einfach in den Absatz klicken.
Mehrere Absätze musst du mit gedrückter Maustaste überstreichen.

i Um für die Position eines Tabstopps genaue Maße festzulegen, nutzt du besser das Menü „Format" ⟶ „Absatz ...", da Tabstopps Attribute des Objekts *Absatz* sind.

i Um das kleine Textverarbeitungsprogramm *Word-Pad* unter *Windows* aufzurufen, geht man wie folgt vor:
Menü „Start" (Schalter in der Task-Leiste) ⟶ Menü „Alle Programme" ⟶ Menü „Zubehör" ⟶ Befehl „WordPad".

Lieber Peter,

hiermit lade ich dich ganz herzlich zu meiner Geburtstagsfeier ein.

Wann? 22. 2. 2016, 16.00 Uhr
Wo? Bei mir zu Hause.

Bis bald,
viele Grüße, Anne.

1 Das Dokument „Einladung zur Geburtstagsfeier".

Zeichen_1_8: ZEICHEN

                       Attribute

Inhalt = P
Schriftgröße =
Schriftstil =
Schriftfarbe =
Schriftart =
...

                    Methoden

Kopieren()
Einfügen(Ziel)
Größe_zuweisen()
...

2 Das ist die **Objektkarte** für ein konkretes Zeichen .
Die ganz genaue Position des Zeichens kannst du schon im Namen angeben. Beispielsweise könnte „Zeichen_1_8" bedeuten: „8. Zeichen im 1. Absatz".
Nach dem Gleichheitszeichen bei den einzelnen Attributen wird der **Attributwert** angegeben.
Der Wert des Attributs „Inhalt" ist hier zum Beispiel „P".

3.6 Ein Absatz besteht aus Wörtern und Zeichen

Absätze sind durch Absatzendemarken voneinander abgegrenzt. Die Absätze in einem Dokument kannst du zählen, indem du die Absatzendemarken zählst.
Ein Absatz wiederum besteht aus Wörtern und Zeichen. Wörter sind durch Leerzeichen voneinander abgegrenzt. Aber was ist zum Beispiel mit den Satzzeichen? Gehört ein Komma zu dem Wort, an das es angehängt ist, oder nicht?

Besser ist es, wenn Zeichen unterschieden werden. Man kann dann zum Beispiel folgende Objektbeschreibung geben (↗ auch Bild 1): „Das 5. Zeichen im 3. Absatz ist ein Fragezeichen." oder „Das Zeichen 3_5 hat den ASCII-Wert 63."
Diese Beschreibung ist so eindeutig, dass sie auch ein Computer verstehen kann.
Im Beispiel wurde die Position des Zeichens (3. Absatz, 5. Zeichen) sowie das Aussehen des Zeichens, der Zeicheninhalt (?) angegeben. Es gibt aber noch weitere Attribute für das Objekt Zeichen:

> Absätze enthalten Zeichen. Die Position von Zeichen in einem Dokument lässt sich eindeutig mit dieser Enthält-Beziehung beschreiben und im Zeichennamen angeben.
> **Zeichen** haben (neben ihrer Position) folgende **Attribute:**
> • Inhalt (oder ASCII- bzw. ANSI-Wert),
> • Schriftgröße (Schriftgrad),
> • Schriftstil (Schriftschnitt),
> • Schriftfarbe,
> • Schriftart.

Die einzelnen **Attribute** werden nun durch ihre **Attributwerte** genauer beschrieben:

Wenn wir vom **Zeicheninhalt** sprechen, meinen wir hier das Aussehen des Zeichens: Ist es der Buchstabe „P", die Ziffer „9" oder das Satzzeichen „:"?
Übrigens: Auch das **Leerzeichen,** also der Wortzwischenraum, ist ein Zeichen.
Wir wissen, wie ein „P" aussieht, dem Computer müssen wir dies über den Zeichencode mitteilen. Wenn du auf die „P"-Taste drückst, dann wird der ASCII-Wert für ein kleines „p" (die Dezimalzahl 112 bzw. die Dualzahl 0111 0000) zur weiteren Bearbeitung an den Computer übermittelt. Drückst du zudem noch die Shift-Taste, weil du ein großes „P" haben möchtest, ist das der ASCII-Wert 80[10] oder 0101 0000[2].

Mit **Schriftgröße (Schriftgrad)** wird die senkrechte Ausdehnung der Zeichen ausgedrückt, also die Entfernung von der Unterkante eines Buchstabens mit Unterlänge wie j oder q bis zur Oberkante eines Buchstabens mit Oberlänge wie f oder t.

Die Schriftgröße 12 (Punkt, pt, Points, ↗ Randspalte) ist in einigen Textverarbeitungsprogrammen voreingestellt. Dies ist die Größe der Typen auf einer Schreibmaschine.

Für Schriftgrößen werden zwei Maßeinheiten genutzt:

Punkt (point, pt): 3 Punkt sind sehr grob betrachtet 1 mm.

Pica: Ein Pica sind 12 pt, also ungefähr 4 mm.

Beispiele:
- Schriftgröße 5
- Schriftgröße 8
- Schriftgröße 9
- Schriftgröße 10
- Schriftgröße 12

3.8 Nenne die Werte für das Attribut Schriftgröße für folgende Absatztypen in diesem Lehrbuch:
- Haupttext,
- Überschrift der einzelnen Abschnitte,
- Text in der Randspalte.

Sogenannte **Schriftstile (Schriftschnitte)** kannst du zur Hervorhebung von Textteilen, Wörtern oder einzelnen Zeichen benutzen. Hier sind die wichtigsten Attributwerte genannt:
- Standard: Das ist die ganz normale Schrift.
- **Fett (Bold):** Die Zeichen wirken breiter.
- *Kursiv (Italic):* Die Zeichen haben eine leichte Neigung nach rechts (von unten nach oben gesehen).
- <u>Unterstrichen:</u> Die Zeichen werden mit einem Unterstrich versehen.
- ***Bold Italic:*** Auch solche „Mischwerte" sind möglich.

Für diese Attributwerte gibt es in jedem Textverarbeitungsprogramm Schalter in der Format-Symbolleiste (Objektleiste).

Zur „schönen" Gestaltung von Texten hat sich das Folgende durchgesetzt:

Fett kannst du Überschriften und wichtige Begriffe im Haupttext hervorheben.

Kursiv solltest du die Begriffe setzen, die du in der wörtlichen Rede betonen würdest.

Unterstreichen solltest du wichtige Textpassagen, aber nie Überschriften.

3.9 Mit welchen Buchstaben sind die Zeichen 1 bis 13 des ersten Absatzes im Beispieldokument „Einladung" belegt (↗ Seite 73)?

Nenne dazu auch den Dezimalwert des entsprechenden ASCII-Zeichens!

Nenne weitere Attribute und Attributwerte der Zeichen in der Anrede!

„Schwarz auf Weiß sehen" ist ein geflügeltes Wort dafür, dass man erst etwas glaubt, wenn man es schriftlich vor sich hat. Die herkömmliche **Schriftfarbe** ist also Schwarz.

Es ist aber heute ein Leichtes, in einem Textverarbeitungsprogramm die unterschiedlichsten Farben für die Schriftzeichen zu benutzen. „Bunt auf Weiß sehen" ist auch nicht mehr so schwer, weil Farbdrucker immer preiswerter werden.

Farbige Zeichen machen als Schmuck oder zur Hervorhebung einen Sinn. Es ist zu hoffen, dass du es nie so übertreibst wie im folgenden Beispiel:

Lieber Peter,

hiermit lade ich dich ganz

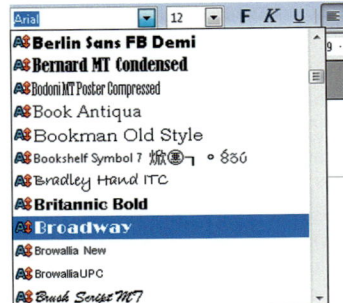

1 In der Symbolleiste deines Textverarbeitungsprogramms findest du ein Pull-Down-Feld für Schriftarten. Die Auswahl wird dir aufgrund der vielen Schriften schwerfallen.

Seit geschrieben wird, existieren verschiedene **Schriftarten**. Schon im römischen Reich hatte sich vor 2000 Jahren die Norm durchgesetzt, Schriftzeichen mit schönen Rundungen zu versehen. Diese antiken Schriften **(Antiqua-Schriften)** haben sich bis heute gehalten. Antiqua-Schriften lassen sich in 2 Gruppen unterteilen:

Serifenschriften	Serifenlose Schriften
Beim genauen Hinschauen erkennt man kleine Häkchen, sogenannte Serifen. Die berühmteste Serifenschrift ist **Times Roman.** „Times" verweist darauf, dass diese Schrift zuerst bei der englischen Tageszeitung Times verwendet wurde. „Roman" verweist auf den lateinischen (römischen) Ursprung.	Hier fehlen die „Füßchen" an den Enden der Zeichen. Das Buch, das du gerade liest, ist in Frutiger gesetzt. Bekannte (ungefähr 100 Jahre alte) Schriften ohne Serifen sind aber auch • **Helvetica** (unter Windows **Arial** genannt) und • **Univers.**

Es gibt noch eine andere Unterscheidung von Schriftarten:

Nichtproportionale Schriften	Proportionale Schriften
ton omi Alle Zeichen sind gleich breit. Schreibt man Wörter untereinander, so sind sie schön ausgerichtet. Die bekannteste Schriftart ist hier **Courier,** die zuerst für Schreibmaschinentypen verwendet wurde.	ton omi Jedes Zeichen besitzt nur die Breite, die es im Verhältnis zu seinem Schriftbild benötigt. Ein „m" ist eben breiter als ein „i". Alle auf dieser Seite genannten Schriftarten außer Courier sind proportionale Schriften: **Times Roman, Helvetica, Frutiger.**

Nicht nur die Gestaltung (das Layout) ist wichtig. Noch mehr sieht derjenige, der einen Text liest, auf korrekte Rechtschreibung und Zeichensetzung! Zum Glück gibt es im Textverarbeitungsprogramm eine **Rechtschreibhilfe,** die du unter *Word* (Ribbon-Technik) in der Registerkarte „Überprüfen" finden kannst (Schaltfläche „Rechtschreibung und Grammatik"). Bei *Writer* ist das ähnlich: Menü „Extras" ⟶ „Rechtschreibung und Grammatik...".

Bei aller Phantasie, die du bei der Gestaltung eines Textes, z. B. eines Briefes, zeigst – es gibt „Schreib- und Gestaltungsregeln für die Textverarbeitung". Diese Norm heißt **DIN 5008** und wird insbesondere bei Geschäftspost angewandt.

3.10 Dein Lehrer gibt dir eine Vorlage für einen normgerechten Brief. Setze als Absender deine Daten ein und „erfinde" einen Fantasietext unter „Betreff"! Beachte dabei die Regeln nach DIN 5008!
Speichere die Datei als FORMBRIEF.DOC!

3.7 Methoden: Wir formatieren Texte

Die Zuweisung von Attributwerten für bestimmte Objekte erfolgt im Textverarbeitungsprogramm meist über Dialogfenster. Manchmal sind auch Schalter vorhanden, nämlich dann, wenn man aus wenigen Werten auswählen kann – wie bei der Absatzausrichtung, wo es nur 4 Attributwerte gibt.
Das Zuweisen von Attributwerten erfolgt über **„Methoden"**. Diese Methoden sind nichts anderes als Algorithmen, die der Computer ausführen muss, um z.B. einen Absatz 2-zeilig zu gestalten. Das Besondere an den Methoden ist, dass wir gar nicht wissen müssen, was der Computer da im Einzelnen tut. Wir wissen nur, dass es sie gibt und dass sie vom genutzten Programm korrekt ausgeführt werden.

Und nun noch etwas für Profis: Dokumente machen vor allem dann einen geschlossenen, ästhetischen Eindruck, wenn sich die Formatierungen von Überschriften, Fließtext oder Absätzen mit Einzügen wie ein roter Faden durch das gesamte Schriftstück ziehen. Einmal vorgenommene Formatierungen können gespeichert und immer wieder neuen Absätzen zugewiesen werden.

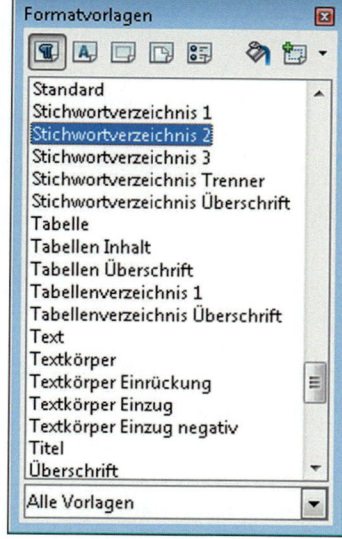

Unter einem Namen gespeicherte Formatierungen (für Absätze) heißen **Formatvorlagen (Druckformate).**
Wenn die Attributwerte einer Formatvorlage geändert werden, dann ändern sich automatisch die entsprechenden Formatierungen für alle auf dieser Formatvorlage basierenden Absätze im Dokument. Formatvorlagen helfen, Zeit zu sparen, sorgen für ein einheitliches Layout und erleichtern Layoutänderungen in einem Dokument.

Eine Auswahl solcher Vorlagen findest du z.B. in Word mit Ribbontechnik in der Registerkarte „Start" unter der Befehlsgruppe „Formatvorlagen".
Du kannst auch leicht neue Vorlagen erstellen: Du formatierst dir einen Musterabsatz mit gewünschten Attributen (z.B. Ausrichtung, Einzüge, Tabstopps), markierst ihn, suchst bei den Formatvorlagen „Auswahl als neue Schnellformatvorlage speichern..." und vergibst einen Namen.

Ein sauber formatiertes Dokument besteht nur aus Vorlagen wie „Haupttext", „Überschrift 1", ..., „Hängender Einzug" usw.

1 In *Writer* findest du vorgefertigte Formatvorlagen wie folgt: Menü „Format" ⟶ „Formatvorlagen". Die Vorlagen können hier auch geändert werden oder es können neue Vorlagen erstellt werden.
Im Unterschied zu *Word* gibt es unter *Writer* Formatvorlagen für Zeichen gesondert.

Objekte, Attribute und Attributwerte in der Textverarbeitung

Klasse	Attribut	Attributwerte (Beispiele)
DOKU-MENT (SEITE)	• Seitenlänge- und Breite (Papierformat) • Seitenränder • Seitennummerierung • Spaltenanzahl	• DIN A4 (210 mm × 297 mm); DIN A5 (148 mm × 210 mm); 17 cm × 24 cm • überall 2 cm • oben außen arabisch • 1-spaltig; 2-spaltig
ABSATZ	• Ausrichtung • Einzug • Abstand vor bzw. nach dem Absatz • Zeilenabstand • Tabstopp	• ≣ ≣ ≣ ≣ • links 2 cm; rechts 4 cm; hängender Einzug • 12 pt vor dem Absatz; 6 pt nach dem Absatz • Einfach; Doppelt; 1,5-zeilig • linksbündig bei 4 cm; rechtsbündig bei 16 cm; dezimal bei 5 cm
ZEICHEN	• Inhalt • Schriftgröße • Schriftstil • Schriftfarbe • Schriftart	• A; B; e; x; ×; 1; 2; 9; &; ? • 8 pt; 10 pt; 12 pt • **F** *K* <u>U</u> • Schwarz; Rot; Hellblau • Times Roman; Helvetica; Courier; serifenlose Schrift; Serifenschrift

Dokument1
enthält
enthält
enthält
Absatz1 Absatz2 ...
enthält
enthält
enthält
Zeichen1
enthält
Zeichen2
enthält
Zeichen3 ...

Schritte beim Erstellen von längeren Textdokumenten

1. Layout festlegen:
   – Seitengröße (Papierformat)
   – Seitenränder
   – evtl. Spaltenanzahl und Spaltenbreite
   – evtl. Kopfzeilen oder Fußzeilen mit Seitennummern
   – Absatzklassen und Formatvorlagen
   – Schriftarten
2. Text in das aktuelle Dokument eingeben oder aus anderen Dokumenten hineinkopieren
3. Text prüfen und korrigieren
4. Text formatieren und evtl. Grafiken einbinden
5. Dokument speichern (auch schon zwischendurch)
6. Dokument drucken

3.11 Vergleiche die folgenden Berufe miteinander: Kopist, Setzer und Layouter!
Nenne Gemeinsamkeiten und Unterschiede!

3.12 Vergleiche das Schreiben von Texten mit verschiedenen Werkzeugen (Schriftbild, Korrekturmöglichkeiten, ...)!

	Füller	Schreibmaschine	Computer
Vorteile			
Nachteile			

3.13 Schreibe den folgenden Text mit einem Textverarbeitungsprogramm!

i Gehe so effektiv wie möglich vor, indem du kopierst!
Zur Erinnerung:
<Strg> + c
<Strg> + v

Onkel Paul wohnt auf dem Land

1. Onkel Paul wohnt auf dem Land, hia-hia-ho.
Sein Hund, der ist uns wohlbekannt, hia-hia-ho.
Und das „Wuff-wuff" hier, und das „Wuff-wuff" da,
hier „Wuff", da „Wuff", überall das „Wuff-wuff".
Onkel Paul wohnt auf dem Land, hia-hia-ho.

2. Onkel Paul wohnt auf dem Land, hia-hia-ho.
Sein Schwein, das ist uns wohlbekannt, hia-hia-ho.
Und das „Uik-uik" hier, und das „Uik-uik" da,
hier „Uik", da „Uik", überall das „Uik-uik",
hier „Wuff", da „Wuff", überall das „Wuff-wuff".
Onkel Paul wohnt auf dem Land, hia-hia-ho.

3. Onkel Paul wohnt auf dem Land, hia-hia-ho.
Seine Katze ist uns wohlbekannt, hia-hia-ho.
Und das „Miau-miau" hier, und das „Miau-miau" da,
hier „Miau", da „Miau", überall das „Miau-miau",
hier „Uik", da „Uik", überall das „Uik-uik",
hier „Wuff", da „Wuff", überall das „Wuff-wuff".
Onkel Paul wohnt auf dem Land, hia-hia-ho.

1 Auf dem Bauernhof

Speichere die Datei als PAUL.DOC ab! Erfinde weitere Strophen, es könnte beispielsweise noch Vogel, Frosch und Kuh auf dem Bauernhof geben.

1 Und noch einmal auf dem Bauernhof.

3.14 Öffne das Dokument PAUL.DOC! Gestalte den Text wie folgt!

Onkel Paul wohnt auf dem Land

1. Onkel Paul wohnt auf dem Land, hia-hia-ho.
   Sein Hund, der ist uns wohlbekannt, hia-hia-ho.
   Und das „Wuff-wuff" hier, und das „Wuff-wuff" da,
   ...

2. Onkel Paul wohnt auf dem Land, hia-hia-ho.
   Sein Schwein, das ist uns wohlbekannt, hia-hia-ho.
   Und das „Uik-uik" hier, und das „Uik-uik" da,
   ...

---

i Zur Gestaltung von tabellarischen Übersichten lassen sich insbesondere Tabulatoren nutzen.

3.15 Erstelle eine Übersicht mit wichtigen Daten deiner Freunde nach folgendem Muster! Speichere die Datei unter der Bezeichnung FREUNDE.DOC ab!

Vorname	Name	Geburtsdatum	Telefonnummer
Franziska	Bauer	22.08.2003	5671158
Ricarda	Weise	12.12.2003	1223345
Julia	Herrmann	01.02.2004	5566778

2 Fotos in einem Kochbuch sagen oft mehr aus als der Text.

3.16 Du möchtest ein Kochbuch mit „Familienrezepten" produzieren.

a) Lege zuerst das Layout fest!

b) Gib die Rezepte ein und formatiere! Speichere die Datei unter der Bezeichnung KOCHBUCH.DOC!

c) Gestalte das Deckblatt gesondert! Binde hier Grafiken ein!

d) Drucke die Seiten aus und diskutiere es hinsichtlich Verbesserung der Gestaltung in deiner Klasse!

e) Korrigiere das Layout und binde das „Kochbuch"!

3.17 Erstelle mit einem Textverarbeitungsprogramm einen Stundenplan (✎ auch Seite 66)!

Nutze für alle Absätze Druckformate!

Wie viele Absätze enthält dein Dokument?

3 Stundenplan

Objekte, Attribute und Methoden in Präsentationen

Du möchtest Freunden und Bekannten zeigen, wie schön dein letzter Urlaub war. Es gibt gute Gründe, hierzu eine Präsentationsprogramm zu nutzen:

Präsentationen bestehen aus einzelnen Folien, die nicht mit Inhalt überladen werden dürfen. Das zwingt zu einer gewissen Struktur und Organisation des Vortrags.

Die Präsentation ist eine gute Unterstützung für dich, wenn du vergisst, was als Nächstes angesprochen werden sollte.

Durch den Einsatz vielfältiger Medien erlangst du mehr Aufmerksamkeit.

Änderungen und Aktualisierungen können jederzeit vorgenommen werden. Die Präsentation lässt sich leicht mit einem USB-Stick transportieren.

Wandern · Fossilien suchen · Natur genießen

Stubbenkammer auf Rügen

Leitfragen

- Was werden die wichtigsten Objekte deiner Präsentation sein – Urlaubsfotos, kleine Videos, Karten, …?
- Wie kann man Fotos mit Kommentaren versehen?
- Kann man Karten aus dem Internet holen oder scannen, die Reiseroute einzeichnen und mit Kommentaren versehen?
- Was ist bei der Gestaltung der Präsentation zu beachten? Gibt es dafür Regeln?
- Was ist beim Vortrag zu beachten, damit er nicht langweilig wird und alle zuhören?

i **Präsentieren** heißt so viel wie „vorzeigen" oder „vorlegen". Einen anschaulichen Vortrag kann man also auch als **Präsentation** bezeichnen.

Präsentationsprogramme gehören zu Softwarepaketen wie *Microsoft Office* oder *OpenOffice* bzw. *LibreOffice*.
Die in diesem Kapitel gezeigten Abbildungen und aufgeführten Menüfolgen beziehen sich auf *PowerPoint*, dem Präsentationsprogramm von *Microsoft Office*.
Impress, das Präsentationsprogramm von *OpenOffice* bzw. *LibreOffice* bietet die gleichen Funktionen an.

i Folien können auch Diagramme enthalten, die beispielsweise mithilfe von Tabellenkalkulationsprogrammen erstellt wurden (↗ Abschnitt 9.5).

i Hier sind Folienvorlagen abgebildet, die *PowerPoint* (Ribbon-Technik) unter „Start" ⟶ „Neue Folie..." bereitgestellt. Natürlich ist es möglich, eine völlig leere Folie (im Bild ist das die Folie links unten) selbst mit Objekten zu „bestücken".
An der Form der Folien erkennst du bestimmt, dass sie für den Monitor gedacht sind. Dein Vortrag wird eben durch die Bilder auf dem Monitor ergänzt, die dann mit einem sogenannten **Beamer** an eine Wand projiziert werden.

4.1 Klassen in Multimediadokumenten

Willst du einen Vortrag halten, kannst du deine Rede mit einer Präsentation unterstützen.
Mithilfe von **Präsentationsprogrammen** kannst du **Multimedia-dokumente** erstellen. Der Name sagt es schon: Ein Multimediadokument besteht aus verschiedenen Medien, wie zum Beispiel Text, Bild und Ton. Es ist relativ einfach, Filme und sogenannte **Animationen,** d. h. bewegte Bilder, einzubinden.

Ein **Multimediadokument** enthält Folien. **Folien** sind einzelne abgeschlossene Seiten, auf denen insbesondere folgende Objekte positioniert werden können:
- Textfelder,
- Grafiken (Bilder, Linien, Rechtecke, Kreise),
- Klänge (Töne, Melodien und Audios),
- Filme (Videos und Animationen).

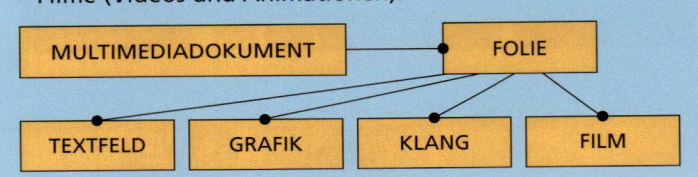

Wie Folien aussehen können, zeigt das nebenstehende Bild:

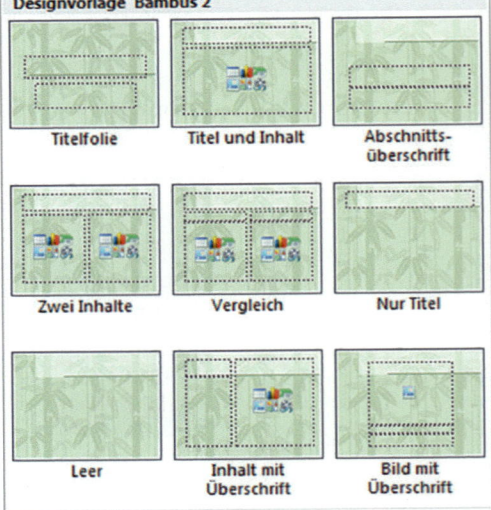

• •
4.1 Vervollständige das Klassendiagramm für Präsentationen aus dem obigen Merktext!
Benutze zusätzlich die Klassen LINIE, RECHTECK, DIAGRAMM, ABSATZ, ZICHEN, KREIS und BILD!
• •

4.2   Objekte, Attribute und Methoden in Präsentationen

Im Biologieunterricht sollst du einen Vortrag zum Thema „Mein Haustier" halten. Du hast einen Wellensittich und willst den Vortrag durch ein Multimediadokument „Wellensittich" unterstützen.
Wie wir dabei vorgehen, wird hier beispielhaft dargelegt.

> Mit verschiedenen Präsentationsprogrammen lässt sich ähnlich arbeiten:
> - Klassen wie FOLIE, TEXTFELD, GRAFIK, KLANG und FILM werden über „Einfügen" bereitgestellt.
> - Attributwerte werden über „Formatierungsleisten" mit der Maus zugewiesen. Auch mit einem rechten Mausklick werden alle wichtigen Attribute angezeigt.

Nach dem Start des Präsentationsprogramms kannst du ein leeres Multimediadokument öffnen oder aber eine vorgefertigte Vorlage auswählen.
Vorhandene Vorlagen tragen oft die Datei-Endung „.pot" bzw. „.potx". Hiermit wird ein einheitlicher Hintergrund für alle Folien bereitgestellt – je nachdem, welches Thema die Präsentation haben soll. Die meisten der mit dem Präsentationsprogramm gelieferten Vorlagen sind für Büro- und Geschäftsanwendungen gedacht. Sie nutzen uns für das Thema „Wellensittich" nichts. Deshalb wählen wir eine leere Präsentation (und evtl. sogar eine leere Folie) und legen den Hintergrund selbst fest (↗ Bild 1).
Auch wenn du bisher nur eine einzige Folie vor dir hast – der ausgewählte Hintergrund sollte für alle weiteren Folien gelten. Also wirst du den Schalter „Für alle übernehmen" auswählen.

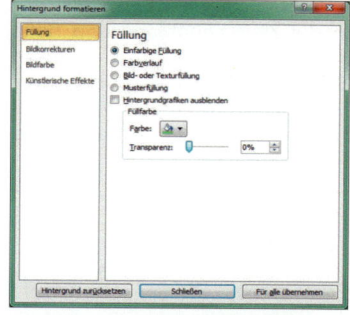

1 So wird der Hintergrund aller Folien in *PowerPoint* (mit Ribbon-Technik) festgelegt:
Registerkarte „Entwurf" ⟶ „Hintergrundformate" ⟶ „Hintergrund formatieren...".
Hier wurde als Hintergrund ein schlichtes Grün gewählt. Du kannst auch Farbverläufe und Muster auswählen.
Auch Bilder kannst du einfügen (über „Bild- oder Texturfüllung"), solltest dabei aber beachten, dass diese Bilder vorher bearbeitet wurden, sehr hell und kontrastarm sein müssen. Denn mit den Folien soll ja etwas präsentiert werden. Die Hintergrundinformation ist dabei eher unwichtig. Die Grafik dient als Schmuck.

4.2 Lege den Hintergrund eines Multimediadokuments fest, das deinen Vortrag zum Thema „Wellensittich" unterstützen soll!
Speichere dieses Dokument unter dem Namen „Wellensittich"! (Die Datei-Endung vergibt dein Präsentationsprogramm automatisch.)

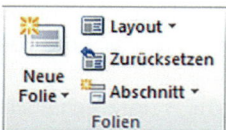

Nun kannst du die Objekte in dein eigentlich noch leeres Dokument einfügen, die du benötigst. Das kann über die Befehlsgruppe „Folien" in der Registerkarte „Start" erfolgen. Wenn du hier auf „Neue Folie" oder „Layout" klickst, kannst du aus mehreren Folienvorlagen diejenige auswählen, die dir gerade am besten passt

(↗ auch Bild auf Seite 90). Auf der ausgewählten Folienvorlage werden Rahmen vorgegeben, in die du die entsprechenden Objekte einfügen kannst.

Natürlich kannst du auf einer leeren Folie auch selbst Textfelder, Diagramme oder Grafiken platzieren. Was ist dabei alles möglich?

Im Folgenden werden die wichtigsten **Klassen,** ihre **Attribute** und **Methoden** (Formatierungsmöglichkeiten) vorgestellt.

Textfelder:

Objekte der Klasse TEXTFELD werden über „Einfügen" ⟶ „Textfeld" erzeugt. Du klickst mit dem Cursor auf die Stelle auf der Folie, wo dein Text beginnen soll, und gibst den gewünschten Text ein.

Ein selbst eingefügtes Textfeld ist immer erst einmal so groß, dass der Text genau hineinpasst. Schreibst du weiter, wird es größer.

Textfelder enthalten Absätze, Absätze wiederum Zeichen.

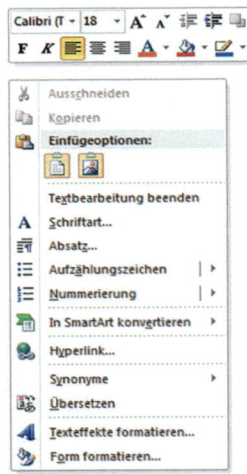

Die Methoden zum Zuweisen von Attributwerten für Absätze und Zeichen sind die gleichen wie in der Textverarbeitung.

Absätze werden wie immer mit <Enter> abgeschlossen.

Wenn du Text markierst und auf die rechte Maustaste klickst, erscheinen Methoden zum Ändern von Absatzattributen („Absatz…", „Aufzählungszeichen", „Nummerierung") und Zeichenattributen („Schriftart…"). Oben wird auch eine Symbolleiste mit allen wichtigen Zeichen- und Absatzattributen zum schnellen Formatieren angezeigt.

Grafiken:

Über „Einfügen" ⟶ „Grafik" können Grafikdokumente importiert werden, die in Dateien gespeichert sind.

Ebenfalls über die Registerkarte „Einfügen" können Clip-Arts – das sind kleine Vektorgrafiken – auf die Folie geholt werden.

Text, der mit WordArt gestaltet wurde, ist letztlich auch eine Grafik und kann wie eine Grafik behandelt werden. Das entsprechende Methodenfenster erreichst du über „Einfügen" ⟶ „WordArt…".

Es kann sein, dass dein Vortrag schon „digital" vorliegt, du ihn zum Beispiel mit einem Textverarbeitungsprogramm geschrieben hast. Dann war diese Arbeit nicht umsonst. Gewünschte Textpassagen kannst du kopieren: Du öffnest das Textdokument im Textverarbeitungsprogramm, markierst den entsprechenden Text, kopierst ihn mit <Strg> + <c> in die Zwischenablage und holst ihn von dort mit <Strg> + <v> in dein Multimediadokument (vorher Cursor an die Stelle ins Textfeld setzen, wo der Text eingefügt werden soll).

1 In eine Folie wurde hier ein WordArt-Schriftzug und ein Clip-Art eingefügt. Durch Ziehen an den quadratischen „Anfassern" der Grafik kann man sie vergrößern, verkleinern oder verzerren. Ziehst du an einem Eckpunkt bei gedrückter <Shift>-Taste, so wird die Grafik gleichmäßig skaliert.

Formen:

Das sind spezielle Vektorgrafik-Objekte der Klassen LINIE, PFEIL, KREIS, RECHTECK, VIELECK usw.

Formen Solche Objekte können über „Einfügen" ⟶ „Formen" erzeugt werden. Es erscheint eine Liste spezieller Formen (↗ Bild 1). Du wählst eine Form aus und ziehst sie mit der Maus an der Stelle der Folie auf, wo du sie hinsetzen möchtest.

Methoden zur Änderung der Werte von Attributen wie Linienart, Linienfarbe oder Füllfarbe der markierten Objekte kannst du in der Registerkarte „Zeichentools Format" aufrufen.

Diagramme:

Diagramm Über „Einfügen" ⟶ „Diagramm..." kann ein Diagramm zur anschaulichen Darstellung von Zahlen und Größen eingefügt werden. Es öffnet sich ein Fenster mit Diagrammtypen. Nachdem du ein Diagramm ausgewählt hast, erscheint eine Tabelle. Deren Zeilen- und Spaltenüberschriften und Zahlenwerte kannst du ersetzen und deinen Wünschen anpassen.

Klänge und Filme:

Audio Mithilfe von „Einfügen" ⟶ „Audio" kannst du Klänge und kleine Melodien auswählen und in die Folie einfügen.

Solche **Audio-Dateien** haben meist die Endung „wav" oder „mid". Nach dem Einfügen erscheint auf der Folie ein kleines Lautsprechersymbol, wobei du in der Registerkarte „Audiotools Wiedergabe" noch festlegen kannst, ob der Klang während der Präsentation automatisch abgespielt werden soll oder erst nach Klicken mit der Maus.

Video Filme werden ähnlich wie Audios über die Schaltfläche „Video" in der Registerkarte „Einfügen" auf die Folie gebracht.

Solche **Video-Dateien** können beispielsweise die Endung „wmv" oder „avi" besitzen.

Linien
Rechtecke
Standardformen
Blockpfeile

1 Das ist eine kleine Auswahl von Formen, die du in einem Präsentationsprogramms wie *PowerPoint* aufrufen kannst.

i Das Betriebssystem *Windows* stellt selbst Klänge bereit, die meist im Verzeichnis Windows\Media zu finden sind.

4.3 Starte dein Präsentationsprogramm und öffne das Multimediadokument „Wellensittich" (↗ auch Aufgabe 4.2, Seite 91)!

Erstelle eine Folie zum Thema „Verhalten des Wellensittichs"! Es sollen mindestens Objekte der Klassen TEXTFELD, GRAFIK und FORM enthalten sein.

Speichere dein Multimediadokument unter dem gleichen Namen!

Deine Präsentation soll bestimmt aus mehreren Folien bestehen, die nacheinander gezeigt werden.

Folien einfügen, verschieben und löschen:

Am linken Bildschirmrand werden dir die Folien deines Dokuments in Miniaturgröße angezeigt.

Klicke die Folie an, nach der du eine neue Folie einfügen möchtest. Über „Start" ⟶ „Folien" ⟶ „Neue Folie" kannst du nun nach der markierten Folie eine neue Folie einfügen.

Hast du schon mehrere Folien erstellt, so kannst du dir über „Ansicht" ⟶ „Foliensortierung" einen Überblick verschaffen. Hier kannst du auch leicht Folien löschen (markieren und <Entf>-Taste) oder deren Reihenfolge im Multimediadokument ändern (markieren und mit der Maus an die gewünschte Stelle ziehen).

Schaltflächen auf Folien:

> *Eine Übersicht über die Schaltflächen erhältst du, wenn du mittels „Einfügen" ⟶ „Formen" die letzte Formen-Gruppe auswählst.*

Schaltflächen sind Objekte, mit deren Hilfe du innerhalb einer Präsentation vor- und zurückblättern, Klänge oder Filme einblenden und weitere Aktionen auslösen kannst.

Diese Objekte der Klasse SCHALTER verweisen auf andere Objekte innerhalb des Multimediadokuments.

Interessant sind vor allem die Schaltflächen, die der Navigation innerhalb des Multimediadokuments dienen. das sind die ersten 4 Schalter im obigen Bild und bedeuten in der Reihenfolge von links nach rechts:
- eine Folie zurück,
- eine Folie vor,
- zum Anfang des Dokuments,
- zum Ende des Dokuments.

Präsentation abspielen:

Um zu überprüfen, ob du auch alles richtig gemacht hast, gehst du in die Registerkarte „Bildschirmpräsentation" und klickst auf den Schalter „Von Beginn an" (ganz links).

> *Du möchtest bestimmt, dass die Informationen, die du durch die Präsentation weitergeben willst, auch wirklich ankommen. Daher solltest du Folgendes beachten:*
> 1. *Benutze für alle Folien den gleichen Hintergrund (blasse Farben).*
> 2. *Überlade deine Folien nicht. Beschränke dich auf ein Thema pro Folie.*
> 3. *Wähle mindestens die Schriftgröße 24.*
> 4. *Wähle auch gut lesbare Schriftarten aus. Nachbildungen von Handschriften sind schwer lesbar.*
> *Die Schriftart Script ist nicht zu empfehlen.*

4.4 Öffne das Multimediadokument „Wellensittich" aus Aufgabe 4.3!

Gestalte eine Titelfolie und eine Folie mit dem Thema „Aussehen des Wellensittichs"!

Bringe die Folien in die richtige Reihenfolge und füge Schalter zum Vor- und Zurückblättern ein!

Speichere die Präsentation und schau sie dir an!

4.3   Animationen in Präsentationen

Es ist leicht möglich, bewegte Bilder wie Filme (Videos) oder animierte Grafiken über die Registerkarte „Einfügen" direkt in einer Folie zu platzieren.

Das soll uns in diesem Lernabschnitt aber weniger interessieren. Stattdessen wollen wir unsere Präsentation dadurch „aufpeppen", dass wir statische Objekte wie Texte und Bilder in Bewegung versetzen, also **animieren**.

> Die in der Folie enthaltenen Objekte, insbesondere Grafiken und Textfelder, besitzen eine **Methode „Erscheinen"**, die sich auf das **Attribut „Effekt"** bezieht. Hiermit ist es möglich, die entsprechenden Objekte zu animieren.

Es ist zum Beispiel sinnvoll, bestimmte Textpassagen schrittweise einzublenden, um nicht vorwegzunehmen, was der Redner vorträgt. Das folgende Bild zeigt das Fenster zum Einstellen von Animationen für eine Folie zum Thema „Ernährung der Vögel – Fleischfresser".

i Dass der Eule beim Jagen und Fressen von Mäusen die Schabelform (gebogen) hilft, will der Vortragende mit seinem Publikum in einem Frage-Antwort-Spiel erarbeiten. Daher wurde hier für das Textfeld 2 festgelegt, dass der Text (auf Mausklick) absatzweise erscheint.

i Du kannst folgendermaßen vorgehen, um Texte oder Bilder zu animieren:
1. Wähle eine Folie aus.
2. Wähle die Registerkarte „Animation" aus.
3. Markiere das Objekt, welches du bewegen möchtest.
4. Weise die Effekte und Effektoptionen zu, die du wünschst.
5. Lege im „Animationsbereich" fest, wann die einzelnen Objekte auf der Folie erscheinen sollen.
6. Kontrolliere die Animationen, indem du auf den Schalter „Vorschau" klickst.

Folgende Attributwerte sind für das **Attribut „Effekt"** zum Animieren von Objekten möglich (Beispiele):

- Text kann ins Bild fliegen (von links, von oben, von links unten, ...). Dies kann z. B. absatzweise oder gleichzeitig erfolgen.
- Objekte können unterschiedlich eingeblendet werden oder verschwinden.
- Objekte können rotieren, ins Bild springen, ...
- Dem Erscheinen oder Verschwinden von Objekten kann ein Klang (Sound) zugeordnet werden.

4.5   Animiere einige Objekte in dem Multimediadokument „Wellensittich"! Wähle dazu geeignete Folien aus!

a) Eine Überschrift soll rotieren.

b) Eine Grafik soll diagonal von links oben beginnend einfliegen. Dabei soll ein Trommelwirbel zu hören sein.

c) Eine Grafik soll verschwinden und dabei gedreht und immer kleiner werden.

Auch Folien kannst du animieren. Um animierte Folienübergänge zu schaffen, musst du in der Foliensortieransicht oder in der Folienauflistung im linken Bildschirmfenster alle diejenigen Folien markieren, zwischen denen ein animierter Übergang geschaffen werden soll.

Dann rufst du die Registerkarte „Übergänge" auf. Dort kannst du dann die gewünschten Effekte und Effektoptionen auswählen:

i   Und hier noch einige Tipps für die Erarbeitung von Multimediadokumenten:

Willst du mehrere Objekte auf einer Folie animieren, solltest du höchstens einmal einen Klang zuordnen.

Soll deine Präsentation einen Vortrag unterstützen, sollte der Ablauf durch Mausklick gesteuert werden (Standard). Damit kann das Tempo der Präsentation deinem Vortrag angepasst werden. (Eine laufende Präsentation kann jederzeit durch Drücken von <Esc> beendet werden.)

Zum Abspielen der Präsentation benötigt man normalerweise ein Präsentationsprogramm. Das muss nicht *PowerPoint* sein. Mit „.ppt" unter PowerPoint gespeicherte Multimediadokumente können auch mit *OpenOffice Impress* gezeigt werden (und umgekehrt).

Wird eine *PowerPoint*-Präsentation als „Pack&Go-Präsentation" (mit der Datei-Endung „.pps") gespeichert, so muss auf dem Computer, mit dem die Präsentation vorgeführt wird, nicht einmal ein Präsentationsprogramm installiert sein.

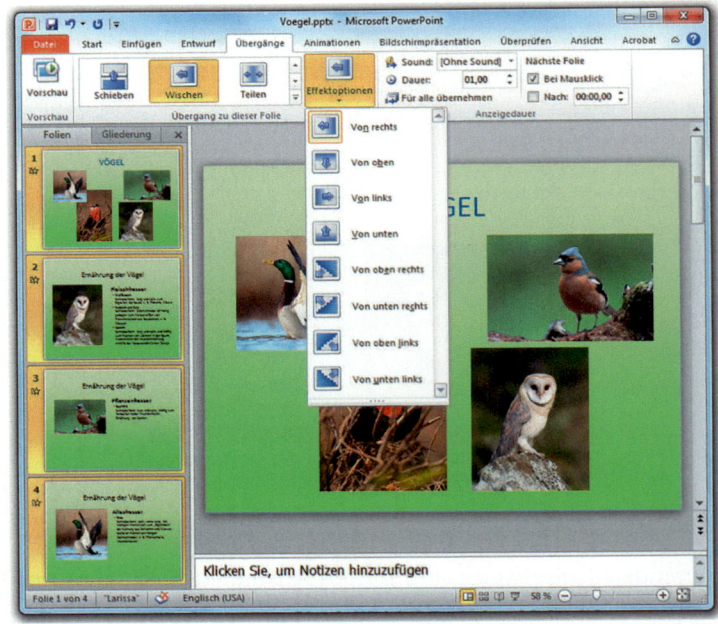

4.6   Markiere in der Foliensortieransicht alle Folien des Dokuments „Wellensittich"! Weise dem Attribut „Effekt" den Wert „Schachbrett, von oben" zu!

Speichere die Präsentation wieder unter der Bezeichnung „Wellensittich" und führe sie vor!

Objekte, Attribute und einige Attributwerte bei der Präsentation

Klasse	Wichtige Attribute (und Beispiele für Attributwerte der erzeugten Objekte)
MULTIMEDIA-DOKUMENT	• Hintergrund (weiß, hellgrün, Farbverlauf von oben nach unten, mit Grafik) • Name, wenn es in einer Datei gespeichert wird (Samenpflanzen.ppt)
FOLIE	• Position (Titelblatt, 5. Folie, letzte Folie) • Hintergrund (wie gesamtes Multimediadokument, helles Blau) • Grundlayout (zweispaltig mit Titel, dreispaltig) • Effekt (horizontal blenden)
TEXTFELD	• Position auf einer konkreten Folie (Überschrift, in der Mitte, rechts) • Größe (10 cm breit und 5 cm hoch, die Hälfte der Folie einnehmend) • Effekt (als 3. Objekt der Folie absatzweise von links ins Bild fließend, rotieren)
GRAFIK	• Position (4 cm vom rechten Rand und 3 cm von oben) / Größe • Effekt (langsam von rechts einblenden, ins Bild rollen, blinken, mit Klang)
FORM	• Position / Größe / Linienart / Linienfarbe / Linienstärke / Füllfarbe
DIAGRAMM	• Position / Größe / Hintergrundfarbe / Anzahl der Datenreihen / ...
KLANG	• Position der Schaltfläche / Wiedergabe automatisch oder nach Mausklick
FILM	• Position der Schaltfläche / Wiedergabe automatisch oder nach Mausklick
SCHALTFLÄCHE	• Position / Größe / Farbe / Verweis auf andere Folie, auf Klang, auf Film

Wesentliche Klassen in Multimediadokumenten und ihre Beziehungen zueinander

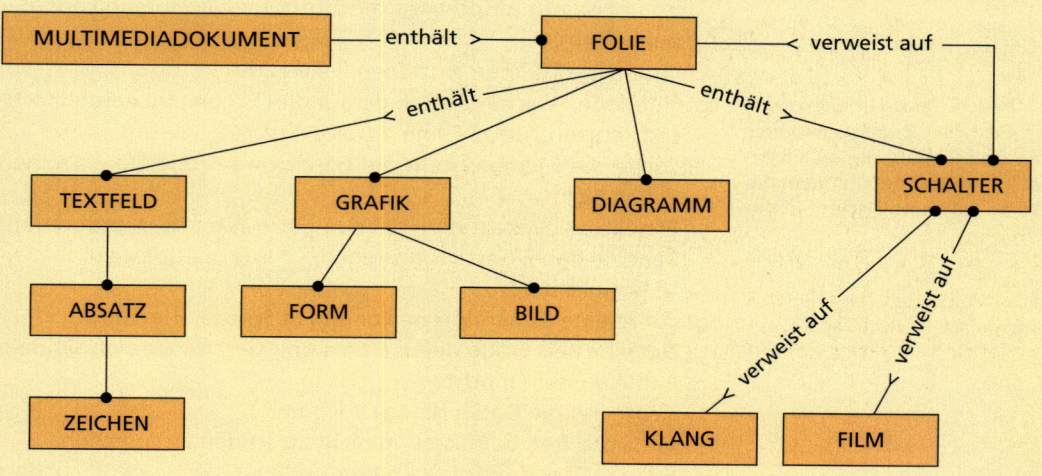

VÖGEL

1 So könnte das Titelbild der Präsentation zum Thema „Vögel" aussehen.

4.7 Erarbeitet in der Klasse gemeinsam eine Präsentation zum Thema „Vögel – eine Wirbeltierklasse"!

a) Diskutiert in der Klasse, welche Aspekte ihr in der Präsentation vorstellen wollt! Beispiele:
- Körperbau: Vögel als Eroberer der Luft
- Ernährung der Vögel: Schnabelformen
- Fortpflanzung und Entwicklung
- Lebensweise im Jahreslauf
- Gefährdung und Schutz der Vögel
- Nutzung durch den Menschen

b) Teilt eure Klasse in Gruppen ein und verteilt die Aufgaben! Jede Gruppe erarbeitet eine „Teilpräsentation", also eine Folienfolge zu einem der ausgewählten Aspekte.
Eine Gruppe ist für das „Gesamtlayout" verantwortlich und führt alle „Teilpräsentationen" zusammen.

c) Führt die Präsentation „Vögel – eine Wirbeltierklasse" vor, diskutiert Stärken und Schwächen und verbessert sie!

4.8 Zeichne ein Objektdiagramm für zwei Folien aus der mit Aufgabe 4.7 erarbeiteten Präsentation!

4.9 Erarbeite eine Präsentation zum Thema „Mein letzter Urlaub".

a) Strukturiere deinen Vortrag! Überlege also, welche Themen du unbedingt ansprechen möchtest. Eine Mindmap kann dabei helfen.
Ordne die Themen einzelnen Folien zu!

b) Überlege, welche Medien du auf den Folien platzieren möchtest (Karten, Fotos, Filme, Audios, ...)!
Suche die Medien, stelle sie bereit und ordne sie einzelnen Folien zu!

c) Erstelle die Präsentation mit deinem Präsentationsprogramm! Beachte dabei Gestaltungsregeln (↗ Informationstext auf Seite 94 links unten).

d) Führe eine Generalprobe vor einem Spiegel durch!
Noch besser: Frage deine Eltern und Geschwister, ob sie dein Publikum sein möchten.
Achte auf die Dauer deines Vortrages.
Versuche frei, deutlich und nicht zu schnell zu sprechen.
Erlaube Zwischenfragen oder mache zu Beginn deutlich, dass du Fragen am Ende beantwortest.

i Beachte das Urheberrecht! Gib bei Bildern, Audios, Karten und Filmen, die du im Internet gefunden hast, immer die Quelle an (URL und Datum, ↗ Kapitel 6).

Verwaltung von Dateien 5

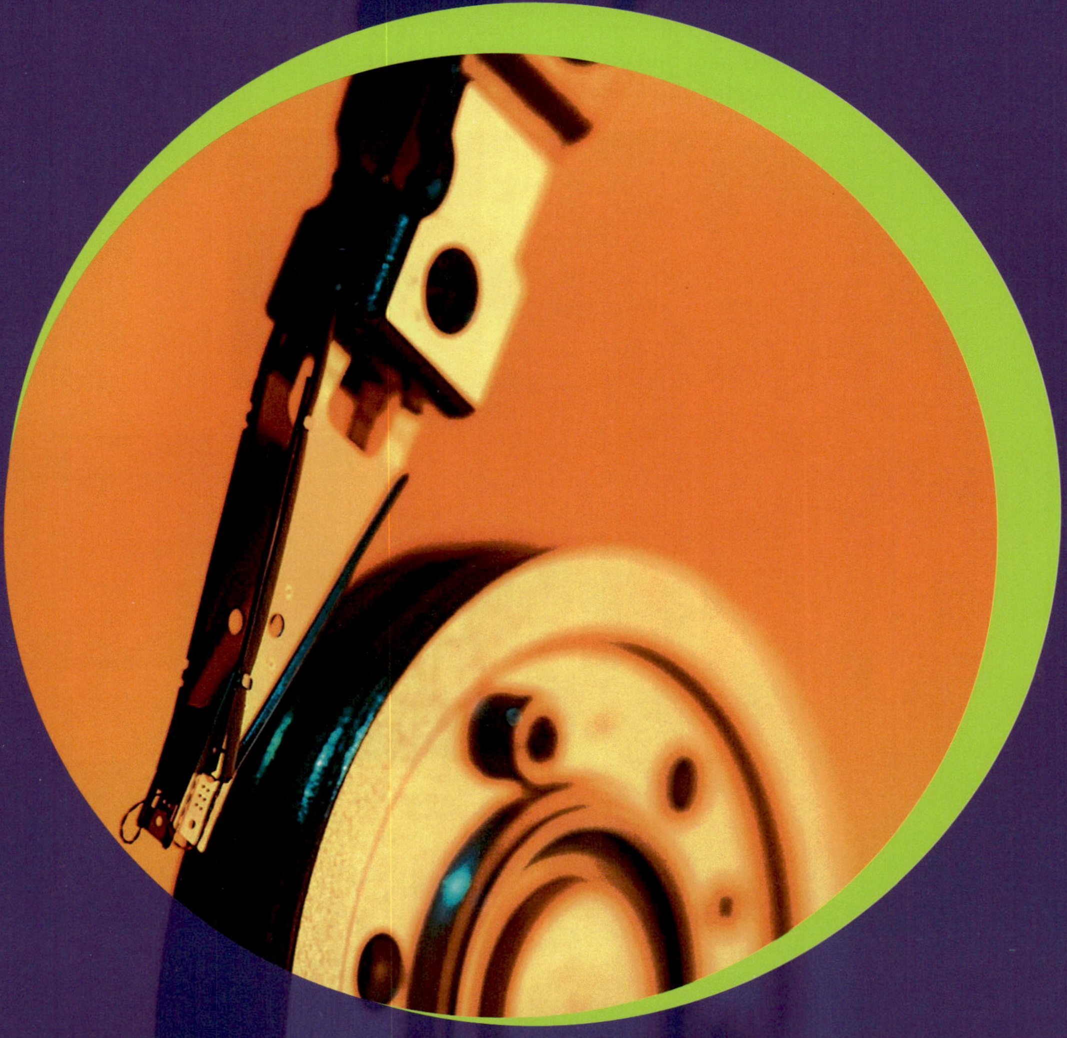

Mit dem Handy und der Digitalkamera entstehen heute an einem Tag so viele Fotos, wie deine Großeltern früher nicht einmal in einem Jahr mit einem herkömmlichen Fotoapparat „geschossen" haben.

Deine Großeltern benutzten Negativfilme mit nur 20 oder 36 Bildern. Aus diesem Grund mussten sie sehr genau überlegen, welche Motive wichtig waren, bevor sie auf den Auslöser des Fotoapparates drückten. Jeder Film musste entwickelt und die Erstellung der Papierbilder beim Fotografen in Auftrag gegeben werden. Zuletzt wurden die Bilder in ein Fotoalbum geklebt. Dies alles war aufwändig und kostete viel Geld.

Negativfilm, entwickeltes Negativ, ein Papierabzug und Fotoalben

Heute ist das Fotografieren billiger und einfacher, verführt aber dazu, eine Menge Fotos zu produzieren.

digitale Urlaubsbilder

Urlaubsbilder in einer Bildverwaltungssoftware

Leitfragen

* Wie hebst du deine Bilder auf?
* Wie ordnest du die Fotos an, damit du sie später sie wiederfinden kannst?
* Welche Gemeinsamkeiten und Unterschiede erkennst du, wenn du die Vorgehensweise der Bildverwaltungssoftware mit dem Fotoalbum deiner Großeltern vergleichst?
* Kann man mit dem Computer eine sinnvolle Ordnung in den Berg von Fotos bringen?
* Welche Erfahrungen hast du gemacht, wenn du ein ganz bestimmtes Bild suchst?
* Kann man nach Attributen wie Bezeichnung, Bildtyp (z.B. JPG) oder Erstellungsdatum suchen?

5.1 Ordnung muss sein

1 Ordnungsmittel: Ordner, Einhängeschnellhefter und Trennblätter.

Die Schülermitverwaltung (SMV) will eine Schulaufgabensammlung einrichten. Schüler geben Angaben zu ihren Schulaufgaben bei der SMV ab. Auf den Blättern ist die Klasse, die Nummer der Schulaufgabe und das Fach vermerkt. Nun sollen die vielen Papiere erst einmal geordnet werden, damit sie später sinnvoll für die Schulaufgabenvorbereitung eingesetzt werden können.

- Wie sollen die Angaben sortiert werden?
- In welcher Reihenfolge sollen die Sortierkriterien angewandt werden?

Entscheidet euch in eurer Gruppe für ein Ordnungsschema. Euch steht ein Ordnercontainer, mehrere Ordner, Einhängeschnellhefter und Trennblätter zur Verfügung (↗ Bild 1).
Überlegt euch gute Argumente für eure Wahl, damit ihr euch mit dem Ergebnis eurer Arbeit vor der Klasse gut behaupten könnt.

Sophie, Lucas, Gregor und Laura haben sich in einer Gruppe zusammengefunden. Sie machen sich gleich an die Arbeit:
„Zuerst trennen wir nach Fächern, dann nach Klassen und zuletzt nach Nummern", meint Gregor. „Nein wir sortieren zuerst nach Klassen, dann Fächern und zuletzt nach Nummern", widerspricht Sophie. „Als erstes Kriterium scheiden die Nummern sicher aus", stellt Laura fest. Lucas schlägt vor: „Lasst uns doch die beiden anderen Möglichkeiten skizzieren. Danach können wir uns sicher leichter entscheiden."
Lucas zeichnet folgende Baumdiagramme auf einen Flipchartbogen und ordnet sie gleich dem Ordnungsmittel (Ordnercontainer, Ordner, Einhängeschnellhefter und Trennblätter) zu.

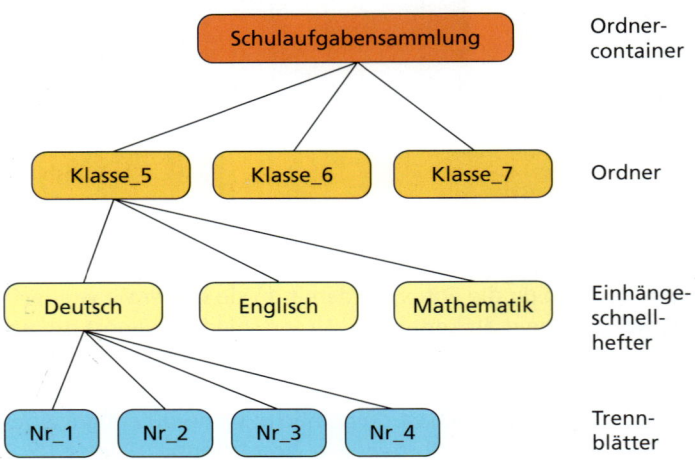

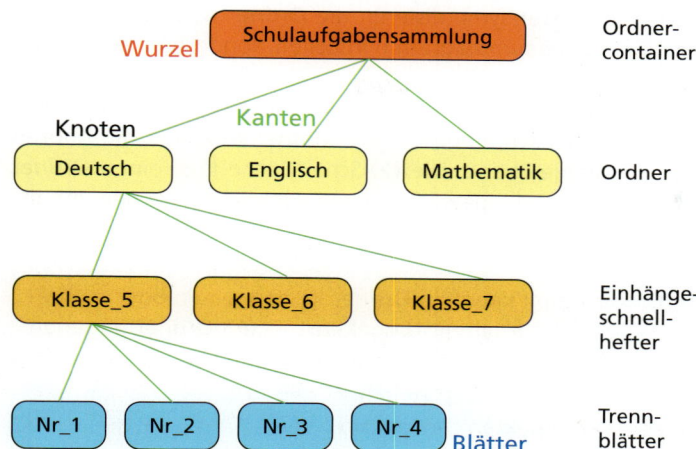

Wurzel

Knoten   Kanten

Ordner-container

Ordner

Einhänge-schnell-hefter

Blätter   Trenn-blätter

Die Gruppe einigt sich auf das zweite Ordnungsschema:
Im Ordnercontainer stehen Ordner. Sie tragen die Beschriftung „Deutsch", „Englisch" und „Mathematik". In den Ordnern werden Einhängeschnellhefter eingesetzt. In jedem Schnellhefter werden zu einem Fach die Schulaufgaben einer Klasse nach Nummern einsortiert. Zwischen den Schulaufgaben unterschiedlicher Nummern liegt ein Trennblatt.

Ein **Ordnungsmittel** kann wieder ein Ordnungsmittel enthalten.

Im Zeitalter der Informationstechnologie ist es natürlich vorteilhafter, die Schulaufgaben auf einem Rechner digital zu speichern. Lassen sich obige Ordnungsschemata auf einer Festplatte bzw. einer CD-ROM nachbilden? Ja, denn solche Massenspeicher haben ein **Dateisystem**, das durch das **Betriebssystem** verwaltet wird. Verbreitete Betriebssysteme für Computer sind **Windows** und **Linux**, für die wir im Folgenden immer Beispiele angeben werden.
Betriebssysteme enthalten einen **Dateimanager.** Wie lässt sich unser Ordnungsschema mit dem Dateimanager in einem Dateisystem verwirklichen? Im Dateisystem kann ebenfalls durch Ordner die Ablage der Dateien sinnvoll organisiert werden.

5.1 Öffne den Dateimanager auf deinem Rechner, dann kannst du im linken Teil des Fensters den Ordnerbaum des jeweiligen Datenträgers sehen.
Erkunde diesen Ordnerbaum!

1 Dateimanager unter Linux

1 So würde der Ordnerbaum für unser Beispiel aussehen, wenn wir ihn auf einem USB-Stick erstellen würden.

Die Hängeregister symbolisieren die Ordner (↗ Bild 1). Sie sind nicht wie beim Baumdiagramm in Zeilen, sondern in Spalten angeordnet.

In jeder Spalte befindet sich eine Ebene des Baumdiagramms. Die Fächer Deutsch, Englisch und Mathematik sind die Knoten einer Hierarchie-Ebene. Die (>)-Schaltfläche lässt einen Ordner aufspringen und gewährt einen Einblick in seinen Inhalt. Über die (ⱽ)-Schaltfläche kannst du ihn wieder schließen.

> Im Ordnerbaum kann ein Ordner keinen, einen oder mehrere (*) Ordner enthalten. Umgekehrt ist ein Ordner in genau einem oder keinem (0,1) Ordner enthalten.
>
> Aus dieser Beziehung zwischen den einzelnen Objekten leitet sich die nebenstehende Klassenbeziehung ab. Der **Wurzelordner** (das **Wurzelverzeichnis**, engl.: **root**) ist in keinem Ordner enthalten.
>
> 0,1 < ist enthalten
> enthält > *
>
> ORDNER

Die Zahlen 0,1 bzw. * beschreiben die **Kardinalität der Klassenbeziehung**. Diese Zahlen geben an, wie viele Objekte der einen Klasse mit einem Objekt der anderen Klasse in Beziehung stehen können (↗ auch Informationstext in der Randspalte unten).

Erstellung von Ordnern (Verzeichnissen): Im Dateimanager kannst du im aktuellen Ordner neue Ordner erstellen. Nach einem Klick mit der rechten Maustaste im leeren Bereich des rechten Fensters öffnet sich ein Menü.

 Windows: Hier kannst du leicht über die rechte Maustaste „Neu ⟶ Ordner" einen neuen Ordner erstellen.

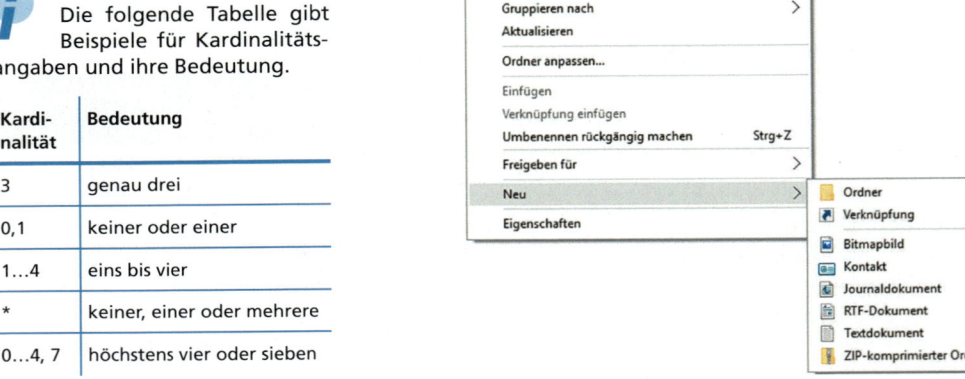

ⓘ Die folgende Tabelle gibt Beispiele für Kardinalitätsangaben und ihre Bedeutung.

Kardi-nalität	Bedeutung
3	genau drei
0,1	keiner oder einer
1…4	eins bis vier
*	keiner, einer oder mehrere
0…4, 7	höchstens vier oder sieben

Linux: Hier kannst du über die rechte Maustaste oder über die Menüfolge „Datei ⟶ Neuer Ordner" einen neuen Ordner erzeugen.

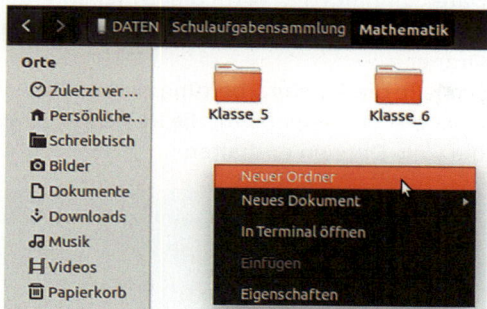

Navigation im Dateimanager:
Windows: Beim sichtbaren Ordnerbaum im linken Fenster genügt ein einfacher Mausklick mit der linken Taste auf das Ordnersymbol, um den Inhalt des Ordners im rechten Fenster anzeigen zu lassen. Den gleichen Effekt hat ein Doppelklick auf das Ordnersymbol im rechten Fenster.
Linux: durch einen Klick auf das Ordnersymbol im rechten Fenster wird der Ordner im gleichen Fenster geöffnet.

5.2 a) Die Tierwelt lässt sich in einen Ordnerbaum abbilden. Beginne als Wurzel mit dem Begriff „Tiere"! Sie werden unterteilt in in Säugetiere, Insekten, Vögel usw.
b) Erstelle die Wurzel eines neuen Ordnerbaumes mit Namen „Europa"! Strukturiere dann Europa nach seinen politischen Einheiten bis auf die Ebene deines Wohnortes!
c) Setze den Ordnerbaum zur Schulaufgabensammlung auf deinem USB-Stick um!

Hinweis zu Aufgabe 5.2 c:
Lösche den Ordnerbaum, den du auf Basis des Bildes von Seite 103 erstellt hast, nicht, da wir ihn später noch für weitere Aufgaben benötigen!

5.2 Beziehung der Klassen ORDNER und DATEI

Jetzt sollen in den Ordnern die Aufgabenblätter zu den Schulaufgaben in Dateien gespeichert werden.
Fertige mit einer Textverarbeitung ein Dokument an, das drei Absätze mit den Überschriften Klasse_5, Klasse_6 und Klasse_7 enthält. Hier soll später einmal ein Inhaltsverzeichnis aller Aufgaben zum Fach Deutsch entstehen. Speichere die Datei unter dem Namen „Inhalt.rtf" im Ordner „Deutsch" im Ordnerbaum von Aufgabe 5.2 c ab.
Öffne nun mit dem Dateimanager den Ordner „Deutsch", dann siehst du im rechten Fenster nebenstehende Ordner und eine Textdatei.

1 Ordner und Dateien im Ordner „Deutsch"

Dateien kannst du an Icons erkennen, die meist ein Symbol des zugehörigen Anwendungsprogramms enthalten.

Durch einen Doppelklick *(Windows)* bzw. Klick *(Linux)* auf die Datei „Inhalt.rtf", wird die Datei mit dem Anwendungsprogramm geöffnet. Sie enthält also keine weiteren Dateien oder Ordner.

Schließe die Textverarbeitung und wechsle in andere Ordner. Du wirst auf Ordner stoßen, die keine Datei, aber auch auf Ordner, die viele Dateien enthalten.

> Ein Ordner kann keine, eine oder mehrere (*) Dateien enthalten. Umgekehrt ist eine Datei in genau einem (1) Ordner enthalten.
> Dateien enthalten keine Ordner und Dateien.

Mit diesem Wissen erweitern wir das Klassendiagramm von Seite 104:

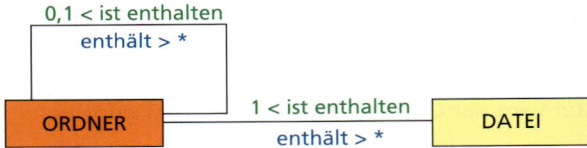

In einem Dateisystem kann man den Ort eines Ordners oder einer Datei durch die Pfadangabe beschreiben. Ergänzt man den Ordnerbaum um die Dateien, so erhält man den **Dateisystembaum.** Dateien sind im Dateisystembaum stets Blätter, da sie keine Ordner und Dateien enthalten:

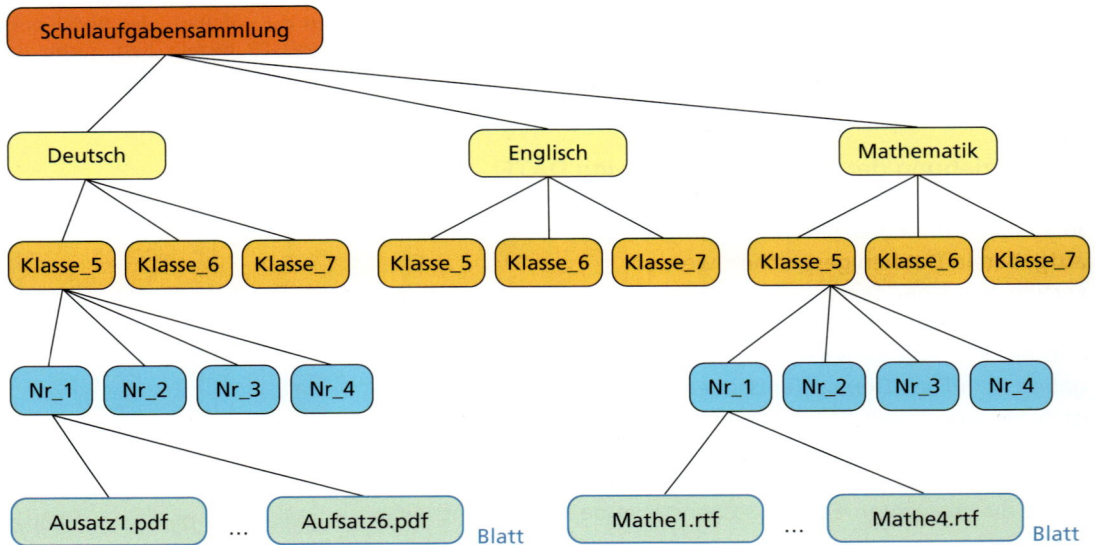

Absolute Pfadangabe: Die mit der Übersicht gegebene absolute Pfadangabe beginnt stets mit der Wurzel. Wir folgen den Kanten und schreiben alle Knoten längs des Weges auf.
Zwischen den Knoten steht ein Trennsymbol: „\" bzw. „/".

D:\Schulaufgabensammlung\
                Deutsch\Klasse_5\Nr_1\Aufsatz1.pdf

/cdrom/Schulaufgabensammlung/
                Deutsch/Klasse_5/Nr_1/Aufsatz1.pdf

5.3 Die Organisation von digitalen Fotos ist eine große Herausforderung: Im Beispiel auf Seite 101 wurden sie chronologisch sortiert. Bildverwaltungssoftware bietet auch Kategorien wie Sortieren nach Personen, nach Motiven, nach Anlässen, nach Orten oder gar nach Qualität an. Entwirf z. B. für eine Zeitung eine alternative Möglichkeit Bilder zu sortieren! Setze deinen Vorschlag mit einem Ordnerbaum um!

Relative Pfadangabe: In einem Dateisystembaum kann man den Ort einer Datei auch in Bezug zum aktuellen Ordner aufschreiben. Wenn der aktuelle Ordner „Deutsch" ist, dann lautet der relative Pfad der Datei „Aufsatz1.pdf":

Klasse_5\Nr_1\Aufsatz1.pdf

Klasse_5/Nr_1/Aufsatz1.pdf

Mit dem Symbol „.." kann man in einem Dateisystembaum eine Ebene höher steigen. Vom Standpunkt des Ordners Mathematik lautet jetzt die relative Pfadangabe:

..\ Deutsch\Klasse_5\Nr_1\Aufsatz1.pdf

../ Deutsch/Klasse_5/Nr_1/Aufsatz1.pdf

5.4 Betrachte den Dateisystembaum auf Seite 106!
    Schreibe die folgenden relativen Pfade auf:
a) „Mathe1.rtf" bez. der Ordner „Mathematik" und „Englisch".
b) „Klasse_7" im Ordner „Mathematik" bezüglich der Ordner „Schulaufgabensammlung" und „Deutsch".

Unter Windows *ist die* Wurzel eines Dateisystems der Laufwerksname, auf dem sich die Dateien befinden (hier „D:"), gefolgt von „\".
Unter *Linux* werden alle **Partitionen** (Teile eines Datenträgers mit einem eigenen Namen) als Ordner in genau einen Ordnerbaum eingebunden. Pfadangaben beginnen mit „/", dem Zeichen für die einzige Wurzel. In diesem Beispiel sehen wir noch den Ordner „cdrom" für das gleichnamige Laufwerk.

1 Kategorien einer Bildverwaltung

5.3 Attribute und Methoden der Klassen ORDNER und DATEI

Wir wollen nun **Attribute und Methoden der beiden Klassen ORDNER und DATEI** zusammentragen.

So könnten entsprechende **Klassenkarten** aussehen:

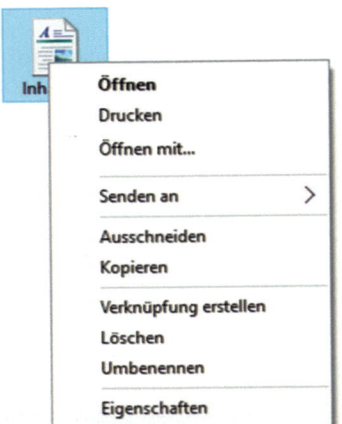

1 Wenn sich die Maus über einem Objekt der Klasse DATEI oder ORDNER befindet, kannst du mit der rechten Maustaste das gezeigte Menü öffnen. Es gibt dir Zugang zu den Eigenschaften und Methoden der zugehörigen Klassen.

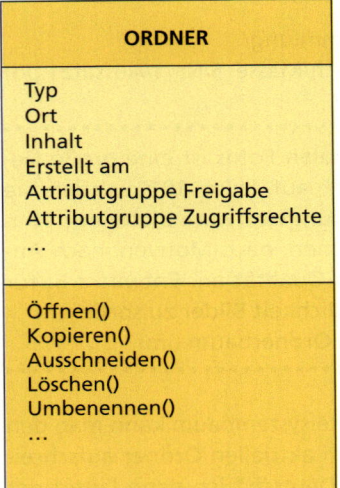

ORDNER
Typ
Ort
Inhalt
Erstellt am
Attributgruppe Freigabe
Attributgruppe Zugriffsrechte
...
Öffnen()
Kopieren()
Ausschneiden()
Löschen()
Umbenennen()
...

DATEI
Dateityp
Ort
Größe
Erstellt am
Geändert am
Attributgruppe Zugriffsrechte
...
Öffnen()
Kopieren()
Ausschneiden()
Löschen()
Umbenennen()
Drucken()
...

Der Ordner „Deutsch" und die Datei „Aufsatz1.pdf" in unserem Beispiel haben folgende Attributwerte (dargestellt in den entsprechenden Objektkarten):

Deutsch: ORDNER
Typ = Dateiordner
Ort = D:\Schulaufgabensammlung\ Deutsch
Inhalt = 1 Datei, 3 Ordner
Erstellt am = Mittwoch, 7. Dez. 2016
...

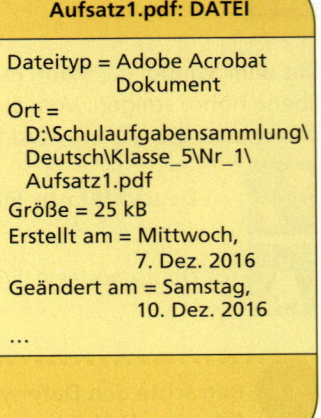

Aufsatz1.pdf: DATEI
Dateityp = Adobe Acrobat Dokument
Ort = D:\Schulaufgabensammlung\ Deutsch\Klasse_5\Nr_1\ Aufsatz1.pdf
Größe = 25 kB
Erstellt am = Mittwoch, 7. Dez. 2016
Geändert am = Samstag, 10. Dez. 2016
...

In den folgenden Übungen wollen wir die Bedeutung der wichtigsten Attribute und Methoden erforschen.

5.5 Erstelle einen Ordner „Aufgabe_5_05" und kopiere den Ordner „Schulaufgabensammlung" von Aufgabe 5.2c (↗S. 105) zusammen mit allen Unterordnern in diesen Ordner (Methoden „`Kopieren()`" und „`Einfügen()`")!

a) Jetzt kannst du in den Dateisystembaum auch noch die fehlenden Aufgabenblätter in den vorgegebenen Dateien speichern:

Erfinde eine Mathematikschulaufgabe und speichere sie als „Mathe1.rtf" in den Ordner Mathematik\Klasse_5\Nr_1!

Erfinde außerdem ein Thema für einen Deutschaufsatz, schreibe das Thema in ein Textdokument und speichere das Dokument an die entsprechende Stelle!

b) Erstelle die fehlenden „Nr-Ordner" im Fach Englisch und schreibe die verwendeten Methoden auf!

Zum Beispiel wird mit der Methode

`Klasse_5.NeuErstellen("Nr_1")`

im Ordner „Klasse_5" der Ordner „Nr_1" erzeugt.

c) *Bedeutung der Datei-Endung (Datei-Erweiterung):*

Ändere die Endung der Datei „Mathe1.rtf" um in „Mathe1.gif"!

Schreibe deine Beobachtung auf und versuche die Datei durch einen Doppelklick zu öffnen (Methode „`öffnen()`")! Welche Bedeutung hat folglich die Dateiendung?

Welcher Zusammenhang besteht zum Attribut „Typ"?

d) Aktiviere unter *Windows* bei einer Textdatei, die du nicht mehr benötigst, das Attribut „Schreibgeschützt" in der Attributgruppe „Zugriffsrechte" (bzw. „Sicherheit")!

Öffne die Datei mit dem Anwendungsprogramm und versuche, sie nach einer Änderung zu speichern! Schließe das Anwendungsprogramm und versuche, die Datei im Dateimanager zu löschen (Methode „`Löschen()`")! Schreibe deine Beobachtungen auf!

Linux bietet in der Attributgruppe **„Zugriffsrechte"** folgende Möglichkeiten:

– Jeder Benutzer ist in mindestens einer Gruppe. Wenn ein Attribut gesetzt ist, erhalten der Benutzer, die Mitglieder der zugehörigen Gruppe und alle anderen Personen die entsprechenden Rechte.

In unserem Beispiel (↗Bild 1) können alle Anwender die Datei lesen, aber nur der Benutzer schreibend Änderungen vornehmen.

– Änderungen der Rechte können nur vom Benutzer oder Systemadministrator vorgenommen werden.

Vergleiche und bewerte die Attributgruppe „Zugriffsrechte" bei beiden Betriebssystemen!

 Zur Bedeutung von Datei-Endungen (Aufgabe 5.5c):

rtf	**R**ich-**T**ext-**F**ormat
docx	**W**ord-Dokument
odt	**O**pen**O**ffice-Textdokument
html	**H**yper**t**ext **M**arkup **L**anguage
gif	GIF-Bild
jpg	JPEG-Bild
png	PNG-Bild (Portable Graphics)
pdf	Adobe-Acrobat-Dokument

1 Das ist die Attributgruppe „Zugriffsrechte" unter *Linux*.

5.6 Löse die Aufgaben zum Anordnen und Suchen von Dateien und Ordnern im Dateimanger!

a) *Anordnen von Dateien:*
Die Ordner und Dateien lassen sich im Dateimanager als Symbole und in Listen anordnen. Über die Menüfolge „Ansicht ⟶ Symbole anordnen nach" *(Windows)* bzw. „Ansicht ⟶ Liste" und „Ansicht ⟶ Anzuzeigende Spalten .." *(Linux)* kannst du verschiedene Möglichkeiten ausprobieren.
Welches Verfahren eignet sich, um eine Datei
– mit dem Namensanfang „Bild",
– mit dem Dateityp „pdf-Dokument"
zu finden?

Ab *Windows 7* erreichst du das Menü „Ansicht" über die rechte Maustaste oder über eine Schalter in der rechten oberen Fensterecke.

b) *Dateisuche:*
Georg hat die Datei „baum.jpg" im vergangenen Monat erstellt und den Speicherort vergessen. Der Dateimanager bietet unter dem Symbol einer Lupe eine Datei- und Ordnersuche an. Georg schreibt „bau" in den Suchtext. In beiden Betriebssystemen kann die Suche noch verfeinert werden (✐ Bild). Untersuche die Funktionsweise und erläutere sie!

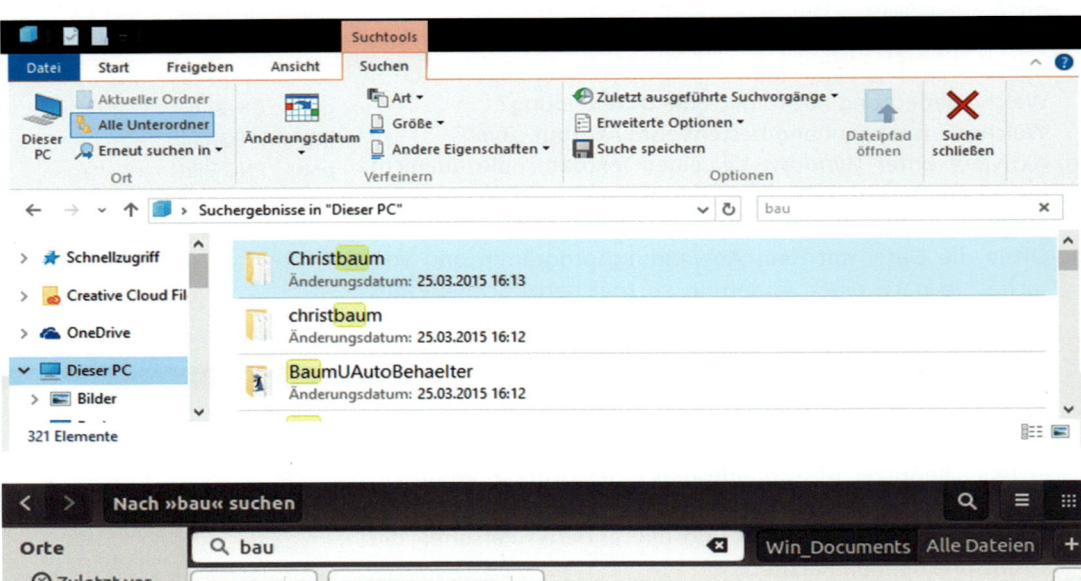

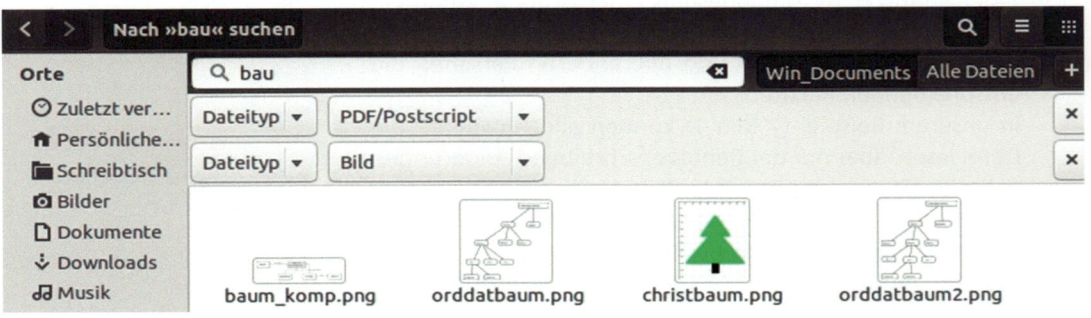

5.4 Datei und Dokument

Du hast bereits oft Text-Dateien geöffnet, Dokumente bearbeitet und das geänderte Dokument wieder in einer Datei abgespeichert. Wir wollen diesen Vorgang genauer betrachten:
Wähle z. B. die Datei „Mathe1.rtf" und schreibe die Werte der Attribute „Geändert am" und „Größe" auf. Öffne dann mit einem Textverarbeitungsprogramm die Datei.
Bei diesem Vorgang sendet das Textverarbeitungsprogramm an das Betriebssystem den Auftrag, die Datei zu öffnen. Mithilfe geeigneter Methoden wird der Speicherort der Datei auf dem Massenspeicher (z. B. Festplatte oder CD-ROM) gesucht. In der Datei befindet sich das Dokument, vergleichbar einem Brief in einem Briefumschlag. Sobald der Speicherort gefunden wurde, liest das Betriebssystem den Inhalt der Datei aus und schreibt eine Kopie des Dokuments in den Arbeitsspeicher. Die Kopie des Dokuments wird am Bildschirm angezeigt und kann dann mit dem Textverarbeitungsprogramm bearbeitet werden.
Füge Text hinzu und sichere dein Ergebnis wieder in der gleichen Datei mit der Methode „`Mathe1.rtf.Speichern()`". Da der Dateiname nicht geändert wurde, erhält das Betriebssystem den Auftrag, den alten Inhalt der Datei mit den Daten des geänderten Dokuments aus dem Arbeitsspeicher zu überschreiben.
Jetzt kannst du erneut die obigen Attributwerte auslesen und vergleichen. Beispiel:

Mathe1.rtf	vorher	nachher
Geändert am	12.10.17	17.10.17
Größe	7.600 Bytes	8.322 Bytes

5.7 a) Du öffnest mit einem Textverarbeitungsprogramm eine Datei und bearbeitest den Inhalt.

Als du abschließend noch die Schriftart ändern willst, stürzt der Rechner ab. Das Dokument wurde vorher nicht gespeichert.

In welchem Zustand befindet sich der Text, wenn du ihn nach dem Systemstart erneut öffnest? Was empfiehlst du folglich deinen Klassenkameraden, wenn sie an einem größeren Projekt arbeiten?

b) Anwendungsprogramme bieten oft die Möglichkeit, dass Dokumente, die zur Bearbeitung geöffnet sind, automatisch z. B. alle 10 Minuten in Dateien gespeichert werden. Suche in deiner Textverarbeitung unter „Optionen" bzw. „Einstellungen" die Methode, mit der du diese Einstellung vornehmen kannst!

Klassenbeziehung ORDNER und DATEI

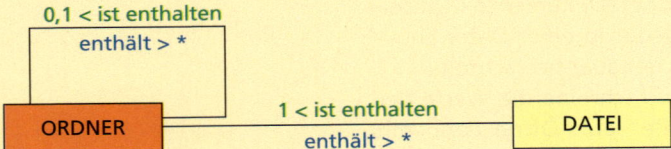

- Ordner können Ordner enthalten. Umgekehrt ist mit Ausnahme des Wurzelordners jeder Ordner in einem Ordner enthalten.
- Ein Ordner kann keine, eine oder mehrere Dateien enthalten. Umgekehrt ist eine Datei in genau einem Ordner enthalten.

Bedeutung der wichtigsten Methoden der Klassen ORDNER und DATEI

Methode	ORDNER	DATEI
Öffnen()	Der Ordner wird geöffnet und sein Inhalt angezeigt.	Eine Datei, wie ein Bild oder Text-dokument, wird mit dem zugehörigen Anwendungsprogramm geöffnet. Ist die Datei ausführbar, so wird das Programm gestartet.
Drucken()		Falls der Inhalt einer Datei direkt auf dem Drucker ausgegeben werden kann, bietet das Menü diese Methode an.
Kopieren()	Ein Ordner wird mitsamt seinen Unterordnern und den enthaltenen Dateien für den Kopiervorgang erfasst. Nach dem Einfügen an einer anderen Stelle bleibt der Ordner an der ursprünglichen Stelle erhalten.	Eine Datei wird für den Kopier-vorgang erfasst. Nach dem Einfügen an einer anderen Stelle bleibt die Datei an der ursprünglichen Stelle erhalten.
Ausschneiden()	Im Unterschied zum Kopieren wird der Ordner bzw. die Datei nach dem Einfügen an der ursprünglichen Stelle entfernt.	
Löschen()	Der Ordner wird mitsamt seinen Unterordnern und den enthaltenen Dateien gelöscht.	Die Datei wird entfernt.
Umbenennen()	Der Ordner bzw. die Datei können einen anderen Namen erhalten.	

Bedeutung der wichtigsten Attribute der Klassen ORDNER und DATEI

Attribut	ORDNER	DATEI
Typ	Gibt den Ordnertyp an, z. B. • Dateiordner oder • Systemordner	Gibt den Dateityp an, z. B. • GIF-Bild, • JPG-Bild, • OpenOffice.org • Text-Dokument, • RTF-Dokument, • MS-Word-Dokument.
Ort	Angabe des Ordnerpfades. • Beim Betriebssystem *Windows* beginnt er mit der Datenträger-bezeichnung und der Wurzel „\", • bei *Linux* mit der Wurzel „/". D:\Schulaufgabensammlung\Deutsch /cdrom/Deutsch	Angabe des Dateipfades. • Beim Betriebssystem *Windows* beginnt er mit der Datenträger-bezeichnung und der Wurzel „\", • bei *Linux* mit der Wurzel „/". D:\Schulaufgabensammlung\ Deutsch\Aufsatz1.pdf /cdrom/Deutsch/Aufsatz1.pdf
Größe	Angabe der Ordnergröße einschließlich aller Unterordner und Dateien	Angabe der Dateigröße z. B. in KiB oder kB, in MiB oder MB
Inhalt	Anzahl der Dateien und Unterordner	
Geändert am		Datum der letzten Änderung
Erstellt am	Datum, an dem der Ordner erzeugt wurde	Datum, an dem die Datei erzeugt wurde
Attributgruppe Freigabe	Hier können die Freigaberechte in einem Netzwerk eingestellt werden, z. B. ob Teilnehmer von außen Dateien im gewählten Ordner lesen bzw. ver-ändern dürfen. Diese Einstellung erfordert unter *Linux* Administratorrechte.	
Attributgruppe Zugriffsrechte	Mit diesen Attributen kann man einen Ordner lokal vor einem Schreib- oder Lesezugriff schützen.	Mit diesen Attributen kann man eine Datei lokal vor einem Schreib- oder Lesezugriff schützen.

5.8 Deine Schule kannst du in einem Ordnerbaum hierarchisch anordnen. Die Wurzel ist dein Gymnasium. Die nächste Gliederungsebene sind Direktorat, Lehrerrat, Unter-, Mittel- und Oberstufe.

Füge noch weitere Untergliederungen ein! Auch deine Klasse soll darin vorkommen. Gib dann den Ort deiner Klasse mit einer absoluten Pfadangabe an! Schreibe ihn auch mit einer relativen Pfadangabe bezüglich des Ordners „Kollegstufe"!

i Beispiele
zu Aufgabe 5.9:

Methode:
Deutsch.Einfügen()
(Der Inhalt der Ablage wird in den Ordner „Deutsch" eingefügt.)

Methode:
Klasse_6.Umbenennen(„Englisch")
(Der Ordner „Klasse_6" wird in „Englisch" umbenannt.)

5.9 Kopiere den Ordner „Schulaufgabensammlung" von Aufgabe 5.2c (↗Seite 105) mit allen Unterordnern in den Ordner „Aufgabe_5_09"!

Lucas hat in seinem ersten Entwurf einen anderen Ordnerbaum gezeichnet (↗Seite 102). Stelle dieses Ordnungsschema mithilfe der Methoden `Ausschneiden()`, `Kopieren()`, `Einfügen()`, `Umbenennen()` im Ordner „Schulaufgabensammlung" her! Protokolliere deine Arbeitsschritte in der Punktnotation!

5.10 Kopiere den Ordner „Schulaufgabensammlung" von Aufgabe 5.2c (↗Seite 105) mit allen Unterordnern in den Ordner „Aufgabe_5_10"!

Beschreibe die Datei „Aufsatz1.pdf" im Ordner „D:\Schulaufgabensammlung\Deutsch\Klasse_5\Nr_1" mit einer absoluten und mit einer relativen Pfadangabe bezüglich des Ordners „Deutsch"!

Verschiebe den Ordner „Deutsch" in den Ordner „D:\Schulaufgabensammlung\Mathematik" und nimm erneut die Ortsbeschreibung der Datei „Aufsatz1.pdf" vor!

Welchen Vorteil hat die relative Pfadangabe?

5.11 a) Lasse alle Dateien vom Typ „pdf-Dokument" auf einem USB-Stick anzeigen!

b) Erkläre, wie du alle Dateien auf dem USB-Stick anzeigen lassen kannst, die die Silbe „ra" enthalten!

c) Erläutere die Bedeutung der Symbole in der linken Spalte des Dateimanagers!

Windows: Bilder, Desktop, Dokumente, Downloads, Musik, Videos und Lokale Datenträger.

Linux: Persönlicher Ordner, Schreibtisch, Bilder, Dokumente, Downloads, Musik, Videos und Papierkorb.

Internet 6

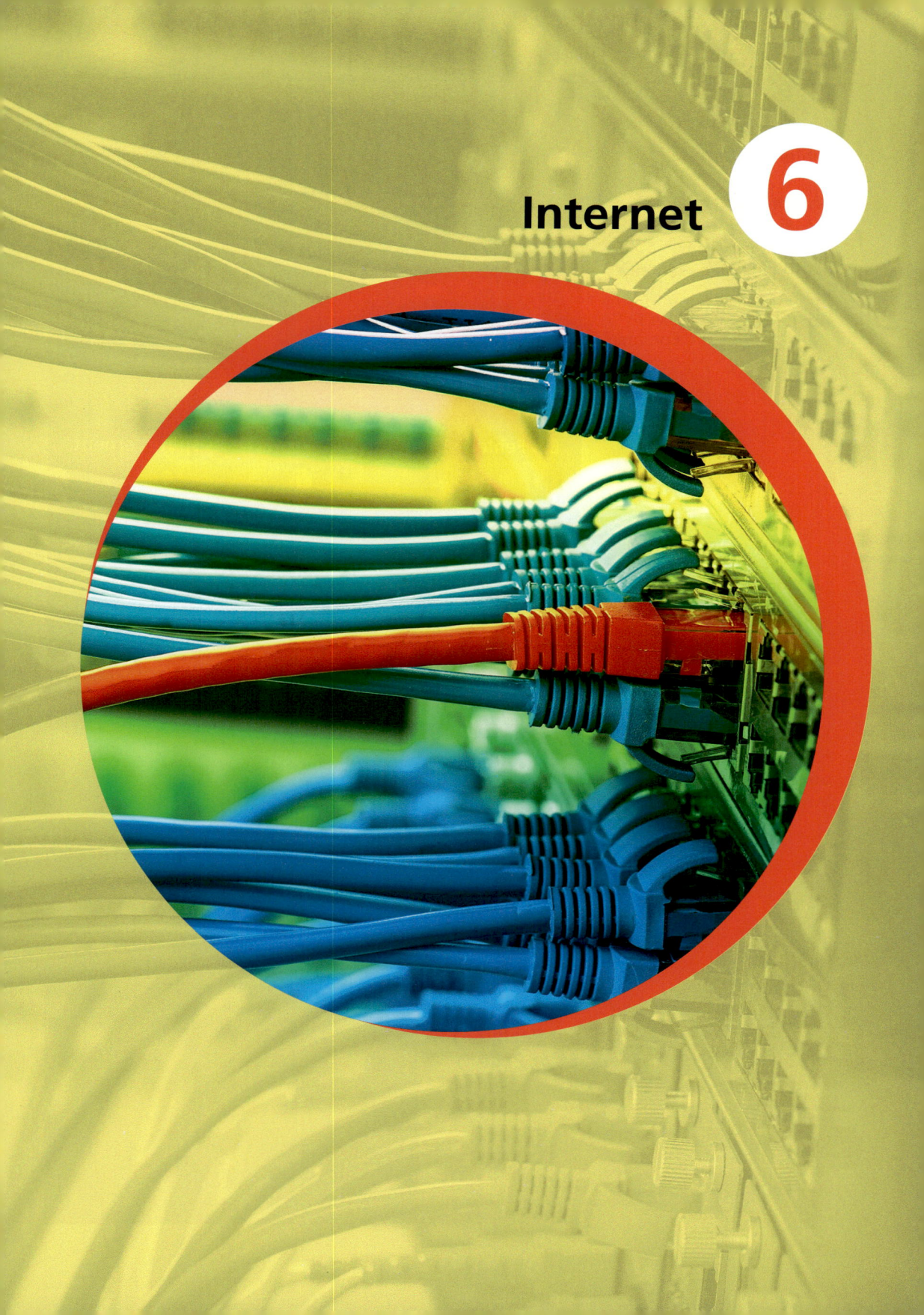

Fehlermeldungen

Warum „hakt" das Internet eigentlich manchmal, z. B. während eines Spiels oder beim Abspielen eines Videos?
Diskutiert in Kleingruppen, wie es dazu kommen kann!

Ein Fehler ist aufgetreten, versuche es später erneut.

Oft wird beim Surfen im Internet auch „Fehler 404" angezeigt,.
Was bedeutet das?

Oops!

404 Page Not Found

Visit our Homepage
or
return to the Previous page

Oh, no! Really?
404 Error Page

Please, keep calm
and return to the previous page

ERROR 404

PAGE NOT FOUND

Wie erklärt ihr euch, wie das Internet funktioniert?

Ein Schüler sagt:

„Das wäre auch noch eine Idee, dass da ein Riesenrouter ist, der das Internet ist. Zum Beispiel die ganze Welt hat auf einmal kein Internet mehr. Die Frage ist: Warum denn? Entweder der Router, den ich mir jetzt vorstelle, der ist kaputt, oder der ist zu warm gelaufen und braucht mal eine Pause. Oder einer hat aus Versehen den Stecker rausgezogen, …".

Was meint ihr dazu?
Teilt ihr diese Vorstellung?

Zum Ankreuzen: Das Internet besteht aus …

☐ einem großen Haupt-Computer

☐ mehreren großen Haupt-Computern

☐ Satelliten im Weltall

☐ verschiedenen Netzwerken von großen und kleinen Computern

☐ …

Wie heißen die Verweise im Internet? Recherchiere die Herkunft des Namens.

☐ Links

☐ Rechts

☐ Oben

☐ Unten

Leitfragen
• Wie passt so eine große Welt in so eine kleine Kiste?
• Warum ist manchmal das Internet kaputt? Und wie kann ich es vielleicht reparieren?
• Was ist ein Server, Router oder Client? Und was hat es mit den vielen Abkürzungen wie IP, DNS, URL, http, HTML usw. auf sich?
• Wie erkenne ich, ob ich einer Webseite glauben kann oder nicht?
• Stimmt es, dass das Internet nichts vergisst?
• Wie wäre die Welt ohne Internet?

6.1 Aufbau des Internets

Das Internet. Unendliche Weiten … Vielleicht hast du dich auch schon einmal gefragt, wie groß das Internet ist, wie so eine große Welt in so eine kleine Kiste passt, wer das Internet erfunden hat oder wie es funktioniert.

Vieles in unserem Alltag wäre ohne das Internet gar nicht denkbar. Wenn man sich z. B informieren möchte, beginnt man oft mit einer Suchanfrage im Internet. Nachrichten an Freunde verschickt man per E-Mail oder über soziale Netzwerke, auch das Einkaufen hat sich verändert.

1 Internetbegriffe

6.1 Was gibt es alles im Internet?
Nenne jeweils Beispiele für diese Punkte:
a) Webseiten
b) Briefe verschicken
c) Tratsch-Ecken
d) Lexikon
e) Einkaufen

Auf einer Straße ist viel los: Fußgänger, LKWs, Autos, Radfahrer u. v. m. Trotzdem kommen alle an ihr Ziel und es gibt kaum Unfälle. Das Internet ist vergleichbar mit Straßen, auf denen viele verschiedene Fahrzeuge unterwegs sind.

Diese Fahrzeuge heißen im Internet **Dienste**, z. B.
* **E-Mail-Dienst** (vergleichbar mit einem Fahrradkurier),
* Webseiten-Dienst oder WWW – **World Wide Web** (LKW),
* Chat-Dienst (Fußgänger treffen sich auf der Straße und bleiben stehen).

Das Internet ist also nicht nur das WWW, d. h. der Webseitendienst, sondern umfasst viele verschiedene Dienste.

Wie in einer Stadt gibt es nicht nur eine Straße. Zwischen zwei Punkten gibt es meist mehrere Verbindungen. Wenn eine ausfällt, kann man eine andere nehmen. Es gibt breite und enge Straßen, Autobahnen, Landstraßen, Wohnstraßen. Und manche Gegenden haben fast keine Straßen. So gibt es auch besser oder schlechter mit dem Rest der Welt verbundene Teile des Internets.

2 Straßennetz

Mehrere miteinander verbundene Computer nennt man ein **Computer-Netzwerk**.
Das **Internet** besteht aus vielen miteinander verbundenen Netzwerken von unterschiedlichen Computern.

In Städten läuft der Verkehr meist normal weiter, wenn an einer Baustelle eine Straße gesperrt ist. Dies ist im Internet genauso. Im Internet sind viele Computer so miteinander verbunden, dass die Dienste weiter funktionieren, wenn eine Verbindung ausfällt. Dies ist die besondere Eigenschaft, auf der die Ausbreitung und die Stabilität des Internets basiert.

Geschichtliches: Das Internet ging aus dem 1969 entstandenen ARPANET hervor und funktioniert seit 1983 auf der Basis des sogenannten **Internet Protocol (IP)**. Die Grundlagen des World Wide Web (WWW) wurden 1991 von TIM BERNERS-LEE vom Schweizer Forschungszentrum CERN veröffentlicht, wo auch der erste Webserver stand. Als 1993 der erste grafikfähige Webbrowser namens *Mosaic* zum kostenlosen Download angeboten wurde, nahm die Ausbreitung des Internets rasant zu.

6.2 Zeichne ein Bild, das das Internet als Netzwerk von vielen Computern darstellt und an dem du erklären kannst, wie eine Webseite auf deinen Computer kommt! Vergleiche anschließend die Zeichnungen und eigenen Erklärungen mit denen deiner Mitschüler!

Für das Aufrufen einer Webseite benötigt man einen Computer mit Internetverbindung und einen Browser. Es gibt folgende Möglichkeiten auf eine Webseite zu gelangen:
* als Startseite (eingestellt, beim Start des Browsers),
* durch Eingabe einer Adresse in die Adresszeile,
* durch Suche nach einem Begriff mit einer Suchmaschine und einen Klick im Suchergebnis,
* durch Klick auf eine Adresse in einer anderen Webseite.

Wenn man die genaue Adresse (auch **URL** genannt) einer Webseite kennt, kann man diese in die Adresszeile des Browsers eingeben:

Adresszeile

Web-Adressen bestehen aus mehreren Teilen. Betrachten wir das Beispiel „http://www.blinde-kuh.de/plaudern.html":
* Der erste Teil der URL „http://www" gibt an, welcher Dienst (www: world wide web, engl. für weltweites Netz) gemeint ist und welches Protokoll (http) genutzt wird.
* Der zweite Teil „blinde-kuh.de" ist der Hauptteil der Adresse und heißt **Domain** (engl. Bereich). Er gibt an, welcher Webserver angesprochen wird. Ein Server ist ein Computer, der anderen Computern bestimmte Dienste anbietet.
* Und der dritte Teil „plaudern.html" gibt an, welche Webseite auf dem Webserver gewünscht ist.
  HTML ist dabei die Abkürzung für **H**yper**t**ext **M**arkup **L**anguage und gibt damit die Sprache an, in der die Webseite plaudern.html beschrieben ist.

Wenn keine Datei angegeben ist, greift der Browser automatisch auf die Startseite von „Blinde Kuh" zu.

Ein **Browser** (engl. browse = stöbern) ist ein Programm zum Anzeigen von Webseiten. Beispiele hierfür sind *Mozilla Firefox, Internet Explorer, Opera* oder *Google Chrome*.

Web-Adressen (URLs) sind immer nach einem bestimmten Schema aufgebaut. Dieses Schema wird durch ein sogenanntes Protokoll festgelegt

Ein **Protokoll** ist eine genaue Absprache. Es legt fest, wann oder in welcher Reihenfolge welcher Vorgang durch wen oder was durchgeführt wird. Das meistgenutzte Protokoll zur Anzeige von Webseiten ist **HTTP** (**h**ypertext **t**ransfer **p**rotocol, engl. für Hypertext Übertragungsprotokoll) und bestimmt daher auch den Aufbau ihrer Adressen.

6.3 Gib in einen Browser eine Web-Adresse ein, zum Beispiel www.blinde-kuh.de und beobachte, was in der Adresszeile, in der Fußzeile und im Anzeigebereich beim Aufrufen geschieht und notiere dies in Stichwörtern!
Gib anschließend eine falsche Adresse ein, als ob man sich vertippt hat. Beobachte erneut und notiere die Unterschiede!

6.4 Schreibe auf, ob und wo dir diese folgenden Begriffe bereits begegnet sind und was du ohne Recherche jeweils damit verbindest: IP, Router, Server, Client!

Wie die Einwohner einer großen Stadt wissen die Computer im Internet auch nicht auswendig, wo eine bestimmte Adresse ist. Zudem sind die Adresse im Internet zwar für uns als Wörter dargestellt (z.B. www.blinde-kuh.de), damit die Computer im Internet damit besser zurechtkommen, sind sie jeweils Zahlenkombinationen, sogenannten **IP-Adressen**, zugeordnet.

 Auszug aus einer DNS-Tabelle:

blinde-kuh.de	194.64.227.98
schule.de	192.76.176.140
tagesschau.de	88.215.213.26
wikipedia.org	208.80.154.224

Weil dein Browser und dein Computer diese Zahlenkombinationen zu der eingegebenen Adresse (z.B. http://www.blinde-kuh.de/plaudern.html) nicht kennen, wird nach der Eingabe der Adresse der sogenannte **DNS-Server**, ähnlich zu einem Telefonbuch gefragt, ob er zu der Domain (blinde-kuh.de) die IP-Adresse (194.64.227.98) kennt.
Mit dieser IP-Adresse und dem Namen der gewünschten Seite (plaudern.html) kann der Browser dann die Anfrage auf die Reise schicken. Anfragen werden jedoch im Internet nicht wie Pakete in Lastwagen herumgefahren und dann ausgeliefert, sondern so lange von einem Computer zu einem Nachbarcomputer weitergegeben, bis die Anfrage bei dem richtigen Com-

puter angelangt ist. Computer, die solche Nachrichten weitergeben, heißen **Router**.

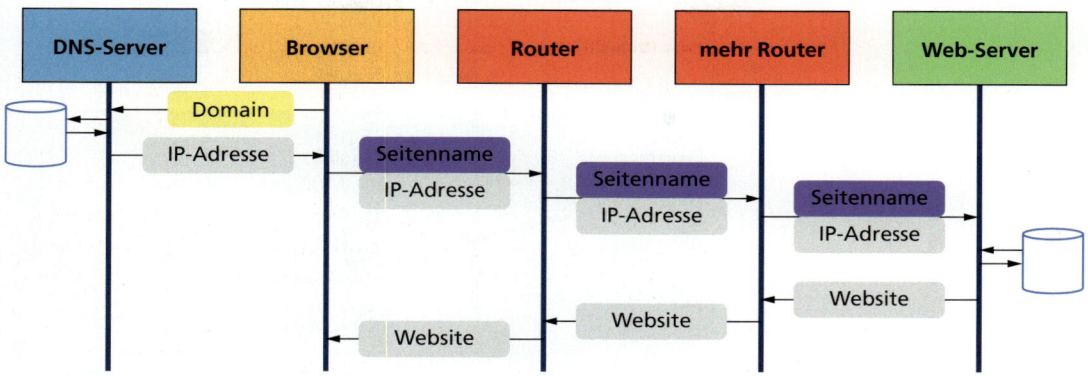

Die einzelnen Teile der IP-Adressen helfen diesen Zwischen-
Computern, also den Routern, bei der Orientierung. Dies ist vergleichbar mit Wohnadressen. Der Ort mit Postleitzahl entspricht
dabei der ersten Zahl (in unserem Beispiel die 194), die Straße
der zweiten Zahl (64), die Hausnummer der dritten Zahl (227)
und der Name des Empfängers ist dabei wie die letzte Zahl (98).
So kommt die Anfrage über viele Router zum gewünschten
Webserver, der auf die gleiche Weise über viele Router dann die
angefragte Webseite (plaudern.html) zum Browser zurück-
schickt, damit dieser sie anzeigen kann.

1 Ablauf bei der Ermittlung der
IP-Adresse

●●

6.5 Öffne die Eingabeaufforderung von Windows und tippe
Folgendes ein: `tracert www.blinde-kuh.de`
Beobachte, was nach und nach angezeigt wird! Diese Liste gibt
einige der Knotenpunkte im Internet mit ihren IP-Adressen an,
über die eine Anfrage an www.blinde-kuh.de laufen kann. Bei
einem DSL-Anschluss ist der erste Eintrag voraussichtlich der
DSL-Router bei dir zu Hause bzw. in deiner Schule (z.B. Easybox
oder ähnliches), der zweite voraussichtlich der zugehörige Inter-
netanbieter, auch Provider genannt (z.B. Arcor oder Telekom).
Der letzte Eintrag ist der Webserver von blinde-kuh.de.
Vergleiche die von dir ermittelte IP-Adresse mit der Nummer, die
wir im Beispiel oben genutzt haben!
Überlegt gemeinsam, warum sie sich ggf. in der Zwischenzeit
verändert haben könnte!

●●

i   Ab Windows 7 ist die **Eingabeaufforderung** nicht
mehr leicht zu finden. Hier sind
drei Aufrufmöglichkeiten:

1. Öffne mit Windows+R das Dia-
logfeld „Ausführen" und gib
dort cmd.exe ein.

2. Klicke in der Task-Leiste auf
den „Start"-Button und gib im
Suchfeld cmd.exe ein. Klicke
dann auf den erscheinenden
Programmeintrag.

3. Klicke auf „Start ⟶ Alle Programme ⟶ Zubehör ⟶
Windows Powershell ⟶ Win-
dows Powershell".

Es gibt Webseiten, die diesen Vorgang der Nachverfolgung
(engl. trace) auch in Landkarten darstellen können, zum Beispiel
http://www.dnstools.ch/visual-traceroute.html
(↗ auch Bild 1 auf der folgenden Seite).

So kann man beispielsweise sehen, dass eine Anfrage an www.facebook.com an einen Server geht, der in Irland steht.

1 Darstellung, über welche IP-Router die Datenpakete zum Zielrechner gelangen, auf einer Landkarte

6.6 Nutze http://www.dnstools.ch/visual-traceroute.html um herauszufinden, wo die Server weiterer Webseiten stehen. Fertige dazu eine Tabelle mit mindestens 5 Webseiten und den Ländern an!

Ein **Server** (engl. Bedienung) ist ein spezieller Computer in einem Netzwerk, der anderen Computern bestimmte Dienste anbietet, zum Beispiel Webserver oder E-Mail-Server (z. B. web.de).

Ein **Client** (engl. Kunde) ist ein Computer in einem Netzwerk, der die Dienste von anderen Computern nutzt, also zum Beispiel alle Endgeräte, auf denen man mit einem Browser im Internet surfen kann.

Eine **IP-Adresse** ist eine eindeutige Adresse in einem Netzwerk und besteht aus vier Zahlen (z. B. 134.106.87.120). Sie gibt an, welcher Computer in welchem Unterteil eines Teils eines Netzwerks gemeint ist.

Ein **Router** leitet Daten (z. B. Anfragen nach Webseiten) durch das Internet weiter und weiß mit Hilfe der IP-Adresse, wohin die Daten als nächstes müssen.

Der **DNS-Server** (DNS steht für **D**omain **N**ame **S**ervice) weiß, welche Domain zu welcher IP-Adresse gehört. Er übersetzt wie ein zentrales Telefonbuch fürs Internet Web-Adressen (Wörter) in IP-Adressen (Zahlen).

6.2   Informationen aus dem Internet beurteilen

Mit den Kenntnissen über den Aufbau des Internets und dem, was wir im Folgenden besprechen werden, kannst du verlässlicher beurteilen, ob du den Inhalten einer Webseite vertrauen kannst.

Besonders wichtig für diese Entscheidung ist zu wissen, wer für eine Webseite verantwortlich ist.
Die Webadresse selbst, die sich hinter einem Link verbirgt, bildet dafür den Ausgangspunkt. Fährt man auf einer Webseite oder in einer E-Mail mit dem Mauszeiger über einen Link, erscheint links in der Fußleiste des Browsers die Adresse, auf die der Link verweist (↗ Bild 1).

6.7 Beschreibe, was passiert, wenn man in Bild 1 auf den Link klickt! Nenne insbesondere die Adresse der Webseite, die aufgerufen wird!

1 Täuschungsversuch in E-Mails

In sogenannten **Phishing-Mails** wird versucht, die Benutzer verbreiteter Internetangebote wie sozialen Netzwerken, großen Kaufhäusern oder Banken in die Irre zu führen. Klickt man auf solche Links, landet man in der Regel auf einer Webseite, die dem Original mehr oder weniger täuschend ähnlich sieht und auf der man aufgefordert wird, seine Benutzerdaten einzugeben. Wenn man dies tut, übergibt man seine Benutzerdaten oder sogar Kontodaten an Betrüger. Daher sollte man sehr genau hinschauen, was in der Statuszeile als Ziel angezeigt wird. In Bild 2 würde man bei einem Klick nicht auf das Original, sondern auf die gefälschte Seite gelangen.
Hier ist größte Vorsicht geboten. Wenn man doch einmal auf einen solchen Betrug hereingefallen ist, sollte man den Originalbetreiber informieren und dort sofort sein Passwort ändern und sich am besten ganz neue Zugangsdaten geben lassen.

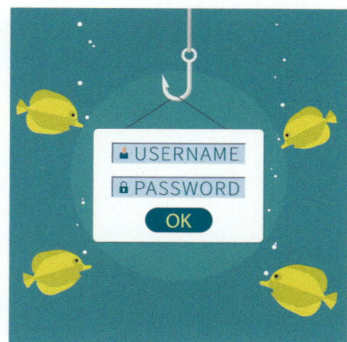

2 Phishing hat es auf Zugangsdaten abgesehen.

Mit den Nutzerdaten, die auf diese Weise erschlichen werden, können die unrechtmäßigen Nutzer alles tun, was du auch damit tun kannst, zum Beispiel
- Einstellungen/Status ändern,
- E-Mails lesen,
- Nachrichten an alle Personen in deinem Adressbuch verschicken,
- andere beleidigen,
- einkaufen,
- Abos bestellen und andere Verträge schließen,
- Straftaten unter deinem Namen ausführen.

Mit folgenden Regeln kannst du dich aktiv vor diesem Missbrauch zu schützen:

- Passwörter sicher wählen, z.B. die Anfangsbuchstaben eines
  leicht zu merkenden Satzes („Oma Ella wohnt in der Bahn-
  hofstraße 4" wird so zu OEwidB4).
- Falls möglich für den Benutzernamen nicht deinen Namen
  oder die E-Mail-Adresse wählen, sondern ein Pseudonym,
  z.B. ein Lieblingstier mit einer Zahl (MeerschweinchenPaul4).
- Für verschiedene Dienste verschiedene Zugangsdaten nutzen.
- Die Zugangsdaten niemandem verraten, besonders nicht,
  wenn die Bitte darum per E-Mail gestellt wird.
- Niemals die Zugangsdaten auf einer Webseite eintippen, die
  man durch Klick auf einen Link in einer E-Mail erreicht.
- Bei Klicks auf Links immer prüfen, ob die Adresse dahinter
  dem gemeinten Ziel entspricht

6.8 Betrachte die folgenden Passwörter. Vergib die Wer-
tungen „unsicher", „mittelsicher" sowie „sicher" und
vergleiche deine Einschätzung mit deinem Nachbarn!
a) HalloPeter   b) OmaHelga66   c) qwertzui
d) 12042002   e) MBwiK75b

Nicht nur bei der Erkennung von Täuschungsversuchen, sondern
auch bei der Informationsrecherche, z.B. für Referate, ist es
wichtig zu wissen, wer der Verantwortliche einer Webseite ist.
Mit den Kenntnissen über den Aufbau von Web-Adressen kann
man dies herausfinden.

Top Level Domains und ih-
re Bedeutung:

.de	Deutschland
.at	Österreich
.eu	Europäische Union
.ch	Schweiz
.co.uk	Großbritannien
.org	für Organisationen
.com	für Unternehmen
.info	für Informationsanbieter
.net	ursprünglich für Netz-verwaltungseinrichtun-gen

Einen Hinweis auf die Herkunft erhält man durch die Endungen
der Domain, die sogenannte **Top Level Domain**. Diese besteht
meist aus zwei Zeichen und gibt in der Regel an, in welchem
Land die Domain angemeldet ist. Dies muss aber nicht dasselbe
Land sein, in dem der Server steht.

Internationale Webseiten verwenden meistens keine länderspe-
zifische Top Level Domains, sondern Endungen, die auf die Art
des Besitzers der Seite schließen lassen: die häufigsten sind
„.com" für Unternehmen und „.org" für Organisationen. Daher
kann man daraus nicht auf das Herkunftsland schließen.

Durch das Land erhält man bereits eine grobe Idee, ob man einer Seite vertrauen kann. Gehört die Top Level Domain einer
Webseite zu einem Inselstaat, erweckt aber auf den ersten Blick
den Anschein, als gehöre sie zu einem deutschen Unternehmen,

dann handelt es sich vermutlich nicht um das Original, sondern um eine Fälschung. Viele Domains in Inselstaaten gehören zu Briefkastenfirmen, insbesondere solche, die auf „.de.vu" enden. Aber: Obwohl die Endung „.tv" ebenfalls zu einem Inselstaat (Tuvalu) gehört, haben dort viele Fernsehprogramme ihre echte Domain angemeldet (z. B. spiegel.tv). Alle Domains unter der Top Level Domain „.de" werden seit 1996 von der Genossenschaft DENIC verwaltet.

Das Telemediengesetz schreibt vor, dass geschäftsmäßige Online-Dienste in Deutschland im Impressum die Verantwortlichen mit Anschrift benennen müssen. Daher haben auch viele private Webseiten im Impressum eine Ansprechperson oder eine Adresse hinterlegt. Hat eine Webseite kein Impressum oder stehen dort unverständliche Informationen, sollte man den Informationen der Webseite nicht trauen und auf diesen Seiten keine persönlichen Daten angeben.

Zum Beipiel über www.whois.com/whois/ erhält man mit einer sogenannten **Whois-Anfrage** verlässliche Informationen über die Verantwortlichen. Dort kann man erfahren, wem die Domain zu der Webseite gehört und auch wann diese Einträge zuletzt geändert wurden. Passen die Einträge nicht zum Unternehmen oder sind sie ganz neu, ist Vorsicht angebracht.

👤 Registrant Contact		👤 Registrant Contact	
Name:	Domain Admin	Name:	Domain Admin
Organization:	Facebook, Inc.	Organization:	Instagram LLC
Street:	1601 Willow Rd	Street:	1601 Willow Rd
City:	Menlo Park	City:	Menlo Park
State:	CA	State:	CA
Postal Code:	94025	Postal Code:	94025
Country:	US	Country:	US
Phone:	+1.6505434800	Phone:	+1.6505434800
Fax:	+1.6505434800	Email:	donain@fb.com
Email:	donain@fb.com		

1 Ausgabe einer Whois-Anfrage für facebook.com und instagram.com am 29.5.2019: verschiedene Domains – gleiche Kontaktdaten

Mithilfe der Top Level Domain, einem Blick ins Impressum der Seite und Whois-Anfragen kann man die Vertrauenswürdigkeit der Webseiten beurteilen und Betrugsversuchen im Internet (Phishing) vorbeugen.

6.9   Recherchiere die Domaindaten für google.de und prüfe, ob die darin angegebenen Adressen von Google dem deutschen oder amerikanischen Firmensitz entsprechen!

6.10   Recherchiere mit einer Whois-Anfrage für drei von dir häufig besuchte Webseiten, wem die Domain gehört und wer ggf. der Ansprechpartner ist!

Die Suche von Informationen über das Internet beginnt in der Regel mit einer **Suchmaschine**. Google ist dabei die am häufigsten genutzte (ca. 90%), aber „andere sind nur einen Klick entfernt", sagte SERGEY BRIN, der 1998 zusammen mit LARRY PAGE Google erfand.

6.11   Finde außer Google noch zehn weitere Suchmaschinen! Davon sollen mindestens drei besonders für Kinder und Jugendliche geeignet sein.

Zum gezielten Suchen bieten Suchmaschinen im Eingabefeld verschiedene Möglichkeiten (sogenannte Operatoren) an, um das Suchergebnis zu verbessern. Dabei handelt es sich um zusätzliche Zeichen, mit denen man z. B. den Zusammenhang zwischen zwei Begriffen angeben kann, Begriffe ausschließen oder den Dateityp angeben kann. Im Folgenden sind die wichtigsten zusammengefasst:

i   Um Begriffsdefinitionen zu finden, bieten die meisten Suchmaschinen auch „define" an. Mit

define "Festplatte"

wirst du also Erklärungen bekommen, was eine Festplatte ist und wie sie funktioniert.
Wenn du nur nach „Festplatte" suchst, wirst du vor allem Werbung erhalten.

Operator	Beispiele	Wirkung
and / +	Schule and Computer Schule + Computer	Gibt nur Suchergebnisse an, die sowohl das Wort „Schule" als auch das Wort „Computer" beinhalten.
"genauer Begriff"	"Schule mit Computern"	Gibt nur Ergebnisse zurück, die die genaue Wort-Kombination „Schule mit Computern" enthalten.
-	Schule - Computer	Gibt nur Ergebnisse mit dem Wort „Schule" zurück, in denen nicht „Computer" vorkommt.
filetype:	Schule filetype: pdf	Gibt nur pdf-Dateien mit dem Wort „Schule" zurück.

6.12 Wähle zwei Suchbegriffe und probiere die hier genannten Operatoren zur Verbesserung des Suchergebnisses aus. Beobachte die Anzahl der Treffer und weitere Merkmale für die Wirkung und notiere diese!

6.13 Gib geeignete Suchwörter und Operatoren an, um Informationen über dich selbst zu finden!

Da Webseiten im Internet ständig und leicht geändert werden können, ist bei der Beurteilung der Information, die sie enthalten, nicht nur der Autor oder Verantwortliche für die Webseite zu beachten, sondern auch, wann die letzten Änderungen vorgenommen wurden.

Bei Wikipedia kann man die letzten Änderungen über den Punkt „Versionsgeschichte" einsehen und Versionen miteinander vergleichen. Das folgende Bild zeigt beispielhaft einen solchen Unterschied einer Änderung (vom 27.11.2012) für die Beschreibung, was ein Schulbuch ist.

Ein '''Schulbuch''' ist ein [[Lehrbuch]], das der [[Schüler]] einer [[Schulklasse|Klasse]] für den [[Unterricht]] nutzt. Es muss mit den Lehrplänen des betreffenden Faches übereinstimmen, die sich nach Bundesland, Altersstufe und Schulart unterscheiden. Es enthält − Lehrstoff und -materialien in fachlich korrekter, aber altersgemäßer
Ein '''Schulbuch''' ist ein [[Lehrbuch]], das der [[Lehrer]] im [[Unterricht]] einsetzt und mit dessen Hilfe der [[Schüler]] den [[Unterrichtsstoff]] lernt. Es muss mit den Lehrplänen des betreffenden Faches übereinstimmen, die sich nach Bundesland, Altersstufe und Schulart unterscheiden. Es enthält Lehrstoff und +

1 Veränderungen bei Wikipedia-Artikeln kann man einsehen

Die Versionsgeschichte der Webseite ist neben dem Impressum und dem Besitzer der Domain ein wichtiger Anhaltspunkt zur Glaubwürdigkeit und Lebensdauer von Informationen im Internet. Sie kann manchmal über die sogenannte **Way-Back-Machine** (https://archive.org/) oder andere Internetarchive eingesehen werden, falls die Webseite keine eigenen Aufzeichnungen dazu bereitstellt.

6.14 Beschreibe die in Bild 1 abgebildeten Änderungen im Eintrag „Schulbuch" und die Unterschiede in der Sichtweise der beiden Autoren der Abschnitte in Stichwörtern!

6.15 Rufe die Wikipedia-Seite für „Schule" auf. Ermittle, von wann der erste Eintrag zu diesem Thema stammt und wie die ersten zwei Sätze lauteten!

Die Daten gehen beim Versand durch das Internet über viele Computer. Nachrichten, die über HTTP und die meisten anderen Internetprotokolle verschickt werden, werden im Klartext verschickt, das heißt, sie werden in der Regel nicht verschlüsselt. Dies gilt auch für die E-Mail-Protokolle. Daher muss man immer davon ausgehen, dass alle übertragenen Daten durch andere mitgelesen werden können. Dieses Prinzip entspricht dem Versand von Postkarten, die auch jeder lesen kann, der sie in die Hand bekommt.

Mit dem **HTTPS** (**H**yper**T**ext **T**ransfer **P**rotocol **S**ecure, engl. für „sicheres Hypertext-Übertragungsprotokoll") werden die Daten im World Wide Web abhörsicher übertragen. Dies ist z.B. dann wichtig, wenn man über öffentlichen WLANs surft und E-Mails verschickt oder einkauft. Das kann man sich in etwa so vorstellen, dass die Nachricht vor dem Verschicken mit einer Art Vorhängeschloss abgeschlossen wird und nur der Empfänger einen zweiten Schlüssel für diese Nachricht hat.

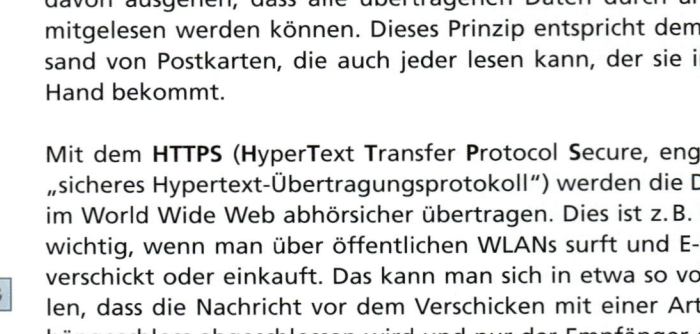

1 Auf das HTTPS-Protokoll wird in der Adresszeile hingewiesen.

Einige Browser warnen beim Betreten von verschlüsselten Webseiten den Benutzer und kennzeichnen diese entweder in der Adresszeile oder in der Fußzeile mit einem kleinen Vorhängeschloss. Damit ist aber nicht gemeint, dass verschlüsselte Webseiten gefährlich sind, sondern, dass man noch einmal nachdenken sollte, ob man gerade die echte Webseite betritt oder etwa einem Betrugsversuch (Phishing) erliegt. Im Zweifelsfalle sollte man daher mit den auf den vorhergehenden Seiten besprochenen Möglichkeiten die Echtheit der Webseite überprüfen.

Die Übermittlung von persönlichen Informationen und insbesondere die Bezahlung einer Bestellung im Internet sollten immer über verschlüsselte Webseiten und damit über das HTTPS-Protokoll stattfinden, niemals unverschlüsselt.

6.16 Nicht nur beim Einkaufen wird die Übertragung verschlüsselt.
Besuche häufig von dir genutzte Webseiten und sammle die, die über HTTPS übertragen werden, in einer Liste! Notiere jeweils dazu Gründe, die du für die verschlüsselte Übertragung vermutest!

2 Bei Online-Banking und Online-Shopping ist eine verschlüsselte Verbindung besonders wichtig.

6.17 Fasse Möglichkeiten zusammen, um die Glaubwürdigkeit einer Webseite und der darauf enthaltenen Information zu beurteilen!

6.3 Aufbau und Gestaltung von Webseiten

Das Internet ist deshalb so vielfältig, weil jeder mit relativ einfachen Mitteln nicht nur die Seiten anderer ansehen, sondern auch selbst eigene Webseiten gestalten und ins Internet stellen kann. Vielleicht hast du ja auch schon eine Webseite. Hier wird daher erklärt, aus welchen Bausteinen Webseiten zusammengesetzt sind und mit welchen Grundbefehlen in HTML du Webseiten gestalten kannst.

6.18 Öffne eine Webseite deiner Wahl und versuche jemandem die Struktur der Seite zu beschreiben, der diese Seite nicht sehen kann (z. B. wie am Telefon): Gibt es eine Überschrift? Ist ein Bild zu sehen? Wenn ja, wo genau? Wo steht welcher Text? Ist dieser in Abschnitte unterteilt? Notiere dir dazu Stichwörter, die diese Anordnung beschreiben.

Die Webseite, die der Browser anzeigt, besteht aus verschiedenen Objekten. Das sind vor allem

- Texte,
- Bilder (z. B. Fotos oder Landkarten),
- Animationen, Filme oder Videos,
- Klänge oder Musik,
- Formulare mit Feldern zum Ausfüllen (z. B. das Suchfeld einer Suchmaschine),
- Programme (z. B. Spiele),
- Verweise (Links) zu anderen Webseiten.

1 Bilder, Texte und Links auf einer Webseite

Die Objekte einer Webseite werden nacheinander aus Dateien geladen. Bei einer schlechten Internetverbindung oder einem langsamen Server kann man manchmal sehen, wie die Teile der Webseite erst nach und nach erscheinen.
Außerdem haben die Objekte unterschiedliche Dateigrößen: Ein Text besteht meist aus viel weniger Daten als ein Bild oder Video, daher kann man den Text auf einer Webseite oft sofort lesen und erst später die Bilder sehen oder eine Animation.

6.19 Rufe drei verschiedene Webseiten auf und achte darauf, ob alle Teile der Webseite gleichzeitig erscheinen oder nicht. Überlege danach, aus welchen Teilen diese Webseite wohl besteht. Notiere das Ergebnis in einer Tabelle!

URL der Webseite	Text	Bild	Animation	Klang	Formular	Programm	Sonstiges, und zwar:
www.blinde-kuh.de	✓	✓	–	–	✓	–	
...							

Eine Liste wie in Aufgabe 6.19 reicht nicht aus, um zu wissen, wie eine Webseite genau aussieht. Damit Webseiten auf der ganzen Welt auf jedem Browser möglichst gleich „verstanden" werden, damit sie gleich aussehen, benötigt man einen einheitlichen Standard um sie zu beschreiben.

Ein sehr weit verbreiteter Standard hierfür ist die Beschreibungssprache HTML. **HTML** steht für „**H**ypertext **M**arkup **L**anguage". „Hyper" ist ursprünglich griechisch und bedeutet „über etwas hinaus". „Markup" ist Englisch und bedeutet Markierung oder Auszeichnung.

> In der Beschreibungssprache **HTML** wird mithilfe von besonderen Zeichen und Abkürzungen mit einer standardisierten Bedeutung beschrieben, wie die einzelnen Objekte einer Webseite angeordnet sind.
>
> Mit sogenannten „**Tags**" (engl. tag = Markierung) im Text kann angegeben werden, wie der Text dargestellt werden soll.

In einem Browser kann man sich zu jeder Webseite den HTML-Text anzeigen lassen, mit dem sie beschrieben wurde. Diese Funktion heißt meist „Quelltext anzeigen" (Bild 1) oder „Quellcode anzeigen". Dadurch erhält man eine Übersicht, wie die Tags in HTML zusammenarbeiten:

Zurück
Vor
Neu laden
Lesezeichen für diese Seite hinzufügen
Seite speichern unter...
Alles markieren
Seitenquelltext anzeigen
Seiteninformationen anzeigen
Element untersuchen (Q)

1 Den Menüpunkt "Seitenquelltext anzeigen" erreichst du mit einem Klick auf die rechte Maustaste beim Überstreichen der Webseite.

```
1: info.txt    2: meineErsteSeite.html
 1  <html>
 2  <body>
 3  <table border=0 width=100% height=100%>
 4  <tr><td align=center valign=center>
 5
 6  Heute scheint die <b>Sonne</b>.
 7
 8  <a href="http://www.blinde-kuh.de"> zur Suchmaschine "Blinde Kuh"</a>
 9
10  </td></tr>
11  </table>
12  </body>
13  </html>
```

Soll das Wort „Sonne" im Satz „Heute scheint die Sonne." fett dargestellt werden, schreibt man in HTML:

`Heute scheint die <b>Sonne</b>.`

Das Tag <b> schaltet dabei den Fettdruck ein und das zweite Tag </b> schaltet ihn wieder aus. <b> ist abgeleitet vom englischen Wort bold. Die meisten Tags sind Kurzformen von englischen Wörtern.

Heute scheint die **Sonne**.

2 Beispielhafte Darstellung eines HTML-Textes

Im Text einer Webseite können auch Verweise auf andere Webseiten stehen, sogenannte **Links**. Damit kann man Texte schreiben, die über viele Webseiten verteilt sind und über Links verbunden werden, also über einen einzelnen Text „hinausgehen".

Ein Verweis auf eine andere Webseite sieht in HTML zum Beispiel so aus:

`<a href="http://www.blinde-kuh.de"> zur Suchmaschine "Blinde Kuh"</a>`

Das Tag `<a>` steht für Verweise. Mit dem Wort `href` wird angegeben, dass es sich um eine „Hyperreferenz" handelt, also einen Verweis auf eine andere Webseite, deren Adresse auch angegeben werden muss. Zwischen dem <a ...>- und dem </a>-Tag steht der Text, den man anklicken muss, um dem Link zu folgen. Auf der Webseite sieht das dann möglicherweise wie in Bild 1 aus.

Mit HTML werden auch die Teile einer Webseite zusammengesetzt. Möchte man ein Bild in einem Text anzeigen, geht das mit dem Tag `<img>`. Dazu kommt dann noch der Name der Datei auf dem Server, in dem das Bild gespeichert ist, und möglicherweise weitere Angaben, wie das Bild dargestellt werden soll (border: Rahmen, height: Höhe, width: Weite).

HTML-Tags im Überblick:

> zur Suchmaschine "Blinde Kuh"

1 Beispielhafte Darstellung eines HTML-Textes

i Alle Tags und Bestandteile von HTML werden auf der Webseite http://de.selfhtml.org erklärt

Tag	Wirkung	Erklärung
`<b>Mein Text</b>`	**Mein Text**	Fettschrift (bold)
`<u>Mein Text</u>`	Mein Text	unterstreichen (underline)
`<i>Mein Text</i>`	*Mein Text*	Kursivschrift (italic)
`<font color="blue">Mein Text</font>`	Mein Text	Schriftfarbe (font color)
`<font size="4">Mein Text</font>`	Mein Text	Schriftgröße (font size)
`<font face="Courier">Mein Text</font>`	Mein Text	Schriftart (font face)
`<img src="Haus.gif">`		Bild einfügen (image)
`<div align="center">Mein Text</div>`	Mein Text	zentriert (center)
`<div align="right">Mein Text</div>`	Mein Text	rechtsbündig (right)
`Mein   Text`	Mein Text	Zeilenumbruch (break)
`Mein Text<p>Mein zweiter Text`	Mein Text Mein zweiter Text	neuer Abschnitt (part)

`<ul>`
`<li>Mein Text 1`
`<li>Mein Text 2`
`</ul>`
	• Mein Text 1
	• Mein Text 2
		Aufzählung (list)

`<a href="http://www.herdt.com"> Mein verlinkter Text</a>`	Mein verlinkter Text	Hyperlink zu einer anderen Webseite (reference)

6.20 Dein Lehrer zeigt dir, wo die Datei beispielwebseite.html zu finden ist. Lass dir mit einem Rechtsklick auf die Seite den Quelltext anzeigen!

Suche darin die Tags für die Kopfzeile (`<head>`), die Bilder (`<img>`) und die Tags für Links (`<a href` …) und ordne sie den Elementen in der angezeigten Webseite zu!

6.21 Um die Wirkung von kleinen Veränderungen im HTML-Quelltext auszuprobieren, führe folgende Schritte aus:

• Öffne die Webseite beispielwebseite.html und speichere sie auf deinem Computer ab!

• Öffne die abgespeicherte Datei nun mit einem HTML-Editor deiner Wahl, zum Beispiel mit „Phase 5" (Rechtsklick auf die Datei ⟶ „Öffnen mit …") und suche Tags aus der Liste von Seite 131!

• Verändere oder lösche einen Tag deiner Wahl, speichere die HTML-Datei unter einem anderen Namen auf deinem Computer ab, öffne diese neue Datei mit einem Browser und beobachte die Wirkung!

• Verändere nun auch andere Teile der Seite, z. B. den Text an einer bestimmten Stelle.

6.22 Gestalte nun selbst eine eigene Webseite über dein Lieblingstier!

Lege dazu mit Phase 5 eine neue Webseite an, gib ihr eine Überschrift, füge eine kurze Beschreibung und ein Bild ein und einen Link auf die Webseiten der Lieblingstiere deiner Nachbarn! Experimentiere dabei auch mit verschiedenen Schriftgrößen und -farben!

i CSS kann unterschiedlich mit HTML verknüpft werden:

1. Du kannst den CSS-Code als separate Datei mit der Endung CSS abspeichern. Dann musst du im Kopf der HTML-Seite einen Link auf diese Datei einfügen.

2. Du kannst ein Stylesheet innerhalb eines HTML-Dokuments unterbringen, indem du es in das Element `<style>` schreibst, also beispielsweise
`<style> a{color:red} </style>`

3. Du kannst es als Attribut eines Elements schreiben, das du gestalten möchtest:
`<p style= "background-color:red">`

Wenn man verschiedene Webseiten zu einem gemeinsamen Webauftritt zusammenstellen möchte, stellt man fest, dass alle Webseiten vom Stil sehr unterschiedlich sind. Will man nun aber ein einheitliches Aussehen erreichen, wäre es sehr aufwändig, alle Webseiten anzugleichen. Würde man nach einiger Zeit wieder das Aussehen verändern wollen, müsste man jede Webseite einzeln anpassen. Um dies zu vereinfachen, wurden **CSS** (**C**ascading **S**tyle **S**heets, hintereinandergeschachtelte Gestaltungsvorlagen) erfunden.

Die Grundidee dabei ist, dass man die Information, die die Webseite bereitstellen soll, von ihrem Erscheinungsbild trennt. Das heißt, mittels HTML gibt man nur die inhaltliche Untergliederung eines Dokumentes und die Bedeutung seiner Teile vor, mit CSS wird dann weitgehend unabhängig davon die konkrete Darstellung (Farben, Layout, Schrifteigenschaften usw.) der Teile umgesetzt. Dies ist das gleiche Prinzip wie bei einer Tageszeitung, die vom groben Erscheinungsbild jeden Tag gleich aussieht, oder bei einer Masterfolie in PowerPoint, die das Aussehen aller Folien auf einmal beeinflusst.

In dem Beispiel rechts wird die Farbe (`color`) der Überschriften des Typs `h1` als rot (`red`) festgelegt.

Man kann auch Elemente über eine bestimmte **ID** (Identifikation) einheitlich formatieren. Die Formatierung mittels IDs wird in der CSS-Datei durch „#" eingeleitet. Diese IDs können dann im HTML-Text innerhalb normaler Tags verwendet werden:
`<p id="MeineGrosseSchrift">Mein Lieblingstier</p>`
erzeugt damit Folgendes:

Mein Lieblingstier

> Mit **CSS** kann das Erscheinungsbild von mehreren Webseiten gleichzeitig festgelegt und verändert werden. Damit wird es möglich, Struktur und Inhalt (in HTML) vom Layout (in CSS) zu trennen.

6.23 Gib an, wie die CSS-Beschreibung lauten muss, um Überschriften des Typs `h2` in blau mit Schriftgröße 24 erscheinen zu lassen!

6.24 Definiere eine Formatierung mithilfe einer eigenen ID `#Anmerkung` für kleine Anmerkungen auf einer Webseite und wähle dafür sinnvolle Schrifteigenschaften!
Beschreibe in Stichworten, wie du die Glaubhaftigkeit der Informationen überprüfen und die Interessen der jeweiligen Webseitenbetreiber ermitteln kannst! Vergleiche dein geplantes Vorgehen anschließend mit deinen Mitschülern!

6.25 Einigt euch, wie das Erscheinungsbild der Webseiten über eure Lieblingstiere aus der Aufgabe 6.22 auf der vorherigen Seite aussehen soll und entwickelt hierfür entsprechend eine CSS-Datei! Entfernt anschließend alle Anweisungen bezüglich der Schriftarten, -größen und -farben aus euren eigenen Webseiten für die Tiere!

 Beispiel für einen CSS-Text:

```
h1 {color: red;}

#MeineGrosseSchrift {
Font-Size: 20px;
font-family:verdana;
color:red;}
```

1 Nach wissenschaftlichen Untersuchungen ist jeder fünfte Jugendliche in Deutschland Täter, Opfer oder Täteropfer von **Cyber-Mobbing**. Wichtigste persönliche Vorsorge gegen solcherart Mobbing ist, dass man nicht leichtfertig persönliche Daten und Bilder im Internet hinterlässt.

2 Poster, das 1983 zum Boykott der Volkszählung aufrief

6.4 Persönliche Informationen im Netz

Viele Menschen ärgern sich, dass Bekannte unvorteilhafte Bilder oder Informationen von ihnen im Internet posten, die man selbst nicht veröffentlicht hätte. Andere Leute wiederum gehen mit Informationen über sich selbst sehr sorglos um. Vielleicht ist dir das auch schon begegnet. Hier sollen daher die rechtlichen Grundlagen für das Miteinander im Internet verdeutlicht werden.

Nicht nur in sozialen Netzwerken wie Facebook ist Datenschutz sehr wichtig. Überall, wo elektronisch oder auch schon manuell personenbezogene Daten in großen oder kleinen Mengen verarbeitet werden, müssen die Verantwortlichen die persönlichen Daten, die sie verwalten, vor Missbrauch schützen. Und jeder, der im Internet oder anderswo Daten über sich preisgibt sollte daher ebenfalls die Grundzüge der europäischen Datenschutzgrundverordnung (DSGVO) kennen, die diese schützen soll.

Am 15. Dezember 1983 stoppte das Bundesverfassungsgericht eine Volkszählung und verwies dabei erstmals auf die neue Qualität der elektronischen Datenauswertung und den damit neu geschaffenen Risiken für das Grundrecht auf freie Persönlichkeitsentfaltung:

> „Mit dem **Recht auf informationelle Selbstbestimmung** wären eine Gesellschaftsordnung und eine diese ermöglichende Rechtsordnung nicht vereinbar, in der Bürger nicht mehr wissen können, wer was wann und bei welcher Gelegenheit über sie weiß. […] Das Grundrecht gewährleistet insoweit die Befugnis des Einzelnen, grundsätzlich selbst über die Preisgabe und Verwendung seiner persönlichen Daten zu bestimmen"

6.26 Suche in deinen Taschen alle Mitgliedsausweise und Karten zusammen (z.B. Bibliothek, Schülerausweis, Videothek, Fitnessstudio, Rabattkarten, …).
- Fertige eine Liste an, welches Unternehmen welche Daten von dir hat!
- Füge E-Mail-Accounts, Musikstores wie iTunes, Cloud-Dienste, Accounts von Onlinespielen ebenfalls der Liste hinzu!
- Entwirf nun mit dieser Liste eine Einwilligungserklärung zur Verarbeitung dieser Daten über dich und lies dazu den Art. 8 DSGVO!
- Lege diese Einwilligungserklärung deinen Eltern zusammen mit der Liste vor und besprecht, welche Daten davon evtl. nicht nötig sind und gelöscht werden sollten.

Das **Recht auf informationelle Selbstbestimmung** sieht vor, dass jeder selbst bestimmen kann, wer wann was über ihn weiß.

Die Erhebung, Verarbeitung und Nutzung personenbezogener Daten sind nach Artikel 6 der europäischen Datenschutzgrundverordnung nur zulässig, wenn eine Einwilligung der Betroffenen vorliegt, die zu einer Vertragserfüllung oder zum Schutz der Person oder anderen Personen insbesondere Kindern notwendig ist, es im öffentlichen Interesse liegt oder dies durch weitere gesetzliche Regelungen vorgeschrieben wird. Vor der Erhebung muss man über den Zweck der Erhebung, Verarbeitung oder Nutzung informiert werden. Kinder und Jugendliche unter 16 Jahren sind nach Art. 8 DSGVO besonders geschützt. Dazu ist die Einwilligung der Sorgeberechtigten erforderlich.

6.27 Entwirf für eine Umfrage in der Klasse einen Fragebogen, um herauszufinden, wie viele und welche Haustiere es gibt! Tausche den Bogen anschließend mit einem Mitschüler und überarbeite den Fragebogen des Mitschülers nun mit Blick auf den Datenschutz!

6.28 Informiere dich darüber, was man unter „Vorratsdatenspeicherung" versteht und welche Informationen dabei gespeichert werden! Informiere dich außerdem, zu welchen Zwecken diese Informationen nur ausgewertet werden dürfen!

6.29 Recherchiere in den Datenschutzbestimmungen von Google und fasse zusammen, was sie unter dem Punkt „Informationen, die wir aufgrund Ihrer Nutzung unserer Dienste erhalten" angeben!

Soziale Netzwerke stehen immer wieder in der Kritik, nicht ausreichend den Datenschutz zu beachten. Obwohl diese Kritik durchaus berechtigt ist, haben die Betreiber ausländischer Plattformen wie Facebook nur wenig zu befürchten. Das Bundesdatenschutzgesetz gilt nämlich nur für Dienste, deren Server auf deutschem Boden stehen. Somit sollte man sich jede Angabe persönlicher Daten mehrfach genau überlegen. Denn, was man nicht preisgibt, kann nicht gespeichert werden.
Suchmaschinen und Online-Kaufhäuser sammeln ebenfalls sehr viele Daten über ihre Nutzer. Vielleicht ist dir auch schon einmal aufgefallen, dass dir in einem Onlineshop oder sogar auf einer

i Art. 5 DSGVO – Grundsätze für die Verarbeitung personenbezogener Daten

(1) Personenbezogene Daten müssen

a) auf rechtmäßige Weise, nach Treu und Glauben und in einer für die betroffene Person nachvollziehbaren Weise verarbeitet werden („Rechtmäßigkeit, Verarbeitung nach Treu und Glauben, Transparenz");

b) für festgelegte, eindeutige und legitime Zwecke erhoben werden und dürfen nicht in einer mit diesen Zwecken nicht zu vereinbarenden Weise weiterverarbeitet werden; eine Weiterverarbeitung für im öffentlichen Interesse liegende Archivzwecke, für wissenschaftliche oder historische Forschungszwecke oder für statistische Zwecke gilt gemäß Artikel 89 Absatz 1 nicht als unvereinbar mit den ursprünglichen Zwecken („Zweckbindung");

c) dem Zweck angemessen und erheblich sowie auf das für die Zwecke der Verarbeitung notwendige Maß beschränkt sein („Datenminimierung");

d) sachlich richtig und erforderlichenfalls auf dem neuesten Stand sein; ... („Richtigkeit");
...

1 Soziale Netzwerke sammeln persönliche Daten und Vorlieben.

1 Vorschläge für Einkäufe in einem Onlineshop

Suchmaschinenseite völlig andere Artikel als Werbung angeboten werden, wenn du auf dem Computer anderer Leute surfst, als auf dem eigenen.

Webseiten, die persönliche Daten erheben, müssen eine sogenannte **Datenschutzerklärung** bereithalten, in der sie über Art, Umfang und Verwendung der gesammelten Daten informieren. In den **Nutzungsbedingungen** oder den **Allgemeinen Geschäftsbedingungen (AGBs)** findet man darüber hinaus Hinweise, welche weiteren Rechte man den Betreibern der Webseite mit der Nutzung ihrer Dienste einräumt. Webseiten, die diese Angaben nicht anbieten, sollte man am besten gar nicht nutzen.

6.30 Diskutiert über die Beweggründe von Suchmaschinenbetreibern und Onlineshops, möglichst viele Daten über die Nutzer zu sammeln!

§ 3a Datenvermeidung und Datensparsamkeit

Die Erhebung, Verarbeitung und Nutzung personenbezogener Daten und die Auswahl und Gestaltung von Datenverarbeitungssystemen sind an dem Ziel auszurichten, so wenig personenbezogene Daten wie möglich zu erheben, zu verarbeiten oder zu nutzen. Insbesondere sind personenbezogene Daten zu anonymisieren oder zu pseudonymisieren, […].

Der §3a des Bundesdatenschutzgesetzes (↗Infotext) sieht vor, dass man so wenig Daten wie möglich bei einer Erhebung sammeln soll. Dies steht aber oft im Widerspruch zum Zweck, den Unternehmen mit dieser Datenerhebung und Speicherung von Kundendaten verfolgen. Ein möglichst genaues Profil eines Kunden erhöht z. B. die Treffsicherheit der Kaufvorschläge in Online-Warenhäusern wie in Bild 1.

Auf dem heimischen Computer werden Daten der letzten Webseiten in der **Chronik** (auch: Verlauf) des Browsers gespeichert. Dort sieht man, welche Webseiten zuletzt besucht wurden. So kann man Webseiten gut wiederfinden, wenn man sich nicht mehr genau erinnern kann. Dies gibt aber auch anderen Benutzern des gleichen Computerzugangs Einblick darin, wo man in den letzten Wochen im Internet war. Dies kann Überraschungen verderben oder peinlich werden.

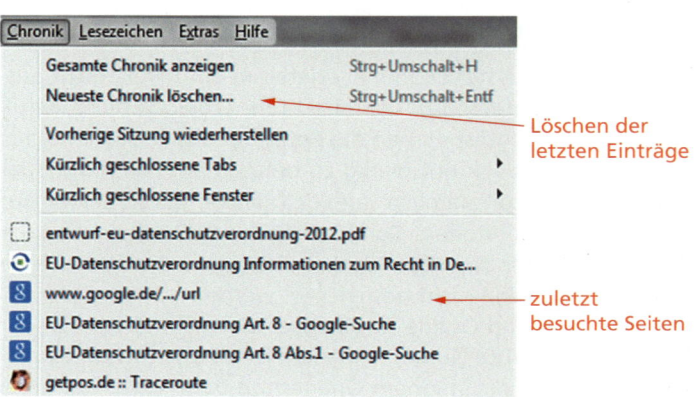

Viele Browser bieten daher auch Funktionen an, die neuesten Einträge zu löschen (✗Seite 136 unten) oder „privat" zu browsen. Damit lässt sich die Liste der besuchten Webseiten oder Teile davon löschen.

Beim privaten Browsen werden keine Aufzeichnungen für die Chronik vorgenommen.

6.31 Öffne die Chronik deines Browsers und stöbere darin! Was lässt sich daraus über dich erfahren? Lösche dann die neuesten Einträge z.B. der letzten Stunde oder des letzten Tages und öffne die Chronik erneut!

Über die IP-Adresse und sogenannte Cookies (engl. Kekse) kann das Nutzerverhalten an die Webseitenbetreiber übermittelt werden, auch wenn man sich nicht auf der Seite einloggt, sondern nur ansieht.

Cookies sind kleine Textdateien, die meist nur eine Zahl oder andere Zeichenkette enthalten und in temporären Verzeichnissen auf dem lokalen Computer gespeichert werden, wo auch die besuchten Webseiten mit ihren Objekten lokal abgelegt werden (✗ Bild 1). Darüber kann der Webserver den Benutzer wiedererkennen und somit auch verschiedenen Benutzern verschiedene Webseitenelemente anbieten, z.B. extra abgestimmte Suchergebnisse.

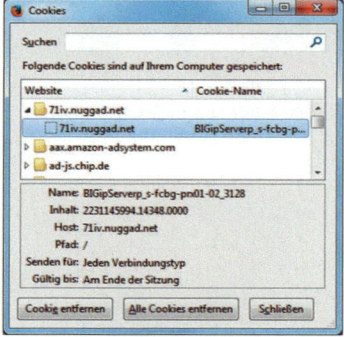

1 Cookies entfernen unter *Mozilla Firefox* (Menü rechts oben öffnen ⟶ Einstellungen ⟶ Datenschutz ⟶ einzelne Cookies löschen)

6.32 Untersuche deinen Computer, von welchen Webseiten darauf Cookies gespeichert sind und sieh dir den Inhalt einiger dieser Cookies an (✗ Bild 1)! Welche Informationen werden darin über dich abgelegt?

6.33 Gib an, unter welchen Voraussetzungen die Unternehmen das mit Cookies ermittelte Nutzerverhalten an andere Unternehmen weitergeben dürfen!

Zum Persönlichkeitsrecht und damit auch zur informationellen Selbstbestimmung gehört auch das **Recht am eigenen Bild**. Damit ist nicht das Urheberrecht an Bildern gemeint, die man beispielsweise im Kunstunterricht selbst geschaffen hat. Sondern das Recht am eigenen Bild sichert jedem Menschen zu, selbst darüber zu entscheiden, ob überhaupt und in welchem Zusammenhang Bilder von ihm veröffentlicht werden dürfen.

Bilder sind dabei nicht nur Fotos, sondern auch Zeichnungen, Karikaturen, Fotomontagen usw. auf denen die Person zu erkennen ist.

1 Vater mit Kind

2 Besucher einer Ausstellung

ist doch logisch

3 Karikatur deines Mathelehrers

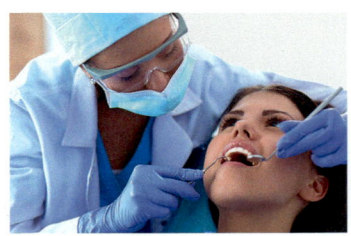

4 Zahnarztbehandlung

> Das **Recht am eigenen Bild** bedeutet, dass man zur Veröffentlichung von Bildern, auf denen andere Personen zu erkennen sind, ihr Einverständnis benötigt.

6.34 Du machst ein Foto von deinem Mitschüler und möchtest es auf deiner Webseite veröffentlichen. Formuliere hierfür eine Einverständniserklärung für ihn bzw. seine Eltern, um dir diese Veröffentlichung zu erlauben!

Die Entscheidung, wann man eine Erlaubnis braucht und wann jemand zu erkennen ist oder nicht, ist oft nicht einfach. Als Faustregel gilt, wenn die Absicht die Darstellung der Personen auf dem Bild ist (z. B. ein Klassenfoto) oder das Bild in einem nicht öffentlichen Raum (z. B. Klassenzimmer) aufgenommen wurde, dann benötigt man von jeder darauf erkennbaren Person das Einverständnis. Wird auf dem Bild aber eine Szenerie im öffentlichen Raum verdeutlicht (z. B. Grüppchen von Schülern im Sommer im Park), so ist die Genehmigung nicht erforderlich. Auch bei Personen des öffentlichen Interesses entfällt diese Genehmigung. Lehrer einer Schule fallen aber nicht darunter.

6.35 Führe eine Onlinesuche nach dir selbst durch und suche auch nach Bildern von dir! Notiere, ob du die Veröffentlichung für jedes der gefundenen Fotos erlaubt hast und den Anlass, zu dem es gemacht wurde!

6.36 Diskutiere, für welche der Bilder in Bild 1 bis 4 eine Einwilligung vor der Veröffentlichung eingeholt werden sollte und von welchen Personen!

6.37 Zähle mindestens drei Orte auf, an denen in deiner Umgebung Videokameras in der Öffentlichkeit angebracht sind! Verfasst gemeinsam in der Klasse einen Brief an eine der verantwortlichen Stellen, in der ihr um Informationen über den Grund, die Speicherung und Nutzung dieser Aufzeichnungen bittet!

6.38 Fasse zusammen, unter welchen Umständen andere von dir persönliche Daten erheben, auswerten oder Bilder ins Internet stellen dürfen!

Das Internet und seine Struktur

Das **Internet** ist ein weltweites, öffentliches Netzwerk, in dem Computer und kleinere Computernetze miteinander verbunden sind.
In diesem Netz gibt es Computer, die anderen Computer(nutzer)n bestimmte Dienste anbieten. Diese Computer heißen **Server.** Die wichtigsten Internet-Dienste sind:

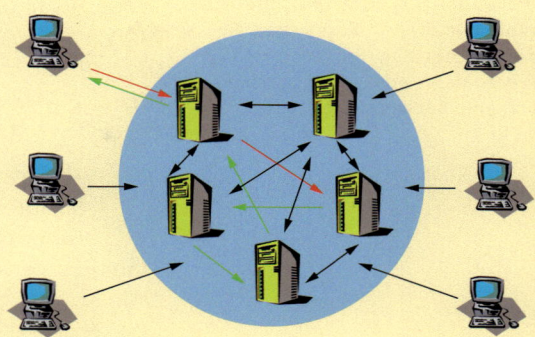

- **World Wide Web** (kurz **Web**) zur Informationssuche und Präsentation,
- **E-Mail** als schneller Postverkehr,
- **FTP** (**F**ile **T**ransfer **P**rotocol) zum Austausch von Dateien aller Formate.

Bestandteile einer Web-Adresse (URL = Uniform Resource Locator)

https://www.blinde-kuh.de/plaudern.html

Protokoll   Dienst   Domain (Serverkennung)   Datei

Beurteilung der Vertrauenswürdigkeit und Glaubwürdigkeit von Webseiten
- Top Level Domain prüfen
- Impressum lesen
- Whois-Anfrage starten
- Versionsgeschichte der Webseite einsehen, wenn möglich (z. B. über die Way-Back-Machine)

Aufbau und Gestaltung von Webseiten
- Mit der Beschreibungssprache **HTML** werden Webseiten mit Texten, Bildern, Hyperlinks und anderen Objekten strukturiert.
- Mit **CSS** wird das Erscheinungsbild (das Layout) von Webseiten vereinheitlicht.

Persönliche Informationen im Internet
- Das **Recht auf informationelle Selbstbestimmung** sieht vor, dass jeder selbst bestimmen kann, wer wann was über ihn weiß.
- Das **Recht am eigenen Bild** bedeutet, dass man zur Veröffentlichung von Bildern, auf denen andere Personen zu erkennen sind, ihr Einverständnis benötigt.

In einer **Concept-Map** werden Begriffe und ihre Zusammenhänge in Form eines Netzes dargestellt. Im Unterschied hierzu weist eine Mindmap lediglich eine Baumstruktur auf.

6.39 Zeichne eine Concept-Map, in der du die folgenden Begriffe verwendest und miteinander in Beziehung setzt!
WWW, Server, Client, IP-Adresse, Router, DNS-Server, Browser, URL, IP, Protokoll, HTTP, Web-Adresse, Adresszeile, Internet-Dienst, E-Mail-Dienst

6.40 IP-Adressen kann man auch in der Schule nutzen, um darüber Nachrichten in Form von Briefchen innerhalb der Schule zu verschicken. Dazu muss man sich auf ein Zählsystem einigen, das von der Sitzordnung abhängt.
Eine Beispiel-Klasse hat Informatik im Raum 124. Die Tische haben zwei Blöcke und vier Reihen, also könnte Lisa die IP-Adresse 124.1.3.5 haben, weil sie im ersten Block in der dritten Reihe am 5. Platz sitzt. Tim hätte bei diesem System die IP 124.2.3.1.

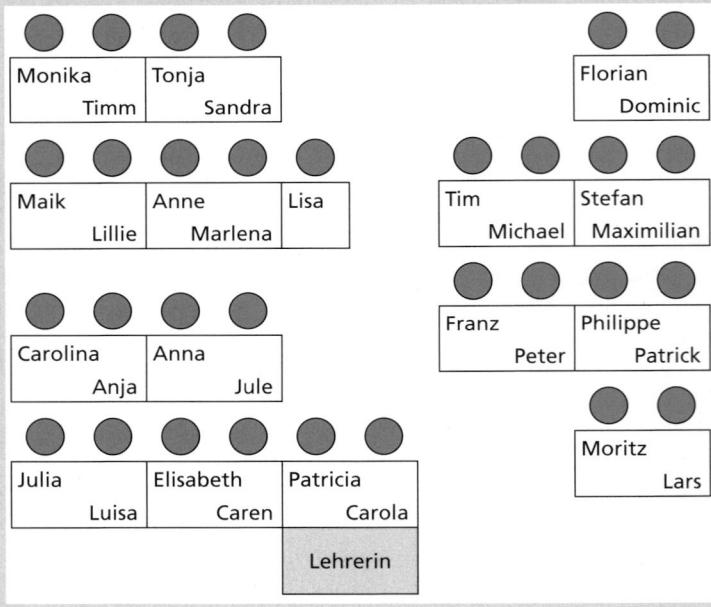

Gib an, welche IP-Adressen Marlena und Lars hätten!

6.41 Übertragt das Adressierungssystem aus der vorigen Aufgabe auf euren Klassenraum, einigt euch auf ein System und schickt euch gegenseitig Nachrichten, indem ihr nur die IP-Adressen auf die Briefe schreibt, nicht aber die Namen!
Überlegt anschließend, ob ihr damit auch Briefe an Mitschüler anderer Klassen schicken könnt!

6.42 Begründe, ob es sich bei den folgenden Web-Adressen jeweils um eine vertrauenswürdige Originaladresse handeln kann oder um eine mögliche Fälschung!

a) www.sparkasse.de

b) www.sparkasse.login.de.vu

c) www.facebook.com

d) www.postbank-de.com

e) www.web.de/fm

f) www.deutschebank.fr

g) www.viva.tv

6.43 Gib Vor- und Nachteile folgender drei Beschaffungswege für Informationen an:

a) Suchmaschinenanfragen,

b) Wikipedia-Artikel oder Online-Lexikon,

c) gedrucktes Lexikon oder Fachbuch z. B. aus der Bibliothek.

1 Buch oder Computer – was ist besser?

6.44 Wähle für folgende Zwecke begründet einen Weg oder Kombinationen der drei Wege aus Aufgabe 6.43 als den für dich geeignetsten Weg aus:

a) Recherche eines Vorfalls im Mittelalter für ein Referat

b) Recherche eines aktuellen politischen Vorfalls für eine Hausaufgabe

c) Preisrecherche für einen Spielzeugartikel, den du verschenken möchtest

d) Recherche nach der Herkunft eines bestimmten Zitats

6.45 Für ein Referat zum Thema „Auswirkung von Computerspielen" findest du verschiedenste Informationen im Internet. So preist eine Seite die Vorteile für das Reaktionsvermögen und den Teamgeist an, während eine andere Webseite Computerspiele für Vereinsamung und Gewaltbereitschaft von Jugendlichen verantwortlich macht.

Beschreibe in Stichworten wie du die Glaubhaftigkeit der Informationen überprüfen und die Interessen der jeweiligen Webseitenbetreiber ermitteln kannst! Vergleiche dein geplantes Vorgehen anschließend mit deinen Mitschülern!

ⓘ Way-Back-Machine:
https://archive.org/
URL der Tagesschau:
www.tagesschau.de

6.46 Ermittle mit der Way-Back-Machine die Schlagzeilen der Tagesschau vom 23. 6. 2013! Notiere die ersten drei!

6.47 Erläutere an einem Beispiel, was man unter Phishing versteht!

6.48 Darf man das? Was ist eigentlich erlaubt?
Überlegt in Gruppen, was eurer Meinung nach bei folgenden Punkten, gegebenenfalls mit weiteren Einschränkungen, rechtens wäre:
a) Ein 13-jähriges Mädchen stellt ein Foto von sich mit Name, vollständiger Adresse, Lieblingsfarbe und Geburtsdatum ins Internet.
b) Ein Schüler lädt in einem sozialen Netzwerk öffentlich mit Adresse, Datum und Zeit zur Party seines Freundes ein.
c) Ein Unternehmen speichert Daten über seine Kunden, z. B. Name, Adresse.
d) Ein Unternehmen gibt die gespeicherten Daten seiner Kunden an ein anderes Unternehmen weiter.
e) Ein 15-Jähriger stellt ein selbst gemachtes Foto eines Freundes online.

6.49 Fertige eine Liste mit einerseits den Möglichkeiten und Vorteilen und andererseits den Risiken sozialer Netzwerke an! Vergleiche mit deinen Mitschülern!

6.50 Überlege und notiere, welche Informationen Betreiber von sozialen Netzwerken wie Facebook von seinen Nutzern und evtl. weiteren Personen sammeln, die
a) von den Nutzern selbst über sich angegeben werden,
b) durch die eingetragenen Freundschaftsverbindungen entstehen und
c) die durch Bewertungen („gefällt mir") entstehen!

i Zum § 3a (Datenvermeidung und Datensparsamkeit) vergleiche Seite 136.

6.51 Diskutiert in Gruppen, inwiefern die Datensammlung in sozialen Netzwerken mit § 3a zur Datenvermeidung und Datensparsamkeit vereinbar ist.

6.52 Recherchiere und nenne ein Beispiel für eine Suchmaschine, die damit wirbt, dass sie keine Daten über ihre Benutzer sammelt! Führe dort und bei Google die gleiche Suchanfrage durch! Beschreibe Unterschiede und Gemeinsamkeiten!

Nachrichtenobjekte

7

Wer schreibt nicht gern eine Nachricht an einen Freund, einen Bekannten oder eine andere Person?

Die Geschichte der Übermittlung von Nachrichten ist lang, der Brief nimmt dabei eine besondere Rolle ein.

Für einen funktionierenden Briefverkehr sind mehrere Voraussetzungen notwendig:
- entsprechendes Schreibmaterial,
- Empfänger- und Absenderadresse,
- Transportgebühr (Porto),
- funktionierende Übertragungs- bzw. Transportmittel und -wege.

Der Liebesbrief, WILLEM BARTEL VAN DER KOOI, 1808

Bereits im 18. Jahrhundert erreichte die Post durch die Nutzung verschiedener Transportmittel ihre Empfänger. Damit verbunden waren ganz unterschiedliche Beförderungsgeschwindigkeiten bei der „postalische Datenübertragung".

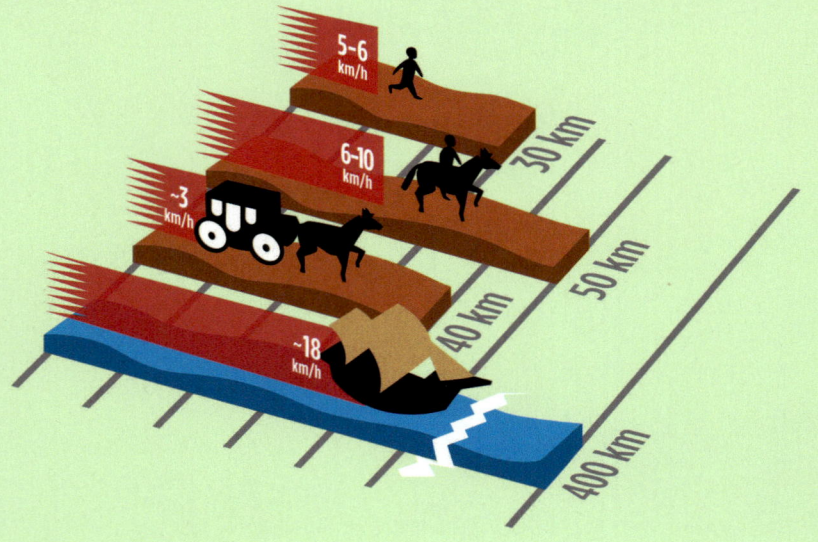

Schematische Darstellung der Fortbewegung um 1800 – und damit auch des Transports von Briefen.

Die elektronische Post ersetzt den Brief:

Leitfragen

- Wie entsteht eine E-Mail?
- Wie sind Absender- und Empfängeradressen aufgebaut?
- Was kann alles mit einer E-Mail versandt werden?
- Welche technischen Vorrausetzungen müssen für eine Übertragung geschaffen werden?
- Wie funktioniert der Transport?

1 Wer schreibt nicht ab und zu einen Zettel im Unterricht?

7.1 Die Post im Klassenzimmer

Wer schreibt nicht gern auch einmal kleine Zettel an seine Mitschüler während der Unterrichtsstunde? Heute sollt ihr dies gemeinsam tun.

7.1 Wählt 2 Schüler eurer Klasse aus, die die Rolle der „Postangestellten" übernehmen. Diese Schüler basteln aus einem Karton einen „Briefkasten".
Die anderen Schüler der Klasse schreiben währenddessen eine kurze Nachricht an einen Mitschüler ihrer Wahl auf einen kleinen Zettel. Anschließend gebt ihr die „Briefe" in den „Briefkasten".
Nun können die „Postangestellten" die Post verteilen.

2 Nicht immer erfolgt der Versand so schnell wie bei unserer Post im Klassenzimmer. Dargestellt ist hier eine Eilpostkutsche.

Sind alle Briefe richtig angekommen? Weißt du, wer dir deine Nachricht geschrieben hat?

Das kleine Spiel zeigt, dass eine Menge von Angaben notwendig sind, um Nachrichten erfolgreich zu versenden.

Betrachten wir diesen Sachverhalt näher:

Eine solche **Nachricht** enthält im Allgemeinen einen Text. Wichtig für den Versand sind die Angaben zur **Empfängeradresse**, aber auch zur **Absenderadresse**.
Eine Nachricht kann man schreiben, versenden, beantworten oder zum Beispiel nach Erhalt an einen anderen weiterleiten.

Zum Begriff „Nachricht" ↗ auch Seite Seite 10.

Für die Post im Klassenzimmer lassen sich so alle Briefe als Objekte der Klasse NACHRICHT beschreiben.
In der folgenden Tabelle sind **Attribute der Klasse NACHRICHT** angegeben:

Attribut	Attributwert (Beispiel)	Bedeutung
Absender	Nicole	Absenderadresse
Empfänger	Steve	Empfängeradresse
Text	Hallo Steve …	Inhalt der Nachricht

Man kann das auch mithilfe der „Punktnotation" angeben:

```
NeueNachricht: NACHRICHT
NeueNachricht.Absender="Nicole"
NeueNachricht.Empfänger="Steve"
NeueNachricht.Text="Hallo Steve, …"
```

Es gibt auch **Methoden der Klasse NACHRICHT:**

Methode	Bedeutung
Senden()	Die Nachricht wird versandt.

Antworten(Text)	Eine neue Nachricht wird erzeugt. Dabei gilt:
	`NeueNachricht.Empfänger=`
	`AlteNachricht.Absender`
	Ein Antworttext wird hinzugefügt

Weiterleiten(Empfänger)	Eine neue Nachricht wird erzeugt. Diese enthält den gleichen Nachrichtentext. Es wird die neue Empfängeradresse angegeben.

1 Das Verschicken von Post hat schon eine sehr lange Tradition. Dargestellt ist hier eine Postsäule mit Entfernungsangaben für die Postkutsche.

7.2 Gib an, welche Methode jeweils eine neue Nachricht erzeugt hat! Wie werden diese jeweils bezeichnet?
Wie viele Objekte der Klasse NACHRICHT sind es insgesamt? Begründe! Wer erhält welche Nachricht?
Nicole:
```
Nachricht1.Absender="Nicole"
Nachricht1.Empfänger="Steve"
Nachricht1.Text="Kommst du am Sonntag mit ins Kino?"
Nachricht1.Senden()
```
Steve:
```
Nachricht1.Antworten("Ja")
Nachricht2.Senden()
Nachricht1.Weiterleiten("Philip")
Nachricht3.Senden()
```
Philip:
```
Nachricht3.Antworten("Kann leider nicht mitkommen.")
Nachricht4.Senden()
```

7.3 Nenne weitere, dir bekannte Möglichkeiten, um Nachrichten zu versenden. Vergleiche diese mit der „Post im Klassenzimmer". Was stellst du fest?

7.2 Elektronische Post ersetzt den Brief

E-Mail ist die Abkürzung für **E**lectronic-**M**ail. Dieser „Postdienst" dient dem Austausch von Nachrichten in Netzwerken. Während der Austausch in einem Netzwerk, zum Beispiel dem in deiner Schule, direkt erfolgt, geschieht dies im Internet über mehrere Stationen.

Eine vielgenutzte Möglichkeit, Nachrichten bequem zu versenden, ist der Internetdienst **E-Mail**. Dieser Dienst ermöglicht eine weltweite Kommunikation in Sekundenschnelle.

Betrachten wir zunächst eine E-Mail von Nicole an Steve:

> Von: „Nicole" <Nicole@t-online.de>
> An: „Steve" <Steve@gmx.de>
> Gesendet: Montag, 15. Dezember 2016 12:07
> Betreff: Kinobesuch
> --
> Hallo Steve,
> kommst du am Sonntag mit uns ins Kino?
> Tschüss, Nicole

Auch diese Nachricht und ihre Eigenschaften können wir mittels „Punktnotation" notieren:

```
NeueNachricht: NACHRICHT
NeueNachricht.Absender="Nicole@t-online.de"
NeueNachricht.Empfänger="Steve@gmx.de"
NeueNachricht.Text="Hallo Steve, …"
```

Um elektronische Post versenden und empfangen zu können, benötigst du spezielle Werkzeuge. Diese nennt man E-Mail-Programme. Mit ihnen bist du in der Lage, E-Mails zu senden, zu empfangen, zu beantworten oder weiterzuleiten.
Auch diese Methoden können wir mithilfe der Punktnotation formulieren:

```
NeueNachricht.Senden()
NeueNachricht.Antworten(Text)
NeueNachricht.Weiterleiten(Empfänger)
```

7.4 Starte dein E-Mail Programm.
Ordne die Methoden der Klasse NACHRICHT den einzelnen Schaltflächen zu! Beschreibe sie mithife der Punktnotation!

7.5 Dein Lehrer hat dir eine E-Mail gesandt. Antworte ihm auf diese E-Mail! Verwende dazu die Schaltfläche für die Methode `Antworten("meineAntwort")`.

Was passiert eigentlich, wenn du eine E-Mail sendest oder empfängst?

Du erinnerst dich, bei unserer Post im Klassenzimmer wurden die Briefe in den Briefkasten eingeworfen. Das geschieht auch bei der richtigen Briefpost so. Anschließend wird der Briefkasten geleert, die Briefe werden sortiert und die Post transportiert sie an die Zielorte. Schließlich trägt der Postbote die Briefe aus. Der Empfänger kann die Post lesen, wenn er den eigenen Briefkasten vorm Haus geleert hat.

Ähnlich geht es per E-Mail.

1 Elektronisches Postfach und Briefkasten der „normalen" Post funktionieren ähnlich.

> Über das **Internet** sind sehr viele Rechner weltweit miteinander verbunden.
>
> Um das Internet nutzen zu können, nimmt man *Dienste* in Anspruch, die von *Providern* angeboten werden. Ein solcher Dienst ist auch die **E-Mail**.

Anhand der E-Mail-Adressen kann man erkennen, wer der Dienstanbieter der jeweiligen Person ist.

Das sieht man am **Domain-Namen**. Betrachten wir dazu nochmals unser Beispiel (↗ auch die Information in der Randspalte):

    Nicole@t-online.de   Dienstanbieter: t-online
    Steve@gmx.de   Dienstanbieter: gmx

Die Dienstanbieter betreiben große **Mail-Server**. Das sind Computer, die Nachrichten weiterleiten und zwischenspeichern. Somit koordinieren und realisieren diese Server einerseits den Postvertrieb und andererseits den Postempfang für die Nutzer.

Unterstützt werden die Mail-Server von sogenannten Vermittlungsrechnern. Deren Aufgabe ist es, die Nachrichten an den richtigen Mailserver weiterzuleiten.

ℹ️ **Provider** sind Dienstanbieter. Das heißt, sie ermöglichen die Nutzung verschiedener Angebote. Solche Dienste im Internet sind zum Beispiel WWW, Chat oder E-Mail.

ℹ️ In der Regel steht die **Top Level Domain** am Ende der Adresse. Sie kennzeichnet zum Beispiel Länder oder Organisationen.

Beispiele für Top Level Domains:

.de	Deutschland
.at	Österreich
.ch	Schweiz
.cz	Tschechien
.edu	Bildungseinrichtungen
.com	Unternehmen
.org	Organisationen

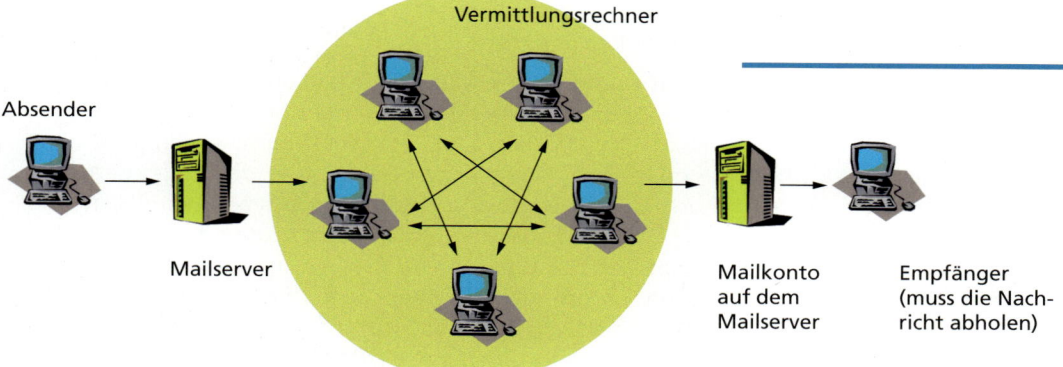

Vermittlungsrechner

Absender

Mailserver

Mailkonto auf dem Mailserver

Empfänger (muss die Nachricht abholen)

i Als **Protokoll** bezeichnet man ein System von Regeln, die den Vorgang der Informationsübertragung beschreiben.

Für verschiedene Dienste gibt es verschiedene Protokolle.

SMTP ist die Abkürzung für **S**imple **M**ail **T**ransfer **P**rotocol.

POP ist die Abkürzung für **P**ost **O**ffice **P**rotocol.

IMAP ist die Abkürzung für **I**nternet **M**ail **A**ccess **P**rotocol. Bei IMAP bleibt die Nachricht auf dem Server.

i In einigen E-Mail-Programmen kannst du die Detail-Eigenschaften ansehen, wenn du nach Auswahl der entsprechenden E-Mail die Eigenschaften über die rechte Maustaste aufrufst. Anschließend wähle die Option „Details".

Zum Versenden und Empfangen elektronischer Post im Internet sind konkrete Vereinbarungen notwendig, die den Transport realisieren. Solche Vereinbarungen nennt man **Protokolle**.
Für den E-Mail-Versand heißt ein solches **Übertragungsprotokoll SMTP**. Es sorgt dafür, dass die E-Mail vom eigenen Computer über den Mail-Server des Absenders zum Mail-Server des Empfängers gelangt. Dort wird die Nachricht in einer Art Briefkasten, der Mailbox des Empfängers, aufbewahrt. Die Post liegt solange in dieser Mailbox, bis sie vom Empfänger abgeholt wird. Das heißt, die E-Mail wird von der Mailbox auf den eigenen Computer übertragen. Dabei wird oft das **POP-Protokoll** aber auch zunehmend das **IMAP-Protokoll** verwendet.

7.6 Wähle eine beliebige E-Mail aus deinem Posteingangsordner aus. Betrachte die Detail-Eigenschaften. Welche Informationen zum Weg der E-Mail kannst du erkennen?

Für die richtige Zustellung elektronischer Post ist die vollkommen korrekte Schreibweise der E-Mail-Adresse wichtig.

Eine **E-Mail-Adresse** besteht immer aus zwei Teilen die durch das Zeichen „@" voneinander getrennt sind.
Der erste Teil enthält Angaben zum Benutzer. Der zweite Teil der Adresse enthält Angaben zum Mailserver, zu dem die Nachricht transportiert werden soll.

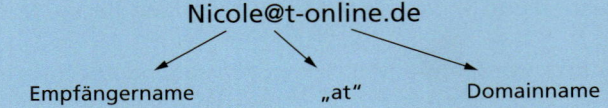

Nicole@t-online.de

Empfängername   „at"   Domainname

Der Klammeraffe

Das Zeichen „@" erhältst du, wenn du die Tastenkombination <Alt Gr> + <q> drückst. Es steht heute für das englische „at" (gesprochen „ät"), das ins Deutsche übersetzt „an" oder „bei" heißt. Eigentlich gibt es dieses Zeichen aber schon seit dem Mittelalter: In Drucktypen wurde „a" und „d" zum lateinischen „ad" („nach") zusammengefasst. Und Händler benutzten dieses Zeichen im Sinne von „pro Einheit" so oft, dass es später sogar eine eigene Taste auf der Schreibmaschine erhielt. Aufgrund seines Aussehens wird das @ auch als **„Klammeraffe"** bezeichnet.

7.3   Wir verfassen, senden und empfangen E-Mails

Möchtest du Nachrichten per E-Mail schreiben und versenden, dann gibt es keine wesentlichen Unterschiede zur Benutzung anderer Anwendungsprogramme. Zunächst musst du auch hier das entsprechende Programm öffnen:

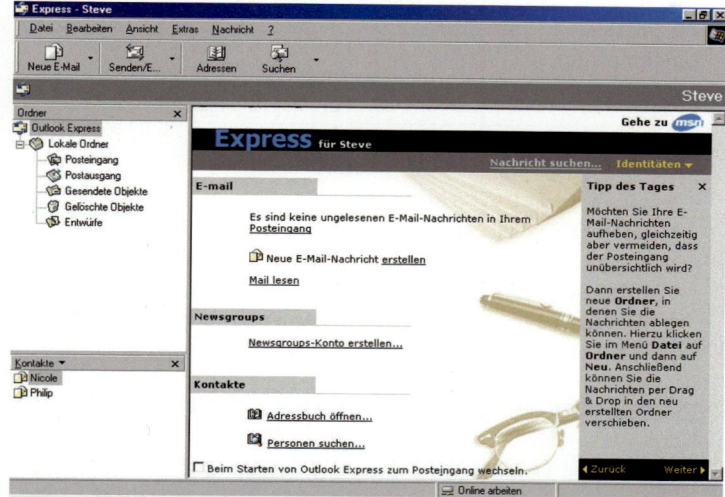

Einige   Internet-Provider bieten für ihre Nutzer eigene Programme für die verschiedenen Internetdienste an, so auch für den E-Mail-Dienst.

Anschließend erzeuge eine neue Nachricht.

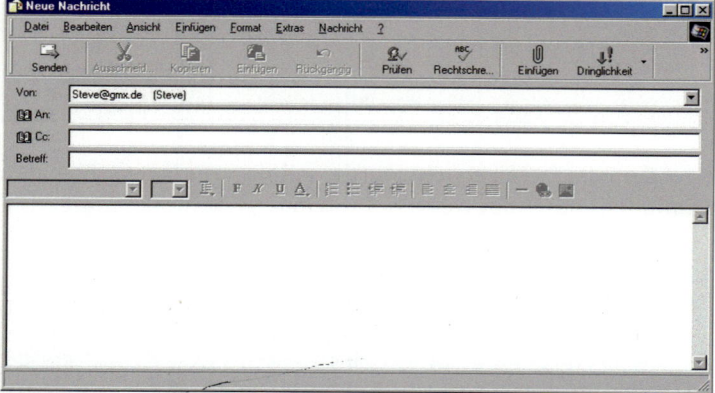

Du kannst jetzt die notwendigen Attributwerte zum Verfassen deiner E-Mail eintragen. Neu dabei sind zwei Attribute. Möchtest du die Nachricht einer weiteren Person zur Kenntnis zusenden, kannst du die Adresse des Kopieempfängers angeben. In der Zeile „Betreff" solltest du den Inhalt deiner E-Mail kurz durch einen Hinweis charakterisieren.

Die **Klasse NACHRICHT** hat folgende Attribute:

Attribut	Attributwert (Beispiel)	Bezeichnung im E-Mail-Programm
Absender	Steve@gmx.de	Von
Empfänger	Nicole@t-online.de	An
Kopieempfänger	Philip@web.de	Cc
Betreff	Kinobesuch	Betreff
Text	Hallo Nicole, …	

```
NeueNachricht: NACHRICHT
NeueNachricht.Absender="Steve@gmx.de"
NeueNachricht.Empfänger="Nicole@t-online.de"
NeueNachricht.Kopieempfänger="Philip@web.de"
NeueNachricht.Betreff="Kinobesuch"
NeueNachricht.Text="Hallo Nicole, …"
```

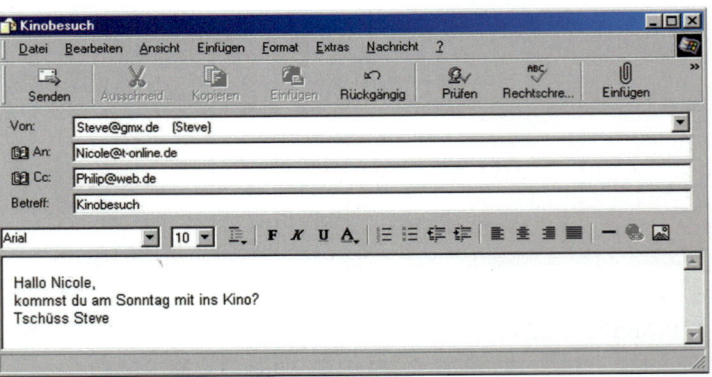

Nachdem die E-Mail erstellt wurde, soll sie natürlich auch an den Empfänger gesendet werden. Du erinnerst dich:

Mithilfe der **Methode Senden()** wird deine E-Mail über den Mail-Server deines Providers mit Unterstützung von Verbindungsrechnern in die Mailbox des Empfängers transportiert. Diese Mailbox befindet sich auf dem Mail-Server des Empfängers. Von dort aus muss die Nachricht dann nur noch abgeholt werden. Das passiert oft automatisch, wenn eine E-Mail versandt wird.

So heißt die Schaltfläche im E-Mail-Programm zum Beispiel auch „Senden/Empfangen".

```
NeueNachricht.Senden()
```

1 Schüler einer 7. Klasse am Computer

Die erhaltenen E-Mails kannst du in einem speziellen Ordner deines E-Mail-Programmes sehen. Dieser heißt z. B. „Posteingang". Wählst du dort den Absender und den Betreff der empfangenen E-Mail aus, so kannst du den gesamten Text lesen.

7.7 Teilt eure Klasse in Gruppen von vier bis sechs Schülern! Anschließend legt fest, in welcher Reihenfolge ihr euch in diesen Gruppen eine E-Mail ringförmig zusendet! Das heißt, der Schüler, der die erste E-Mail versendet, erhält die zuletzt gesendete. Dabei gelten folgende Regeln für das Erstellen der Mail: Der erste Schüler schreibt einen beliebigen Satz. Zum Beispiel: „Das rote Auto ist besonders schön." Der zweite Schüler ändert in diesem Satz genau zwei Wörter und sendet den neuen Satz an Schüler drei usw. Wichtig bei den Änderungen ist, dass ein Verb ein Verb oder ein Attribut ein Attribut usw. bleibt. Beispiel: „Das rote *Pferd* ist besonders *schnell.*"
Spielt das Spiel zwei Runden und tauscht euch anschließend über die so entstandenen Sätze aus!

E-Mail-Programme unterstützen auch das Antworten und Weiterleiten von E-Mails.
Du erinnerst dich: **Antworten** auf eine Nachricht heißt, dass eine neue Nachricht erstellt wird. Die ursprüngliche Absenderadresse wird zur neuen Empfängeradresse und umgekehrt. Nun kannst du noch einen Antworttext hinzufügen.
Es ist auch möglich, eine erhaltene E-Mail an eine dritte Person **weiterzuleiten.** Dabei werden die Angaben zum ursprünglichen Absender und Empfänger genauso mit übertragen, wie der Originaltext der E-Mail.
Anschließend musst du jeweils diese neue Nachricht noch versenden.

7.8 Schreibe deinem Banknachbarn eine E-Mail mit einer (schwierigen) Frage zur Informatik oder einem anderen Unterrichtsfach und bitte um eine Antwort! Wenn dein Nachbar dir geantwortet hat, schreibe ihm wiederum, ob die Antwort richtig oder falsch ist!

7.9 Antworte nun auf die Frage deines Nachbarn, die er dir gestellt hat! Benötigst du bei der Beantwortung der Frage Unterstützung, dann leite die E-Mail an einen Mitschüler weiter und bitte ihn um Hilfe.

i Nicht jede E-Mail, die man erhält, ist erwünscht. Die vielen und kostengünstigen Möglichkeiten, die durch den E-Mail-Dienst zur Verfügung stehen, werden auch von verschiedenen Nutzern zum Beispiel für Werbezwecke verwendet.
Als **Spam** bezeichnet man eine E-Mail-Nachricht, die unaufgefordert an viele Empfänger auf einmal versandt wird. Man kann eine solche Nachricht auch mit einer Postwurfsendung vergleichen. Da diese Nachrichten oftmals nicht die Interessen der Empfänger betreffen und unerwünscht und unaufgefordert versandt werden, stellen Spam-Nachrichten einen Missbrauch des Internets dar.

1 Ja, da kommt man schon ins Grübeln ...

2 ... bis man die Lösung gefunden hat.

7.4 Von Nachrichten mit Anhängen

Oft möchte man mit einer Nachricht nicht nur einfachen Text übermitteln. Manchmal sollen es auch komplexere Textdokumente sein, die man zum Beispiel bereits mit einem Textverarbeitungssystem bearbeitet und gestaltet hat. Aber auch Tabellen, Grafiken oder andere Dokumente können einer Nachricht beigefügt werden. Wir stellen fest:

> Um weitere Informationen in Form von Dokumenten mit einer E-Mail versenden zu können, werden an ein Objekt der Klasse NACHRICHT ein oder mehrere Objekte der Klasse ANHANG angefügt.
> Ein Objekt der **Klasse ANHANG** ist charakterisiert durch dessen Typ und durch seine Größe. Dabei gibt der Typ an, welche Art von Dokument (Textdatei, Vektorgrafikdatei, Pixelgrafikdatei, ...) mit der E-Mail übertragen werden soll.

i Eine Datei, die als Anhang an eine E-Mail verschickt wird, nennt man **Attachment**. Durch das Anhängen von Dateien an eine E-Mail werden diese zu einem Teil der Nachricht. Ähnlich wie bei Spams (↗ Seite 153) wird diese Möglichkeit leider auch genutzt, um Anhänge zu versenden, die beispielsweise **Viren, Trojaner** oder **Würmer** enthalten. Das sind gefährliche Programme, die sich auf verschiedenen Wegen auf einen Computer einschleichen können, so eben auch als Anhang einer E-Mail.
Die Wirkung solcher Programme ist vielfältig. Sie reicht vom Ausfall einzelner Programmfunktionen über das Ausspionieren von Passwörtern bis hin zum kompletten Datenverlust auf einem Datenträger (↗ auch Seite 272).
Achtung! Öffne nur die Anhänge von E-Mails, bei denen du dir sicher bist, dass keine Gefahren drohen. Lösche zweifelhafte Nachrichten und ihre Anhänge umgehend!

Die **Klasse ANHANG** besitzt alle Attribute einer Datei:

Attribut	Attributwert (Beispiel)	Bedeutung
Typ	doc, jpg, txt, ...	Typ des Anhangs
Größe	960 KByte	Größe des Anhangs

Die **Klasse ANHANG** hat folgende Methoden:

Methode	Bedeutung
`Öffnen()`	öffnet das Dokument im Anhang
`Kopieren(Zielordner)`	speichert das Dokument

Natürlich unterstützen die E-Mail-Programme auch die Arbeit mit Anhängen.

7.10 Öffne in deinem E-Mail-Programm den Posteingangsordner! Dein Lehrer hat dir eine E-Mail mit Anhang gesandt. Speichere diesen Anhang und bearbeite ihn! Sende den bearbeiteten Anhang an deinen Lehrer zurück!

Du hast erkannt, dass ein Anhang an eine E-Mail mit dem Symbol einer Büroklammer gekennzeichnet ist. In den verschiedenen E-Mail-Programmen gibt es unterschiedliche Möglichkeiten, um den Anhang zu bearbeiten. Im E-Mail-Programm wählst du zunächst die Nachricht aus. Anschließend kannst du mit dem Büroklammersymbol zum Beispiel entscheiden, ob du das Dokument im Anhang öffnen möchtest. Nach dem Öffnen kannst du die Methoden des Dokumentes nutzen.

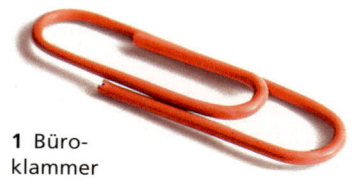

1 Büro-
klammer

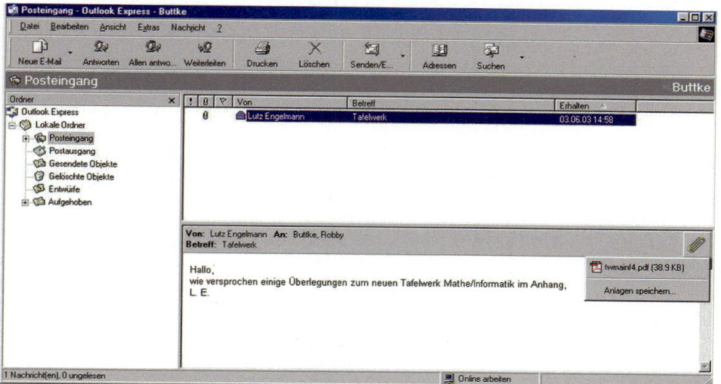

Wenn du E-Mails mit Anhang empfängst, kannst du natürlich auch solche E-Mails versenden. Nachdem du eine Nachricht verfasst hast, wird an die E-Mail ein Anhang eingefügt. Dabei musst du das entsprechende Dokument auswählen. Du erkennst das erfolgreiche Anhängen eines Dokumentes, wenn du vor dem Versenden der E-Mail im Postausgangsordner nachsiehst. Auch hier erscheint das Symbol der Büroklammer.

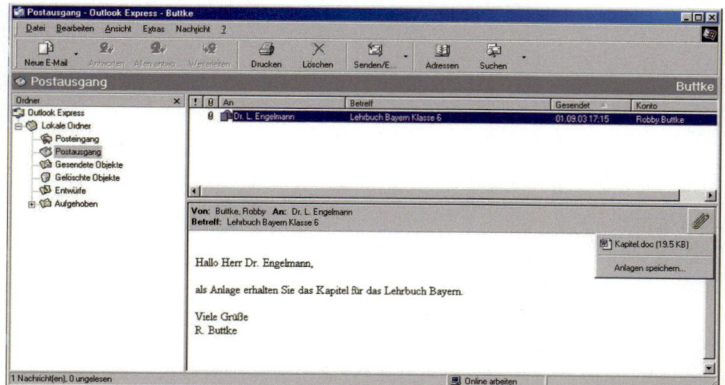

7.11 Gestalte einen kurzen, lustigen Text, in dem du auch ein Clip-Art einbaust und speichere dieses Dokument ab! Schreibe nun eine E-Mail an deinen Banknachbarn und füge dieser E-Mail dieses Dokument als Anhang bei.
Öffne den Anhang der selbst erhaltenen E-Mail! Gib dem Absender dieser Nachricht eine kurze Antwort per E-Mail, wie dir der Anhang gefallen hat!

2 Man kann recht unterschiedliche Arten von Dokumenten als Anhang an eine E-Mail versenden. Oft sind dies formatierte Textdokumente, Tabellen oder Bilder.

Vergleich herkömmliche Post und elektronische Post

Merkmal	Gelbe Post	E-Mail
Wo kannst du die Post „einwerfen"?	gelber Briefkasten der Post	Mail-Server des Absenders
Wo kannst du die Post „abholen"?	Briefkasten am Haus	Mailbox beim Mail-Server des Empfängers
Wie erfolgt das „Abholen" der Post?	Briefkasten öffnen und Post herausnehmen	Abrufen der E-Mail
Wie ist eine Adresse aufgebaut?	Name, Straße, Postleitzahl und Ort	Benutzer@Domain
Wer kümmert sich um den richtigen Weg der Post?	Verteilungszentren der Post	Vermittlungsrechner
Wer übernimmt den Transport der Post?	Flugzeug, Bahn, LKW, Briefträger	Datenleitungen
Wie lange dauert die Zustellung der Post?	ab 1 Tag	wenige Sekunden
Was kostet das Versenden der Post?	Brief 70 Ct, Postkarte 45 Ct	meist weniger als 3 Ct jeweils für Sender und Empfänger

Für die elektronische Post können alle beteiligten Objektklassen in einem **Klassendiagramm** zusammengefasst werden:

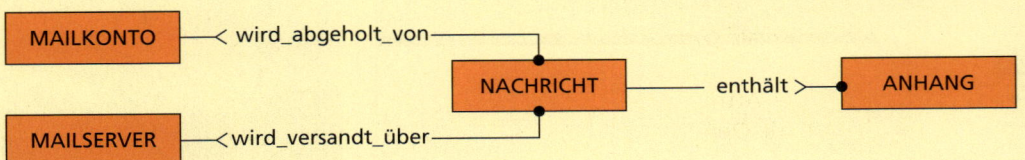

Von einem Mailkonto können keine, eine oder mehrere Nachrichten abgeholt werden. Über einen Mailserver werden keine, eine oder viele Nachrichten versandt. Eine Nachricht kann mehrere Anhänge enthalten.
Die Objekte sind durch ihre **Attributwerte und Methoden** charakterisiert:

Objekt_1: NACHRICHT

Attribute
Absender =
Empfänger =
Kopieempfänger =
Betreff =
Text =

Methoden
Senden()
Antworten(Text)
Weiterleiten(Empfänger)
AnhangEinfügen(Dateiname)

Objekt_2: ANHANG

Attribute
Typ =
Größe =

Methoden
Öffnen()
Kopieren(Zielordner)
Löschen()

Steve ist mit seinen Eltern in den Sommerurlaub nach Mallorca geflogen. Als er angekommen ist, erkundet er den Urlaubsort und vor allem den Strand und das Meer.
Nun möchte Steve seiner Oma Urlaubsgrüße senden.

7.12 Welche Möglichkeiten hat Steve, seiner Oma eine Nachricht zu schicken. Was benötigt er dazu?

7.13 Steve schreibt aus dem Urlaub eine Postkarte an seine Oma.

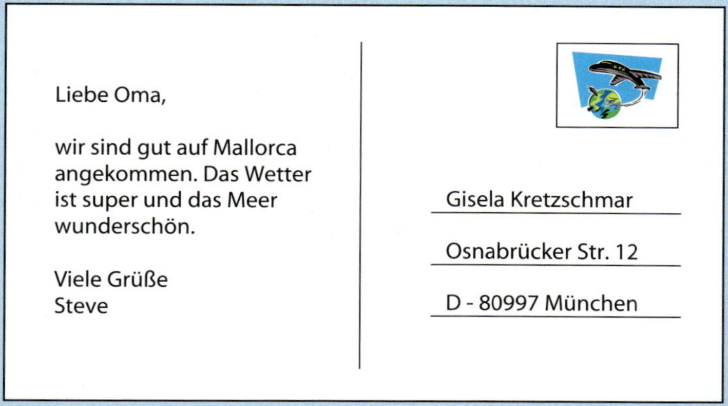

Liebe Oma,

wir sind gut auf Mallorca angekommen. Das Wetter ist super und das Meer wunderschön.

Viele Grüße
Steve

Gisela Kretzschmar

Osnabrücker Str. 12

D - 80997 München

1 Mallorca: Meeresbuchten laden zum Baden ein.

Diese Postkarte können wir als Objekt der Klasse NACHRICHT betrachten.
Gib für diese Nachricht die Attribute und die dazugehörigen Werte an. Verwende dazu die Objektkarte (↗ rechts unten) und die Punktnotation:

```
Postkarte: NACHRICHT
Postkarte.Absender=
Postkarte.Empfänger=
Postkarte.Text=
```

Postkarte: NACHRICHT

Absender =
Empfänger =
Text =

7.14 Wie müsstest du die Objektkarte und die dazugehörige Punktnotation ändern, wenn Steve seine Urlaubsgrüße per E-Mail an seine Oma schickt?

> Von: „Steve" <Steve@gmx.de>
> An: „Oma Gisela" <Kretzschmar@freenet.de>
> Gesendet: Montag, 18. August 2016 17:03
> Betreff: Urlaubsgrüße
> --
> Liebe Oma,
> wir sind gut auf Mallorca angekommen. Das
> Wetter ist super und das Meer wunderschön.
> Viele Grüße
> Steve

7.15 In den Aufgaben 7.13 und 7.14 haben wir die Möglichkeiten betrachtet, Urlaubsgrüße mit einer Postkarte oder per E-Mail zu versenden.
Beschreibe dafür jeweils den Weg, den die Nachricht bis zum Empfänger zurücklegt! Nenne auch Gemeinsamkeiten und Unterschiede!

7.16 Steve fügt der E-Mail an seine Oma einen Anhang bei. Welche Attribute besitzt das Objekt der Klasse Anhang?

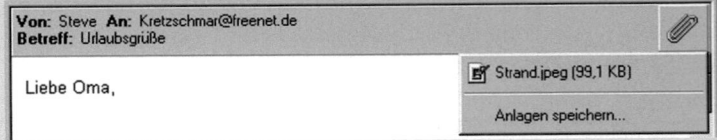

7.17 Zunehmend wird auch die sogenannte Web-Mail genutzt.
Informiere dich über diese Möglichkeit, Nachrichten als E-Mail zu versenden!
Vergleiche diese Art des E-Mail-Versandes mit der im zurückliegenden Kapitel betrachteten Variante!
Nenne Vor- und Nachteile!

8 Algorithmenstrukturen

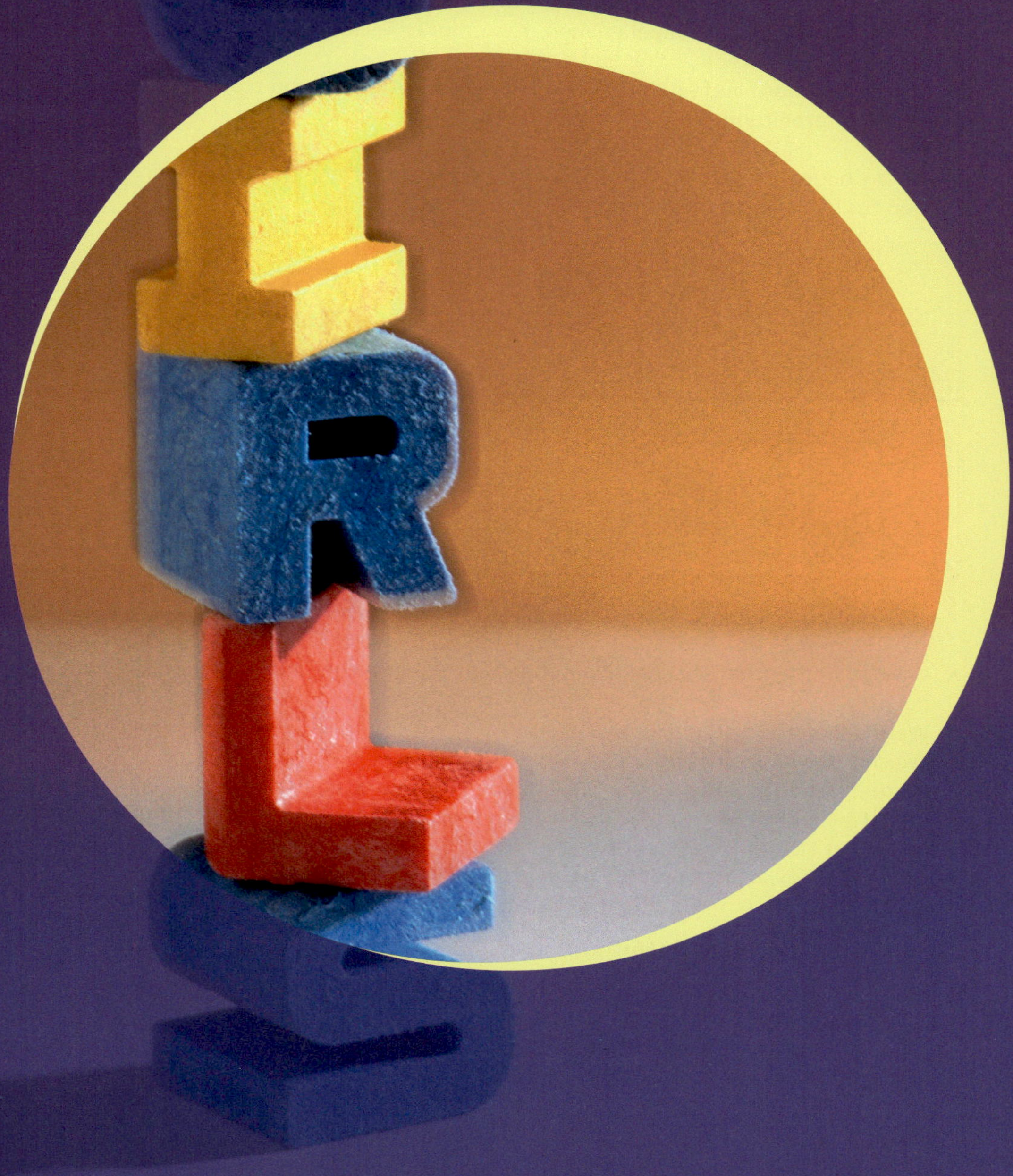

Algorithmen im Alltag

Computer steuern und regeln unser Leben. Wenn die Technik funktioniert, nehmen wir alles wie selbstverständlich hin. Erst bei Störungen und Fehlern spüren wir ihre Wirkung. Bei einem Stromausfall z. B. entstehen massive Staus auf den Straßen, da die Ampeln nicht mehr funktionieren. Wir können kein Geld abheben, nicht einkaufen oder telefonieren. Ohne Strom können die Rechner, die die Ampelanlagen, Kassen oder Telekommunikationsnetze steuern, ihre Dienste nicht ausführen.

Auf den Computern laufen Programme, die sich aus Algorithmen zusammensetzen. Algorithmen sind Verarbeitungsvorschriften für Rechner.

Im Alltag begegnen uns ähnliche Verarbeitungsvorschriften, sichtbar z. B. in Montageanleitungen für Möbel oder Haushaltsgeräte:

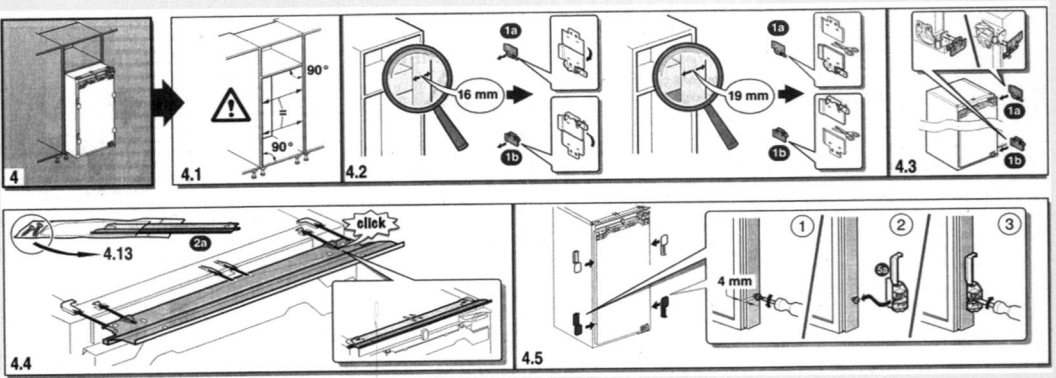

Montageanleitung für einen Einbaukühlschrank

- Warum werden bei solchen Anleitungen im Wesentlichen nur Bilder und Zahlen verwendet?
- Welche Bedeutung hat Bild 4?
- Welche Hinweise gibt Bild 4.1?
- Warum stehen in Bild 4.2 *zwei* Maßangaben (16 mm bzw. 19 mm)?
- In Bild 4.4. siehst du einen Kreis und einen Pfeil, der auf die Nummer 4.13 zeigt. Was könnte in Bild 4.13 beschrieben werden?
- Gib eine mögliche Reihenfolge der einzelnen Verarbeitungsschritte an!

Qualitätsmanagement in Unternehmen

Für Produkte und Dienstleistungen führen Unternehmen regelmäßig Qualitätssicherungsmaßnahmen durch. Die grundsätzliche Vorgehensweise und die Dokumentation sind durch internationale Standards, z. B. ISO 9001:2015 festgelegt. Ein Bestandteil sind Flussdiagramme, die den Ablauf von Verarbeitungsvorschriften darstellen.

Das Schulbuch „Informatik S1" wurde erstmals 2008 konzipiert, umgesetzt und herausgegeben. In den Jahren des Praxiseinsatzes fließen Erfahrungen an den Verlag und die Autoren zurück.

Neuerungen wie die Programmierumgebung Scratch kommen auf den Markt. Unter diesen Gesichtspunkten beschließt der Verlag die Überarbeitung des Buches.

Programmierumgebung Scratch

Das nebenstehende Flussdiagramm zeigt detailliert, wie die Überarbeitung des Schulbuchs ablaufen soll.
In den gelben Rechtecken werden die einzelnen Phasen der Überarbeitung beschrieben.

- Erläutere die Vorgänge in den einzelnen Phasen!
- Welche Bedeutung haben die Pfeile im Flussdiagramm?
- In welchen Phasen werden Änderungen vereinbart, die zu neuen Maßnahmen führen können?
- Welche Bedeutung hat die Raute im Ablauf?
- Bewerte solche Ablaufdiagramme! Wo erkennst du Stärken oder Schwächen?

Einband des alten und neuen Buches.

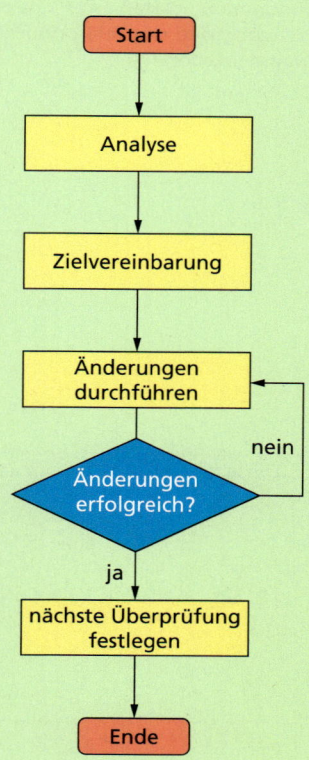

8.1   Algorithmen helfen Abläufe zu beschreiben

Sophie hat zu ihrem Geburtstag ein Handy geschenkt bekommen. Sie kann es kaum erwarten, das Gerät in Betrieb zu nehmen.

1 SIM-Karte mit Speicherchip.
Die **SIM**-Karte (**S**ubscriber **I**dentity **M**odul) enthält einen Speicherchip, auf dem u. a. die Telefonnummer, Daten für den Netzzugang und das Telefonbuch verwaltet werden.

Schnell öffnet sie die Verpackung. Obenauf liegt ein Benutzerhandbuch, darunter das neue Handy, der Akku und das Akku-Ladekabel sowie die SIM-Karte im Scheckkartenformat. „Lies zuerst die Gebrauchsanweisung, damit du alles richtig machst!", mahnt Mutter.

Unter „Erste Schritte" findet sie folgende Anweisungen:
1. Lösen Sie den kleineren Abschnitt aus der SIM-Karte heraus und entfernen Sie überstehende Kunststoffreste.
2. Öffnen Sie auf der Rückseite die Abdeckung, indem Sie den Deckel in Pfeilrichtung schieben.
3. Legen Sie die SIM-Karte mit der Kontaktfläche nach unten in die Aufnahmeöffnung ein. Achten Sie dabei auf die richtige Lage der abgeschrägten Ecke.
4. Setzen Sie jetzt den Akku mit leichtem Druck so ein, dass die Kontakte zueinander weisen.
5. Schieben Sie jetzt den Deckel wieder auf das Gehäuse, bis er merkbar einrastet.
6. Der Akku ist im Lieferzustand nicht vollständig geladen. Verbinden Sie das Ladekabel am Blitzsymbol mit dem Telefon. Der Ladevorgang kann bis zu drei Stunden dauern. Er ist beendet, wenn das Symbol auf dem Display einen vollständig geladenen Akku anzeigt.

Sophie führt alle Anweisungen nacheinander gewissenhaft aus. Sie hat keine Schwierigkeiten, da der Ablauf durch die sechs Schritte korrekt, eindeutig und in der richtigen Reihenfolge beschrieben wird. Jetzt muss sie sich nur noch etwas gedulden, bis der Akku ganz geladen ist.

Vergleichbare Handlungsanweisungen findest du in vielen Bereichen:
- Montageanleitungen,
- Bastelanleitungen,
- Spielregeln,
- Kochrezepte,
- mathematische Lösungsverfahren,
- Beschreibung physikalischer Versuchsabläufe.

In der Informatik heißen solche Verarbeitungsvorschriften **Algorithmen**. Sie müssen u. a. folgenden Anforderungen genügen:

Endlichkeit:
Ein Algorithmus besteht aus endlich vielen Anweisungen. In der Praxis soll ein Algorithmus nach endlich vielen Schritten ein Resultat liefern.

(Sophie möchte z. B. in absehbarer Zeit ein gebrauchsfertiges Handy haben.)

Eindeutigkeit:
Mit jeder Anweisung ist auch die nächstfolgende festgelegt. Wird der Algorithmus mit den gleichen Voraussetzungen gestartet, so liefert die Ausführung stets gleiche Ergebnisse.

(Außer Sophie sollen beispielsweise auch andere Anwender mit der Anweisungsfolge im Kapitel „Erste Schritte" ihr neu erworbenes Handy erfolgreich in Betrieb nehmen können.)

Ausführbarkeit:
Jede einzelne Anweisung muss für den Ausführenden des Algorithmus verständlich und eindeutig ausführbar sein.

(Zum Beispiel will Sophie bei einer Anweisung nicht überlegen müssen, wie sie richtig ausgeführt wird.)

> Ein **Algorithmus** ist eine Verarbeitungsvorschrift, die aus einer endlichen Folge von eindeutig ausführbaren Anweisungen besteht.
> Unter gleichen Voraussetzungen liefert die Ausführung eines Algorithmus stets gleiche Ergebnisse.

8.1 Welche der folgenden Abläufe können nicht durch einen Algorithmus beschrieben werden?
Begründe deine Antwort, indem du Eigenschaften eines Algorithmus nennst, die nicht erfüllt sind.
a) Wechseln eines Autoreifens (Radwechsel)
b) Schreiben eines Liebesbriefes
c) Konstruieren einer zur Geraden g parallelen Geraden h durch einen Punkt P, der nicht auf g liegt (↗ Bild 1)
d) Addition zweier Brüche
e) Benoten eines Aufsatzes
f) Schießen eines Tores beim Handball
g) Stricken eines Pullovers
h) Aufschreiben aller geraden natürlichen Zahlen

Viele Rechenmeister des Mittelalters versuchten ihre Schüler von der Richtigkeit des Gelernten mit den Worten „So sagt Al-Chwarizmi!" zu überzeugen.
Al-Chwarizmi (787 – um 850) hatte in seinem Werk „Hisab al'schabr wal mukábala" („Das Buch vom Hinüberschaffen und vom Zusammenfassen") das schriftliche Addieren und Subtrahieren von Dezimalzahlen und viele andere Verfahren beschrieben.

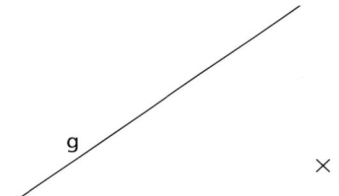

1 Gerade g und Punkt P

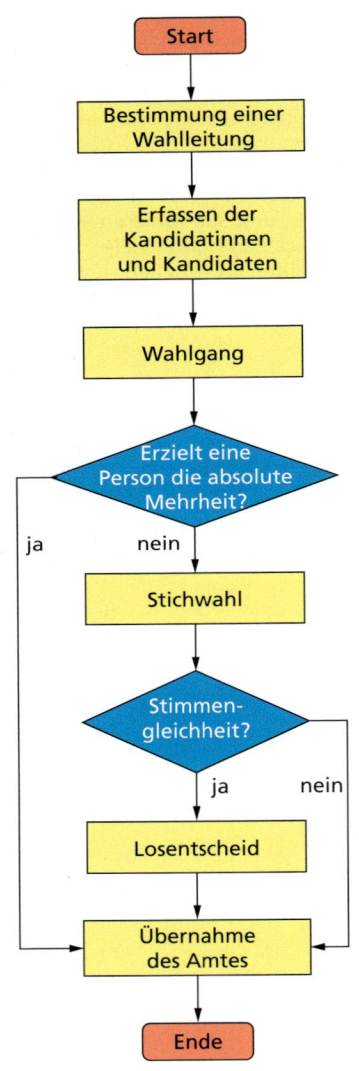

1 Flussdiagramm „Wahl"

Betrachten wir nun noch zwei Beispiele aus dem Alltag und der Mathematik:

Wahl der Klassensprecherinnen und Klassensprecher:
Zu Beginn des Schuljahres werden die Klassensprecher in geheimer Wahl bestimmt. Zuerst wird das Wahlverfahren festgelegt.

Gewählt ist, wer mehr als die Hälfte der gültigen Stimmen erhält (absolute Mehrheit). Wird die Mehrheit im ersten Wahlgang nicht erreicht, so findet eine Stichwahl unter den beiden erstplatzierten Bewerbern statt. Bei Stimmengleichheit in der Wahl entscheidet dann das Los.

Die Beschreibung mithilfe der Umgangssprache hat Nachteile. Die genaue Reihenfolge der einzelnen Schritte ist nicht deutlich zu erkennen. Die folgende Beschreibung und das zugehörige Flussdiagramm zeigen genau den Ablauf der Wahl:

1. Zuerst wird die Wahlleitung bestimmt.
2. Die Kandidatinnen und Kandidaten werden erfasst.
3. Wahlgang: Jede Person hat eine Stimme. Es wird geheim gewählt und ausgezählt.
   1. Falls eine Person die absolute Mehrheit erzielt, ist sie gewählt.
   2. Andernfalls findet eine Stichwahl unter den beiden erstplatzierten Bewerbern statt:
      1. Bei Stimmengleichheit findet ein Losentscheid statt.
      2. Andernfalls ist die Person mit den meisten Stimmen gewählt.
4. Die gewählte Person wird ins Amt eingeführt.

Hinweis: Bei einer Entscheidung kommt stets zuerst „Ja" und dann „Nein".

Rundungsregel für natürliche Zahlen:
Für das Runden einer natürlichen Zahl ist die Ziffer von besonderer Bedeutung, die der Stelle, auf die gerundet wird, unmittelbar folgt. Die Ziffer auf der Rundungsstelle bleibt unverändert, wenn ihr eine 0, 1, 2, 3 oder 4 folgt. Sie wird um 1 erhöht, wenn ihr eine 5, 6, 7, 8 oder 9 folgt. Alle auf die Rundungsstelle folgenden Ziffern werden durch Nullen ersetzt.

Nun wollen wir wieder den Ablauf Schritt für Schritt aufschreiben. Oft werden bei Ablaufbeschreibungen Verben im Infinitiv, vergleichbar der Bezeichnung von Methoden „Datei speichern()", verwendet.

1. Zahl und Rundungsstelle festlegen.
2. Wenn auf die Rundungsstelle eine 0, 1, 2, 3 oder 4 folgt, dann diese Stelle unverändert lassen, sonst um 1 erhöhen.
3. Alle Ziffern, die auf die Rundungsstelle folgen, durch Nullen ersetzen.
4. Gerundete Zahl ausgeben.

Algorithmen sollten möglichst kurz, aber sehr präzise, verständlich und eindeutig für den Anwender aufgeschrieben werden.
Die genaue Anweisungsfolge soll deutlich zu erkennen sein. Die Darstellung eines Algorithmus in einer für den Computer verständlichen Form heißt **Programm**.

8.2 Wähle aus den folgenden Tätigkeiten zwei aus! Beschreibe sie möglichst kurz durch einen Algorithmus!
a) Zähne putzen
b) Nachschlagen im Lexikon
c) Schultasche packen
d) Überqueren einer Straße
e) Telefonieren mit einem Handy (↗ auch Bild 1)
f) Konstruieren eines virtuellen Bildpunktes an einem ebenen Spiegel

1 Im Auto darf der Fahrer mit einem Handy nur dann telefonieren, wenn eine zugelassene Freisprecheinrichtung vorhanden ist. Das Handy muss dadurch nicht in die Hand genommen werden.

Mit der Entwicklung von Rechneranlagen entstanden seit 1940 künstliche formale Sprachen, sogenannte **Programmiersprachen**, mit denen Algorithmen für Rechner beschrieben und zur Ausführung gebracht werden können. Im Unterschied zu natürlichen Sprachen wie Deutsch und Englisch besitzen Programmiersprachen einen wesentlich kleineren festen Wortschatz und nur wenige feste Regeln.

Die Anweisungen einer Programmiersprache sind noch nicht für den Computer ausführbar. Leider können Computer nur seltsame Kommandos ausführen:

```
ADD AX FFh, INC AX, JMP 0A3 …
```

Zu allem Überfluss müssen solche Anweisungen noch in Binärcode – er besteht aus lauter Nullen und Einsen – übertragen werden:

```
10001010 10100111 11010101 10010110 11010110 …
```

Die oben angegebenen Kommandos sind für Menschen schwer zu erfassen und der Binärcode ist fast nicht mehr lesbar. Daher haben Fachleute **Programmierumgebungen** entwickelt, die eine formale, aber trotzdem noch verständliche Sprache zur Verfügung stellen und uns deren Übersetzung in maschinenlesbaren Code abnehmen.

In den folgenden Kapiteln wirst du eine einfache Programmierumgebung kennenlernen.

8.2   Programmieren mit Scratch

Als Programmierumgebung wählen wir **Scratch**. Sie kann auf allen gängigen Betriebssystemen wie Windows, Mac OS und Linux installiert werden.
Sie gibt es auch in einer Online-Version https://scratch.mit.edu/, die nur einen Browser mit Adobe-Flash voraussetzt.
Den Editor startet man auf der erscheinenden Homepage mit einem Klick auf „Entwickeln" (Scratch).

Bei fehlender Flash-Unterstützung kann z.B. unter Apple-Betriebssystemen auch **Snap!**
http://snap.berkeley.edu/
verwendet werden.
In Snap! lassen sich Projekte aus Scratch 2.0 importieren.

Scratch ist eine sehr verbreitete grafische Programmierumgebung.
- Figuren (Sprites) agieren auf einer Bühne. Sie können sich auf der Bühne bewegen, Spuren zeichnen und sich in Sprechblasen äußern. Figuren und Bühne können ihr Aussehen (Kostüme bzw. Bühnenbilder) ändern und Klänge von sich geben.
- Im mittleren Fenster (Baukasten) befinden sich die Programmbausteine (Blöcke, Methoden, Anweisungen) in Form von Puzzleteilen, die nach Kategorien geordnet sind.

Figuren bewegen:
Beim ersten Start der Programmierumgebung befindet sich in der Mitte eine Katze. Wir nennen die Figur Conny und wollen mit ihr die Möglichkeiten der Programmierumgebung erkunden.
- Wähle die Kategorie Bewegung und klicke mit der Maus auf den Block gehe 10 er-Schritt . Conny läuft ein Stück geradeaus. Im Programmfenster werden oben rechts die aktuellen Koordinaten x und y des Mittelpunkts der Spielfigur angezeigt.
- Du kannst auch die Schrittweite ändern. Überschreibe sie mit 50 und klicke erneut auf den Block.

- Mit dem Block gehe zu x: 0 y: 0 kannst du Conny wieder in die Ausgangsposition bringen.

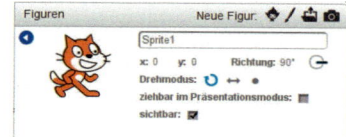

8.3 a) Schreibe die Blöcke auf, mit denen sich Conny im oder gegen den Uhrzeigersinn drehen kann!
b) Erkläre den Unterschied der folgenden Blöcke:
gehe 10 er-Schritt , ändere x um 10 , ändere y um 10 !
c) Durch einen Klick auf das Symbol „i" der Katze Conny im Figurenfenster kannst du deren Eigenschaften ablesen und ändern. Beim Drehmodus siehst du die drei Symbole ↻ ↔ •
(↗ nebenstehendes Bild).
Untersuche und erläutere die Auswirkung der drei Optionen auf Conny, wenn du sie beispielsweise im Uhrzeigersinn rotieren lässt!

Aussehen der Figuren ändern:

Klicke im Baukasten auf den Reiter „Kostüme". In der zugehörige Karte siehst du zwei Kostüme. In diesem Modus lässt sich auch ein Kostüm bearbeiten, löschen oder hinzufügen.
Wechsle wieder in die Karte Skripte und dort in die Kategorie Aussehen. Durch einen Klick auf den Block nächstes Kostüm ändert Conny sein Aussehen und schlüpft in das zweite Kostüm. Wenn du in kurzen Abständen auf den Block klickst, scheint Conny auf dem Platz zu laufen. Solche Effekte kennst du vom „Daumenkino".

8.4 a) Die Katze Conny kann sich durch Sprech- und Denkblasen äußern. Die Inhalte kannst du verändern. Schreibe die Blöcke so um, dass Conny statt „Hello!" „Hallo!" sagen und vier Sekunden lang über „Alles ok ..." nachdenken kann!

b) Conny kann mithilfe des Blocks `ändere Größe um 10` ihre Größe ändern. Gib in das Eingabefeld des Blocks auch negative Zahlen ein. Erläutere wie Figuren wachsen und schrumpfen können!

c) Die Werkzeuge rechts über der Bühne stehen für „Duplizieren, Löschen, Vergrößern, Verkleinern und Block-Hilfe". In der Abbildung ist „Vergrößern" aktiv. Der Mauszeiger ändert dann sein Aussehen. Untersuche die Wirkung der Werkzeuge. Wende sie auf Figuren auf der Bühne und im Figurenfenster, Kostüme sowie Blöcke, die du zuvor ins Programmfenster gezogen hast, an! Schreibe deine Ergebnisse auf!

Bühnenbild ändern:

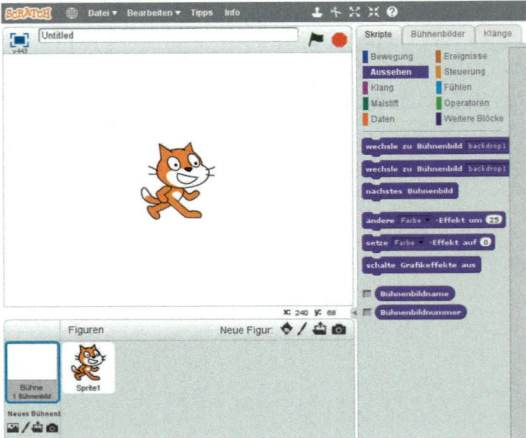

In der Voreinstellung ist die Bühne ein weißer Hintergrund. Durch einen Klick auf das 1. Bühnenbild siehst du im Baukasten, dass Bühnenobjekte auch Blöcke für die Programmierung anbieten, die ebenfalls nach den bekannten Kategorien sortiert sind. Die Bühne hat vier Möglichkeiten, ein neues Bühnenbild hinzuzufügen:

- Bühnenbild aus der Bibliothek wählen,
- neues Bühnenbild zeichnen,
- Bühnenbild aus einer Datei laden,
- neues Bühnenbild von Kamera holen.

Nun wollen wir ein neues Bühnenbild aus der Bibliothek hinzufügen. Die Bühnenbilder lassen sich nach Kategorien filtern.

Bühnenbild-Bibliothek

Kategorie
Alles
Innenräume
Landschaften
Sonstiges

Thema

sparkling

spotlight-stage

spotlight-stage2

stage1

Durch einen Doppelklick auf das Bild von „stage1" erscheint Conny vor dem roten Vorhang.

8.5 Notiere die Blöcke, mit denen du zu einem anderen Bühnenbild wechseln kannst! Erkläre auch die Unterschiede! Erläutere, warum die Kategorie Bewegung keine Blöcke hat!

Scratch ist objektorientiert:
Die Programmierumgebung besteht aus Objekten vom Typ SRITE (FIGUR) und BÜHNE. Beide Klassen lassen sich durch ihre Attribute und Methoden beschreiben.

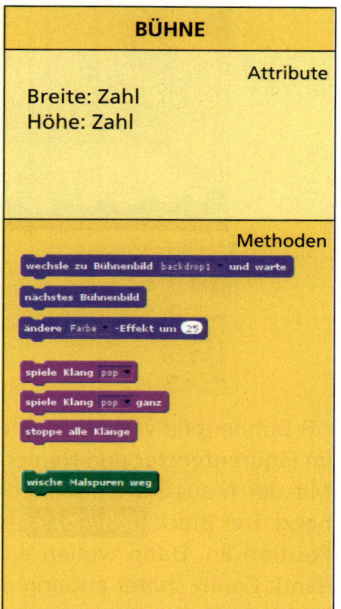

 In den Klassenkarten haben wir uns auf eine Auswahl an Methoden der Kategorien Bewegung, Aussehen, Klang und Malstift beschränkt.
Aufgrund der grafischen Programmierumgebung verwenden wir überwiegend Blöcke.

In der üblichen Darstellung der Methoden haben wir als Bezeichner einen Infinitiv verwendet und in den Klammern – wenn notwendig – die Werte aufgeführt. Als Beispiele für diese Darstellung werden im Folgenden die Blöcke gehe 10 er-Schritt und sage Hallo! für 2 Sek. umgeschrieben:
- Gehen(10)
- Sagen(„Hallo!",2)

8.6 a) Bezeichne im nebenstehenden Klassendiagramm die Beziehung mit den entsprechenden Kardinalitäten!
b) Ergänze im Klassendiagramm die Klasse KOSTÜM und die Beziehung zur Klasse SPRITE!

SPRITE		BÜHNE

8.3 Das erste Programm

Durch einen Klick auf die Blöcke im Baukasten haben wir Conny bewegt oder der Katze ein neues Kostüm angezogen.

Wenn wir die Blöcke auf das Programmfenster ziehen und zu einem Programm (Skript) grafisch zusammenfügen, kann die Programmierumgebung die so entstehende Anweisungsfolge ausführen.

Conny tritt auf der Bühne eines Theaters vor dem roten Vorhang auf:

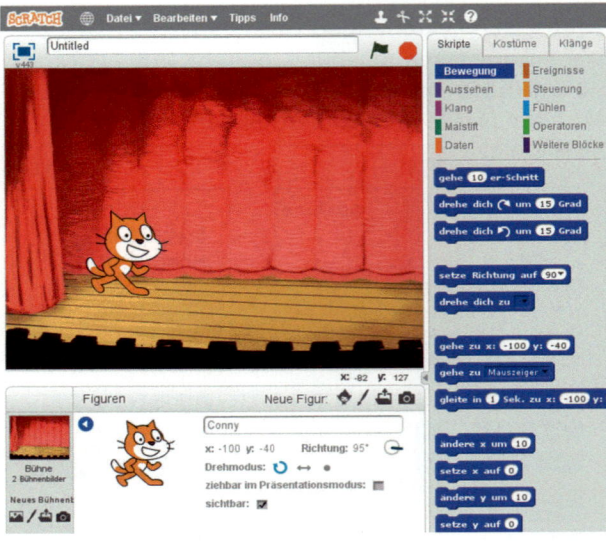

Als Bühnenbild wählst du wieder „stage1" und gibst der Katze im Figurenfenster den Namen Conny.

Mit der Maus ziehen wir Conny auf den Boden vor dem Vorhang. Der Block gehe zu x: –100 y: –40 zeigt jetzt ihre aktuelle Position an. Dann wollen wir die Richtung auf 95° einstellen, damit Conny später entlang der Dielen leicht schräg nach unten laufen kann.

Im Eingabefeld des Blocks setze Richtung auf, kannst du nicht nur Werte auswählen, sondern auch 95 eintragen. Abschließend legst du mit dem Block wechsle zu Kostüm costume1 das erste Kostüm für die Ausgangsposition fest.

Alle Blöcke werden zu einem Skript im Programmfenster in der angegebenen Reihenfolge zusammengesetzt.

Bisher haben wir Blöcke durch einen Klick auf das zugehörige Puzzleteil ausgeführt. Die Kategorie Ereignisse bietet mehrere Möglichkeiten, um Skripte zu starten. Nun ziehst du den Block Wenn grüne Fahne angeklickt in das Programmfenster und setzt ihn oben auf das Skript auf. Jetzt kannst du Conny durch einen Klick auf die grüne Fahne am oberen Rand der

Bühne wieder in die Ausgangsposition bringen. Du kannst dies überprüfen, indem du die Figur mit der Maus an eine andere Stelle ziehst.

> Der Vorgang, durch den eine Figur ihre ersten Werte erhält, heißt **Initialisierung**.

Aktionen von Conny: Die Katze soll auf der Bühne zwei Schritte gehen und danach für drei Sekunden „Hallo" sagen. Der genaue Ablauf eines Schritts ist im nebenstehenden Flussdiagramm dargestellt. durch den Wechsel des Kostüms wird ein Schritt animiert.

> Programme lassen sich durch **Flussdiagramme** grafisch darstellen. Methoden stehen in Rechtecken. Ein Pfeil verbindet jeweils die einzelnen Methoden und bringt sie so in eine Reihenfolge. Am Anfang bzw. am Ende eines Diagramms stehen abgerundete Rechtecke mit der Bezeichnung „Start" bzw. „Ende".

Das nebenstehende Bild zeigt das Skript, das zum Flussdiagramm (↗ Bild 1) gehört. Verdopple es und ergänze es um das Ereignis Wenn Taste Leertaste gedrückt zu Beginn und am Ende durch sage Hallo! für 3 Sek. Jetzt kannst du den Auftritt von Conny mit der Leertaste starten.

In beiden Skripten werden die Methoden nacheinander ausgeführt.

> Eine Folge von Methoden, die nacheinander ausgeführt werden, heißt **Sequenz**.

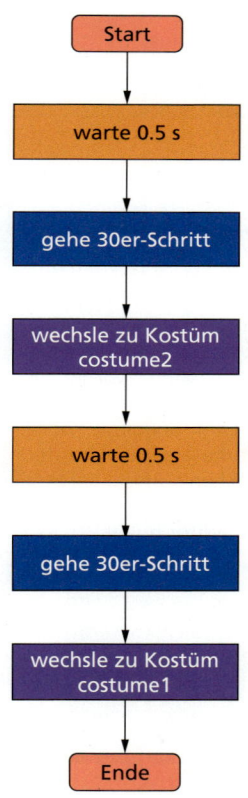

1 Flussdiagramm „Wahl"

Vor Ausführung des Programms muss der Quellcode in die sogenannte Maschinensprache übersetzt werden, die der Rechner ausführen kann. Hier werden zwei Verfahren unterschieden:
- Ein **Compiler** überträgt zuerst den ganzen Quellcode in die Maschinensprache. Erst wenn die gesamte Übersetzung fehlerfrei erfolgt ist, kann das Programm ausgeführt werden.
- Ein **Interpreter** ist ein Übersetzer, der den Quellcode schrittweise abarbeitet. Jede Anweisung aus dem Quellcode wird in die Zielsprache übersetzt und sofort ausgeführt.
Die Programmierumgebung Scratch benutzt einen Interpreter.

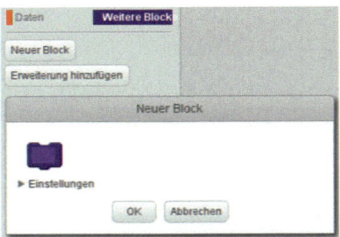

Ein Programm wird in einem **Prozess** auf einem Rechner ausgeführt.

In unserem ersten kleinen Programm kommen nebenstehende Blöcke zweimal vor. Sie beschreiben einen Schritt.
Mithilfe der Kategorie „Weitere Blöcke" können solche Programmteile zu einem neuen Block (zu einer neuen Methode) zusammengefasst werden.
Durch einen Klick auf die Befehlsschaltfläche „Neuer Block" offnet sich das nebenstehende Fenster. In das Textfeld schreibst du „gehe Schritt" und schließt den Vorgang mit „Ok" ab.
Danach steht dir ein neuer Programmbaustein mit der Bezeichnung „gehe Schritt" zur Verfügung. Im Programmfenster setzt du das Teil „Definiere gehe Schritt" auf das obige Programmstück und kannst es jetzt benutzen. Das gesamte Programm wird deutlich kürzer und übersichtlicher.

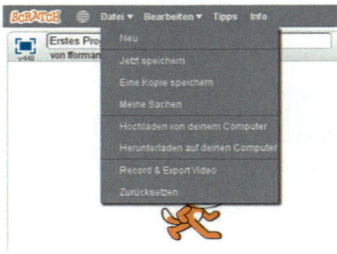

Skripte können in der Online-Version auf dem Server gespeichert werden („Jetzt speichern"), wenn vorher ein Account („Scratcher werden" auf der Startseite) angelegt wurde. Du findest die eigenen Skripte in „Meine Sachen" und kannst sie mit einem Klick auf „Schau hinein" in den Editor holen.

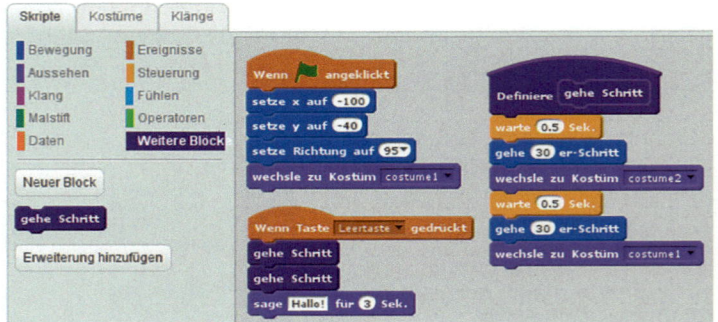

> Durch den Einsatz von neuen Blöcken lässt sich ein Algorithmus übersichtlich gestalten. Unter dem Block „Definiere …" werden die Einzelheiten des neuen Programmbausteins festgelegt.

8.7 Erstelle ein Skript zu folgendem Vorgang: Conny läuft von links bis ganz rechts vor dem roten Vorhang über die Bühne: Sie macht vier Schritte. Im Gehen sagt sie dann „Hallo!", „Ich bin Conny" und zuletzt „Ade!" und läuft nach rechts aus dem Bild. Benutze den neuen Block „gehe Schritt"!

8.8 Wähle das Bühnenbild „spotlight-stage" und lasse die Figur „Jouvi Hip-Hop" in einem Skript einen tollen Tanz im Scheinwerferlicht vollführen!

8.4 Wiederholungen

Jeden Morgen stehst du auf, gehst fünfmal in der Woche in die Schule und legst dich abends wieder schlafen. Aber auch bei anderen Tätigkeiten begegnen dir Wiederholungen.

Erinnerst du dich noch an Sophie und deren neues Handy (↗ Seite 162)? Beim Einschalten ihres Handys muss Sophie die vierstellige **PIN** (**P**ersonal **I**dentity **N**umber) eingeben.

Den Ablauf der Eingabe wollen wir gleich als Algorithmus aufschreiben:

> Stelle die PIN-Nummer fest.
> Gib die nächste Ziffer ein.
> Gib die nächste Ziffer ein.
> Gib die nächste Ziffer ein.
> Gib die nächste Ziffer ein.
> Gib ein (✓).

Insgesamt 4-mal geben wir die nächste Ziffer ein. Ein neues Strukturelement für die Beschreibung von Algorithmen erleichtert uns hier die Schreibarbeit – die *Wiederholung mit fester Anzahl:*

> Stelle die PIN-Nummer fest.
> Wiederhole 4 mal
>   Gib die nächste Ziffer ein.
> Ende der Wiederholung
> Gib ein (✓).

Anfang und Ende der Wiederholung mit fester Anzahl werden durch die Schlüsselwörter „Wiederhole … mal" und „Ende der Wiederholung" gekennzeichnet. Die Methoden, die wiederholt ausgeführt werden sollen, stehen eingerückt zwischen den beiden Schlüsselwörtern. Auf diese Weise können wir mit einem Blick Anfang und Ende der Wiederholung erkennen.

Nebenstehend ist das Flussdiagramm für das Beispiel zur Wiederholung mit fester Anzahl dargestellt. Die Klammerung der wiederholt ausgeführten Methoden übernimmt ein Rechteck mit oben bzw. unten abgeschrägten Ecken.

> **Wiederholung mit fester Anzahl (gezählte Wiederholung)**
>   **Wiederhole n mal**
>   Sequenz
>   **Ende der Wiederholung**
> Die Sequenz innerhalb der Wiederholung wird so oft ausgeführt, wie die Zahl n vorgibt.

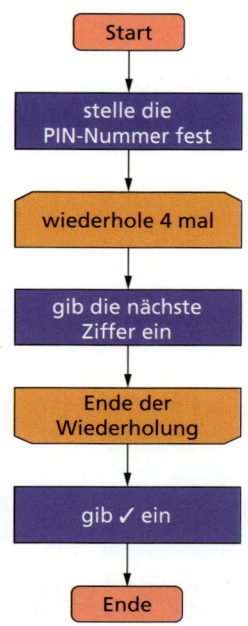

1 Flussdiagramm „PIN-Eingabe"

Nun wollen wir in Scratch dieses Strukturelement verwenden und Conny geometrische Figuren zeichnen lassen. Zuvor müssen wir noch die Bühne und eine neue Figur einrichten.

Unter der Rubrik Tiere wählen wir die Figur „cat2" und nennen die Katze wieder Conny. Mit dem Ereignis „Wenn grüne Fahne angeklickt" geben wir ihr ihre ersten Werte (Initialisierung).

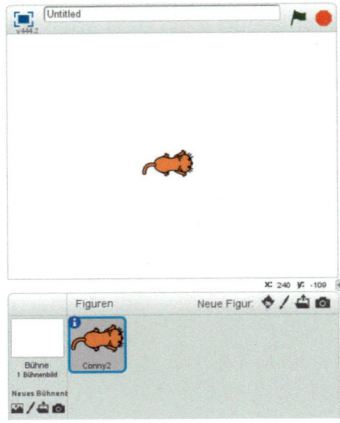

- Setze die Größe auf 40 %.
- Gehe zum Punkt (0/0).
- Schaue in Richtung 90°.
- Wische alle Malspuren weg.

Conny soll nun ein Quadrat zeichnen. Sie zeichnet ihren Weg auf der Bühne mit einem Malstift auf. Zuerst wählen wir eine Farbe und schalten dann den Stift ein. Jetzt kann es losgehen.

Mit folgender Sequenz läuft sie eine Seite entlang und dreht sich um 90° zur nächsten hin.

i Eine Farbe kannst du auswählen, indem du auf das Farbfeld im obigen Block klickst und dann mit der Maus irgendwo auf dem Bildschirm auf die gewünschte Farbe klickst (Pipettenfunktion).

Nach viermaliger Ausführung der beiden Anweisungen erreicht Conny wieder die Ausgangsposition. Fertig ist das Quadrat!

Mit der gezählten Wiederholung lässt sich dieser Algorithmus schnell aufschreiben:

> Wiederhole 4 mal
>> gehe 100 er-Schritt
>> drehe dich um 90 Grad nach links
> Ende der Wiederholung

In Scratch ist das Steuerungselement „Wiederholung mit fester Anzahl" eine Klammer, die die Sequenz der Wiederholung umfasst. Hier können beliebig viele Methoden durch Ziehen eingefügt werden.

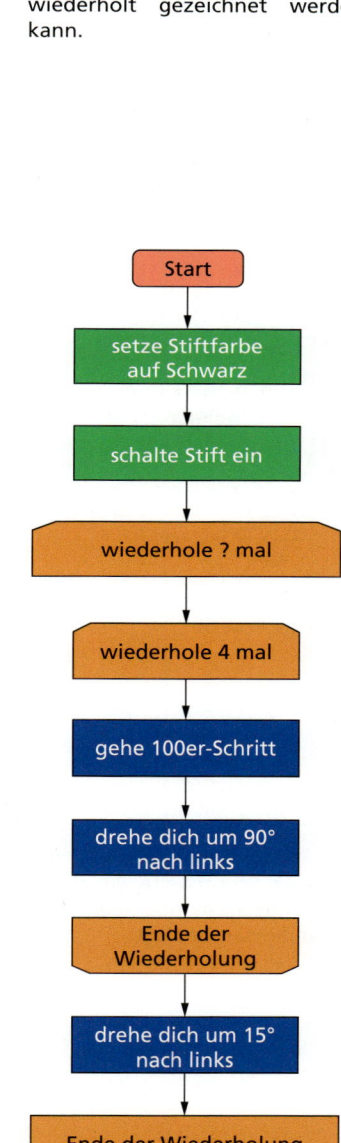

8.9 Conny soll die folgenden Muster zeichnen. Ziehe die Katze auf eine geeigneten Anfangsposition und setze bei jeder Aufgabe die gezählte Wiederholung ein!

a) Rechteck mit den Seitenlängen 150 und 100
b) Treppe mit der Seitenlänge 30
c) Mäander-Muster mit der Seitenlänge 30

i Tipp für die Teilaufgaben b) und c):
Bevor du loslegst, solltest du den Teil des Musters auswählen, der wiederholt gezeichnet werden kann.

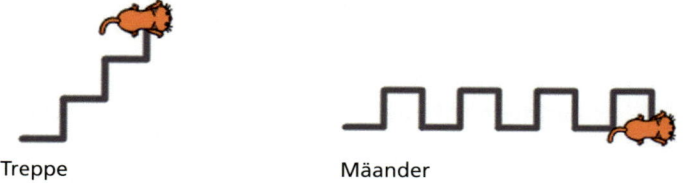

Treppe   Mäander

Mit Wiederholungen lassen sich tolle Muster kreieren.
Conny hat gerade ein Quadrat gezeichnet und dreht sich jetzt um 15° nach links.

Jetzt lassen wir Conny einfach nochmals das Quadrat zeichnen.

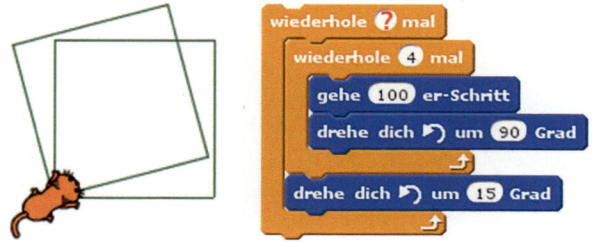

Noch sieht das Bild nicht toll aus.
• Wie entwickelt sich das Bild, wenn wir den Vorgang mehrmals wiederholen?
• Wie oft muss das Quadrat gedreht neu gezeichnet werden, damit Conny wieder die Ausgangsposition erreicht?

Die wiederholte Ausführung können wir mit einer weiteren gezählte Wiederholung umsetzen. Um den Programmcode für das Zeichnen eines Quadrats legen wir eine weitere gezählte Wiederholung. Das Bild des Scratch-Programms wie auch das zugehörige Flussdiagramm zeigen, dass die innere ganz in der äußeren Wiederholung liegt.

1 Flussdiagramm „Rosette"

1 Rosette

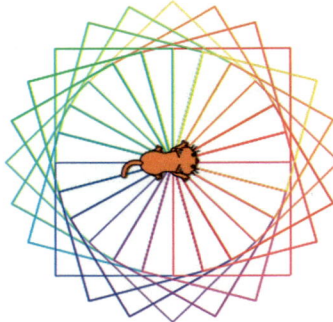

2 farbige Rosette

Wenn Conny sich wieder in der Ausgangsposition befindet, hat sie eine sehr schöne Rosette gezeichnet. Mit der Anweisung „verstecke dich" können wir Conny aus dem Bild nehmen (↗ Bild 1).

> Gezählte Wiederholungen lassen sich „schachteln". Die innere muss ganz in der äußeren Wiederholung liegen.

8.10 Conny soll die folgenden Muster zeichnen. Mit zwei geschachtelten Wiederholungen lassen sich die Aufgaben elegant lösen.

a) Conny kann die Rosette auch farbig zeichnen (↗ Bild 2). Beginne mit der Farbe Rot und ändere die Stiftfarbe nach jedem Quadrat um einen bestimmten Wert!

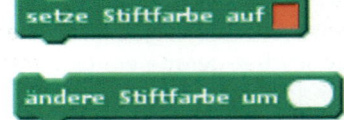

b) Statt einem Quadrat kannst du auch ein Sechseck verwenden.
  1. Um welchen Winkel muss sich Conny nach dem Zeichnen einer Seite des Sechsecks drehen?
  2. Die Figur A entsteht, wenn sich Conny nach jedem Sechseck um 30° nach links dreht.
  3. Die Figur B kann Conny mit einer kleinen Änderung des Codes zeichnen.

ℹ **Tipp für Teilaufgabe b) 2:**
Nutze zum Zeichen des Sechsecks Schrittweite 80, damit sich Conny nicht über den Bühnenrand hinausbewegt.

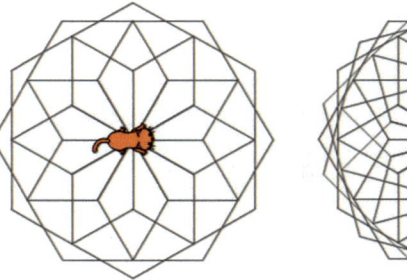

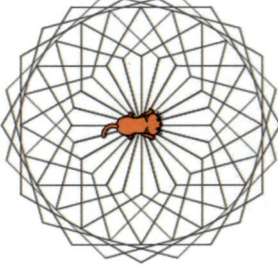

Figur A   Figur B

Oft weiß man zu Beginn einer Wiederholung nicht, wie oft man die Anweisungsfolge ausführen muss. Sicher hast du einen ähnlichen Satz schon einmal von deinen Eltern gehört:

> „Du lernst das Gedicht solange auswendig, bis du es fehlerfrei aufsagen kannst."

Die Wiederholung der Anweisung „Lerne das Gedicht auswendig" ist an eine Bedingung geknüpft. Zuerst prüfen deine Eltern, ob du das Gedicht aufsagen kannst. Wenn der Vortrag fehlerfrei ist, bist du erlöst. Im anderen Fall musst du es stets erneut auswendig lernen. Letztlich entscheiden die Eltern bei der Abfrage, wie oft die Anweisung ausgeführt wird.

Im nebenstehenden Flussdiagramm ist der oben beschriebene Ablauf durch den Pfeil, der zurück zur Bedingung zeigt, sehr schön zu erkennen. Wiederholungen heißen aus diesem Grund auch **Schleifen**.

Im Programmierstil von Scratch sieht der Algorithmus so aus:

Wiederhole bis ist das Gedicht fehlerfrei?
Lerne das Gedicht auswendig.
Ende der Wiederholung

Bei dem neuen Strukturelement hängt die Wiederholung von einer Bedingung ab. Aus diesem Grund heißt sie **bedingte Wiederholung**.

1 Flussdiagramm „Gedicht auswendig lernen"

Bedingte Wiederholung

> **Wiederhole bis** Bedingung erfüllt ist
> Sequenz
> **Ende der Wiederholung**

Die Bedingung steht hinter den Schlüsselwörtern „Wiederhole bis". Die Sequenz, die wiederholt ausgeführt werden soll, steht eingerückt zwischen der Bedingung und „Ende der Wiederholung".

Zuerst wird die Bedingung überprüft. Trifft sie nicht zu, wird die Sequenz ausgeführt. Andernfalls wird die Wiederholung beendet.
Die Sequenz wird sooft ausgeführt, bis die Bedingung erfüllt ist.

Mit dem neuen Strukturelement können wir in Scratch eine Kugel auf einem Billardtisch bis zur Bande rollen lassen.
Zuerst brauchen wir eine neue Figur und eine neue Bühne. Als Kugel dient uns der Beachball. Er wird in Kugel umbenannt und mit folgenden Werten initialisiert

Beachball

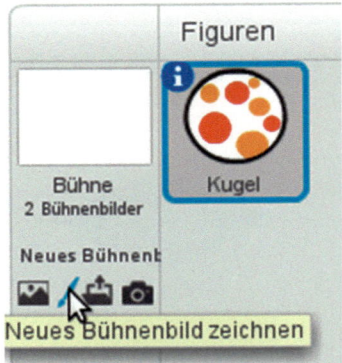

1 Zeichnen eines neuen Bühnenbilds

Leider gibt es unter den Bühnenbildern keinen Billardtisch. Aus diesem Grund müssen wir ihn selbst erstellen.
Durch einen Klick auf den Pinsel können wir ein neues Bühnenbild zeichnen.

Mit dem Werkzeug „Rechteck" zeichnen wir den Tisch, der das ganze Bühnenbild ausfüllen soll. Wir wählen die Farbe Braun und aktivieren das Symbol für den Rand des Rechtecks.

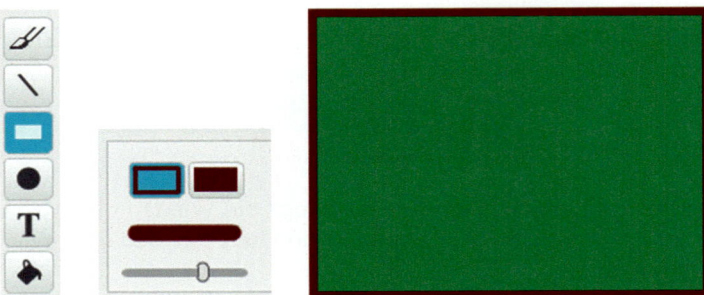

Werkzeuge zum Zeichnen   Billardtisch

Zuletzt müssen wir mit dem Füllwerkzeug „Kanne" nur noch das Innere des Rechtecks mit grüner Farbe füllen.

Jetzt aktivieren wir wieder die Figur Billardkugel, um sie zu programmieren:
• Die Kugel soll bis zur Bande (Rand) geradeaus rollen.

Die Methode „Rollen" wird wiederholt ausgeführt, bis die Kugel den Rand berührt.
• Wiederhole bis die Kugel die Bande berührt
        Rolle geradeaus.
    Ende der Wiederholung

Allerdings gilt es noch ein Problem zu lösen: Wie kann die Kugel erkennen, dass sie am Rand der Bühne angekommen ist?
Mit Sensoren kann eine Figur die Umgebung wahrnehmen. Mit ihrer Hilfe kann sie z. B. die Frage beantworten: „Wird der Rand berührt?". Der zugehörige Sensor befindet sich in der Kategorie „Fühlen".

Jetzt verwenden wir gleich die Programmbausteine von Scratch:

Unter der Kategorie „Fühlen" findest du folgende Sensoren:

Mit dem ersten Sensor können der Rand oder der Mauszeiger erkannt werden. Die beiden anderen reagieren auf Farben.

8.11 Im Spiel „Irrgarten" soll ein Ball auf dem blauen Weg Richtung Ziel rollen.

a) Wähle die Figur „Ball" und erstelle das neue Bühnenbild! Der Ball soll an der abgebildeten Stelle initialisiert werden!

b) Der Ball wird mit den Pfeiltasten nach links bzw. rechts gesteuert. Wenn das Ereignis „Wenn Taste Pfeil nach links gedrückt" eintritt, ändert der Ball seine Richtung um 90° nach links. Bei dem Ereignis „Pfeiltaste nach rechts wird gedrückt" ändert der Ball seine Richtung um 90° nach rechts. Richte die Steuerung des Balls ein!

c) Der Ball rollt solange geradeaus, bis er vom Weg abkommt. Hier wird der Sensor für Farben benötigt. Der Schwierigkeitsgrad des Spiels kann durch die Schrittweite im Programmteil gehe .. er-Schritt eingestellt werden. Er nimmt mit der Größe der Schrittweite zu.
Viel Spaß beim Spielen.

8.12 Conny steht in der Mitte der Bühne mit weißem Hintergrund.

a) Lucas schlägt folgendes Programm vor:

> Wiederhole bis wird Rand berührt?
> Drehe dich um 15° nach links.
> Ende der Wiederholung

Setze den Algorithmus mit Scratch um!
Wie oft wird die Wiederholung ausgeführt? Erkläre den Ablauf der Wiederholung!

b) Sophie will einen Algorithmus mit einer bedingten Wiederholung schreiben, bei der die Anweisungsfolge, die in der Wiederholung steht, kein einziges Mal ausgeführt wird.
Erstelle ein geeignetes Skript!

c) Erkläre zusammenfassend die Bedeutung der Bedingung in den Teilaufgaben a) und b)!

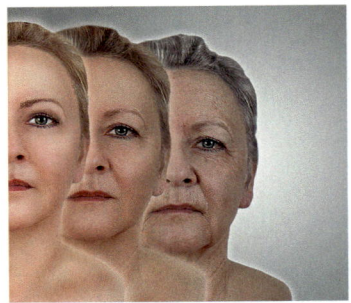

1 Gesicht einer Frau, die älter wird

2 Variable Alter mit Methoden

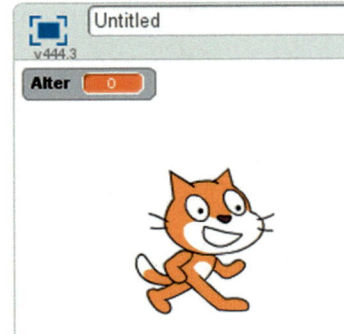

3 Wert der Variablen Alter

8.5 Mehr Möglichkeiten durch Variablen

Ein Kind kommt zur Welt. Zuerst wird sein Alter in Tagen, später in Wochen und Monaten gemessen. Nach dem ersten Geburtstag werden in der Regel nur nocht die Jahre gezählt.

Das Alter ist eine veränderliche Größe.
Jedes Jahr wirst du an deinem Geburtstag ein Jahr älter. Bei der Geburt wird dein Alter auf 0 Jahre gesetzt. Mit dem ersten Geburtstag bist du 1 Jahr alt. Dein Alter hat sich um 1 Jahr geändert. Bei allen weiteren Geburtstagen wird es ebenfalls um ein Jahr hochgezählt.

In Programmiersprachen kann man solche Daten in Variablen speichern und mit Methoden ändern.

Die Richtung der Figur ist eine Variable, die du in Scratch bereits verwendet hast und deren Wert durch die folgenden Methoden verändert werden kann:

Unter der Rubrik Daten kannst du Variablen mit der Schaltfläche „Neue Variable" selbst einrichten:

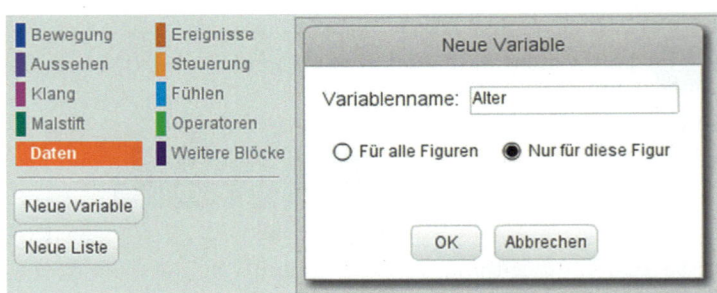

Mit den Methoden
    zeige Variable ... bzw verstecke Variable ...
kannst du den Wert auf der Bühne anzeigen bzw. verstecken lassen.

Mit den Methoden
    setze ... auf .. bzw ändere ... um ..
kann der Wert von Variablen verändert werden.

> In Programmen sind **Variablen** Platzhalter für veränderbare Werte. Eine Variable hat einen Namen. Mit Hilfe des Namens kann der Wert gelesen und mit geeigneten Methoden verändert werden.

Mithilfe von Variablen können wir das Billardprojekt erweitern und realistischer gestalten.
- Die Kugel soll von der Bande abprallen und durch Reibung abgebremst werden.

Damit die Kugel ihre Geschwindigkeit ändern kann, benötigt sie eine Variable „Schrittweite".

Einführung der Variablen „Schrittweite":
- Zu Beginn setzen wir die Schrittweite auf 20 (Initialisierung).
- In der Methode gehe .. er-Schritt ziehen wir die Variable in das Eingabefeld. Je größer die Schrittweite ist, desto schneller bewegt sich die Kugel über den Billardtisch.

Bewegungsablauf:
- Die Kugel soll solange mit der aktuellen Schrittweite über den Billardtisch rollen, bis sie die Bande (Rand) berührt. Von dort prallt sie ins Feld zurück und der Bewegungsablauf beginnt von Neuem.

Wenn die Kugel den Rand berührt hat, lassen wir sie mit der Methode pralle vom Rand ab wieder ins Feld zurückrollen.

Damit sie sich vor der Prüfung der Bedingung „Wird Rand berührt?" aus dem Randbereich entfernt, führt sie gleich einen „Schritt" aus. Danach soll der Bewegungsablauf wieder von vorn beginnen.

Scratch bietet für eine fortlaufende Wiederholung eine „Endlos-Schleife" an.

Wiederhole fortlaufend
Sequenz
Ende der Wiederholung

Wie in der folgenden Abbildung fügen wir den Code in die Schleife ein. Das Skript kannst du jetzt durch die Leertaste starten. Die Kugel rollt ungebremst von Bande zu Bande über den Billardtisch. Den Prozess kannst du z.B. durch das rote Stopp-Symbol neben der grünen Fahne beenden.

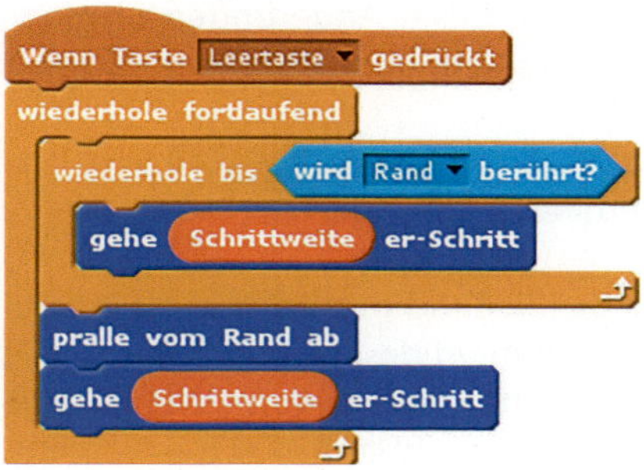

Geschwindigkeit der Kugel:
- Die Kugel soll während der Bewegung solange durch Reibung an Geschwindigkeit verlieren, bis die Schrittweite den Wert 0 erreicht. Danach wird das Programm beendet.

Wegen der Formulierung „… solange …, bis …" brauchen wir eine bedingte Wiederholung. Die Schleife soll abgebrochen werden, wenn der Wert der Variablen Schrittweite 0 wird. Scratch bietet für solche Aufgaben folgende Vergleichsoperatoren an:

Mit ihnen kann überprüft werden, ob ein Wert kleiner, gleich oder größer als ein anderer Wert ist. Für unsere Aufgabenstellung trifft der zweite Operator zu. Wir ziehen die Variable „Schrittweite" in das linke Eingabefeld und schreiben den Wert 0 in das rechte Feld.

Danach legen wir den Vergleich im Bedingungsfeld der Schleife ab (↗ Bild 1).

Ändert sich der Wert einer Variablen um einen positiven Wert, so nimmt deren Größe zu. Umgekehrt verringert sich bei einem negativen Wert die Größe der Variablen.

In unseren Projekt muss der Wert der Variablen Schrittweite abnehmen. Dies können wir mit Hilfe der Methode

ändere Schrittweite um −2

umsetzen.

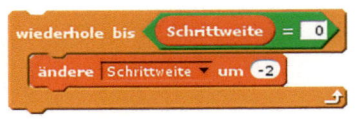

1 Verringerung der Variablen Schrittweite

Die Änderungen kannst du durch einen Mausklick auf die Methode nachvollziehen, wenn du die Variable Schrittweite auf der Bühne anzeigen lässt. Das Anzeigefeld kannst du auch an eine andere Stelle der Bühne verschieben.

Jetzt lassen wir die Methode in der bedingten Wiederholung ablaufen. Die Änderungen erfolgen so schnell, dass du sie im Anzeigefeld gar nicht mehr nachvollziehen kannst.

Mit der Methode Warte 0.5 Sek. können wir den Ablauf des Prozesses verzögern.

Abschließend müssen wir die Ausführung des Skripts gleichzeitig mit dem des Bewegungsablaufs starten und setzen es ebenfalls unter das Ereignis „Wenn Taste Leertaste gedrückt" (↗ folgende Seite oben).

Mit der Leertaste können jetzt beide Prozesse gestartet werden. Du erkennst dies am gelben Schatten der beiden Skripte im Programmfenster. Der rechte Prozess wird nach ca. fünf Sekunden beendet. Danach läuft der linke mit der Schrittweite 0 ohne sichtbare Änderungen weiter.

Mit der Methode stoppe andere Skripte der Figur können die übrigen Prozesse einer Figur beendet werden.
Wenn du sie zum Skript Schrittweite hinzufügst, wird der linke automatisch durch den rechten Prozess beendet.

1 fertiges Skript „Schrittweite"

Eigentlich sind wir fertig. Doch was würde passieren, wenn die Schrittweite der Kugel am Anfang statt 20 den Wert 19 hätte? Während der Ausführung wird sie auf den Wert 1 vermindert und danach auf −1. Der Wert 0 würde nie erreicht werden.
Wenn wir die Bedingung geschickter formulieren, kann dieses Problem nicht auftreten.
Durch die Bedingung Schrittweite < 1 werden alle Werte von 0, −1, −2, … abgedeckt (vergleiche Bild 1, Seite 184).

Für die Lösung dieses Problems ist auch der Einsatz der **logischen Operatoren** möglich. Sie stehen in der Kategorie „Operatoren". Durch ihre Anwendung werden Bedingungen zu einer neuen Bedingung verknüpft.

Operator	Ausdruck	Wirkung
und	Bed1 und Bed2	Die neue Bedingung trifft genau dann zu, wenn beide Bedingungen Bed1 und Bed2 erfüllt sind.
oder	Bed1 oder Bed2	Die neue Bedingung trifft genau dann zu, wenn mindestens eine der beiden Bedingungen Bed1 und Bed2 erfüllt ist.
nicht	nicht Bed	Die neue Bedingung trifft genau dann zu, wenn die Bedingung Bed nicht erfüllt ist.

2 logische Operatoren

Durch den Einsatz des „nicht"- und „oder"-Operators werden ebenfalls alle Werte von 0, −1, −2, … abgedeckt (↗ Bild 1).

- nicht Schrittweite > 0
  Wenn die Schrittweite nicht positiv sein darf, trifft die Bedingung auf 0 und alle negativen Zahlen zu.
- Schrittweite = 0 oder Schrittweite < 0
  Falls die Schrittweite 0 ist, trifft der linke Teil von „oder" zu. Das Gleiche gilt für den rechten Teil, wenn die Schrittweite negativ ist. In beiden Fällen ist die mit „oder" verknüpfte neue Bedingung zutreffend, da jeweils eine der beiden Bedingungen erfüllt ist.
  Falls die Schrittweite größer 0 ist, trifft keine der beiden Bedingungen zu. Damit ist auch die verknüpfte Bedingung nicht erfüllt.

1 geschicktere Bedingungen

8.13 Im Spiel „Irrgarten II" soll ein Ball auf dem blauen Weg Richtung Ziel rollen. Der Spieler steuert den Ball mithilfe der Richtungstasten „links" und „rechts". Wenn der Ball vom Weg abkommt, ist das Spiel beendet.

a) Richte die Variable „Schrittweite" für die Geschwindigkeit des Balls ein! Initialisiere sie mit 2!

b) Mit jeder Richtungsänderung soll die Schrittweite um 1 zunehmen.
   Wenn du geschickt bist, darfst du gerne auch höhere Werte wählen.

c) Zähle mit Hilfe einer weiteren Variablen die Anzahl der Richtungswechsel! Lasse die Variable links unten auf der Bühne anzeigen!

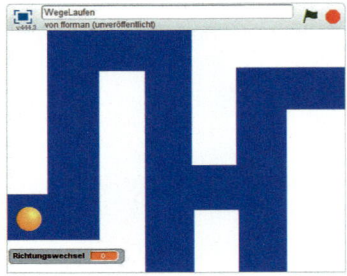

2 Richtungswechselzähler

8.14 Logische Operatoren
Erkläre an Hand von Beispielen, für welche Werte die folgenden Bedingungen erfüllt sind!

a) Zahlen

nicht Richtung = 90

x-Position < -50 oder x-Position > 50

x-Position > 0 und y-Position > 0

b) Farben, Rand und Zahlen

wird Farbe ▊ berührt? und wird Rand ▾ berührt?

wird Farbe ▊ berührt? oder wird Farbe ▊ berührt?

wird Farbe ▊ berührt? oder x-Position < 120 oder wird Rand ▾ berührt?

8.6 Entscheidungen haben Folgen

Unter der Rubrik „App-Berechtigungen" kannst du bei deinem Smartphone Rechte für den Zugriff der Applikationen auf deine privaten Daten vergeben.

Wenn der Schalter geschlossen ist, wird der Zugriff auf bestimmte Daten gewährt.

Im nebenstehenden Beispiel kann die Anwendung DB-Navigator den Speicher und den Standort auslesen. Der Zugang zu den Kontakten wird ihr verwehrt.

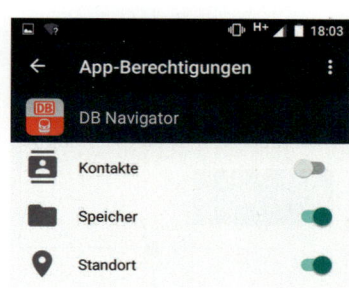

Wenn wir diesen Vorgang in einem Algorithmus im Stil von Scratch darstellen wollen, benötigen wir als neues Strukturelement eine Anweisung, die in Abhängigkeit von einer Bedingung unterschiedliche Anweisungen ausführt.

Wenn der Schalter geschlossen ist,
dann wird der Zugriff gewährt, sonst verwehrt.

Mit den neuen Schlüsselwörtern „Wenn – dann – sonst – Ende wenn" gelingt die Beschreibung:

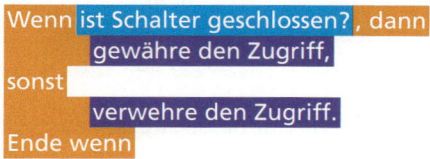

Wenn ist Schalter geschlossen?, dann
gewähre den Zugriff,
sonst
verwehre den Zugriff.
Ende wenn

Im nebenstehenden Flussdiagramm sind die alternativen Wege in Abhängigkeit von der Bedingung noch deutlicher zu erkennen.

Die Ausführung einer der alternativen Methoden ist von der Bedingung „ist Schalter geschlossen?" abhängig. Aus diesem Grund heißt dieses Strukturelement **bedingte Anweisung**.

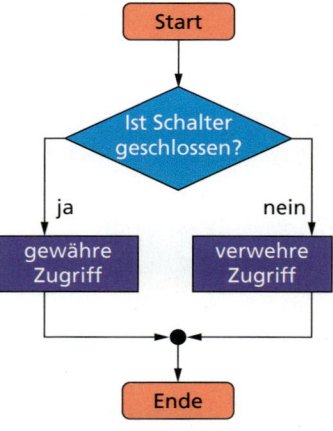

Bedingte Anweisung
Wenn Bedingung erfüllt ist, **dann**
Sequenz1
sonst
Sequenz2
Ende wenn
In Abhängigkeit von der Bedingung wird eine der beiden Sequenzen ausgeführt **(zweiseitige Auswahl)**.
Wenn die Bedingung zutrifft, wird die Sequenz1, die im Dann-Teil steht, ausgeführt, sonst wird das Programm mit der Sequenz2 fortgesetzt.

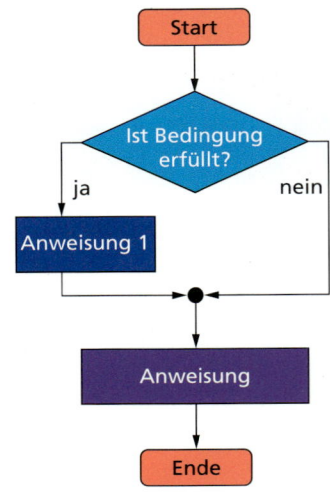

Eine bedingte Anweisung heißt **einseitig**, wenn der Sonst-Teil fehlt.

Wenn Bedingung erfüllt ist, **dann**

Sequenz

Ende wenn

Falls die Bedingung nicht erfüllt ist, wird die Sequenz im Programmablauf einfach übergangen. Eine solche bedingte Anweisung heißt auch **einseitige Auswahl**.

Projekt Taucher:
Ein Taucher schwimmt im Meer hin und her. Im Gewässer befindet sich ein Seestern, der sich auf einer Kreisbahn bewegt. Wenn der Taucher den See-stern berührt, schreit er „Autsch!". Danach ist er irritiert und un-terbricht das Schwim-men für kurze Zeit.

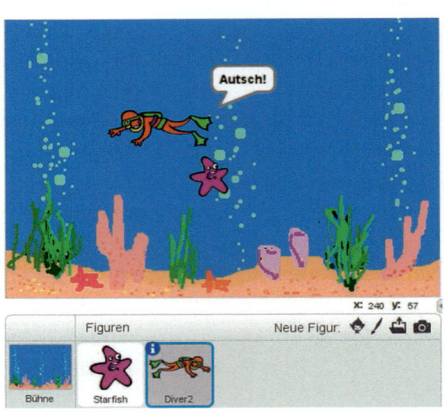

Initialisierung: Wähle für beide Figuren die Größe, Richtung und Ausgangsposition. Den Drehmodus stelle jeweils auf links-rechts (↔) ein. Die Initialisierung soll bei beiden Figuren durch die grü-ne Fahne ausgelöst werden.
Mit der Leertaste sollen die Aktionen der Figuren beginnen.

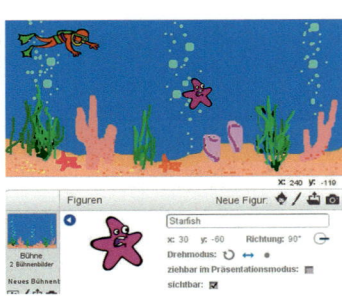

Seestern: In einer Endlos-Schleife dreht der Seestern seine Bahn. Die Anweisung Warte 0.25 Sek. wird eingefügt, damit die Be-wegung nicht zu schnell abläuft.
Erprobe, wie du durch die Schrittweite oder den Drehwinkel den Radius der Kreisbewegung beeinflussen kannst. Achte da-rauf, dass der Seestern auf seinem Weg nicht den Rand der Büh-ne berührt.

Taucher: Die Bewegung einer Figur bis zum Rand haben wir schon im Abschnitt 9.4 anhand der Billardkugel gelöst. Wäh-rend der Bewegung muss der Taucher mit seinen Sensoren ent-scheiden, ob er den Seestern berührt hat. Da er nur in diesem Fall „Autsch!" sagen und das Schwimmen um 0,25 Sekunden unterbrechen soll, benötigen wir eine einseitige Auswahl:

Wenn wird Starfisch berührt? , dann
sage Autsch! für 0.25 Sek.
Ende wenn

Abschließend muss der Taucher noch vom Rand abprallen, nachdem er ihn berührt hat.

Das Skript des Tauchers wird ebenfalls in eine Endlos-Schleife eingebettet, das durch das Ereignis „Leertaste" ausgelöst wird.

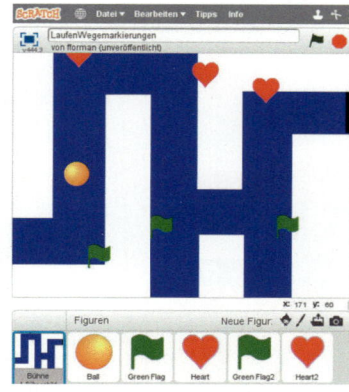

8.15 Ein Ball soll auf dem blauen Weg ins Ziel rollen. Er wird durch rote und grüne Wegmarkierungen gesteuert.

a) Ergänze das Bühnenbild vom Irrgarten um einen schwarzen Zielstreifen!

b) Füge die Wegmarkierungen „Green Flag" und „Heart" hinzu! Deren Größe soll durch einen Klick auf die Fahne initialisiert werden. Orientiere dich dabei am nebenstehenden Bild.

c) Der Ball wird vergleichbar dem Projekt Irrgarten initialisiert. Die folgenden Skripte werden durch das Ereignis „Leertaste" gestartet:
   – Der Ball bewegt sich stets vorwärts, bis die Farben Weiß (Weg wird verlassen) oder Schwarz (Ziel wird erreicht) berührt werden.
   – Wenn die Farbe Rot (Heart) berührt wird, dann dreht sich der Ball um 90 Grad nach rechts und geht einen 5er-Schritt.
   – Setze durch ein vergleichbares Skript die Linksdrehung (Green flag) um!

d) Figuren können durch einen Klick mitsamt ihrem Code mit dem Symbol Stempel (✎ Bild 1, rechts oben) verdoppelt werden.
   Zu Beginn des Spiels kannst du so viele Wegmarkierungen erzeugen, wie du benötigst. Verschiebe sie mit der Maus an die gewünschten Stellen und starte dann das Spiel! Wenn der Ball das Ziel erreicht, hast du gewonnen.

1 Irrgarten mit schwarzem Zielstreifen

Projekt Lochbillard:
Beim Lochbillard soll eine Kugel in eines der sechs Löcher versenkt werden. In diesem Fall muss die Figur auf zwei Bedingungen achten:
• Wird der Rand berührt?
• Wird die Farbe Schwarz berührt?

Mit diesem Projekt werden wir erfahren, wie solche Aufgabenstellungen gemeistert werden können.

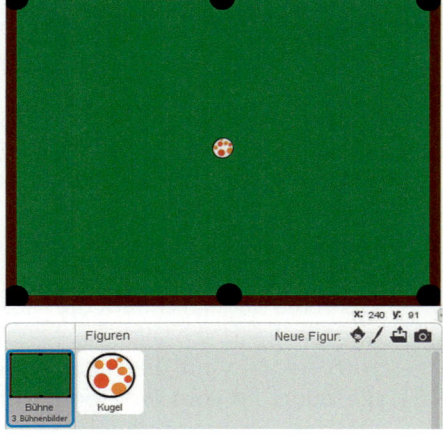

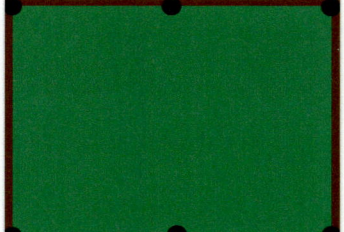

2 Bühnenbilder des Billardtisches

Vorbereitung: Das Billardfeld muss um sechs Löcher ergänzt werden. Mit dem Stempelsymbol kannst du danach zwei Kopien des Billardfelds erstellen, in die du dann einen Kommentar schreibst, der den Ausgang des Spiels wiedergibt.

Initialisierung: Die Initialisierung soll für die Bühne und die Kugel durch die Fahne ausgelöst werden. Die Bühne startet mit dem kommentarlosen Billardtisch.
Die Kugel benötigt die Variable Schrittweite, mit der der Einfluss der Reibung auf die Bewegung simuliert werden kann. Größe, Sichtbarkeit, Position und die Schrittweite erhalten ihre ersten Werte. In der bedingten Wiederholung wird die Richtung der Kugel festgesetzt. Wenn die Leertaste gedrückt wird, zeigt die Kugel in die Richtung der aktuellen Mausposition. Zuletzt wollen wir noch eine Nachricht versenden.

1 Initialisierung der Kugel

Nachrichten (Kategorie Ereignisse): Skripte können Nachrichten senden und empfangen. Bei allen Elementen ist Nachricht1 voreingestellt. Andere Nachrichten, wie z. B. „Beginn" oder „Ende" kannst du mit dem Listeneintrag „neue Nachricht ..." erzeugen.

2 Nachrichten senden und empfangen

Durch eine Nachricht können Skripte gestartet werden. Das Skript aus Bild 3 reagiert auf die Nachricht „Beginn" und sendet vor seiner Beendigung die Nachricht „Ende" an alle.

Kugel: Durch die Nachricht „Beginn" werden bei der Kugel zwei Skripte gestartet. Das erste berechnet den Einfluss der Reibung auf die Geschwindigkeit der Kugel (vergleiche Seite 181).
Das zweite Skript überwacht die Kugel auf ihrer Bahn. Es soll in die Bewegung eingreifen, wenn die Kugel den Rand berührt oder zusätzlich auf ein schwarzes Loch trifft. Die Sensoren der Kugel müssen folglich gleichzeitig auf zwei Bedingungen achten.

3 fertiges Skript „Schrittweite"

Das Flussdiagramm auf der folgenden Seite gibt den Ablauf der beiden bedingten Anweisungen klar wieder:
- Wenn der Rand nicht berührt wird, muss das Skript überhaupt nicht eingreifen.
- Wird der Rand berührt wird, muss eine weitere Bedingung geprüft werden.
  - Wenn die Kugel nicht auf die Farbe Schwarz trifft, muss sie nur vom Rand abprallen.
  - Trifft sie aber auf die Farbe Schwarz, dann verschwindet die Kugel im Loch (verstecke dich), wird das Bühnenbild „Treffer" angezeigt und die Schrittweite auf 0 gesetzt, um das Skript „Schrittweite" gleich zu beenden.

Wie die nebenstehende Abbildung zeigt, werden die beiden geschachtelten bedingten Anweisungen in eine Endlos-Schleife eingebettet, damit die Überwachung der Kugel während des Spiels ununterbrochen stattfindet.

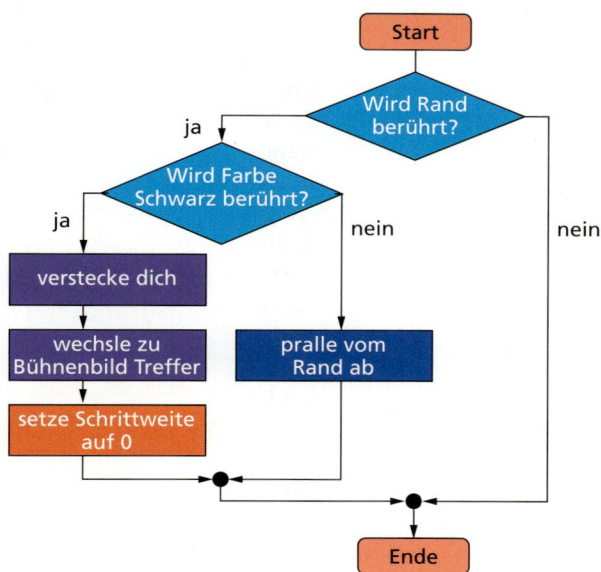

Bühne: Das Objekt Bühne muss am Schluss entscheiden, welches Bühnenbild passend zum Ausgang des Spiels angezeigt werden soll. Zuletzt sollen noch alle Skripte beendet werden.

Geschachtelte bedingte Anweisungen
Vergleichbar der Wiederholung lassen sich bedingte Anweisungen schachteln.
Die zweite bedingte Anweisung steht ganz in der Sequenz des Dann- bzw. Sonst-Teils der äußeren bedingten Anweisung.

8.16 Das Spiel „Lochbillard" ist langweilig, wenn die Kugel direkt ins Loch befördert werden darf.

a) Nun wird zusätzlich gefordert, dass die Kugel mindestens einmal über Bande gespielt werden muss. Setze diese Idee mit Hilfe der Variablen „Bande" um!
Nenne die Skripte, die geändert werden müssen, und begründe deine Entscheidung!
b) Schreibe die gewählten Skripte um!
c) Zeichne das Flussdiagramm des geänderten Skriptes!

Algorithmus

Ein *Algorithmus* ist eine *endliche* Folge von *eindeutigen, ausführbaren* Anweisungen. Unter gleichen Voraussetzungen liefert die Ausführung des Algorithmus stets gleiche Ergebnisse.

Bausteine von Algorithmen

Baustein	Beschreibung	Flussdiagramm
Sequenz	Eine *Sequenz* ist eine Folge von Anweisungen, die in der gegebenen Reihenfolge nacheinander ausgeführt werden. Eine Sequenz kann auch aus einer oder gar keiner Anweisung bestehen.	
Wiederholung mit fester Anzahl	**Wiederhole n mal** Sequenz **Ende der Wiederholung** Die Sequenz innerhalb der Wiederholung wird so oft ausgeführt, wie die Zahl n vorgibt. Wiederholungen lassen sich schachteln. Die zweite Wiederholung steht ganz in der Sequenz der äußeren Wiederholung.	
bedingte Wiederholung	**Wiederhole bis** Bedingung erfüllt ist Sequenz **Ende der Wiederholung** Die enthaltene Sequenz kann in Abhängigkeit von der Bedingung mehrmals ausgeführt werden. Vor jedem Durchgang wird die Bedingung überprüft. Wenn sie wahr ist, wird die Wiederholung beendet.	
bedingte Anweisung	**Wenn** Bedingung erfüllt ist, **dann** Sequenz1 **sonst** Sequenz2 **Ende wenn** In Abhängigkeit von der Bedingung wird eine der beiden Sequenzen ausgeführt **(zweiseitige Auswahl)**. Eine bedingte Anweisung heißt **einseitig,** wenn der Sonst-Teil fehlt. Falls die Bedingung nicht zutrifft, wird sie im Programmablauf einfach übergangen. Bedingte Anweisungen lassen sich schachteln. Die zweite bedingte Anweisung steht ganz in der Sequenz des Dann- bzw. Sonst-Teils der äußeren bedingten Anweisung.	

8.17 Ein einfacher Stromkreis besteht aus einer Glühlampe, einer Stromquelle und einem Schalter.

a) Beschreibe mit einem Algorithmus, wie du den Stromkreis aufbaust!

b) In Abhängigkeit von der Schalterstellung kann im Stromkreis Strom fließen. Zeichne das zugehörige Flussdiagramm und übersetze es in eine bedingte Anweisung!

c) Nun soll im Stromkreis die Stromstärke gemessen werden. Beschreibe mit einem Algorithmus, wie du das Messgerät im Stromkreis anschließt!

d) Danach werden zehn Messungen durchgeführt, indem die Spannung schrittweise um 1,0 V erhöht wird. Beschreibe diesen Vorgang unter Einsatz einer Wiederholung!

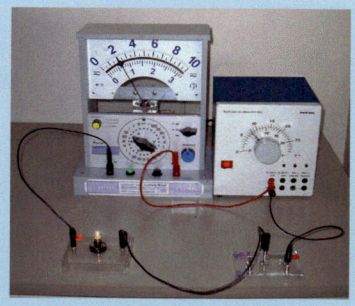

1 Messung der Stromstärke

8.18 Du willst eine Nachricht löschen. Um einen fehlerhafte Bedienung auszuschließen, holt sich dein E-Mail-Programm für diesen Vorgang eine zusätzliche Bestätigung ein. Stelle die Nachfrage durch ein Flussdiagramm und einen Algorithmus dar!

2 Entscheidungen bestätigen

8.19 Sophie will mit dem Handy telefonieren. Beschreibe den Ablauf der vollständigen Eingabe einer beliebigen Telefonnummer! Die Eingabe wird mit dem „Verbindungsbutton" abgeschlossen.

Denke bei der Wahl der Wiederholung daran, dass Telefonnummern unterschiedliche Längen haben.

8.20 Conny betätigt sich als Künstler.

a) Initialisiere die Figur gemäß Bild 3 mit geeigneten Werten!

b) Lasse Conny zuerst mit Hilfe einer gezählten Wiederholung ein gleichseitiges Dreieck zeichnen.

c) Jetzt kannst du mit zwei geschachtelten Wiederholungen die folgenden Bilder malen.

3 Initialisierung

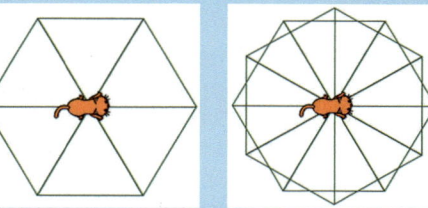

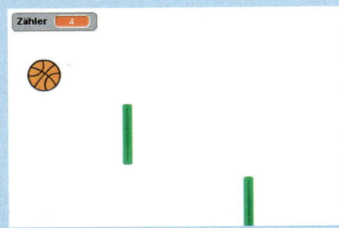

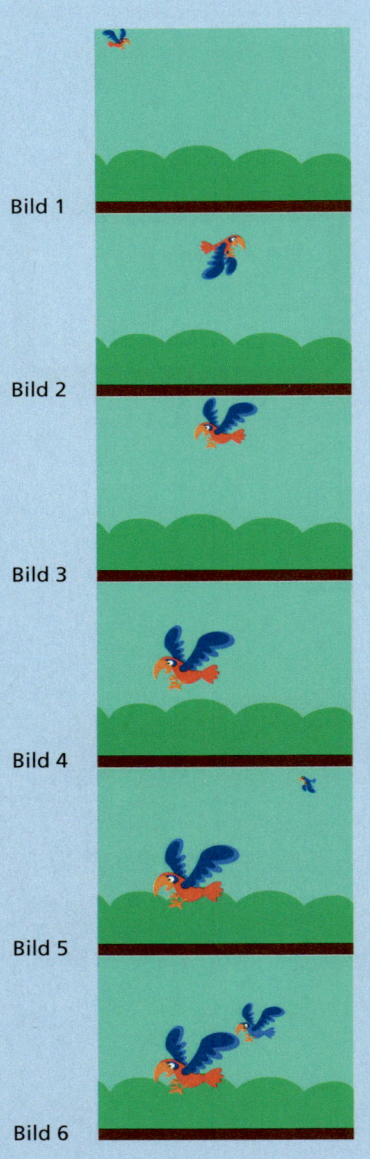

Bild 1

Bild 2

Bild 3

Bild 4

Bild 5

Bild 6

8.21 Ein Ball soll mit Hilfe der rechten Pfeiltaste „→" an beweglichen Hindernissen vorbei auf die rechte Seite gebracht werden. Wenn der Ball zum vierten Mal die rechte Wand erreicht, ist das Spiel gewonnen.

a) Mit Hilfe der grünen Fahne soll das Spiel initialisiert werden. Zu Beginn steht der Zähler auf 0 und das rechte Hindernis ist unsichtbar.

b) Hindernisse: Sie bewegen sich vertikal auf und ab. Im Vergleich zum linken Hindernis bewegt sich das rechte mit der doppelten Geschwindigkeit. Es wird erst sichtbar, wenn der Ball zum zweiten Mal die rechte Wand berührt.

Das linke bzw. rechte Hindernis beginnt seinen Bewegungsablauf, wenn es die Nachricht „Start" bzw. „Paddle2" empfängt.

c) Ball: Am Ende der Initialisierung werden zwei Prozesse durch die Nachricht „Start" gestartet.

1. Prozess: Fortlaufend soll die rechte Pfeiltaste überwacht werden. Falls sie gedrückt wird, bewegt sich der Ball mit einer Schrittweite von 20 nach rechts.

2. Prozess: Er wird solange ausgeführt, bis der Ball zum vierten Mal die rechte Wand berührt.

Solange bis der Ball die rechte Wand berührt, wird geprüft, ob er unterwegs ein Paddle (grüne Farbe) berührt. In diesem Fall wird das Spiel sofort beendet.

Erreicht der Ball die rechte Wand, kehrt der Ball in die Ausgangsposition zurück. Die Variable „Zähler" wird um 1 hochgezählt. Falls der Zähler den Wert 2 erreicht, wird das zweite Hindernis angezeigt und das Spiel erreicht das zweite Level.

8.22 Mit Hilfe einer gezählten und bedingten Wiederholung kannst du einen Film zum Thema „Vogelflug" drehen.

a) Wähle die Figuren „Parrot" und „Parrot2" sowie das Bühnenbild „blue sky". Initialisiere die beiden Figuren gemäß den Bildern 1 und 5. Parrot2 ist am Beginn unsichtbar!

b) Die Vögel haben zwei Kostüme, mit denen der Flug simuliert werden kann. Erstelle für jeden Vogel einen neuen Block „fliege"!

c) Der Papagei „Parrot" fliegt zunächst zur Mitte (Bild 2), dreht sich um (Bild 3) und steuert auf einen Baumwipfel zu. Dort wartet er auf „Parrot2" (Bild 5) und sendet eine Nachricht an alle. Nachdem „Parrot2" die Nachricht empfangen hat, dreht er sich in Richtung seines Artgenossen und fliegt auf ihn solange zu, bis er ihn berührt.

Datenflüsse und Objekte in Kalkulationsprogrammen

9

Wenn Wahlen stattfinden, versuchen Meinungsforschungs-institute bereits vorher durch Befragungen herauszufinden, wie diese ausgehen, welche Parteien Koalitionen eingehen könnten, wie die Sitzverteilung sein könnte.

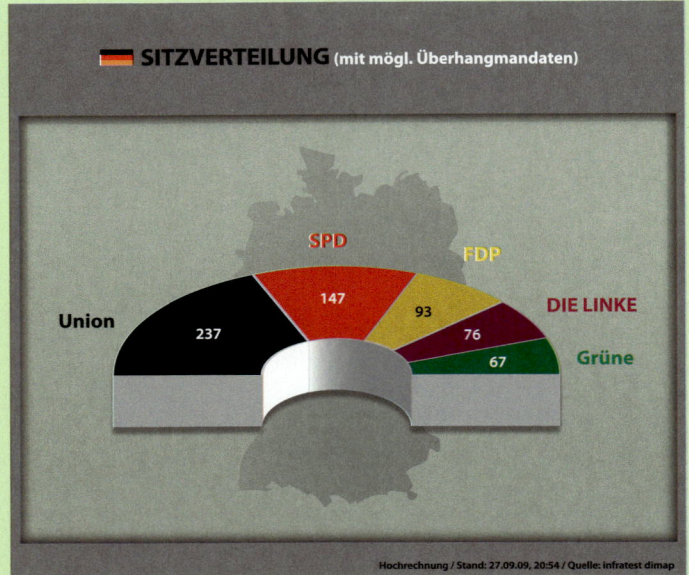

SITZVERTEILUNG (mit mögl. Überhangmandaten)

Union 237
SPD 147
FDP 93
DIE LINKE 76
Grüne 67

Hochrechnung / Stand: 27.09.09, 20:54 / Quelle: infratest dimap

Noch am Wahlabend werden die Ergebnisse präsentiert.

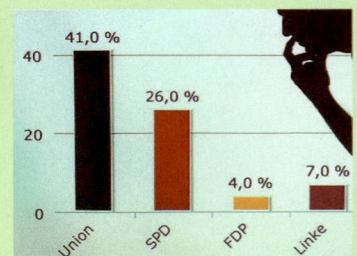

41,0 % 26,0 % 4,0 % 7,0 %
Union   SPD   FDP   Linke

Leitfragen

- Welche Art von Programmen werden für Prognosen und für die Darstellung des Wahlaus-gangs wohl benutzt?
- Welche Funktionen muss ein entsprechendes Programm besitzen?
- Diskutiert das neben-stehende Diagramm für die Darstellung der Sitzverteilung nach der Bundestagswahl 1998. Ist das hier genutzte „Tortendiagramm" wirklich geeignet?

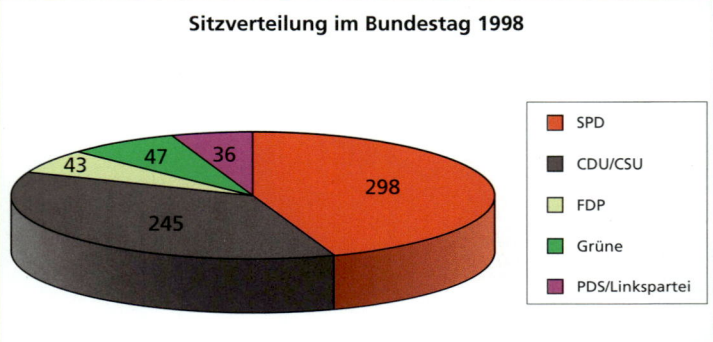

Sitzverteilung im Bundestag 1998

SPD 298
CDU/CSU 245
FDP 43
Grüne 47
PDS/Linkspartei 36

SPD
CDU/CSU
FDP
Grüne
PDS/Linkspartei

Mit einem Kalkulationsprogramm wurde eine Übersicht zu Trends bei den Bundestagswahlen von 1990 bis 2013 erstellt:

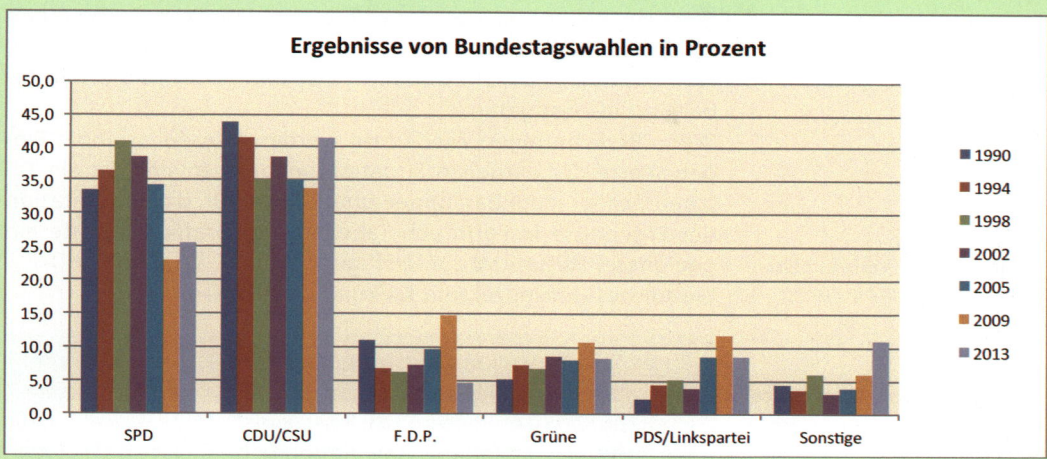

Grundlage für diese Darstellung waren folgende Zahlen:

	A	B	C	D	E	F	G	H
1	**Ergebnisse von Bundestagswahlen in %**							
2								
3		**SPD**	**CDU/CSU**	**F.D.P.**	**Grüne**	**PDS/Linkspartei**	**Sonstige**	
4	**1990**	33,5	43,8	11,0	5,1	2,4	4,3	
5	**1994**	36,4	41,4	6,9	7,3	4,4	3,6	
6	**1998**	40,9	35,1	6,2	6,7	5,1	6,0	
7	**2002**	38,5	38,5	7,4	8,6	4,0	3,0	
8	**2005**	34,2	35,2	9,8	8,1	8,7	4,0	
9	**2009**	23,0	33,8	14,6	10,7	11,9	6,0	
10	**2013**	25,7	41,5	4,8	8,4	8,6	11,0	
11								

Leitfragen

- Wie ist ein Kalkulationsprogramm aufgebaut? Welche Objekte kann man ausgliedern? Welche Attribute haben diese?
- Wie kann man mit Kalkulationsprogrammen rechnen?
- Warum unterscheidet man absolute und relative Zellbezüge?
- Gibt es fertige Formeln und Funktionen, die man verwenden kann?
- Ist es möglich, Algorithmenstrukturen zu nutzen und Rechnungen in Abhängigkeit von bestimmten Bedingungen auszuführen?
- Wie kann man die Ergebnisse von Berechnungen anschaulich darstellen? Welche Diagrammarten stehen zur Verfügung?
- Welche der aufgeführten Fragen sind für die Erstellung des oben dargestellten Diagramms wichtig?

9.1 Objekte in Kalkulationsprogrammen

Beim Umgang mit dem Taschenrechner wirst du die Erfahrung gemacht haben, dass es sinnvoll ist, bei längeren Rechnungen Zwischenergebnisse zu notieren. Denn oft vertippt man sich, kommt mit den Löschtasten nicht klar und all die mühevolle Arbeit ist umsonst getan.

Wenn Berechnungen wiederholt werden müssen, weil die Eingabewerte der aktuellen Situation anzupassen sind, ist ein Taschenrechner denkbar ungeeignet. Auch für die Präsentation der Ergebnisse in Form von Tabellen und Grafiken müsste ein geeignetes Hilfsmittel zur Verfügung stehen.

Ein solches Hilfsmittel sind Kalkulationsprogramme.

Die derzeit verbreitetsten Kalkulationsprogramme sind:
Excel (Bestandteil von *Microsoft Office)* und,
Calc (Bestandteil von *OpenOffice* und *Libre Office).*

> Unter **Tabellenkalkulation** verstehen wir die Erstellung und Verwaltung von Planungsübersichten, Rechnungen, Kostenschätzungen u. Ä. in Form von Tabellen.
> Die Software für Tabellenkalkulationen heißt **Tabellenkalkulationsprogramm**, kurz **Kalkulationsprogramm.**

9.1 Nenne mindestens fünf konkrete Beispiele für die Verwendung von Kalkulationsprogrammen!

Die Oberfläche von Kalkulationsprogrammen ist wie die von anderen Anwendungsprogrammen aufgebaut – mit Titelleiste und dem Namen des aktuellen Kalkulationsdokuments, Menüleiste, verschiedenen Symbolleisten, Bildlaufleisten und der Statuszeile:

Das Arbeitsfeld ist eine Tabelle mit Spalten- und Zeilenköpfen, die der Orientierung dienen. Außerdem gibt es eine Bearbeitungsleiste (A) zum Eingeben bzw. Bearbeiten von Formeln und anderen Zellinhalten.

Zahlen oder Werte für gegebene Größen werden in einzelne Zellen der Tabelle eingetragen. Es ist nun möglich, andere Zellen so mit Formeln zu versehen, dass die dortigen Zellinhalte aus den Werten der Ausgangszellen errechnet werden (B).
In der auf Seite 196 dargestellten Tabelle wurde die Zelle B7 aus den Werten der Zellen B3, B4, B5 und B6 errechnet. Jede Änderung eines Eingabewertes führt automatisch zur Neuberechnung der davon abhängigen Werte in anderen Zellen: Wird in der Tabelle der Wert für „Land- und Forstwirtschaft" um 5 000 erhöht, ändert sich „Gesamt" auf 42 237 000.

Schauen wir uns nun ein Kalkulationsprogramm genauer an:

> Komplexe **Objekte in Kalkulationsprogrammen** sind *Tabellen*, die – wenn notwendig – miteinander verknüpft werden können.
> Tabellen enthalten *Zeilen, Spalten* und *Zellen*.
> Als wesentliche weitere Objekte können *Diagramme* zur Kalkulationstabelle erstellt und formatiert werden.

i Die eingegebenen und errechneten Daten können auch grafisch in Form von Diagrammen veranschaulicht werden.

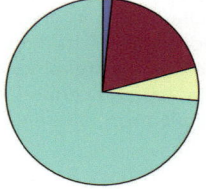

Erwerbstätige nach Wirtschaftszweigen

- ☐ Land- und Forstwirtschaft
- ■ produzierendes Gewerbe
- ☐ Baugewerbe
- ☐ Dienstleistungssektor

9.2 Zeichne ein Klassendiagramm, das die Beziehungen zwischen TABELLE, ZEILE, SPALTE und ZELLE aufzeigt!

Jede **Zeile** hat einen eindeutigen Bezeichner (Namen) in Form einer Nummer. Die **Zeilenhöhe** bestimmt die Höhe aller Zellen in einer Zeile und passt sich automatisch an die Zelle mit der größten Schrift an, kann aber verändert werden.

Auch jede **Spalte** hat einen eindeutigen Bezeichner. Meist sind es Buchstaben: A, ..., Z, AA, AB, AC, ...

i Am einfachsten lassen sich Spaltenbreite und Zeilenhöhe mit der Maus ändern:

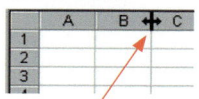

mit gedrückter Maustaste ziehen

Die **Spaltenbreite** bestimmt die Breite aller Zellen in dieser Spalte. Die Spaltenbreite passt sich im Allgemeinen *nicht* automatisch an die Zellinhalte an, was dazu führen kann, dass Text abgeschnitten und zu lange Zahlen nicht dargestellt werden können (es erscheint dann „#######" oder „****** "). Das Abschneiden von Zellinhalten kannst du verhindern, indem du alle gewünschten Spalten markierst (Überstreichen der entsprechenden Spaltenköpfe mit der Maus) und ihnen den Attributwert „optimale Breite" bzw. „Spaltenbreite automatisch anpassen" zuweist.

i Die Attributwerte für das Attribut „Breite" findest du beispielsweise bei *Excel* indem du eine Spalte markierst, die rechte Maustaste klickst und den Befehl „Spaltenbreite..." auswählst.

Spalten und Zeilen lassen sich auch einfügen, löschen oder verbergen.

i Anhand der eingegebenen Zeichenfolge erkennt das Kalkulationsprogramm automatisch, von welcher Klasse das Objekt ist, das erzeugt werden soll.
Bei Zellen mit Formeln wird auf dem Tabellenblatt nur der Wert angezeigt. Das ist meist eine Zahl, kann aber auch ein Wahrheitswert oder sogar Text sein.

i Die Attributwerte für Zellen kannst du festlegen, wenn du mit gedrückter rechter Maustaste auf die entsprechende Zelle klickst. Es erscheint ein Pull-Down-Menü, in dem alle Methoden aufgelistet sind, die man auf die Zelle anwenden kann. Wähle „Zellen formatieren..." aus.

Zellen ergeben sich aus dem Schnitt von Zeilen und Spalten. Jede **Zelle** hat damit einen eindeutigen Bezeichner, der sich aus Spaltenbezeichner und Zeilennummer ergibt (z. B. D19).
Zellinhalte können Objekte folgender Klassen sein:
- ZAHL (standardmäßig rechtsbündig ausgerichtet)
- TEXT (standardmäßig linksbündig ausgerichtet)
- FORMEL (Objekte beginnen mit einem Gleichheitszeichen)

Jede Zelle kann gesondert formatiert werden. Gängige **Zellattribute** sind:
- **Zahlenformate** wie negative oder rationale Zahlen mit Dezimalkomma und Tausenderpunkt, auch mit Währungseinheiten und anderen benutzerdefinierten Einheiten; unterschiedliche Datums- und Uhrzeitangaben sind möglich usw.
- Zeichenformatierungen, wie Schriftart, -größe und -farbe
- Ausrichtung der Zellinhalte, wie links, zentriert, rechts, oben, mittig, unten
- Rahmen, Hintergrundfarben und -muster
- **Zellschutz** (Sperrung einzelner Zellen gegen unbefugte Eingabe)

9.3 Gib die folgende Übersicht zur Verwendung von Taschengeld selbst in dein Kalkulationssystem ein – genauso formatiert wie hier dargestellt!

	A	B	C	D
1	**Verwendung des Taschengeldes**			
2				
3	**Mai**	**Betrag:**	30,00 €	
4				
5	Kinoeintritt, ...	5,00 €		
6	Bücher/Zeitschriften	1,50 €		
7	Süßigkeiten/Snacks	5,89 €		
8	Getränke	5,99 €		
9	Handy/SMS	12,20 €		
10	Geschenke	0,00 €		
11	**Gesamt:**			

Speichere die Tabelle in einer Datei „Taschengeld"!

Nachdem wir die Kalkulationstabelle vorbereitet haben, wollen wir nun natürlich auch „kalkulieren", d. h. rechnen.
Wir könnten zum Beispiel den Gesamtbetrag errechnen, der im Mai an Taschengeld ausgegeben wurde.
Man kann auch die einzelnen Posten schrittweise vom zur Verfügung stehenden Taschengeld subtrahieren und sehen, was übrig bleibt.

Hierzu benötigen wir Formeln. Jede **Formeleingabe** beginnt mit einem Gleichheitszeichen. Dann folgt ein mathematisch korrekter Term, der aus Zahlen, Rechenoperatoren und Variablen besteht. Die Formeleingabe wird immer mit <Enter> abgeschlossen.

Auf dem Tabellenblatt wird der errechnete Wert angezeigt, die Formel selbst kann in der Bearbeitungsleiste verändert werden. Es gibt allerdings Besonderheiten gegenüber den aus dem Mathematikunterricht bekannten Formeln:

- Zum einen sind die Rechenoperatoren gewöhnungsbedürftig: Das Multiplikationszeichen beispielsweise ist nicht der Punkt, sondern „*". Statt eines Bruchstrichs steht „/". Für „hoch" steht „^". Zähler und Nenner müssen eingeklammert werden, wenn sie aus mehr als einer Zahl oder Variablen bestehen.
- Zum anderen sind die Variablen hier Zellbezeichner.
  Um das Taschengeld zu errechnen, das übrig bleibt, nachdem das Kinoeintrittsgeld vom Gesamtbetrag abgezogen wurde (↗ Aufgabe 9.3, Seite 198), muss in die Zelle C5 nicht „a − b" eingegeben werden, sondern folgende Formel: `=C3-B5`

> Mit einem **Zellbezug** werden in einer Formel Werte aus anderen Zellen oder Zellbereichen in Beziehung zueinander gebracht.
> Ein Zellbezug steht für eine **Variable (Platzhalter)**.

Bei der Formeleingabe kann man die gewünschten Zellbezeichner per Tastatur eingeben, aber auch einfach die gewünschten Zellen mit der Maus markieren.

9.4 Vervollständige die Tabelle zur Verwendung des Taschengeldes (Aufgabe 9.3)! In Zelle B11 steht der Gesamtbetrag. In den Zellen C5 bis C10 sollen die einzelnen Posten schrittweise vom zur Verfügung stehenden Taschengeld subtrahiert werden.

Man kann Zellinhalte leicht kopieren. Kalkulationsprogramme sind so intelligent programmiert, dass auch Zellbezüge in Formeln angepasst werden.

9.5 Lösche in der Kalkulationstabelle „Taschengeld" die Inhalte der Zellen C7 bis C10. Kopiere dann den Inhalt der Zelle C6 in die gelöschten Zellen. Was stellst du fest?
Lösche nun die Zellen C6 bis C10 und kopiere den Inhalt der Zelle C5 in die Zellen C6 bis C10. Was passiert?

 Es gibt noch mehr Besonderheiten:
Formeln können Vergleichsoperatoren enthalten. Sie finden dann Anwendung, wenn der Wert von Zellen verglichen werden soll.
Beispiel: `=A6<B6`
ergibt den Wert WAHR, wenn in A6 ein Zahlenwert steht, der kleiner ist als der von B6.
Man kann sogar Zeichenketten vergleichen.
Auch mathematische Funktionen, logische Funktionen und Zeichenkettenfunktionen sind möglich. Darauf gehen wir in den Abschnitten 9.3 und 9.4 genauer ein.

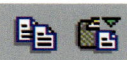 Es gibt etliche Möglichkeiten zum Kopieren von Zellinhalten. Dazu muss immer zuerst die gewünschte Zelle markiert werden (einfach mit der Maus auf die Zelle klicken).
Mit <Strg> + c wird die gesamte Zelle in den Zwischenspeicher kopiert. Die „Zielzelle" wird angeklickt und mit <Strg> + v wird die Zelle ersetzt.
Das erreichst du auch über Schalter oder über die entsprechenden Methoden „Kopieren" und „Einfügen" aus dem Menü „Bearbeiten". Meist existiert auch eine Methode „Inhalte einfügen…", die ein Dialogfenster öffnet, wo du ganz gezielt auswählen kannst, was du wirklich kopieren möchtest – evtl. nur die Formel und sonst nichts.

Wenn in einer Formel die örtliche Beziehung einer Zelle in Bezug auf die Zelle angegeben wird, in der die Formel steht, spricht man von einem **relativen Zellbezug.** Relative Zellbezüge werden beim Kopieren von Zellen der neuen Situation angepasst.

Eine Formel wie =A1*B2 nutzt relative Bezüge, auch wenn dies in der standardmäßig vorgegebenen **A1-Bezugsart** nicht sofort zu sehen ist.

Die **Z1S1-Bezugsart** verdeutlicht die Zusammenhänge besser.

Die Formel =A1*B2 in der Zelle B3 heißt in der Z1S1-Bezugsart =Z(-2)S(-1)*Z(-1)S, was bedeutet: „Gehe von hier aus zwei Zeilen nach oben und eine Spalte nach links. Multipliziere den Wert, den du dort siehst, mit dem Wert der Zelle, die du von B3 aus findest, wenn du eine Zeile nach oben gehst und dabei in der gleichen Spalte bleibst."

Wenn in einer Formel der einmal festgelegte Ort einer Zelle auf dem Arbeitsblatt angegeben wird, spricht man von einem **absoluten Zellbezug.** Absolute Zellbezüge verweisen auch nach dem Kopieren zu der ursprünglich angegebenen Zelle.

Wie wichtig die Unterscheidung von absoluten und relativen Zellbezügen ist, soll folgendes Beispiel zeigen:

Die Tabelle mit den Erwerbstätigen nach Witschaftszweigen in Deutschland (↗ Seite 196) soll um eine Spalte mit den prozentualen Anteilen ergänzt werden:

Formeln in Spalte C:

=B3/$B$7
=B4/$B$7
=B5/$B$7
=B6/$B$7
=C3+C4+C5+C6

Der Prozentsatz in C3 errechnet sich als Verhältnis von Anzahl der Beschäftigten in der Land- und Forstwirtschaft (B3) zur Gesamtzahl der Beschäftigten in Deutschland (B7), also =B3/B7 (↗ auch Infotext).

Die Formel in C3 lässt sich nach C4, C5 und C6 kopieren. Dabei wird der Zellbezug angepasst. Nach dem Kopieren würde in C4 die Formel =B4/B8 stehen, was zur korrekten Fehlermeldung #DIV/0! führt. Der Grundwert steht *immer* in B7. Es ist also in der Formel ein *absoluter Zellbezug* anzugeben, der durch Dollarzeichen beschrieben wird.

---

i In früheren Kalkulationsprogrammen wurde ausschließlich die Z1S1-Bezugsart verwendet. Es hat sich aber die A1-Bezugsart durchgesetzt.

Bei *Excel* (Ribbontechnik) kann die Bezugsart wie folgt umgeschaltet werden:

Menü „Datei" ⟶ „Optionen" ⟶ „Formeln" ⟶ bei „Z1S1-Bezugsart" ein Häkchen setzen.

---

i Achtung! Eigentlich müsste man entsprechend der korrekten Formel zur Berechnung des Prozentsatzes noch mit 100 multiplizieren. Dies ist aber durch die %-Formatierung in Spalte C automatisch passiert. Das Prozentzeichen ist also gleichzeitig Zellattribut (Zahlenformat) und Operator (der Wert der Zelle wird mit 100 multipliziert).

Man kann Prozentsätze auch als eigene Klasse (PROZENT) auffassen. Das Prozentzeichen signalisiert, dass auf alle Objekte dieser Klasse automatisch die Methode „*100" angewendet wird.

9.6 Erarbeite eine Kalkulationstabelle „Erwerbstätige nach Wirtschaftszweigen" entsprechend der Abbildung auf Seite 200 und speichere sie als Datei mit dem Namen „Anteile"!

9.7 Erstelle eine „Spartabelle" nach dem folgenden Bild! Die Spareinlage betrage 300 €, der Zinssatz 3,5 %. Die Zinsen werden am Jahresende gutgeschrieben, d.h. nicht ausgezahlt, sondern mit auf das Konte „gepackt". Die Werte in der Spalte „Sparguthaben" sollen errechnet werden!

 Einige Tipps zum Lösen der Aufgabe 9.7:

Die Sparguthaben sollen sich letztlich mit den Werten aus F3 und F4 errechnen lassen, damit wir bei anderen Einlagen oder Zinssätzen nicht jeweils die gesamte Tabelle neu erarbeiten müssen.

	A	B	C	D	E	F	G
1		**Sparguthaben mit Zinseszinsen**					
2							
3		nach ... Jahren	Sparguthaben		Einlage:	300,00 €	
4			1	310,50 €		Zinssatz:	3,5	
5			2	321,37 €				
6			3	332,62 €				
7			4	344,26 €				
8			5	356,31 €				
9			6	368,78 €				
10			7	381,68 €				
11			8	395,04 €				
12			9	408,87 €				
13			10	423,18 €				

Speichere die Tabelle in einer Datei „Sparen1"!
Experimentiere mit verschiedenen Zinssätzen und Spareinlagen!

Es bietet sich zwar an, dem Zinssatz in F4 das Format „Prozent" zuzuweisen, aber da dann gleichzeitig der Zellwert mit 100 multipliziert wird, kommt man recht schnell beim Aufstellen der korrekten Formeln in der Spalte „Sparguthaben" durcheinander. Also: Besser ist, wir denken uns das %-Zeichen nur.

Das „Verschönern" der Tabelle (Schriftgröße, Schriftstil, Rahmen) sollte erst am Ende erfolgen.

Für das Erstellen von Wertetabellen wie in Aufgabe 9.7 gibt es in Kalkulationsprogrammen effektive Methoden. Sie werden meist unter dem Menü „Bearbeiten" ⟶ „Füllen" oder „Start" ⟶ „Füllbereich" aufgerufen. Wie man diese nutzen kann, soll am Beispiel obiger Spartabelle verdeutlicht werden:

• Du kannst, nachdem du die richtige Formel in C5 eingetragen hast, die Zellen C5 bis C13 markieren und die Methode „Ausfüllen – Unten" anwenden, die Formel in C5 wird „intelligent" kopiert (wenn du sie intelligent notiert hast).
• Du kannst, nachdem du den Wert „1" in B4 eingetragen hast, die Zelle B4 zusammen mit beliebig vielen darunter liegenden Zellen markieren und die Methode „Füllen – Reihe (Option *Spalte,* Option *Linear,* Inkrement *1,* Endwert *10)*" ausführen lassen und die Spalte „nach ... Jahren" wird korrekt ausgefüllt.

 Bei der Methode „Füllen Reihe" können u.a. arithmetische oder geometrische Zahlenfolgen erzeugt werden.

Bei einer **arithmetischen Zahlenfolge** ist der Abstand zwischen zwei benachbarten Gliedern immer gleich ($a_{n+1} = a_n + d$). In unserem Fall ist das eine solche Folge. Das erste Glied steht in Zelle B4, das letzte Glied ist 10, das Inkrement d ist 1.

Bei einer **geometrischen Zahlenfolge** wird von einem Glied zum nächsten jeweils mit dem gleichen Faktor multipliziert ($a_{n+1} = a_n \cdot q$).

9.8 a) Warum kannst du beim Ausfüllen der Spalte „Sparguthaben" nicht die Zellen C4 bis C13 markieren?
b) Ändere die Tabelle so ab, dass in Spalte B jeweils ein Datum eingetragen wird (z.B. 01.01.2017, 01.01.2018, ...)!

9.2 Funktionen und Datenflüsse

Wie arbeitet ein Kalkulationsprogramm?
Um beispielsweise die Summe zweier Zahlen a und b zu ermitteln, werden in die Zellen C2 und F2 vom Nutzer entsprechende Werte für a und b eingegeben, in Zelle D4 wird dann die Summe (im folgenden Beispiel 11) errechnet und ausgegeben:

	A	B	C	D	E	F
1	SUMME(a;b)					
2		Eingabewert a:		4	Eingabewert b:	7
3						
4		Ausgabewert:	11			
5						

Eine solche Wertzuordnung heißt „Funktion".

Eine Kalkulationstabelle kann man als Programm auffassen. Wie wir noch sehen werden, sind sogar Algorithmenstrukturen, insbesondere Entscheidungen möglich.
Das Neue im Vergleich zur imperativen Programmierung ist:
Die Ausgabedaten werden nicht durch eine Folge von Anweisungen aus den Eingabedaten ermittelt, sondern durch eine Anzahl aufeinander bezogener Funktionen. Das ist dann ein **funktionales Programm**, diese „Programmierphilosophie" heißt **funktionale Programmierung**.

> Eine **Funktion** ermittelt aus *Eingabedaten* nach einer festgelegten *Zuordnungsvorschrift* genau einen *Ausgabewert*.
> Sie ist eine *informationsverarbeitende Einheit,* die eine klar umrissene Aufgabe innerhalb der Lösung eines Problems beschreibt.

Eine Funktion wird hier also – wie in der Mathematik auch – als eindeutige Abbildung (aus einer Menge von Eingabedaten in eine Menge von Ausgabedaten) definiert.
Man kann Funktionen als Grafik oder Text darstellen:

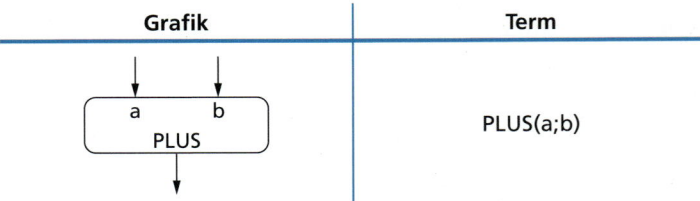

Grafik	Term
	PLUS(a;b)

Sobald in einer Kalkulationstabelle ein Eingabewert verändert wird, wird die Funktion vom Kalkulationsprogramm aufgerufen und hiermit der neue Ausgabewert bestimmt:

Der umrandete Bereich in der Kalkulationstabelle zur Berechnung der Summe von a und b oben auf dieser Seite ist ebenfalls eine Darstellungsmöglichkeit für eine Funktion.
Wenn für a und b noch keine Werte eingetragen wurden, sind sie vom Kalkulationsprogramm standardmäßig auf 0 gesetzt worden.

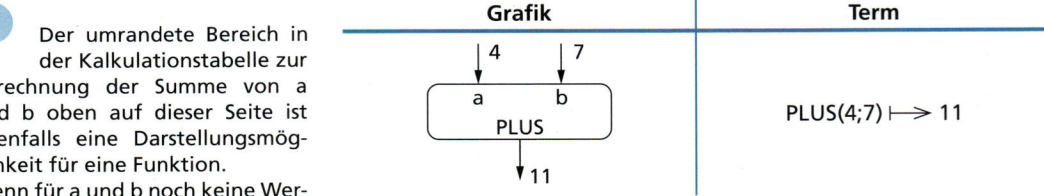

Grafik	Term
	PLUS(4;7) ⟼ 11

Die Funktion PLUS(a;b) wird vom Kalkulationsprogramm als Formel dargestellt: `=C2+F2` oder auch `=SUMME(C2;F2)`

Es kann mehr als zwei Eingabewerte geben, z. B. 15 Summanden, die sich in 15 verschiedenen Zellen befinden. Es gibt aber immer nur einen einzigen Ausgabewert (hier die Summe), der in der Zelle angezeigt wird, in die wir auch die Zuordnungsvorschrift eingetragen haben.

9.9 Stelle mit deinem Kalkulationsprogramm die Funktionen MINUS(a;b), MAL(a;b), VERDOPPELN(a) sowie HALBIE-REN(a) so dar wie die Summenfunktion, die auf Seite 202 oben abgebildet ist!

Oft sind die Ausgabewerte von Funktionen gleichzeitig Einga-bewerte für weitere Funktionen. Ein Beispiel:
Beim Kauf von Waren wird dem Kunden oft ein **Rabatt,** d. h. ein Preisnachlass, gewährt, wenn die Ware nicht ganz einwandfrei ist, das Lager geräumt werden soll oder die Konkurrenz eindeu-tig preiswerter ist. Der Rabatt wird in Prozent angegeben, z. B. 5 % oder 30 %. Der Rabatt wird vom Ladenpreis subtrahiert und man erhält den Endpreis.
Manchmal gibt es außerdem einen ganz speziellen Preisnachlass für Barzahlung. Dieser sogenannte **Skonto** beträgt meist 3 %.
Im folgenden Bild ist dieser Sachverhalt mit einem Kalkulations-programm modelliert worden:

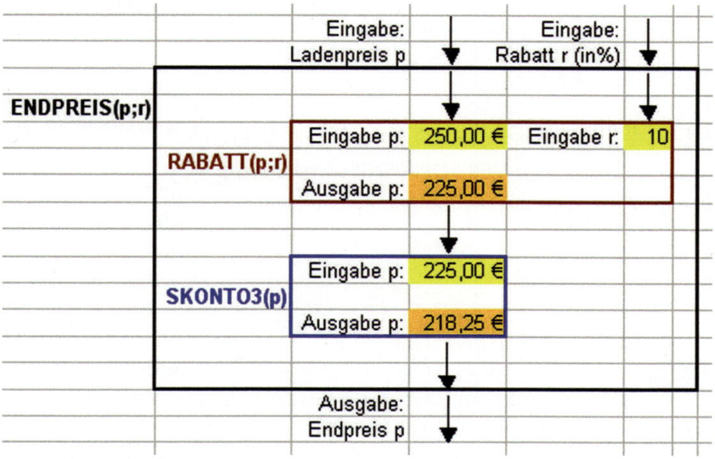

i Die Funktion RABATT(p;r) errechnet nicht nur den Rabatt, sondern zieht diesen gleich vom Ladenpreis ab.
Ähnliches gilt für die Funktion SKONTO3(p).

Hier wurden zwei Funktionen vereinbart:
- RABATT(p;r) $\longmapsto$ p   Wertzuweisung: p := p−p*r/100
- SKONTO3(p) $\longmapsto$ p   Wertzuweisung: p := p−p*3/100

Mit dem Aufrufen der Funktion RABATT werden die formalen Parameter für „Ladenpreis" (p) und „Rabatt" (r) durch konkrete Eingabewerte ersetzt. Der Ausgabewert dieser Funktion p ist

i Es mag verwundern, dass im Beispiel immer mit der Variablen p operiert wurde – La-denpreis, Zwischenwerte und Endpreis: Überall taucht p auf.
Dies ist in der Programmierung so üblich: Einer einmal definierten Variablen wird im Programmlauf immer wieder ein neuer Wert zu-gewiesen. Für „p := p − p*3/100" sagen wir deshalb „p ergibt sich zu …" und nicht „p ist gleich …".

Eingabewert für die Funktion SKONTO3. Letztlich wird die Funktion SKONTO3 auf die Funktion RABATT angewandt.
Als **zusammengesetzte Funktion** – im Bild auf Seite 203 schwarz umrandet – ergibt sich:

- ENDPREIS(p;r) $\longmapsto$ SKONTO3(RABATT(p;r)) $\longmapsto$ p

9.10 Gegeben sind folgende zusammengesetzte Funktionen:
- SKONTO3(RABATT(p;7)) $\longmapsto$ x
- RABATT(SKONTO3(p);7) $\longmapsto$ y

Welcher Ausgabewert ist größer: x oder y? Was ist also für den Kunden günstiger: erst Rabattieren und dann Skontieren oder umgekehrt?
Erarbeite eine Kalkulationstabelle, mit der du diesen Sachverhalt leicht überprüfen kannst. Wie viele Eingabewerte hat nun die Funktion ENDPREIS?

Für die schematische Darstellung zusammengesetzter Funktionen werden **Datenflussdiagramme** (die Daten „fließen" von einer Funktion zur nächsten) genutzt. Dies sei hier an einer Funktion DOSU(a;b) verdeutlicht, mit der man die doppelte Summe zweier Zahlen, also 2(a+b), ermitteln kann.

Datenfluss-diagramm	Term-notation	Kalkulations-programm
a b SUMME / c VERDOPPELN	DOSU(a;b) $\longmapsto$ VERDOPPELN(SUMME(a;b))	=2*(a+b) oder =2*SUMME(a;b) (hier stehen a und b für Zell-namen)

9.11 Zeichne ein Datenflussdiagramm für eine zusammengesetzte Funktion, mit der du den Flächeninhalt eines beliebigen Dreiecks ermitteln kannst!
Nenne diese Funktion z. B. DREIECK(g;h) und gib ihre Termnotation an! Setze die Termnotation in eine Formel für dein Kalkulationsprogramm um!

In Aufgabe 9.9 hast du die Funktionen MINUS, MAL, VERDOPPELN und HALBIEREN vereinbart. Möglicherweise kannst du zwei dieser Funktionen zur Lösung der Aufgabe 9.11 heranziehen.

Oft werden aktuelle Parameter (Werte, die einer bestimmten Variablen zugeordnet sind) für mehrere Funktionen benötigt. Ein solcher Fall tritt zum Beispiel auf, wenn man die Oberfläche eines Quaders berechnen soll. Die Eingabewerte für Länge (a), Breite (b) und Höhe (c) des Quaders werden für mehrere Funktionen gleichzeitig benötigt. Das sieht als Datenflussdiagramm so aus:

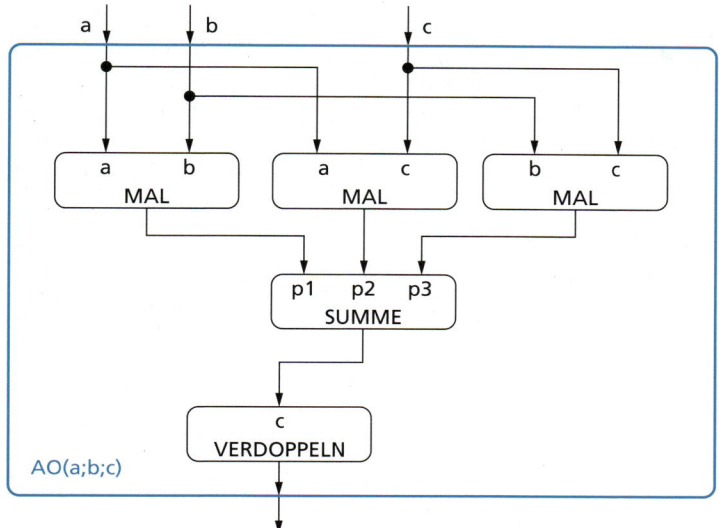

Termnotation

$$AO(a;b;c) \longmapsto VERDOPPELN(SUMME(MAL(a;b);MAL(a;c);MAL(b;c)))$$

Der Datenfluss muss aufgespalten werden. Man setzt dazu im Datenflussdiagramm einen dicken Punkt an die Verzweigungsstelle.

Die vereinbarte Funktion AO errechnet die Oberfläche eines beliebigen Quaders aus den Werten a, b und c.

9.12 a) Die auf Seite 204 vereinbarte Funktion DOSU soll mehr als zwei Summanden zulassen. Wie sieht dann das Datenflussdiagramm zur Berechnung von AO unter Verwendung von DOSU aus?

b) Neben der Oberfläche soll auch das Volumen von Quadern berechnet werden. Vervollständige obiges Datenflussdiagramm oder das, welches du bei a) erarbeitet hast!

9.13 Vereinbare eine Funktion, die bei Eingabe der Kathetenlängen eines rechtwinkligen Dreiecks die Hypotenuse ausgibt!

Zeichne zuerst ein Datenflussdiagramm, gib dann die Termnotation für die Funktion HYPOTENUSE an und „übersetze" das Ganze in die Sprache deines Tabellenkalkulationsprogramms!

Tipp: In Kalkulationsprogrammen gibt es meist eine schon vordefinierte Funktion WURZEL(), die du beim Lösen der Aufgabe 9.13 möglicherweise benötigen wirst.

9.3 Vordefinierte Funktionen und Datentypen

Kalkulationsprogramme stellen vordefinierte Funktionen bereit.
Der Aufruf von **Funktionen** erfolgt über einen festgelegten Namen, gefolgt von Argumenten, die in Klammern stehen und durch Semikola voneinander getrennt werden. Die Argumente können Zellbezüge, mathematische Terme oder selbst wieder Funktionen sein.

Unter *Calc* kann eine Funktion folgendermaßen in eine Formel eingefügt werden: Menü „Einfügen" ⟶ Befehl „Funktion...".

Die **Summenfunktion** ist so bedeutsam, dass sie einen eigenen Schalter besitzt.
Die Zelle, in der die Summe eingetragen werden soll, wird markiert und zum Aufruf der Funktion SUMME() wird auf den entsprechenden Schalter in der Symbolleiste geklickt. Das Kalkulationsprogramm schlägt nun einen Zellbereich vor, auf den die Summenfunktion angewendet werden soll. Steht die markierte Zelle beispielsweise am Ende einer Tabellenspalte, wird der gesamte Zellbereich über der markierten Zelle vorgeschlagen, sofern er Zahlen enthält. Der Vorschlag kann korrigiert oder ergänzt werden.

Eine sehr häufig benutzte Funktion ist die Summenfunktion. Als Funktionsargumente können hier beliebig viele Parameter in Form von Zellnamen stehen.
Zur Vereinfachung kannst du Zellbereiche angeben. Ein **Zellbereich** umfasst mehrere Zellen. Als Zeichen für das Wort „bis" in „Zelle x bis Zelle y" wird der Doppelpunkt verwendet.
Bei Aufzählungen wird das Semikolon genutzt.
Im folgenden Beispiel wird in Zelle F5 die Summe der gelb markierten Zellwerte berechnet. Folgende Formel steht in F5:
`=SUMME(A5;B1;C3:D5)`

	A	B	C	D	E	F
1		3				
2						
3			6	8		
4			7	9		
5	4		14	7		58

Die folgenden Aufgaben führen dich in weitere interessante vordefinierte Funktionen ein:

9.14 Zur Auswertung von Messergebnissen und vielen statistischen Berechnungen wird die Funktion MITTELWERT() benötigt. Dabei gilt: MITTELWERT() ⟼ SUMME()/ANZAHL().
Stelle zwei verschiedene Formeln zur Berechnung des Mittels von sechs Zahlenwerten auf!

9.15 Wir wollen das Würfeln simulieren.
Hierzu implementieren wir eine eigene Funktion WÜRFELN() mit dem Kalkulationsprogramm. Dabei nutzen wir die vorhandenen Funktionen ZUFALLSZAHL (liefert eine Zufallszahl z mit $0 < z < 1$) und GANZZAHL (rundet eine Zahl auf die nächstkleinere ganze Zahl ab).
Erstelle eine korrekte Formel (↗ auch Bild 1)!

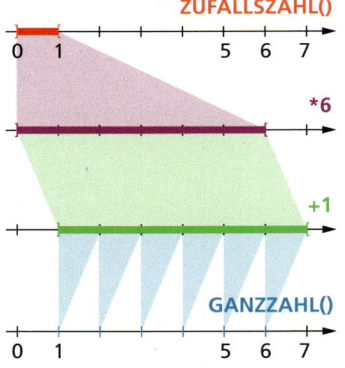

1 So kann man sich die jeweiligen Wertzuweisungen bei einer Funktion WÜRFELN() vorstellen.

Die folgende Tabelle gibt eine Übersicht über einige weitere in Kalkulationsprogrammen vordefinierte Funktionen:

Funktion	Beispiele
ABS(zahl)	`=ABS(-345,328)` $\longmapsto$ 345,328 `=ABS(345,328)` $\longmapsto$ 345,328
MAX(zahl1;zahl2; …)	`=MAX(3;11,4;103;-4)` $\longmapsto$ 103
MIN(zahl1;zahl2; …)	`=MIN(3;11,4;103;-4)` $\longmapsto$ −4
POTENZ(basis;exponent)	`=POTENZ(3;4)` $\longmapsto$ 81 `=POTENZ(3,5;4)` $\longmapsto$ 150,0625 `=POTENZ(27;1/3)` $\longmapsto$ 3
REST(dividend; divisor)	`=REST(23;6)` $\longmapsto$ 5
ZEICHEN(ascii-wert)	`=ZEICHEN(163)` $\longmapsto$ £ `=ZEICHEN(256)` $\longmapsto$ #WERT!
JETZT()	`=JETZT()` $\longmapsto$ 11.11.2017 11:11 `=JETZT()-1` $\longmapsto$ 10.11.2017 11:11
ISTLEER(zellname)	`=ISTLEER(B5)` $\longmapsto$ WAHR
ISTTEXT(zellname)	`=ISTTEXT(B5)` $\longmapsto$ FALSCH

Wir sehen, dass die Ausgabewerte (genau wie die Eingabewerte) Zahlen, Texte, Datumsangaben oder Wahrheitswerte sein können.

> In den Zellen einer Kalkulationstabelle sind Objekte verschiedener Klassen wie TEXT, ZAHL, DATUM, FORMEL und WAHRHEITSWERT enthalten.
> Zu diesen Klassen, die letztlich die Art der Daten beschreiben, sagt man auch **Datentyp**.

9.16 LEONARDO VON PISA (1170–1240), genannt FIBONACCI, stellte u. a. folgende Zahlenfolge auf: Das erste Glied a_1 dieser Folge ist 1, das zweite ebenfalls. Alle nachfolgenden Folgenglieder ergeben sich als Summe der beiden jeweils vorangegangenen: $a_k = a_{k-1} + a_{k-2}$

a) Stelle eine Kalkulationstabelle mit den ersten 30 Gliedern dieser sogenannten **Fibonacci-Folge** auf!

b) Überprüfe mithilfe einer Formel, welche Folgenglieder durch 3 teilbar sind!

c) Beschreibe den Datentyp aller ausgefüllten Zellen deiner Kalkulationstabelle! Bei Zellen mit Objekten des Typs FORMEL gib den Datentyp des Ausgabewertes an!

---

i Mit der POTENZ-Funktion können auch beliebige Wurzeln gezogen werden, weil Folgendes gilt:
$$\sqrt[k]{a} = a^{\frac{1}{k}}$$

Der Text bei ZEICHEN(256) ist eine Fehlermeldung: Es gibt nur 256 ASCII-Zeichen (von 0 bis 255). Funktionen zur Zeichen- und Zeichenkettenverarbeitung gibt es viele. Da wir aber vor allem „rechnen" wollen, soll hier das eine Beispiel genügen.

Die JETZT-Funktion kann genutzt werden, um das aktuelle Datum (und die Uhrzeit) anzuzeigen. Sie ist auch für den Vergleich mit zurückliegenden Terminen geeignet.

Funktionen wie ISTLEER oder ISTTEXT werden wir nutzen, um Tabellen übersichtlicher zu gestalten.

1 FIBONACCI wollte mit seiner Folge die Vermehrung von Kaninchen beschreiben.

i Die Funktion FIB(k), welche Fibonacci-Zahlen ausgibt, kann folgendermaßen definiert werden:
$$FIB(k) = \begin{cases} FIB(1) = 1 \\ FIB(2) = 1 \\ FIB(k) = FIB(k-1) + FIB(k-2) \end{cases}$$
Beim letzten Fall steht k für alle natürlichen Zahlen größer als 2.

9.4 Funktionen mit Bedingungen

Nicht selten sind die Ausgabewerte der Funktionen abhängig von Bedingungen. Beispielsweise bezahlt der Versandhandel meist ab einem bestimmten Bestellwert die Versandkosten oder gewährt ab einem bestimmten Einkaufswert Rabatt.

So könnte das Datenfluss-diagramm für die Rabatt-regel aussehen.

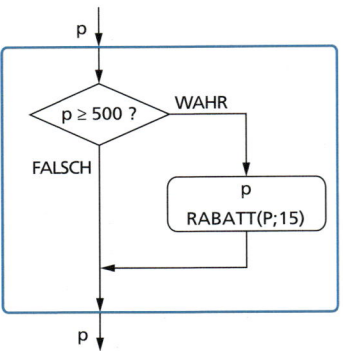

Wir haben hier die Rabattfunkti-on genutzt, die wir auf Seite 203 definiert haben. Natürlich können wir auch eine neue Funktion RA-BATT15 „basteln", die nur den Preis p als Eingabewert besitzt. Letztlich geben wir einen Term wie `p-p*15/100` zur Berech-nung des Rabatts ein.

Eine Versandfirma habe folgende Rabattregel: Ist der Einkaufs-wert größer oder gleich 500 €, dann erhält der Kunde 15 % Ra-batt, ansonsten begleicht er den vollen Einkaufspreis.
Die Daten fließen in Abhängigkeit von einer Bedingung (↗ auch Infotext). Die Bedingung (hier $p \geq 500$) ist für das Kalkulations-programm eine Funktion, die einen Wahrheitswert liefert. Ver-gleichsoperatoren in Bedingungen können sein: <, >, <= (kleiner oder gleich), >=, <> (ungleich).
Für solche Entscheidungsstrukturen gibt es die WENN-Funktion:

> Mithilfe der **WENN-Funktion** kann eine Entscheidung in Ab-hängigkeit von einer Bedingung gefällt werden.
> **Wenn** die Bedingung a den Wahrheitswert WAHR liefert, **dann** wird der Wert b ausgegeben, **sonst** der Wert c.
> Notation im Kalkulationsprogramm: WENN(a;b;c)

Für unser Beispiel würde die WENN-Funktion so aussehen:
`=WENN(p>=500;p-p*15/100;p)` oder
`=WENN(p>=500;p*85/100;p)`
„p" steht hier für die Zelle, in die der Einkaufswert eingetragen wird.

9.17 Vervollständige eine Rechnung über Büroartikel! Dein Lehrer gibt dir hierzu eine Datei RECHNUNG.XLS!
In allen auf dem Blatt gelb markierten Zellen sollen Formeln ste-hen.
Insbesondere soll in Zelle E27 der Wert „5 %" eingetragen wer-den, wenn der Kaufwert größer oder gleich 200 € ist. Ansonsten wird als Wert „ohne" ausgegeben.
In Zelle F27 wird der Rabatt berechnet, in Zelle F28 wird der Endbetrag ausgegeben, den der Kunde zahlen muss.

Willst du über eine Formel einer Zelle einen Textwert zuweisen, so muss dieser in Hoch-kommata gesetzt werden:
`="ohne"` ⊢⟶ ohne
`="a ="` ⊢⟶ a =
`="=Rabatt"` ⊢⟶ =Rabatt

In Bedingungen können logische Operatoren enthalten sein: NICHT verneint eine Aussage, ODER und UND verknüpfen Aus-sagen.
Auch diese logischen Operatoren werden wie Funktionen be-handelt. Ihre Verwendung soll an folgenden Beispielen gezeigt werden:

- `=WENN(ODER(JETZT()-A8>4*365+1;B5>=500);B5*0,9;B5)`
  „Übersetzung": Wenn seit dem erstmaligen Auftreten als
  Kunde (das Datum steht in Zelle A8) mehr als vier Jahre ver-
  gangen sind ODER mit der laufenden Bestellung Waren im
  Wert von mehr als 500 € gekauft werden (B5), dann wird auf
  den Warenwert 10 % Rabatt gewährt, sonst nicht.
  Bei ODER muss nur eine der beiden Bedingungen gelten, da-
  mit WAHR ausgegeben wird (↗ auch Infotext).
- `=WENN(UND(JETZT()-A8>4*365+1;B5>=500);B5*0,9;B5)`
  Bei UND müssen beide Bedingungen gelten, damit für die
  Verknüpfung WAHR ausgegeben, also Rabatt gewährt wird.

Entscheidungen können geschachtelt werden: Bei einem Kaufwert (F9) größer 500 € soll ein Rabatt von 10 % gewährt werden, ab einem Kaufwert von 200 € ein Rabatt von 5 %:
`=WENN(F9>500;F9*0,9;WENN(F9>=200;F9*0,95;F9))`

Man kann die WENN-Funktion immer tiefer schachteln. Das
wird aber für mehr als drei Fälle recht unhandlich. Für derart
komplexe Bedingungen gibt es die VERWEIS-Funktion:

> Mithilfe der **VERWEIS-Funktion** können Fallunterschei-
> dungen realisiert werden. Dabei wird auf einen Zellbereich
> verwiesen, der tabellenförmig angelegt ist.
> - `=SVERWEIS(Suchkriterium;Suchbereich;`
>   `Spaltenindex)`

Ein Beispiel:
`=SVERWEIS(B15;Tabelle2!A1:C583;3)`
In eine Rechnung soll ein Artikelpreis eingetragen werden. In
Zelle B15 steht die Artikelnummer. Dies ist das Suchkriterium.
Das Kalkulationsprogramm sucht nun in einer gesonderten Tabelle 2 im Zellbereich A1 bis C583, wo in der Spalte A alle Arti-
kelnummern, in Spalte B ihre Kurzbezeichnung und in Spalte C
der aktuelle Preis aufgeführt sind. Es findet in der 1. Spalte die
entsprechende Artikelnummer, entnimmt der 3. Spalte den Preis
und übernimmt diesen als Ausgabewert für die aktuelle Zelle.

9.18 Dein Lehrer stellt dir die Datei VERWEIS.XLS zur Verfügung. Alle gelb hinterlegten Zellen sollen mit Formeln
versehen werden. Die Zellen C15 bis C24 werden mit einem Verweis ausgefüllt (Tabelle2!A1:C11). Dabei sollen die Zellen leer
bleiben, wenn keine Artikelnummer in Spalte B eingetragen ist.
Ähnlich soll mit den Zellen E15 bis E24 verfahren werden!

---

i So sieht die **Wahrheits-
werttabelle** für die ODER-
Verknüpfung zweier Aussagen A
und B aus:

A	B	A ODER B
WAHR	WAHR	WAHR
WAHR	FALSCH	WAHR
FALSCH	WAHR	WAHR
FALSCH	FALSCH	FALSCH

Und so für die UND-Verknüpfung:

A	B	A UND B
WAHR	WAHR	WAHR
WAHR	FALSCH	FALSCH
FALSCH	WAHR	FALSCH
FALSCH	FALSCH	FALSCH

i Der Suchbereich wird in einer gesonderten Tabelle
angelegt, die aber zur Kalkulati-
onsdatei gehört.

Es gibt auch noch eine Verweis-
funktion WVERWEIS, wo die Suchbegriffe in der ersten Zeile (und
nicht in der ersten Spalte) stehen.

i Achtung! Wenn Formeln
kopiert werden sollen, ist
ein *absoluter* Verweis auf den
Suchbereich angebracht!

9.5 Präsentation von Kalkulationsdaten durch Diagramme

 Markieren: Alle Werte und Beschriftungen sollten zusammenhängen. Wenn es leere Zeilen oder Spalten gibt, also bestimmte Daten nicht in das Diagramm aufgenommen werden sollen, können auch einzelne Bereiche nacheinander markiert werden (dabei <Strg>-Taste gedrückt halten).
Wenn sich um alle markierten Teile ein Rechteck legen lässt, ist die Wahrscheinlichkeit sehr groß, das Richtige markiert zu haben.

 Beispiel für ein Tortendiagramm:

Erwerbstätige nach Wirtschaftszweigen

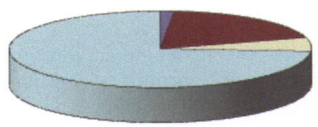

☐ Land- und Forstwirtschaft
◼ produzierendes Gewerbe
☐ Baugewerbe
☐ Dienstleistungssektor

Achtung! Je nach Lage des Diagramms können die Daten verfälscht werden (vergleiche auch Seite 194 unten).

Zusammenhänge, Trends und Zahlenverhältnisse lassen sich am einfachsten über grafische Darstellungen erkennen.
Alle Daten, die du veranschaulichen willst, musst du zuerst markieren. Dazu gehören neben den Datenreihen insbesondere die Rubrikenbezeichnungen, die meist in den Tabellenköpfen (links oder oben) zu finden sind.

Nach dem Markieren rufst du z. B. in *Calc* den Diagrammassistenten auf, mit dessen Hilfe du ein passgerechtes Diagramm erstellst.
Tabellenkalkulationsprogramme bieten unterschiedliche Diagrammtypen an:

Typ	Verwendung
Kreis-diagramm	Kreisdiagramme eignen sich insbesondere für den anschaulichen Vergleich von Teilen eines Ganzen. Grundsätzlich können mit einem Kreisdiagramm also nur Zahlen aus *einer* Datenreihe dargestellt werden. Dies gilt auch für die räumliche Variante, das **3-D-Kreisdiagramm (Tortendiagramm).**
Linien-diagramm	Liniendiagramme eignen sich insbesondere zur Darstellung von Datenreihen mit jeweils sehr vielen Daten. Das können z. B. Prognosen für Zinsentwicklungen oder Messreihen sein. Graphen mathematischer Funktionen können über **Punktdiagramme** mit interpolierten Linien gezeichnet werden (↗ Beispiel, Seite 211).
Säulen-diagramm	Säulendiagramme eignen sich zur Darstellung mehrerer Datenreihen im Vergleich. Die markierte Tabelle hat dann meist zwei Köpfe (links und oben, ↗ Bild 1). Aus dem Zahlenmaterial lassen sich nun Säulendiagramme mit ganz unterschiedlichen Aussagen gewinnen: Zum einen könnten die Monate als Rubriken genommen werden und die Aufmerksamkeit wird auf die *Entwicklung* der Umsätze der einzelnen Vertreter gelenkt (↗ Bild 1, Seite 211). Zum anderen könnten die Namen der Vertreter in der Rubrikenachse stehen und man erhält eher *vergleichende Aussagen über die Umsatzhöhe der Vertreter* (↗ Bild 2, Seite 211). Eine Variante der Säulendiagramme sind **Streifendiagramme**. Hier liegen die Säulen bzw. Balken waagerecht.

	A	B	C	D
1	**Umsatzübersicht 1. Quartal**			
2				
3	**Vertreter**	**Januar**	**Februar**	**März**
4	**Schulze**	7.350	6.940	8.210
5	**Meyer**	15.280	14.280	13.240
6	**Müller**	13.680	14.179	15.819
7	**Lehmann**	11.890	10.627	11.047
8				

1 Auswertung des Umsatzes von Vertretern einer Firma

Typ	Verwendung
Stapel-diagramm	Stapeldiagramme werden zu einem *Gesamtvergleich* genutzt. Im Beispiel (↗ Bild 2) kann nicht nur die Höhe der Umsätze zwischen den Vertretern in den einzelnen Monaten verglichen werden, sondern auch der Ge-samtumsatz im 1. Quartal. Nur hier sieht man, dass Herr Müller besser abschneidet als Herr Meyer.

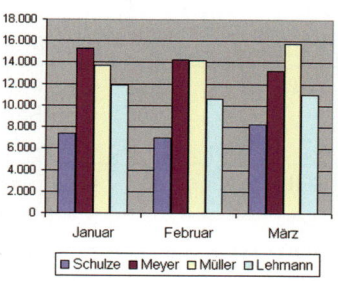

1 Säulendiagramm zur Entwick-lung der Umsätze der Vertreter

9.19 Suche – z. B. im Internet – nach Ergebnissen der Bundes-tagswahlen seit 1990!

Erstelle zu den gefundenen Sachverhalten unterschiedliche Dia-gramme!

Nenne jeweils den Diagrammtyp, den du gewählt hast, und gib Gründe hierfür an (↗ auch Seite 194 und Seite 195)!

Die Diagrammfunktion kannst du sogar als Plotter für Funktio-nen benutzen, die du aus dem Mathematik- oder Physikunter-richt kennst.

Ein *Beispiel:*

Die Graphen der Funktionen $y = 2x - 1$ und $y = \frac{1}{2}x^3$ sollen im In-tervall $-2 \le x \le 2$ dargestellt werden.

Zuerst lässt du vom Kalkulationsprogramm eine Wertetabelle für diese Funktionen berechnen (Schrittweite 0,2 reicht aus). Da-nach markierst du diese Tabelle und wählst den Typ „Punkte mit interpolierten Linien" *(Excel,* ab 2010) oder „XY (Streudia-gramm) – Nur Linien" *(Calc)* aus.

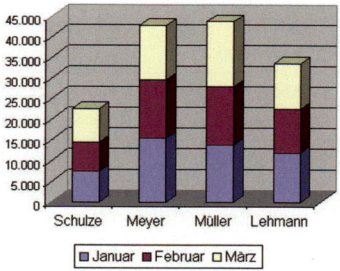

2 Stapeldiagramm zum Gesamt-vergleich der Umsätze der Vertre-ter

	A	B	C
1	x	y=2*x-1	y=POTENZ(x;3)/2
2	-2	-5	-4
3	-1,8	-4,6	-2,916
4	-1,6	-4,2	-2,048
5	-1,4	-3,8	-1,372
6	-1,2	-3,4	-0,864
7	-1	-3	-0,5
8	-0,8	-2,6	-0,256
9	-0,6	-2,2	-0,108
10	-0,4	-1,8	-0,032
11	-0,2	-1,4	-0,004
12	0	-1	0
13	0,2	-0,6	0,004
14	0,4	-0,2	0,032
15	0,6	0,2	0,108
16	0,8	0,6	0,256
17	1	1	0,5
18	1,2	1,4	0,864
19	1,4	1,8	1,372
20	1,6	2,2	2,048
21	1,8	2,6	2,916
22	2	3	4

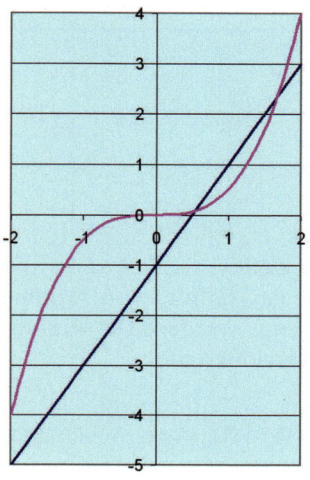

i Die aus dem Unterricht be-kannten mathematischen Funktionen wie $y = x$ oder $y = 3x + 4$ ermitteln aus Eingabe-daten (x) nach einer festgelegten Zuordnungsvorschrift genau ei-nen Ausgabewert (y), sind also auch Funktionen im Sinne der De-finition auf Seite 206. Sie sind al-lerdings ganz spezielle Funktio-nen:

Es gibt nur einen veränderlichen Eingabewert. Die meisten der kennen gelernten „Kalkulations-funktionen" wie MITTELWERT(), SUMME(), MAX() usw. besitzen mehrere Veränderliche.

Objekte in Kalkulationsprogrammen

Klasse	Hinweise
TABELLE	• wird als Datei unter einem bestimmten Namen gespeichert • enthält meist mehrere Blätter (Tabelle1, Tabelle2, …), diese sind in Zeilen bzw. Spalten unterteilt
ZEILE	• hat einen Namen (1, 2, 3, …), der ihre Position verdeutlicht • weiteres Attribut: Zeilenhöhe
SPALTE	• hat einen Namen (A, B, …, Y, Z, AA, AB, …), der ihre Position verdeutlicht • weiteres Attribut: Spaltenbreite
ZELLE	• besitzt einen Namen (A1, A2, … B7, … AB24, …) • enthält Objekte der Klassen TEXT, ZAHL, DATUM, FORMEL und WAHRHEITS-WERT; diese Klassen heißen „Datentypen"
TEXT (Datentyp)	• wird standardmäßig linksbündig ausgerichtet
ZAHL (Datentyp)	• wird standardmäßig rechtsbündig ausgerichtet • „Unterklassen" sind möglich: ganze Zahlen, Dezimalzahlen, Währung, …
FORMEL (Datentyp)	• beginnt mit einem Gleichheitszeichen, gefolgt von einem Term • Term kann Funktionen und Zellverweise (Variablen) enthalten
WAHRHEITSWERT (Datentyp)	• zwei Werte sind möglich: WAHR und FALSCH • Voraussetzung zur Nutzung der WENN- und der VERWEIS-Funktion
DIAGRAMM	• zur Veranschaulichung von Zahlenverhältnissen und Zusammenhängen, die den Zellen entnommen werden • besitzt Attribute wie Typ, Position, Größe, Anzahl der Datenreihen, … • eine Tabelle kann mehrere Diagramme enthalten

Funktionen in Kalkulationsprogrammen

Eine **Funktion** ist eine informationsverarbeitende Einheit, die aus *Eingabedaten* nach einer festgelegten *Zuordnungsvorschrift* genau einen *Ausgabewert* ermittelt.

Datenflussdiagramm	Term	Formelbeispiel
↓6 ↓8 ↓−2 a b c SUMME ↓12	SUMME(6;8;−2) ↦ 12	=A5+B7+D9 oder =SUMME(A5;B7;D9)

Kalkulationsprogramme stellen vordefinierte Funktionen bereit. Der Aufruf von **Funktionen** erfolgt über einen festgelegten Namen, gefolgt von Argumenten, die in Klammern stehen und durch Semikola voneinander getrennt werden. Die Argumente können Zellbezüge, mathematische Terme oder selbst wieder Funktionen sein.

Wichtige **Entscheidungsfunktionen**:

=WENN(a;b;c) ↦ b (wenn a WAHR), c (wenn a FALSCH)

=SVERWEIS(Suchkriterium;Suchbereich;Spaltenindex) ↦ Wert der gefundenen Zelle

9.20 Eine Klassenarbeit wurde geschrieben. Vom Lehrer wurde (auch aus Datenschutzgründen) nur eine Zensurentabelle angegeben (↗ Randspalte).
Ermittle mit einem Kalkulationsprogramm das sogenannte **gewogene arithmetische Mittel** zur Berechnung des Notendurchschnitts! Hierzu wird die Anzahl der Noten jeweils mit dem Notenwert multipliziert (z.B. $6 \cdot 2$ bzw. $11 \cdot 3$), alles addiert und die Summe durch die Anzahl der Schüler geteilt.

i So sieht die Zensurentabelle der Klassenarbeit aus (Aufgabe 9.20):

1	2	3	4	5	6
4	6	11	5	3	1

9.21 Gegeben seien die folgenden Funktionen:
$f(x) = x^2$ und $g(x) = 2x$.
a) Stelle für beide Funktionen eine Wertetabelle auf!
Der Definitionsbereich sei $-2 \le x \le 2$, das Inkrement 0,2.
b) Erweitere die Wertetabelle mit den zusammengesetzten Funktionen $f(g(x))$ und $g(f(x))$!
Wann ist die Ungleichung $f(g(x)) > g(f(x))$ wahr? Nutze zur Beantwortung dieser Frage die schon erstellte Tabelle!
c) Erstelle ein Diagramm, das alle vier Funktionen in ein- und demselben Koordinatensystem anzeigt!
d) In Aufgabe 9.10 (↗ Seite 204) hast du einen ähnlichen Sachverhalt (SKONTO3(RABATT(p)) $\lessgtr$ RABATT(SKONTO3(p))) überprüft. Was hattest du dort festgestellt? Gilt das Kommutativgesetz für das Aufeinanderanwenden von Funktionen immer?

9.22 Erkläre folgende Formeln, indem du Vermutungen über die modellierten praktischen Sachverhalte anstellst!
a) `=WENN(ODER(C2=10;C2=20;C2=30);"Jubiläum";"")`
b) `=WENN(JETZT()-D3<183;"Warten";"Aktien verkaufen")`
c) `=WENN(UND(ISTLEER(C9);ISTLEER(D9));"";E8+C9-D9)`

Modelliere die folgenden Sachverhalte als Formeln in einem Kalkulationsprogramm!
d) Wenn die Norm übererfüllt wurde (in D8 steht „Ja"), dann soll „500" ausgegeben werden, sonst „keine Prämie".
e) Die Länge einer Strecke, die im ersten Quadranten eines kartesischen x,y-Koordinatensystems liegt, soll ermittelt werden. Die Koordinaten des Anfangspunktes stehen in den Zellen B2 und B3, die des Endpunktes in den Zellen C2 und C3.
f) In einer Tabelle sind in Spalte A Leistungskennziffern (1 bis 5) eingetragen, in Spalte B Prämien zugeordnet.
Es soll die Prämienhöhe auf Basis der Leistungskennziffer ausgegeben werden, die in Zelle D6 steht.

9.23 Auf Seite 207 wurden die Fibonacci-Zahlen über folgende Formel definiert: $FIB(k) = FIB(k-1) + FIB(k-2)$

Solch eine Funktion nennt man „rekursiv" (zurückgehend bis zu bekannten Werten). Es gibt auch die folgende Formel:

$$FIB(k) = \frac{\left(\frac{\sqrt{5}+1}{2}\right)^k \pm \left(\frac{\sqrt{5}-1}{2}\right)^k}{\sqrt{5}} \qquad \text{Das „+" gilt für ungerade k, das „−" für gerade.}$$

a) Ergänze die Tabelle aus Aufgabe 9.16 durch eine Spalte, in der die Fibonacci-Zahlen mit dieser Formel berechnet werden!

Diskutiere Vor- und Nachteile der beiden Verfahren!

i Die Fibonacci-Folge spielt in der Mathematik und auch in der Informatik eine große Rolle, weil sie viele interessante Eigenschaften besitzt.

b) Für Profis:

Es seien vier beliebige aufeinanderfolgende Fibonacci-Zahlen gegeben. Das Produkt der äußeren Glieder und das doppelte Produkt der inneren Glieder seien die Maßzahlen für die Längen der Katheten eines rechtwinkligen Dreiecks. Dann ist die Länge seiner Hypotenuse auch ein Glied der Fibonacci-Folge:
$(FIB(k) \cdot FIB(k+3))^2 + (2 \cdot FIB(k+1) \cdot FIB(k+2))^2 = (FIB(x))^2$
Überprüfe diesen Sachverhalt für die ersten 30 Folgenglieder!

9.24 Eine Bank hat u. a. folgende Sparangebote:

A 3 % Zinsen, Zinsen werden jährlich ausgezahlt

B 2,75 % Zinsen, Zinsen werden mitverzinst

C 2,5 % Zinsen bei (Vorjahres-)Einlagen bis 500 €, darüber 3 % Zinsen, Zinsen werden mitverzinst

a) Im ersten Jahr werden jeweils 400 € angelegt. Nach wie viel Jahren wurden jeweils 300 € gespart?

Stelle entsprechende Berechnungstabellen auf!

i Die Aufgabe 9.24 kann auch in Gruppenarbeit gelöst werden.

b) Nach wie viel Jahren hat sich eine Einlage bei B bzw. bei C verdoppelt?

c) Wie hoch muss der Zinssatz bei B sein, damit sich eine Spareinlage nach 20 Jahren verdreifacht hat?

d) Vergleiche die Angebote auch grafisch!

9.25 Teilt die Klasse in Gruppen zu je 4 Schülern!

Sucht verschiedene Geldinstitute auf und holt Informationen zu Sparanlagen ein! Vergleicht die Angaben, indem ihr sie rechnerisch auswertet!

Stellt die Vergleiche grafisch dar und präsentiert sie in der Klasse!

Datenmodellierung und Datenbanksysteme

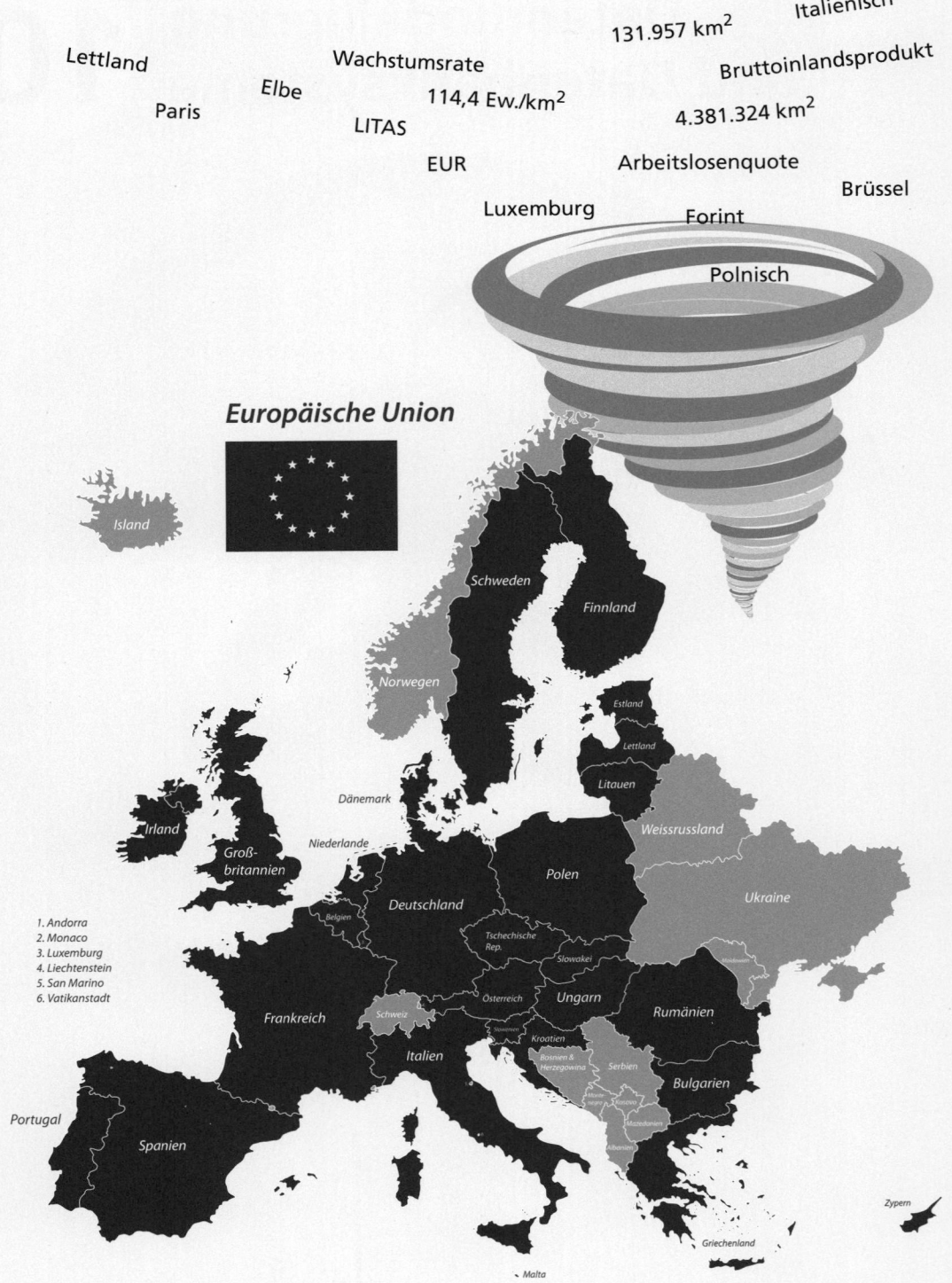

10

Italienisch

131.957 km²

Lettland   Wachstumsrate   Bruttoinlandsprodukt

Paris   Elbe   114,4 Ew./km²   4.381.324 km²

LITAS

EUR   Arbeitslosenquote

Brüssel

Luxemburg   Forint

Polnisch

Europäische Union

Island

Schweden

Finnland

Norwegen

Estland

Lettland

Litauen

Dänemark

Irland   Groß-   Niederlande   Weissrussland
          britannien

                              Polen   Ukraine

1. Andorra   Belgien   Deutschland
2. Monaco
3. Luxemburg   Tschechische
4. Liechtenstein   Rep.
5. San Marino   Slowakei
6. Vatikanstadt
                    Österreich   Ungarn   Rumänien

          Frankreich   Schweiz
                                        Kroatien
                    Italien   Bosnien &   Serbien
                                     Herzegowina

Portugal   Bulgarien

          Spanien   Mazedonien

                                             Albanien
                                                              Zypern

                                        Griechenland

                    Malta

Die Europäische Union vereint aktuell nicht nur 28 verschiedene europäische Mitgliedsstaaten. Hinter der EU verbergen sich auch eine Menge von Informationen. Diese Informationen werden mittels Datenbanken in den betreffenden Kontexten für eine weitere Verarbeitung als Daten erfasst und gespeichert.

Leitfragen

- Wie werden Daten in Datenbanken abgebildet?
- Welche Strukturen greifen, welche Regeln sind zu beachten?
- Welche Software bzw. welches Informatiksystem wird dafür genutzt?
- Wie ist der Aufbau und die Funktionalität eines solchen Systems?
- Was muss bei der Datenerfassung beachtet werden?

Datenbanken können nach abgeschlossener Datenerfassung nach verschiedenen Gesichtspunkten ausgewertet werden – hierfür werden sie ja geschaffen.
Datenbanken müssen sytematisch gepflegt werden. Beispielsweise gibt es EU-Beitrittkandidaten wie Albanien, Serbien, Mazedonien, Montenegro oder die Türkei. Die Datenbank muss also gegebenenfalls ergänzt werden.
Oder es gibt Austrittskandidaten wie Groß-Britannien. Es muss also auch möglich sein, Daten zu löschen
Einwohnerzahlen, Arbeitslosenquoten usw. ändern sich. Datenbanken müssen daher aktualisiert werden.

Leitfragen

- Wie lassen sich die verschiedenartigen Daten systematisch auswerten und wie kann somit auf die damit verbundenen Informationen zurückgegriffen werden?
- Wie sind neu gewonnene Zusammenhänge darstellbar?
- Was ist zu tun, um die Ergebnisse weiter zu verarbeiten?
- Wie können Datenbanken aktualisiert werden?
- Wie können Daten gelöscht werden? Was ist hierbei zu beachten?

10.1 Große Datenmengen ein Problem?

1 Europaparlament in Brüssel

Die Europäische Union (EU) ist ein Staatenverbund in Europa mit aktuell 28 Mitgliedstaaten. In der EU leben mehr als eine halbe Milliarde Menschen. Geprägt durch unterschiedliche Nationalitäten, Kulturen und Sprachen ist die EU durch eine Vielzahl spezifische Eigenschaften charakterisiert. Du kannst sicherlich schnell feststellen, dass bei der Erfassung von Daten zu diesem Problembereich eine große Datenmenge zu bearbeiten ist.

Die Verwaltung solcher großen Datenbestände ist nicht unproblematisch, es gibt ein ganze Menge zu berücksichtigen.

 10.1 Nenne weitere Bereiche, in denen sehr große Datenmengen zu verwalten sind! Welche Daten sind dort zu erfassen?

Sicherlich hast du festgestellt, dass die Erfassung und einheitliche Verwaltung von Daten alle Bereiche unseres Lebens betrifft: ob beispielsweise in einer Bibliothek die Verwaltung aller Daten für die verschiedenen Bücher bzw. Medien und die Nutzer der Bibliothek oder zum Beispiel im Reisebüro. Auch dort muss eine Menge koordiniert werden: Daten der Reisenden, Daten zur Reise selbst, wie Anreise, Abreise, Urlaubsort, gebuchte Kategorie ... – überall Daten, Daten und nochmals Daten.

 10.2 Warum ist deiner Meinung nach in diesen Bereichen bei der Verwaltung der Datenbestände ein Einsatz von unterstützender Computertechnik unerlässlich?

Allein das Aufbewahren, also das Speichern, dieser enormen Datenmengen ohne Computer würde ein Problem darstellen. Auch ist ein schneller und gezielter Zugriff auf die Daten mithilfe der Rechentechnik besser möglich. Interessiert sich beispielsweise ein Nutzer einer Bibliothek für ein bestimmtes Buch, sollte er bei seiner Recherce nicht unbedingt erfahren, wer eines der vorhandenen Bücher gerade ausgeliehen hat. Für den Nutzer ist nur interessant, ob das gesuchte Buch verfügbar ist.

2 Auch Schulen besitzen oft eigene Bibliotheken.

Wie werden die Daten auf dem Computer abgebildet?
Um das zu klären, soll das Beispiel Europäische Union etwas spezieller betrachtet werden. Die EU ist ein Verbund von Staaten Europas. Es gibt somit Mitgliedsstaaten. Diese sind zum Beispiel charakterisiert durch Einwohnerzahl, Bevölkerung und Bevölkerungsdichte oder weitere Eigenschaften, wie Hauptstadt, Beitrittsjahr zur EU und andere.

Und es existieren im EU-Raum verschiedene Sprachen. Verschiedene Zusammenhänge sind zu beachten:
- Welche Sprachen werden in der EU gesprochen?
- Was sind Minderheiten-, was Amtssprachen im jeweiligen Land?
- Gibt es Länder, die mehrere Amtssprachen haben?
- Gibt es Sprachen, die in mehreren Ländern gesprochen werden?

i Es gelten verschiedene Sprachen als Amtssprache des jeweiligen Landes. So ist in Italien neben Italienisch auch regional Deutsch oder Französisch Amtssprache.
Die Übersicht zeigt eine Auswahl von Sprachen, die in mehreren EU-Staaten als Amtssprachen gelten:

Griechisch:
Italienisch:
Niederländisch:
Schwedisch:
Englisch:
Französisch:
Deutsch:

10.3 Bildet Gruppen von 3 bis 5 Schülern.
Betrachtet das eben beschriebene Beispiel zu den EU-Mitgliedsstaaten, ihren Charakteristika sowie den verschiedenen Sprachen im EU-Raum unter dem Aspekt, eine systematische Zusammenfassung der Daten mit einem bereits bekannten Informatiksystem umzusetzen – z.B. mit einem Textverarbeitungsprogramm oder einem Tabellenkalkulationsprogramm.
Diskutiert in der Gruppe, wie ihr die Daten mithilfe der gewählten Anwendung erfassen würdet und wie Zusammenhänge dargestellt werden könnten!
Entscheidet, ob das gewählte Informatiksystem zur Bearbeitung des Problems geeignet ist! Welche Probleme können evtl. bei der Nutzung dieses Anwendungsprogramms auftreten?

Sicherlich kannst du mit Textverarbeitungsprogrammen und Kalkulationsprogrammen arbeiten und die Daten abbilden. Aber in Bezug auf ein wesentliches Merkmal unseres Beispiels sind diese Informatiksysteme nicht geeignet:
Unsere Daten stehen in Beziehung miteinander, es existieren Zusammenhänge. So ist eine flexible Auswertung aller Daten nach bestimmten Kritierien – zum Beispiel in welchen Ländern Französisch als Amtssprache gilt – nicht direkt möglich. Insbesondere die Abbildung dieser oder ähnlicher Zusammenhänge ist bei einer Umsetzung mit den bisher bekannten Anwendungsprogrammen problematisch, die zusammengehörigen Daten können nicht automatisch zusammengeführt werden.

Für die Erfassung und Verarbeitung großer Datenmengen werden Datenbanken genutzt.

Ein Datenbanksystem ist eine systematische und strukturierte Zusammenfassung von Daten eines Problembereichs **(Datenbasis)** einschließlich der zur Eingabe, Verwaltung, Auswertung und Ausgabe erforderlichen Software **(Datenbankmanagementsystem, DBMS).**

Datenbanksystem = Datenbasis + DBMS

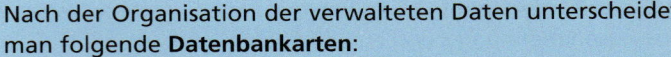

i Zu den bekannten (relationalen) Datenbankmanagementsystemen gehören:

Oracle
(plattformübergreifend, für UNIX mit PC-Clients)

MySQL
(plattformübergreifend, für alle gängigen Betriebssysteme)

MS Access
(für Windows, Komponente von Microsoft Office)

OpenOffice
(enthält als Komponente auch ein DBMS)

Nach der Organisation der verwalteten Daten unterscheidet man folgende **Datenbankarten**:
- relationale Datenbanken,
- hierarchische Datenbanken und
- Netzwerk-Datenbanken.

Bei der Arbeit mit Datenbanken ergeben sich zwei Schwerpunktfelder:
Das ist zum einen die Planung und praktische Umsetzung einer Datenbank. Um eine neue Datenbank zu entwerfen, benötigt man ein Denkmodell, das es erlaubt, die Objekte der realen Welt mit dem Computer sinnvoll abzubilden. Mit der oft verwendeten „relationalen Datenmodellierung" und der Übertragung dieses Modells in eine Datenbank werden wir uns in den Abschnitten 10.4 und 10.5 ausführlich beschäftigen.
Den zweiten Schwerpunkt bildet die Arbeit mit den Daten. Insbesondere geht es um die Auswertung der in der Datenbank gespeicherten Daten – also der Datenbasis – unter Nutzung eines Datenbankmanegementsystems (Abschnitte 10.2, 10.3, 10.6 und 10.7).

Aufgaben eines Datenbankmanagementsystems
- zentrale Speicherung und einheitliche Verwaltung von Daten eines Problembereichs
- Dienstleistung des Datenzugriffs unter Verwendung von Datenbanksprachen
- Mechanismen der Datensicherheit (Kontrolle der Legalität des Zugriffs auf die Datenbasis, Schutz vor Bedienfehlern, Organisation des Zugriffs durch mehrere Nutzer, ...)

Auch du kannst auf große Datenbestände, also auf Datenbanken zugreifen, beispielsweise über das Internet. Dabei nutzt du Datenbankmanagementsysteme.

i Beispiele für Informationsquellen im Internet, die auf Datenbanken beruhen:
Die Bayerische Staatsbibliothek in München besitzt einen Gesamtbestand von mehr als 9 Millionen Exemplaren.
http://www.bsb-muenchen.de/
Kraftfahrtbundesamt
http://www.kba.de/
Schülerlexikon
http://www.schuelerlexikon.de/

10.4 Wähle einen Problembereich, indem eine große Datenmenge verwaltet wird und auf den du über das Internet Zugriff hast! Nutze dazu ggf. deine Ergebnisse aus Aufgabe 10.1 oder ein Beispiel aus der Randspalte.
a) Über welche Gegenstände, Personen oder Ereignisse wurden die Daten in dieser Datenbank erfasst?
b) Für wen ist diese Zusammenstellung der Daten erstellt worden, wer nutzt diese Datenbank?
c) Wie hat man deiner Meinung nach früher – ohne Computer und ohne Datenbanksystem – diese Daten erfasst und verwaltet?

10.2 Relationale Datenbanksysteme

Es werden in der Praxis vor allem relationale Datenbanksysteme genutzt. Relationale Datenbanken organisieren ihren Datenbestand in Form von Tabellen, die miteinander verknüpft sind.

Betrachten wir noch einmal das Beispiel der Europäischen Union: Es ist naheliegend, beispielsweise in einer Datenbank über die EU eine Tabelle MITGLIEDSSTAAT und eine Tabelle SPRACHE, in denen zum einen die Merkmale zu den Mitgliedsstaaten und zum anderen die verschiedenen Sprachen erfasst werden, vorzufinden.

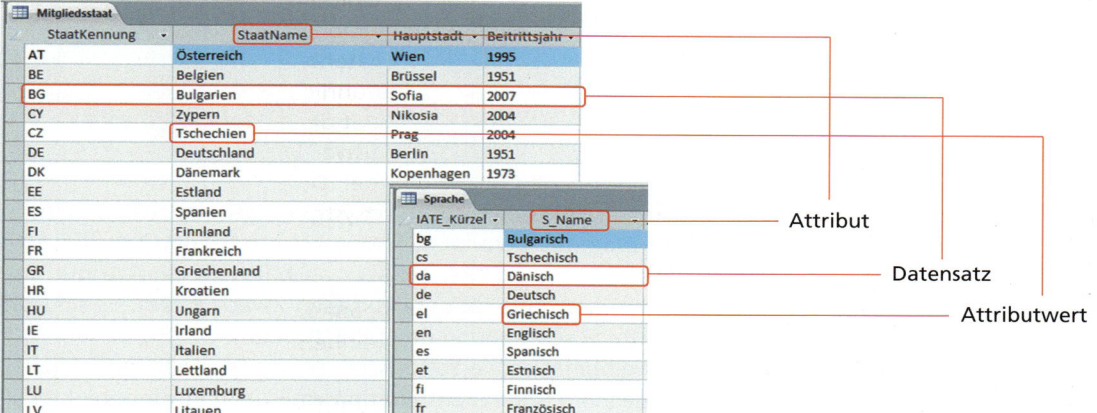

Für diese Tabellen gilt:

- In jeder Tabellenzeile stehen die Attributwerte für genau einen Mitgliedsstaat, also für einen Datensatz. Ein Datensatz besteht aus einzelnen **Datenfeldern** (das sind die Tabellenzellen).
- Im Tabellenkopf stehen die Attributnamen. Jede Spalte (auch Feld genannt) beschreibt genau ein **Attribut** (über alle Datensätze).
- In jeder Zelle (d. h. in jedem Datenfeld) steht der Wert genau eines Attributs, also der **Attributwert**.

Relationale Datenbanken organisieren den Datenbestand in einer Menge von Tabellen. Jede Tabelle wird durch ein Schema charakterisiert. Ein **Datenbankschema** enthält:
- Name der Tabelle
- Liste der Attribute (Spaltennamen, Namen der Felder)
- Typen der Attributwerte (Felddatentypen)

Formale Darstellung:
- *Tabellenname (Attribut_1:Typ_1; ...; Attribut_n:Typ_m)*

Das Schema gibt Auskunft über die Struktur der Daten, das heißt, über die Art und Weise, wie der Datenbestand zur Verfügung gestellt wird. Gleichartige Datenobjekte werden durch ein gemeinsames Schema beschrieben. Dabei enthält das Schema selbst keine Aussagen über die konkreten Attributwerte der einzelnen gespeicherten Datenobjekte. Diese Werte sind dann in den Tabellen enthalten. Das Schema einer Datenbank zu kennen, ist Voraussetzung, um mit einer Datenbank zielführend arbeiten zu können.

Bereits bei der Erstellung von Datenbanken wird oft ein besonderes Attribut festgelegt, wodurch jedes einzelne Datenobjekt eindeutig bestimmbar ist – dieses nennt man **Primärschlüssel.**

> Ein **(Primär-)Schlüssel** setzt sich aus einer (minimalen) Menge von Attributen eines Datenobjektes zusammen und dient u. a. der eindeutigen Identifikation.

i Es können natürliche und künstliche Schlüssel unterschieden werden:

Natürliche Schlüssel sind solche, die auf Attribute zurückgreifen, die auch in der realen Welt von Bedeutung sind. Beispielsweise hat jeder Bürger ab seinem 16. Lebensjahr einen Personalausweis, damit verbunden eine Personalausweisnummer. Diese Nummer ist einmalig vergeben.

Künstliche Schlüssel werden häufig genutzt, wenn in der Datenmenge keine Attribute enthalten sind, die den Datensatz bereits eindeutig identifizieren. Oftmals wird in solchen Fällen ein künstliches Attribut erzeugt, zum Beispiel eine Nutzernummer (NNr), welches dann als Primärschlüssel dient.

Als Primärschlüssel wird in der Regel eine eindeutige Identifikationsnummer genutzt (ID). Man könnte bei den Tabellen MITGLIEDSSTAAT und SPRACHE aber auch jeweils ein Attribut nutzen, das international bereits diesen Zweck erfüllt. Es sind die Attribute StaatKennung und IATE_Kürzel.
Eine Kombination verschiedener Attribute als Primärschlüssel, die eine eindeutige Identifikation eines jeden Datenobjektes sicherstellen, kann ebenfalls auftreten.

10.5 Begründe, warum beispielsweise der Anfangsbuchstabe eines Mitgliedsstaates in der Tabelle MITGLIEDSSTAAT als Primärschlüssel ungeeignet wäre!
Nenne Primärschlüssel für diese Tabelle, die möglich sind!

Bei der Darstellung des Schemas einer Tabelle werden Schlüssel durch Unterstreichung gekennzeichnet:
• *Tabellenname (Primärschlüssel:Typ_1; ...; Attribut_n:Typ_m)*

Ein zweites wesentliches Merkmal, welches im Schema festgelegt ist, sind die Datentypen der verschiedenen Attribute.
Durch die Festlegung der Datentypen wird die mögliche Arbeit mit der Datenbank stark beeinflusst. Dies merkt man häufig daran, dass bei falschen Eingaben die Datenbankanwendung eine entsprechende Fehlermeldung ausgibt, z. B. wenn man ein Wort in ein Zahlenfeld eingegeben hat.
Wie in Kalkulationstabellen werden auch bei Datenbanken vordergründig Objekte der Klassen TEXT, ZAHL, DATUM, FORMEL und WAHRHEITSWERT unterschieden.

i Mitunter findet man andere Bezeichnungen für die Datentyp-Klassen, wie beispielsweise in manchen DBMS den Begriff „Ausdruck" für FORMEL.

Auch die dir von Tabellenkalkulationssystemen bekannte Möglichkeit, die Datentypen zu spezifizieren, ist im Umgang mit Datenbanken nutzbar. So kannst du z.B. die Textlänge oder ein bestimmtes Zahlenformat selbst definieren.

Mit der Auswahl des Felddatentyps kannst du weitere Eigenschaften für den Datentyp festlegen. Diese Vereinbarung hat dann direkten Einfluss, in welchem Format der eigentliche Wert des Attributs gespeichert wird.

Aus dem Mathematikunterricht kennst du verschiedene Zahlenbereiche, zum Beispiel den Bereich der natürlichen Zahlen, den Bereich der rationalen Zahlen oder den Bereich der reellen Zahlen. Jeder der genannten Zahlenbereiche wird mit einer charakteristischen Darstellung seiner Elemente verbunden. Eine rationale Zahl beispielsweise kann in jedem Falle als gemeiner Bruch geschrieben werden. Dies wiederum gelingt dir nicht bei jeder reellen Zahl, zum Beispiel der Zahl π. In diesem Fall musst du eine Darstellung als Dezimalbruch wählen. Aber auch das gelingt dir nur in gewissen Grenzen, denn π ist eine unendliche, nichtperiodische Dezimalzahl.

Allein im Bereich der Klasse ZAHL kannst du eine Vielzahl von Unterscheidungen treffen.
Ganze Zahlen können beispielsweise durch BYTE (0 .. 255), INTEGER (−32 768 .. 32 767) oder LONG INTEGER (−2 147 483 648 .. 2 147 483 647) festgelegt werden.

10.6 Informiere dich im Hilfesystem bzw. in der Beschreibung deines DBMS über die zur Verfügung stehende Festlegung von Datentypen, zum Beispiel für die Klasse ZAHL oder die Klasse TEXT!
Erarbeite eine Übersicht, die auch die Eigenschaften (wie den konkreten Wertebereich) der verschiedenen Darstellungen zusammenfasst!

Numerische Werte werden in verschiedenen Datentypen gespeichert. Für diese Bereiche existieren Genauigkeitsgrenzen. Da beispielsweise Dezimalzahlen nur mit einer bestimmten Anzahl von Stellen im Computer abgebildet werden, gibt es keine Zwischenwerte. Die Abbildung von Zahlenbereichen erfolgt immer *diskret.*

Jeder Zahlenbereich wird bei seiner Darstellung im Computer durch eine größte und eine kleinste darstellbare Zahl charakterisiert.

i Pi (π) steht nicht nur für den 16. Buchstaben im griechischen Alphabet. Pi steht auch für das Verhältnis des Umfangs eines Kreises zu seinem Durchmesser. Die Zahl Pi ist somit eine Naturkonstante.
Bereits der griechische Mathematiker ARCHIMEDES stellte fest, dass der Wert zwischen $3\frac{10}{70}$ und $3\frac{10}{71}$ liegen muss.
In China wurde die Zahl 190 n. Chr. auf fünf Dezimalstellen berechnet: 3,14159.
Obwohl Pi eine irrationale Zahl ist, also ein unendlicher, nichtperiodischer Dezimalbruch, kann sie heute beliebig genau durch mathematische Operationen angenähert werden:
π = 3,141 592 653 589 793 238 46...

i Ein Datentyp (engl. *data type*) beschreibt für eine Menge von Daten einen möglichen Wertebereich. Die Festlegung eines Datentyps ist notwendig, um die Daten auf der Maschine ver- bzw. bearbeiten zu können. Es gibt elementare Datentypen.

Oftmals ist es möglich und notwendig, auf der Grundlage dieser elementaren Datentypen komplexere Datenstrukturen zu erzeugen.

Im Folgenden sind **häufig verwendete Datentypen** aufgelistet:

Text/ alphanumerisch	Zeichen und Text (Kombinationen von Zeichen, also Zahlen, Buchstaben, Sonderzeichen, die keine Berechnungen erfordern)
Zahl/numerisch	numerische Daten, die für Berechnungen genutzt werden können
Datum/Zeit	Datums- und Zeitwerte in verschiedenen Darstellungsformaten
Währung	Währungswerte und numerische Daten, die für Berechnungen genutzt werden können
Zähler/ AutoWert	beim Anlegen eines neuen Datensatzes wird eine eindeutige Zahl (fortlaufend oder zufällig) zugeordnet)
logisch	Wahrheitswert (true/false, ja/nein, wahr/falsch, ein/aus)
OLE-Objekt	ein eingebettetes Objekt, das mit einer anderen Anwendung erstellt wurde (Kalkulationstabelle, Textdokument, Grafik, Klang, …)
Memo	Text, Kombination aus Text und Zahlen

Somit lässt sich nun beispielsweise die Tabelle MITGLIEDSSTAAT auch als Schema darstellen:

• *Mitgliedsstaat (StaatKennung:Text(2); StaatName: Text(30); Hauptstadt:Text(30); Beitrittsjahr:Zahl)*

10.7 Entscheide, welche Attribute zusätzlich in der Tabelle MITGLIEDSSTAAT erfasst werden sollen! Ergänze das Schema um die jeweiligen Attributnamen und die dazugehörigen Datentypen!

Das gleiche Vorgehen ist anzuwenden für den Entwurf des Schemas der Tabelle SPRACHE.

10.8 Gib für die Tabelle SPRACHE notwendige Attribute und den Primärschlüssel an! Lege anschließend die entsprechenden Datentypen fest und stelle die Tabelle SPRACHE als Schema dar!

Nachdem die Tabelle als Schema festgelegt ist, muss sie im DBMS erstellt werden. Dafür kannst du verschiedene Werkzeuge nutzen. Einige Datenbanksysteme stellen dafür einen Assistenten zur Verfügung.

Es soll nun konkret die Tabelle
• *Mitgliedsstaat (StaatKennung:Text(2); StaatName: Text(30); Hauptstadt:Text(30); Beitrittsjahr:Zahl)*
mithilfe eines DBMS erstellt werden (↗ Bild 1).

In einer sogenannten Entwurfsansicht kannst du die Feldnamen (Attribute) angeben und die dazugehörigen Felddatentypen (TEXT, Zahl, Währung, ...) auswählen. Die Festlegung weiterer Bedingungen, z. B. dass für jeden Staatsnamen ein entsprechender Wert eingegeben werden muss, ist möglich.

Der Benutzer eines Datenbankmanagementsystems verwendet in der Regel spezielle Sprachen des jeweiligen Softwareanbieters oder die durch das DBMS zur Verfügung gestellten Assistenten. Diese speziellen Sprachen wiederum beruhen auf der vorherrschend eingesetzten Datenbanksprache SQL.

> **SQL** ist eine Datenbanksprache, die als Standard zur Kommunikation mit relationalen Datenbanksystemen gilt.
> SQL besitzt verschiedene Sprachgruppen.

Zum Erstellen einer Datenbank und der entsprechenden Tabellen verwendet man Elemente der Sprachgruppe **DDL – D**ata **D**efinition **L**anguage **(Datendefinitionssprache)**.
Wesentliche Befehle zur Datendefinition sind `CREATE`, `ALTER` und `DROP`. Diese Befehle sind anwendbar auf die gesamte Datenbank, auf einzelne Tabellen, Indexe und Sichten.

Mit der Anweisung `CREATE DATABASE datenbankname` wird eine neue Datenbank angelegt. Dabei gibt der Parameter `datenbankname` der Datenbank ihren Namen.

Anschließend kann mit der Datenbank gearbeitet werden. Den nächsten Schritt bildet die Erzeugung der konkreten Tabellen. Die Anweisung `CREATE TABLE tablename` erzeugt eine Tabelle. Neben dem Namen dieser Tabelle werden die Attributnamen und deren Datentypen sowie weitere Eigenschaften festgelegt.

Mitgliedsstaat	
Feldname	**Felddatentyp**
StaatKennung	Text
StaatName	Text
Hauptstadt	Text
Beitrittsjahr	Zahl

Allgemein	Nachschlagen
Feldgröße	30
Format	
Eingabeformat	
Beschriftung	
Standardwert	
Gültigkeitsregel	
Gültigkeitsmeldung	
Eingabe erforderlich	Ja
Leere Zeichenfolge	Nein

1 Anlegen der Tabelle MITGLIEDS-STAAT mithilfe eines Assistenten.

> **Datendefinition:**
> Datenbank: `CREATE DATABASE datenbankname`
> Tabelle: `CREATE TABLE tablename`
>   `(attribut_1 datentyp_1,`
>   `attribut_2 datentyp_2,`
>   ...
>   `attribut_n datentyp_m);`

i **SQL** stellt die Standard-sprache zur Kommunikation mit relationalen DBMS dar.
1974 entwickelte DONALD CHAMBERLIN zusammen mit seinem Team für IBM die Prototyp-Sprache **SEQUEL** (**S**tructured **E**nglish **Que**ry **L**anguage).
1976 und 1977 wurden diese Entwicklungen überarbeitet und vollkommen neu geschrieben. Im Ergebnis entstand SEQUEL/2, was später in SQL umbenannt werden musste (juristische Gründe).
Die erste Standardisierung von SQL erfolgte 1987, 1989 kamen verschiedene Zusätze hinzu.
Es folgten 1992 SQL2 bzw. SQL-92 und 1999 SQL3 bzw. SQL-99.

SQL besitzt die Sprachgruppen DDL, DML, QL, DCL. Die Abkürzungen kommen aus dem Englischen und bedeuten Folgendes:

SQL **S**tructured **Q**uery **L**anguage (strukturierte Anfragesprache)

DDL **D**ata **D**efinition **L**anguage (Datendefinitionssprache; Definition und Veränderung von Tabellen, Schlüsseln und Indexen)

DML **D**ata **M**anipulation **L**anguage (Datenmanipulationssprache; Erfassung und Pflege der Daten)

QL **Q**uery **L**anguage (Anfragesprache; zur Auswertung der Datenbasis)

DCL **D**ata **C**ontrol **L**anguage (Datenkontrollsprache; Vergabe und Organisation von Zugriffsrechten)

Die folgende Übersicht zeigt Datentypen in SQL auf:

`SMALLINT`	ganze Zahl (−32 768 bis 32 767)
`INTEGER`	ganze Zahl (−2 147 483 648 bis 2 147 483 647)
`DECIMAL (m, n)`	Dezimalzahl mit mindestens m Ziffern, davon n Dezimalstellen
`NUMERIC (m, n)`	Dezimalzahl mit genau m Ziffern, davon n Dezimalstellen
`FLOAT (n)`	Gleitkommazahl mit n Stellen
`CHAR (n)`	Zeichenkette mit fester Länge n bis zu 32 767 Zeichen
`VARCHAR (n)`	Zeichenkette mit variabler Länge, maximal n bis zu 32 767 Zeichen
`DATE`	Datumsangaben, enthält mindestens Jahr, Monat, Tag

Betrachten wir noch einmal das Schema der Tabelle MITGLIEDSSTAAT, das mithilfe von SQL abzubilden ist:

• *Mitgliedsstaat (StaatKennung:Text(2); StaatName: Text(30); Hauptstadt:Text(30); Beitrittsjahr:Zahl)*

Du erzeugst die Tabelle durch folgende SQL-Anweisung:

```
CREATE TABLE  Mitgliedsstaat
              (StaatKennung char(2),
              StaatName CHAR(30),
              Hauptstadt CHAR(30),
              Beitrittsjahr INTEGER,
              PRIMARY KEY (StaatKennung) );
```

10.9 Erzeuge die Tabelle MITGLIEDSSTAAT auf der Grundlage des in Aufgabe 10.7 erstellten Schemas!
Nutze dafür einen Assistenten oder definiere die Tabelle direkt unter Verwendung von SQL.

Nun können weitere Tabellen einer Datenbank auf gleiche Weise erzeugt werden.

10.10 Erstelle analog zur Aufgabe 10.9 die Tabelle SPRACHE mithilfe eines Assistenten oder unter Verwendung von SQL-Befehlen!

Die Tabellen sind erzeugt. Nun gilt es, die Daten einzufügen.

Ein wichtiges Hilfsmittel zur Eingabe der Daten ist beispielswei-se ein **FORMULAR**. Mit einem Formular kannst du insbesondere die Dateneingabe für den Nutzer übersichtlich gestalten.

Wie auch bei der Erzeugung von Tabellen, stellt dir dein DBMS für den Entwurf von Formularen zwei Herangehensweisen zur Verfügung:
• Zum einen ist es möglich, einen Assistenten zu nutzen.
• Zum anderen besteht für dich die Möglichkeit, die Elemente und die Struktur eines Formulars selbst zu definieren. Dafür solltest du jedoch schon etwas Übung und Erfahrung im Um-gang mit Datenbanken besitzen.

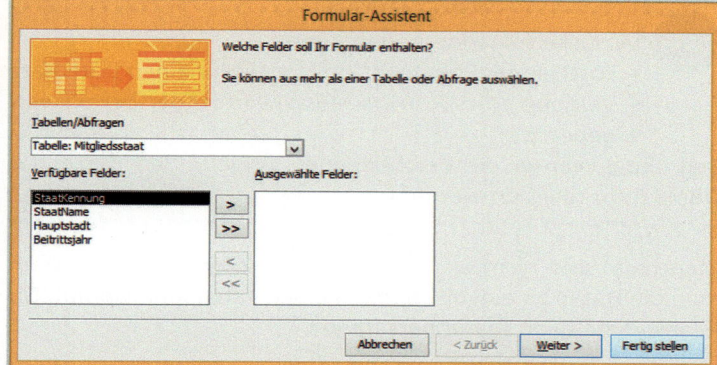

1 Formularassistent

2 Beispiel für ein Formular zur Eingabe der Daten in die Tabelle Mitgliedsstaat

Für unsere Datenbank EuropaeischeUnion kannst du nun bei-spielsweise die Mitgliedsstaaten mittels Formular eintragen oder die Daten bearbeiten. Dabei kannst du oftmals selbst bei der Erstellung eines Formulars festlegen, welche Bearbeitungs-möglichkeiten der jeweilige Nutzer der Datenbank aus seiner Sicht realisieren darf.

Zum Einfügen, Ändern und Löschen von Datensätzen existieren natürlich auch SQL-Befehle. Hierauf wird im Abschnitt 10.7 ge-nauer eingegangen.

i Wie du sicherlich feststellen konntest, ist die Erzeugung und die Arbeit mit Tabellen, Abfragen und Formularen in einem DBMS ähnlich.
Oft kannst du im Menü „Ansicht" bei allen Objekten zwischen Entwurfsansicht und Datenblattansicht wechseln.
Die **Entwurfsansicht** zeigt die Struktur des jeweiligen Objekts. Hiermit wird das Objekt erzeugt und man kann auch später Korrekturen an dieser Struktur vornehmen.
Die **Datenblattansicht** zeigt alle eingegebenen Daten in tabellarischer Form.

10.11 Öffne deine Datenbank EuropaeischeUnion und wähle eine Tabelle aus, für deren Dateneingabe du ein Formular nutzen möchtest!
Gestalte unter Verwendung eines Assistenten oder der Entwurfsansicht ein geeignetes Formular! Nutze das erstellte Formular zur Eingabe von Datensätzen!

10.12 Nutze das Formular nun, um bestimmte Attributwerte einzelner Datensätze zu ändern.

10.13 Versuche folgende Änderungen:
- Löschen des Primärschlüsselwertes für einen Datensatz
- Vergabe eines Primärschlüsselwertes, der bereits vergeben ist

Begründe, warum die beschriebenen Änderungen durch das DBMS nicht realisiert werden!

Manchmal sind nicht alle Attributwerte sofort bekannt, wenn man die Daten zu einem Objekt in einer Datenbank eingibt. Du kannst diese dann später nachtragen.

Datenbanken erfassen das Fehlen eines Wertes dennoch – ein solcher Wert heißt **Nullwert.** Du kannst bei der Festlegung bestimmter Eigenschaften beim Tabellenentwurf entscheiden, ob ein Nullwert zulässig ist oder nicht.
Ein Beispiel: Die Eingabe des Namen eines Staates ist erforderlich, ein Nullwert somit nicht möglich.

Mitgliedsstaat	
Feldname	Felddatentyp
StaatKennung	Text
StaatName	Text
Hauptstadt	Text
Beitrittsjahr	Zahl

Allgemein	Nachschlagen
Feldgröße	30
Format	
Eingabeformat	
Beschriftung	
Standardwert	
Gültigkeitsregel	
Gültigkeitsmeldung	
Eingabe erforderlich	Ja
Leere Zeichenfolge	Nein

10.14 Entscheide, welche Eingaben in den Tabellen MITGLIEDSSTAAT und SPRACHE zwingend erforderlich sind, wenn ein jeweiliger Datensatz angelegt wird! Entscheide auch, für welche Attributwerte ein Nullwert möglich ist!
Überprüfe nun beide Tabellen, ob die entsprechenden Festlegungen getroffen wurden! Korrigiere gegebenenfalls die Struktur der entsprechenden Tabelle!

10.3 Einfache Datenbankabfragen

Deine Datenbank zur Europäischen Union hast du erzeugt. Es existieren auch schon die Tabellen MITGLIEDSSTAAT und SPRA-CHE. Notwendige Daten hast du bereits eingetragen.

10.15 Welche Informationen könnte man aus den Tabellen der Datenbank zur Europäischen Union gewinnen? Formuliere mindestens 5 Fragen!

Datenbanken werden als große Sammlung von zum Teil riesigen Datenbeständen erstellt. Dabei ist nicht nur von Bedeutung, die Daten zu erfassen. Wichtig ist auch, Informationen aus dem Datenbestand zu gewinnen.

Du hast für deine Datenbank solche Fragen an die Datenbasis verbal in Aufgabe 10.15 formuliert. Im folgenden Abschnitt sollst du schließlich kennenlernen, wie man mit den Daten einer Datenbank arbeitet, wie man die Datenbasis unter Verwendung des DBMS auswertet. Auch dafür gibt es Grundlagen und Regeln. Zunächst greifen wir den Begriff der „Relation" auf.

> Datensätze werden in **Relationen** zusammengefasst. Dabei stammen die jeweiligen Attributwerte der verschiedenen Datensätze aus einem festgelegten Grundbereich.
>
> Relationen werden in relationalen Datenbanksystemen als Tabellen gespeichert.

i „Relation" heißt eigentlich „Beziehung". Hier beschreibt aber der Begriff Relation *nicht* den Zusammenhang zwischen den verschiedenen Tabellen, das wird in einer Datenbank durch Fremdschlüssel realisiert (↗ Seite 242). Bei relationalen Datenbanken wird unter einer **Relation** die mathematische Beschreibung einer Tabelle verstanden. Sie fasst eine Menge von zusammengehörigen Attributwerten zeilenweise zusammen.

Relationen sind somit vereinfacht unsere Tabellen in der Datenbank. Relationale Datenbanken sind tabellenorientierte Datenbanken, der Begriff der relationalen Datenbank ist vom Begriff der Relation abgeleitet.
Wenn nun die Datenbasis einer Datenbank ausgewertet werden soll, dann verstehen wir darunter die systematische Zusammenstellung von uns interessierenden Daten aus den verschiedenen Tabellen des Problembereiches unserer Datenbank.

Den wichtigsten Befehl zur Auswertung der Datenbasis bildet in SQL die `SELECT`-Anweisung. Üblicherweise wird die Nutzung des `SELECT`-Befehls auch als **Anfrage** bezeichnet.

i Alle Befehle zur Auswertung der Datenbasis zusammen werden als **QL – Query Language (Anfragesprache)** – bezeichnet.

> **Grundlegende Syntax der `SELECT`-Anweisung:**
> ```
> SELECT attribut_1 [, attribut_2, …, attribut_n]
> FROM   table_1 [, table_2, …, table_m]
> WHERE  bedingung;
> ```

Für die `SELECT`-Anweisung gilt folgender prinzipielle Aufbau:
- Nach `SELECT` werden die für die Anfrage relevanten Attribute, also eine sogenannte Attributliste, angegeben.
- Anschließend werden durch `FROM` die Tabellen/Relationen beschrieben, auf die sich diese Anfrage bezieht. Derzeit geben wir nur eine Tabelle an. In Abschnitt 10.6 werden wir kennenlernen, wie eine solche Abfrage über mehrere zusammengehörige Tabellen realisiert wird.
- Schließlich werden nach `WHERE` Bedingungen für die Anfrage angegeben.

Die SELECT-Anweisung ist die Grundlage für die Auswertung einer Datenbasis. Eine solche Auswertung stellt letzendlich eine Operation dar, eine **Anfrage** bzw. **Abfrage** an die Datenbasis.

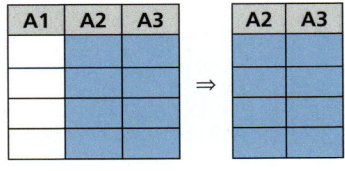

Zum einen ist es möglich, eine solche Anfrage mittels SQL direkt zu formulieren.

Zum anderen bildet diese Anweisung auch die Grundlage für die in den verschiedenen DBMS zur Auswertung der Datenbasis zur Verfügung gestellten Abfrageassistenten.

1 Möglichkeiten, eine Abfrage zu erstellen, her bei Verwendung von *OpenOffice*

Eine typische Operation bei der Arbeit mit Tabellen ist die Projektion.

Wenn du dir beispielsweise eine Übersicht über die verschiedenen Mitgliedsstaaten der EU verschaffen willst, dann benötigst du in einer solchen Zusammenstellung nicht unbedingt das Beitrittsjahr oder die Hauptstadt.

Aus der Tabelle MITGLIEDSSTAAT werden also nur bestimmte Attribute ausgewählt, wie beispielsweise StaatKennung oder StaatName.

Eine solche Operation, die die Auswahl von Spalten bzw. Feldern darstellt, wird **Projektion** genannt.

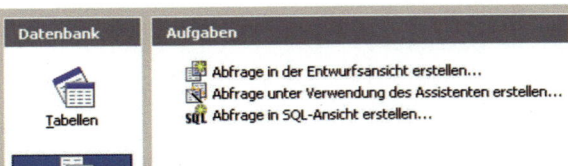

Projektion: Auswahl von Attributen aus einer Relation (Tabelle).

Das Ergebnis dieser Operation ist eine Tabelle, die zwar alle Datensätze jedoch nicht alle Attribute enthält.

Realisierung einer **Projektion** (bezogen auf *eine* Tabelle) mittels SQL:

```
SELECT   attribut_1 [, attribut_2, …, attribut_n]
FROM     tabelle;
```

Beispiel-Abfrage in SQL:

```
SELECT   StaatKennung, Staatname
FROM     Mitgliedsstaat
```

Abfrage unter Verwendung eines Assistenten bzw. einer grafischen Bedienoberfläche und Ergebnistabelle:

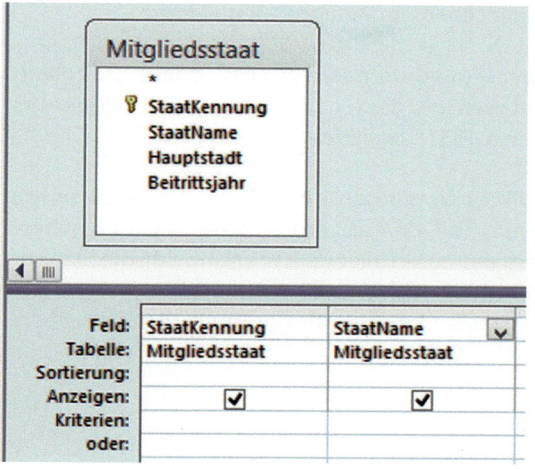

StaatKennung ▾	StaatName ▾
AT	Österreich
BE	Belgien
BG	Bulgarien
CY	Zypern
CZ	Tschechien
DE	Deutschland
DK	Dänemark
EE	Estland
ES	Spanien
FI	Finnland
FR	Frankreich
GR	Griechenland
HR	Kroatien
HU	Ungarn
IE	Irland

Datensatz: ⏮ ◀ 16 von 28 ▶ ⏭ ▸▶ 🔾 Kein Filter | Suchen

10.16 Gegeben sei die folgende Projektion: Übersicht über das Beitrittsjahr der EU-Mitgliedsstaaten.
Gib die dazugehörige SQL-Anweisung an! Führe schließlich die Projektion aus! (✐ auch Informationstext)

10.17 Entscheide dich für eine weitere Projektion bezogen auf deine Beispieldatenbank!
Führe die Operation unter Nutzung des DBMS aus!
Entspricht das Ergebnis deinen Erwartungen?

Eine weitere Operation, die auf eine Tabelle anwendbar ist, ist die Selektion. Wie der Begriff schon aussagt, kannst du mithilfe dieser Operation Datensätze nach bestimmten Kriterien auswählen.

> **ℹ** Im DBMS von OpenOffice kannst du zu Beginn entscheiden, ob du eine Abfrage mit SQL formulieren möchtest.
>
> Unter *MS Access* musst du, wenn du mit SQL arbeiten möchtest, zuerst eine neue Abfrage in der Entwurfsansicht aufrufen und eine Tabelle auswählen. Erst dann kannst du in die SQL-Ansicht wechseln und dort die gewünschten Befehlszeilen eingeben oder ändern.

Selektion: Auswahl derjenigen Datensätze aus einer Relation, die einer bestimmten Bedingung genügen. Das Ergebnis dieser Operation ist eine Tabelle, die alle Attribute enthält, jedoch nur die Datensätze, die der Bedingung genügen.

Realisierung einer **Selektion** (bezogen auf *eine* Tabelle) in SQL:

```
SELECT   *
FROM     tabelle
WHERE    bedingung;
```

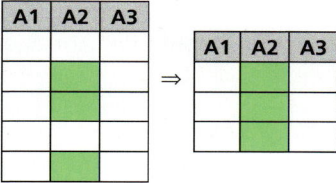

Der „*" in der Anweisung steht für die Angabe aller Attribute der Tabelle. Eine formale Selektion beschreibt die Auswahl von Datensätzen bei gleichzeitiger Angabe aller Felder.

Beispiel: Es sollen nur die Datensätze aus der Tabelle „Mitgliedsstaat" ausgewählt werden, die für das Attribut Beitrittsjahr den Attributwert „gleich 1951" besitzen.

In SQL werden die Bedingungen in der `WHERE`-Klausel formuliert. Der in diesem Teil der `SELECT`-Anweisung angegebene Ausdruck definiert das zu erfüllende Kriterium. Für die Struktur der Bedingung gilt:

	Attribut	*Vergleichsoperator*	*Attributwert*
Beispiel:	*Beitrittsjahr*	*=*	*1951*

Abfrage in SQL:

```
SELECT  *
FROM    Mitgliedsstaat
WHERE   Beitrittsjahr=1951;
```

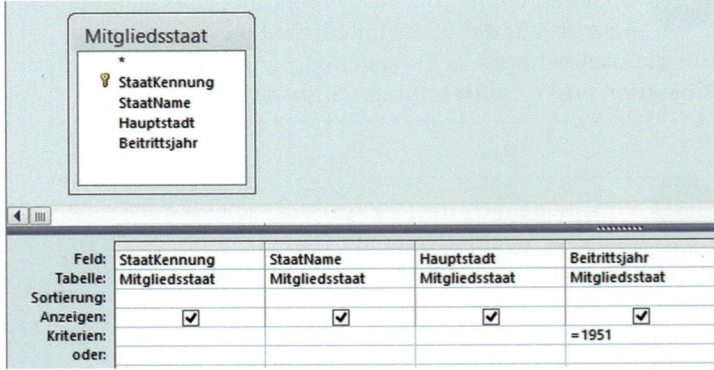

1 Abfrage unter Verwendung eines Assistenten bzw. einer grafischen Bedienoberfläche

Feld:	StaatKennung	StaatName	Hauptstadt	Beitrittsjahr
Tabelle:	Mitgliedsstaat	Mitgliedsstaat	Mitgliedsstaat	Mitgliedsstaat
Sortierung:				
Anzeigen:	☑	☑	☑	☑
Kriterien:				=1951
oder:				

StaatKennung ▾	StaatName ▾	Hauptstadt ▾	Beitrittsjahr ▾
BE	Belgien	Brüssel	1951
DE	Deutschland	Berlin	1951
FR	Frankreich	Paris	1951
IT	Italien	Rom	1951
LU	Luxemburg	Luxemburg	1951
NL	Niederlande	Amsterdam	1951

Datensatz: I◀ ◀ 1 von 6 ▶ ▶I ▶❋ 🚫 Kein Filter   Suchen

2 Ergebnistabelle der Abfrage

Für die Angabe von Bedingungen (beziehungsweise Kriterien) gibt es Regeln:
Alphanumerische Werte werden in sogenannten Hochkommas angegeben, beispielsweise `StaatName = "Ungarn"`.
Das Gleichheitszeichen erhält dann die Bedeutung einer Identitätsprüfung. Nutzt du hingegen für die Formulierung von Bedingungen numerische Datenfelder wie in obigem Beispiel, so

werden diese Werte einfach angegeben. Auch ist dann die Nutzung der üblichen Relationszeichen möglich.
Für die Angabe von Bedingungenen sind auch die logischen Operatoren AND, OR und NOT nutzbar.

Es gibt weitere Festlegungen und Möglichkeiten für die Angabe von Bedingungen. Du kannst auch mehrere Bedingungen formulieren.

10.18 Informiere dich im Hilfesystem deines DMS bzw. in der Dokumentation des verwendeten Systems über weitere Möglichkeiten der Angabe von Bedingungen!
Erarbeite eine Übersicht, welche Regeln für die verschiedenen Datentypen gelten!

 Datentypen ⁄ Tabelle auf
Seite 226

10.19 Führe folgende Selektionen unter Verwendung der gefundenen Regeln aus Aufgabe 10.18 durch!
Gib die jeweilige Operation als SQL-Anweisung an!
a) Auswahl aller Staaten, die nach dem Jahr 2000 der EU beigetreten sind
b) Auswahl aller Mitgliedsstaaten, deren Staatenkennung mit „C" beginnt

Natürlich kannst du die Projektion und die Selektion auch kombinieren. Ein Beispiel dafür wäre die Auswahl von StaatName und Hauptstadt aller Mitgliedsstaaten, die von Anfang an, also seit 1951 zur EU gehören:

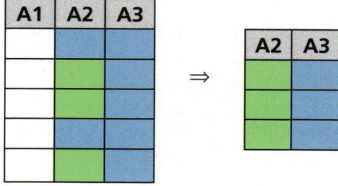

```
SELECT  StaatName, Hauptstadt
FROM    Mitgliedsstaat
WHERE   Beitrittsjahr=1951
```

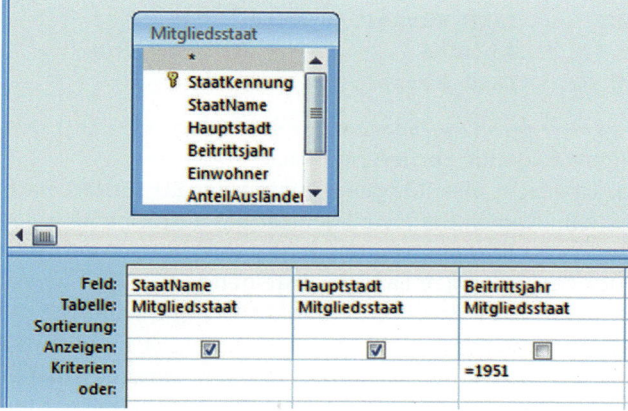

10.20 In der Aufgabe 10.15 hast du mögliche Anfragen an die Datenbasis verbal formuliert. Beschreibe diese Anfragen nun als Selektion, Projektion oder als Kombination beider!

10.21 Entscheide dich für einen Partner in deiner Klasse! Tauscht nun die Arbeitsplätze! Informiere dich über die Datensatzstruktur der Tabellen, die dein Mitschüler in seiner Datenbank erfasst hat!

Konkretisiere mindestens zwei deiner in Aufgabe 10.20 angegebenen Operationen so, dass sie sich auf die Datenbank deines Partners beziehen!

Formuliere diese Anweisungen nun als SELECT-Anweisungen!

Tauscht dann wieder die Plätze! Führe die Operation aus, die dein Partner für dich angegeben hat! Notiere das Ergebnis!

Wertet danach gemeinsam die Aufgabe aus! Bist du zurecht gekommen? Hat dein Partner deine Aufgabenstellung realisieren können? Entsprechen die Ergebnisse dem, was ihr mit der Aufgabe erreichen wolltet?

Mit den bisherigen Abfragen konntest du gezielt Informationen aus Tabellen auswählen. Oftmals ist es darüber hinaus sinnvoll, die erhaltenen Informationen geordnet nach einem bestimmten Merkmal in der Ergebnistabelle darzustellen.

> *i* Die Sortierung erfolgt auf der Grundlage einer definierten Ordnung – dem ASCII-Code. Danach gilt für die aufsteigende Sortierung beispielsweise:
>
> ```
> 0 < 1 < ... < 8 < 9
> A < B < ... < Y < Z
> a < b < ... < y < z
> ```
> aber auch
> ```
> 9 < A
> ```
> oder
> ```
> Z < a
> ```

Realisierung einer **Sortierung** durch den Zusatz

`ORDER BY attribut`	aufsteigende Sortierung
`ORDER BY attribut DESC`	absteigende Sortierung

Für eine Übersicht aller Sprachen, die in der Europäischen Union gesprochen werden, aufsteigend sortiert nach dem IATE-Kürzel, gilt dann:

```
SELECT      IATE_Kürzel, S_Name
FROM        Sprache
ORDER BY    IATE_Kürzel;
```

10.22 Führe folgende Sortierungen aus:
a) Übersicht aller Mitgliedsstaaten der EU sortiert nach dem Namen des jeweiligen Landes aufsteigend
b) Übersicht aller Mitgliedsstaaten der EU sortiert nach dem Beitrittsjahr des jeweiligen Landes absteigend

Auch eine Sortierung nach mehreren Kriterien ist möglich. So kannst du beispielsweise alle Datensätze der Mitgliedsstaaten der EU aufsteigend nach dem Beitrittsjahr angeben. Bei glei-

chem Beitrittsjahr sollen dann die Staatsnamen in alphabetisch
aufsteigender Reihenfolge angegeben werden:

```
SELECT       *
FROM         Mitgliedsstaat
ORDER BY     Beitrittsjahr, StaatName;
```

Es gibt noch weitere Möglichkeiten, Informationen aus der Datenbasis zu gewinnen:

> Mithilfe von **Aggregatfunktionen** können Datenbestände
> ausgewertet werden (links steht jeweils der SQL-Befehl,
> rechts die Bedeutung):
>
> | | |
> |---|---|
> | `COUNT(*)` | Anzahl der Datensätze |
> | `SUM(attribut)` | Summe der Attributwerte |
> | `MAX(attribut)` | maximaler Attributwert |
> | `MIN(attribut)` | minimaler Attributwert |
> | `AVG(attribut)` | Durchschnitt der Attributwerte |

Beispiel:
In welchem Jahr hat es den letzten EU-Beitritt gegeben?

```
SELECT MAX(Beitrittsjahr)
FROM Mitgliedsstaat;
```

10.23 Angenommen unsere Tabelle Mitgliedsstaat beinhalte
auch die Attribute „Einwohner" und „AnteilAusländer".
Formuliere alle Abfragen in SQL:
a) Ermittle die Gesamtzahl aller Einwohner der EU!
b) Ermittle den höchsten Ausländeranteil eines EU-Staates!
c) Ermittle den niedrigste Einwohnerzahl eines EU-Staates!
d) Ermittle die durchschnittliche Einwohnerzahl aller EU-Staaten!

> *i* In Aufgabe 10.7 hast du
> weitere Attribute der Ta-
> belle Mitgliedsstaat erfasst. Du
> kannst Abfragen mit Aggregat-
> funktionen natürlich auch für dei-
> ne eigene Datenbank in SQL for-
> mulieren.

Insbesondere bei der Arbeit mit numerischen Werten finden
Aggregatfunktionen ihre Anwendung. Diese Problematik wird
noch einmal vertiefend im Abschnitt 10.6 aufgegriffen.

10.24 Bei der Formulierung von SQL-Anfragen können sich so
einige Fehler einschleichen. Finde sie!

a) `SELECT StaatKennung, StaatName`
   `FROM Mitgliedsstaat`
   `WHERE StaatKennung=L?;`
b) `SELECT IATE_Kürzel, S_Name`
   `FROM Mitgliedsstaat;`
c) `SELECT SUM(Beitrittsjahr)`
   `FROM Mitgliedsstaat;`

10.4 Objektrelationales Datenmodell

In den vorangegangenen Abschnitten haben wir unsere Betrachtungen immer auf eine Tabelle bezogen. Einmal waren es die EU-Mitgliedsstaaten, zum anderen die in der EU gesprochenen Sprachen.

vgl. auch den Infotext zu Amtsprachen auf der Seite 219

Interessant wäre es, nicht nur zu wissen, welche Sprachen in der EU gesprochen werden, sondern welche Sprachen in welchem Land Amtsprachen oder Minderheitensprachen sind.

Eine naheliegende Möglichkeit wäre es, das Attribut S_Name aus der Sprachtabelle in die Tabelle Mitgliedsstaat zu übernehmen und ein weiteres Attribut „Art" (Amtsprache a oder Minderheitensprache m) aufzunehmen. Das entsprechende Tabellenschema könnte dann wie folgt aussehen:

- *Mitgliedsstaat (StaatKennung: Text(2); StaatName: Text(30); Hauptstadt: Text(30); Beitrittsjahr: Zahl; ...; S_Name: Text(25); Art: Text(1))*

In Italien ist natürlich Italienisch Amtsprache, im Südtirol aber auch Deutsch und im Aostatal Französisch.
In anderen Regionen Italiens sind Deutsch und Französisch Minderheitsprachen wie Griechisch, Kroatisch oder Slowenisch auch.

Das Problem: Allein für Italien gäbe es dann 8 Datensätze, die sich nur in den Attributwerten von S_Name und Art unterscheiden (↗ Infotext), alles andere ist gleich. Dabei ist hier noch nicht einmal berücksichtigt, dass bestimmte Quellen auch Albanisch, Franko-Provenzalisch, Furlan, Griechisch, Katalanisch, Alghero, Moliseslawisch, Okitanisch und Sardisch zu den Minderheitensprachen in Italien zählen.
Es müssten also sehr viele Daten mehrfach eingegeben werden, die Tabelle wäre auch insgesamt sehr unübersichtlich.

Eine ander Möglichkeit zur Lösung unseres Problems könnte darin bestehen, eine neue Relation (Tabelle) „ist_Sprache_von" zu definieren, in der zumindest die Staatskennung, das Kürzel der Sprache und das Attribut Art auftauchen:

- *Ist_Sprache_von (StaatKennung: Text(2); IATE_Kürzel: Text(2); Art: Text(1))*

Über die Primärschlüssel StaatKennung und IATE_Kürzel können Verbindungen zu den anderen beiden Tabellen unserer Datenbank hergestellt werden.
Die neue Tabelle benötigt außerdem einen eigenen Primärschlüssel zur eindeutigen Identifikation der einzelnen Datensätze (↗ Seite 222).
Man kann so Abfragen über mehrere Tabellen durchführen, wobei in den einzelnen Tabellen keine überflüssigen Daten vorkommen.

Das relationale Modell für Datenbanksysteme geht auf E. F. Codd zurück. Er beschrieb es 1970 in „The Relational Model of Data for Large Shared Data Banks".

Die zuletzt beschriebene Modellierungsmethode wird **relationale Datenmodellierung** genannt. Darauf aufbauend setzt sich zunehmend die **objektrelationale Datenmodellierung** durch.

Es ist meist zweckmäßig, Daten eines Problembereichs systematisch zusammenzufassen und zentral zu verwalten.
Im Folgenden soll ein solcher Problembereich, ein kleiner Versandhandel, etwas näher betrachtet und eine relationale Datenmodellierung vorgenommen werden.

1 Kataloge für Oberbekleidung

10.25 Bildet Gruppen von 3 bis 5 Schülern!
Einigt euch auf eine Produktgruppe, z. B. Oberbekleidung, mit der ihr euer Versandhaus aufbauen wollt!
Diskutiert anschließend, welche Daten für das Betreiben eines solchen Geschäfts eurer Meinung nach erfasst und verwaltet werden müssen! Fasst das Ergebnis eurer Diskussion zusammen und veranschaulicht es unter Nutzung eines Flipcharts übersichtlich.
Stellt das Ergebnis eurer Arbeit in der Klasse vor!
Welche Gemeinsamkeiten und welche Unterschiede haben die Entwürfe der verschiedenen Gruppen?

Sicherlich hast du festgestellt, dass neben weiteren möglichen Daten auf jeden Fall Informationen zu den angebotenen Artikeln erfasst werden müssen. Diese Artikel werden von einem Lieferanten bezogen und letztendlich von Kunden erworben.
Alle konkreten Artikel werden durch die Attribute Bezeichnung, Farbe, Größe, Preis und Artikelnummer erfasst. Ein T-Shirt z. B. hat die Farbe Blau, die Größe M, den Preis 5,50 € und die Artikelnummer 125602. Alle Artikel, die durch denselben Satz von Attributen beschrieben werden, werden als Menge zusammengefasst und bilden formal die Objektmenge Artikel. Gleiches gilt für die Lieferanten und die Kunden.

Es ist bereits an dieser Stelle zweckmäßig, zum Beispiel jedem Kunden eine Kundennummer zuzuordnen. Damit wird es möglich, alle Kunden auch eindeutig zu identifizieren. Dies ist insbesondere dann notwendig, wenn Personen den gleichen Namen besitzen oder dann selbst noch in der gleichen Straße wohnen.

Für unseren Versandhandel ergibt sich somit folgende Zusammenfassung:

Objektmenge	Eigenschaften
Kunde	Name, PLZ, Wohnort, Straße, Kundennummer
Artikel	Bezeichnung, Farbe, Größe, Preis, Artikelnummer
Lieferant	Name, PLZ, Ort, Straße, Telefon, Ansprechpartner, Lieferantennummer

Übersichtlich ist die Darstellung in einem Diagramm. Dafür verwenden wir die objektorientierte Modellierung. Hier findest du zunächst eine Darstellung jeweils als Klassenkarte:

KUNDE	ARTIKEL	LIEFERANT
KNr	*ANr*	*LNr*
Name	Bezeichnung	Name
Vorname	Größe	Telefon
Straße	Farbe	Straße
PLZ	Preis	PLZ
Ort		Ort

Allgemein werden folgende Begriffe verwendet:

> In der **Objektmenge** werden Objekte, die logisch zusammengehören und gleiche Attribute haben, zusammengefasst.
> Der Bauplan einer Objektmenge lässt sich durch eine **Klasse** beschreiben, die durch den Namen in Großbuchstaben und den Satz der Attribute definiert wird.
>
> Eigenschaften einer Klasse bezeichnet man als **Attribut**.
>
> Den konkreten zugeordneten Wert eines Objekts zu einem Attribut nennt man **Attributwert**.
>
> Ein **(Primär-)Schlüssel** setzt sich aus einer (minimalen) Menge von Attributen eines Objektes zusammen und dient zu seiner eindeutigen Identifikation.

10.26 Stellt das in eurer Gruppe entstandene Modell (↗ Aufgabe 10.25) unter Verwendung von Klassenkarten dar! Gebt die Attribute an und kennzeichnet das Schlüsselattribut!

Bereits jetzt lässt sich das betrachtete Beispiel implementieren und auch punktuell bearbeiten oder auswerten. Jedoch wurde ein wesentlicher Aspekt noch nicht betrachtet: Zwischen den verschiedenen Objektmengen und den damit verbundenen konkreten Objekten existieren Beziehungen.

Beispielsweise bestellen Kunden Artikel. Diese Artikel wiederum werden von bestimmten Lieferanten geliefert.
Diese Artikel-wird_geliefert_von-Lieferant-Beziehung könnte man folgendermaßen darstellen:

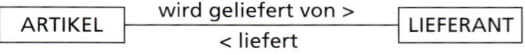

> Beziehungen zwischen Klassen heißen **Assoziationen**. Diese werden durch Verben angegeben. Eigenschaften von Beziehungen bezeichnet man ebenfalls als **Attribute**.

Beziehungen zwischen Klassen sind durch eine weitere wesentliche Eigenschaft charakterisiert – durch die Kardinalität:

Kardinalität	Beschreibung und Darstellung im Diagramm
1:1-Beziehung	Jedem Objekt der Klasse A wird genau ein Objekt der Klasse B zugeordnet und umgekehrt. KLASSE A — Beziehungsverb1 > 1 — KLASSE B / 1 < Beziehungsverb2
1:n-Beziehung	Jedem Objekt der Klasse A können mehrere Objekte der Klasse B zugeordnet werden. Umgekehrt kann jedoch jedem Objekt der Klasse B nur genau eine Objekt der Klasse A zugeordnet werden. KLASSE A — Beziehungsverb1 > n — KLASSE B / 1 < Beziehungsverb2
m:n-Beziehung	Jedem Objekt der Klasse A können mehrere Objekte der Klasse B zugeordnet werden und umgekehrt. KLASSE A — Beziehungsverb1 > n — KLASSE B / m < Beziehungsverb2

In unserem Beispiel bestellt ein Kunde einen oder mehrere Artikel. Somit gibt es eine **Kunde-bestellt-Artikel-Beziehung.** Diese Beziehung ist durch ein weiteres Attribut charakterisiert: Mit der Bestellung wird auch die Anzahl (wie viel Stück des Artikels erworben werden sollen) mit angegeben. Abgebildet wird diese Eigenschaft einer Beziehung durch eine **Assoziationsklasse**.

Jedoch nicht jede Beziehung fordert in ihrer Beschreibung weitere Attribute. Im betrachteten Modell sind beispielsweise für die **Artikel-wird_geliefert_von-Lieferant-Beziehung** keine weiteren Angaben notwendig.

Alle im Zusammenhang mit der Beschreibung der Beziehungen betrachteten Eigenschaften können auch in die grafische Darstellung des Modells mit aufgenommen werden. Die grafische Darstellung eines objektrelationalen Modells erfolgt als Klassendiagramm unter Angabe der Assoziationen und Kardinalitäten (↗ folgende Seite).

i Besitzen auch Beziehungen selbst Eigenschaften, dann werden diese im Diagramm als eigenständige Klasse abgebildet (↗ Klasse BESTELLUNG in der Abbildung auf der folgenden Seite). Dieses Modellelement heißt dann **Assoziationsklasse**.

10.27 Ergänzt euer in Aufgabe 10.26 entstandenes Diagramm! Tragt insbesondere die Beziehungen, gegebenenfalls deren Attribute sowie die Kardinalitäten ein!

Eine alternative Form der Darstellung des Datenmodells ist das **Entity-Relationship-Diagramm (ER-Diagramm).**
Allgemein verwendet man folgende Begriffe und in einer solchen Darstellung die dazugehörigen Symbole:

Entitymenge
(Entitätenmenge, Entityklasse)

Attribut   Schlüsselattribut

Relationship

1 Symbole im ER-Diagramm

Eine **Entität (Entity)** ist ein konkretes, eindeutig identifizierbares Datenobjekt (Individuum, Begriff, Ereignis, ...).
In einer **Entitymenge (Entityklasse)** werden Entitäten mit gleichen Eigenschaften zusammengefasst.
Eigenschaften einer Entitymenge bezeichnet man als **Attribut.** Den konkreten zugeordneten Wert einer Entität zu einem Attribut nennt man **Attributwert.**
Eine Beziehung zwischen Entitymengen und somit den konkreten Entitäten heißt **Relationship.** Relationships werden durch Verben angegeben. Eigenschaften von Relationships im ER-Modell bezeichnet man ebenfalls als Attribute.

Für unser Beispiel Versandhandel ergibt sich somit ein zum Klassendiagramm analoges Entity-Relationship-Diagramm:

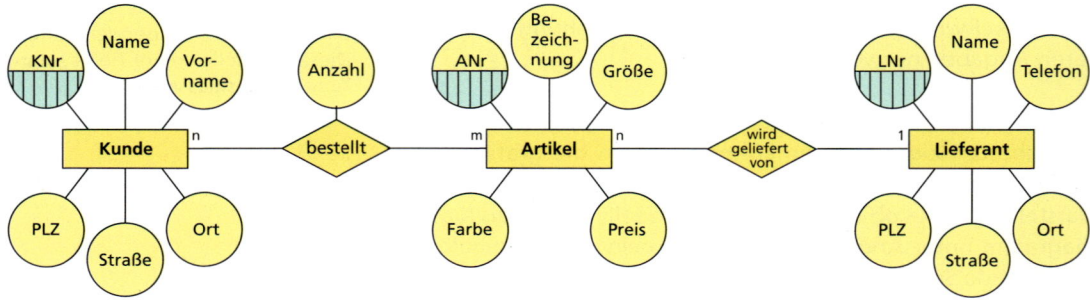

10.5 Übertragung des Datenmodells in die Datenbank

Nachdem unser Entwurf für einen kleinen Versandhandel als objektorientiertes Datenmodell vorliegt, soll es auf die Maschine übertragen werden. Dieser Schritt kann jedoch nicht direkt erfolgen. Das objektorientierte Datenmodell muss zunächst in einem weiteren Schritt in ein relationales Modell (Datenbankschema) transformiert werden. Dieses relationale Modell ist dann direkt abbildbar.

Wie du in Abschnitt 10.2 bereits kennengelernt hast, erfolgt diese Abbildung unter Nutzung eines Datenbankmanagementsystems (DBMS). Im Ergebnis entstehen Tabellen, die letztendlich die konkreten Datensätze, also die Daten, enthalten.

> Die Darstellung des objektorientierten Datenmodells als Menge von Tabellen/Relationen, die jeweils eine Menge von Datensätzen mit gemeinsamen Eigenschaften enthalten, wird als **relationales Modell** oder auch als **Datenbankschema** bezeichnet. Diese Tabellen stehen über Schlüsselattribute in Beziehung.
>
>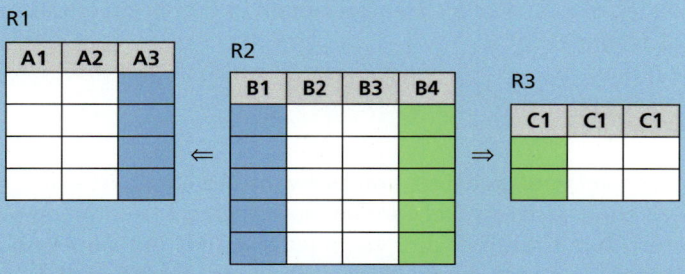
>
> - **Tabelle/Relation:** zweidimensionale Anordnung von Elementen gleicher Struktur
> - **Attribut/Feld:** Spalte einer Tabelle/Relation
> - **Wertebereich/Wertemenge:** mögliche Werte eines Attributs aus einem vorgegebenen Grundbereich
> - **Datensatz:** Zeile einer Tabelle/Relation

Für die Überführung eines objektorientierten Datenmodells in ein relationales Modell gelten Regeln. Solche Regeln bezeichnet man auch als **Transformationsregeln**.

> **Regel 1**
> Jede Klasse, die im Modell enthalten ist, wird im relationalen Modell zu einer eigenständigen Tabelle.
> - *Tabellenname (Primärschlüssel, Attribut_1, …, Attribut_n)*

i Hier steht die Angabe der konkreten Datentypen noch nicht im Vordergrund. Meist verwendet man ein Datenbankschema, welches lediglich den Tabellennamen, die Attribute und die Kennzeichnung der Schlüsselattribute beschreibt. Die Festlegung der Datentypen erfolgt in einem weiteren Schritt.

Für unseren Versandhandel ergeben sich nach Regel 1 drei Tabellen:

- *Kunde (KNr, Name, Vorname, PLZ, Straße, Ort)*
- *Artikel (ANr, Bezeichnung, Größe, Farbe, Preis)*
- *Lieferant (LNr, Name, Telefon, PLZ, Straße, Ort)*

Im nächsten Schritt werden die Beziehungen zwischen den Klassen berücksichtigt und in das relationale Modell eingearbeitet. Grundlage dafür bildet die jeweilige Kardinalität.

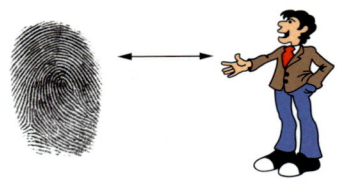

1 1:1-Beziehung: Jeder Daumenabdruck gehört zu genau einer Person.

Regel 2
Zwei Klassen, deren Assoziation durch die Kardinalität 1:1 charakterisiert ist, werden zu einer Tabelle zusammengefasst.

In unserem Beispiel gibt es einen solchen Fall nicht.

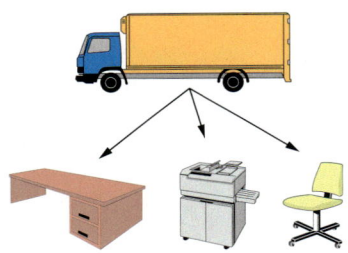

1 1:n-Beziehung: Ein Lieferant kann mehrere Artikel liefern. Jeder Artikel hat genau einen Lieferanten.

Regel 3
Wenn zwei Klassen durch einen Beziehungstyp der Kardinalität 1:n charakterisiert sind, wird der Primärschlüssel der ersten Klasse (**1**:n) als **Fremdschlüssel** in der zweiten Klasse (1:**n**) eingefügt.
- *Tabellenname (Primärschlüssel, Attribut_1, ..., Attribut_n, Fremdschlüssel)*

Die **Artikel-wird_geliefert_von-Lieferant-Beziehung** ist eine 1:n-Beziehung. Jeder Artikel wird genau von einem Lieferanten geliefert. Somit reicht es aus, wenn jeder Artikel um ein Attribut ergänzt wird, das genau diesen eindeutig identifiziert. Dazu nutzt man den Primärschlüssel des jeweiligen Lieferanten.
- *Artikel (ANr, Bezeichnung, Größe, Farbe, Preis, LNr)*

Artikel : Tabelle

	ANr	Bezeichn	Größe	Farbe	Preis	LNr
+	379004	Hose	S	sand	49,95 €	4
+	379014	Hose	M	sand	49,95 €	4
+	379024	Hose	L	sand	49,95 €	4
+	379034	Hose	XL	sand	49,95 €	4
+	423551	Shirt	32/34	natur-rot	14,99 €	3
+	423552	Shirt	36/38	natur-rot	16,99 €	3
+	423553	Shirt	40/42	natur-rot	18,99 €	3
+	739104	Anzug	48	schwarz	219,00 €	1
+	739105	Anzug	48	grau	219,00 €	1
+	739114	Anzug	50	schwarz	219,00 €	1
+	739115	Anzug	50	grau	219,00 €	1

Lieferant : Tabelle

	LNr	Name
+	3	Bekleidungs-Großhandel OH
+	1	Herren Bekleidung Müller
+	4	Sportbekleidungen Schutze 8
+	2	Strumpfwaren Seidel GmbH

Unser Modell für einen Versandhandel enthält eine Beziehung vom Typ m:n, es ist die **Kunde-bestellt-Artikel-Beziehung**. Das heißt, ein Kunde kann durchaus mehrere Artikel bestellen, andererseits wird auch von mehreren Kunden bestellt.

Wir wollen prüfen, ob sich diese Beziehung durch Anwendung von Regel 3 umsetzen lässt. Sowohl die Artikelnummer (ANr) als auch die Kundennummer (KNr) könnten in diesem Fall als Fremdschlüssel dienen. Betrachten wir zunächst als Fremdschlüssel die Kundennummer in der Tabelle Artikel: Es müssten zu jedem Artikel alle diejenigen Kundennummern eingetragen werden, die diesen Artikel bestellt haben. Das wiederum bedeutet, dass mehrere Attributwerte unter einem Attribut erfasst werden müssten. Nur, wie soll das geschehen? Wie sollen anschließend die korrekten Zuordnungen realisiert werden?

10.28 Entscheide, ob die Verwendung eines Fremdschlüssels Artikelnummer (ANr) in der Tabelle Kunde eine Umsetzung der Kunde-bestellt-Artikel-Beziehung ermöglicht! Begründe!

Regel 4
Wenn zwei Klassen durch einen Beziehungstyp der Kardinalität n:m charakterisiert sind, entsteht eine neue Tabelle. Diese Tabelle enthält beide Primärschlüssel der jeweiligen Klasse als Fremdschlüssel (FS). Falls die Beziehung durch weitere Attribute charakterisiert ist, werden diese mit in die Tabelle aufgenommen.
- *Tabellenname (Primärschlüssel, Attribut_1, ..., Attribut_n, FS1, FS2)*

1 m:n-Beziehung: Jeder Kunde kann mehrere Artikel bestellen. Jeder Artikel kann von vielen Kunden bestellt werden.

Für die n:m-Beziehung „Kunde-bestellt-Artikel" wird also eine neue Tabelle „Bestellung" notwendig. Als Fremdschlüssel enthält diese die Primärschlüsselattribute KNr und ANr. Als Primärschlüssel nutzen wir ein Attribut BNr (Bestellnummer). Auch das Attribut „Anzahl" kann mit in diese Tabelle aufgenommen werden.
- *Bestellung (BNr, ANr, KNr, Anzahl)*

Im Ergebnis einer solchen Transformation erhältst du ein vollständiges relationales Modell, das anschließend direkt auf den Computer übertragen werden kann. Für den betrachteten Versandhandel ergibt sich somit folgendes Datenbankschema:
- *Kunde (KNr, Name, Vorname, PLZ, Straße, Ort)*
- *Bestellung (BNr, ANr, KNr, Anzahl)*
- *Artikel (ANr, Bezeichnung, Größe, Farbe, Preis, LNr)*
- *Lieferant (LNr, Name, Telefon, PLZ, Straße, Ort)*

i Eine Kombination der beiden Fremdschlüssel als Primärschlüssel wäre auch möglich.

i Das nebenstehende relationale Modell ist direkt implementierbar. Vorher musst du es lediglich um die Angabe der Datentypen für die jeweiligen Attribute ergänzen.

10.29 Übertrage das in Aufgabe 10.27 entstandene Klassendiagramm in ein relationales Modell! Nutze dazu die notwendigen Regeln und gib die so entstandenen Tabellen an!

10.6 Abfragen über mehrere Tabellen

In Abschnitt 10.3 hast du kennengelernt, wie man die Informationen aus den verschiedenen Tabellen einer Datenbank auswerten kann. Neben den Operationen Selektion und Projektion hast du Aggregatfunktionen genutzt. Natürlich sind all diese Auswertungen auch auf unsere Datenbank Versandhandel anwendbar.

10.30 Führe die im Folgenden beschriebenen Anfragen an die Datenbank Versandhandel aus:
a) Übersicht der Daten aller Kunden aus einem bestimmten Ort
b) Ausgabe von Name, Vorname und Wohnort aller Kunden aufsteigend sortiert nach dem Namen (anschließendes Kriterium: Vornamen)
c) Ermitteln der Anzahl der angebotenen Artikel
d) Ausgabe des Preises vom teuersten T-Shirt

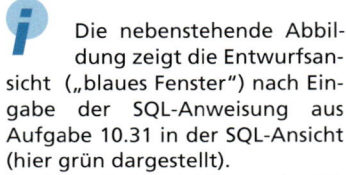 Der Aufgabe 10.31 und der Abbildung unten kannst du entnehmen, dass bei der Formulierung der SQL-Anweisung für jedes Attribut die dazugehörige Tabelle mit angegeben ist.
Das wird insbesondere dann notwendig, wenn du dich bei der Formulierung einer Anfrage auf Attribute aus mehreren Tabellen beziehst, die die gleiche Bezeichnung tragen. In unserem Beispiel ist es das Attribut LNr, dass sowohl in der Tabelle Artikel als Fremdschlüssel und in der Tabelle Lieferant als Primärschlüssel festgelegt ist.

Wie die behandelten Abfragen in Abschnitt 10.3 bezogen sich auch die eben betrachteten Abfragen jeweils nur auf eine einzige Tabelle. In unserer Datenbank Versandhandel existieren aber auch Zusammenhänge zwischen den Tabellen. So kann beispielsweise der entsprechende Lieferant jedem einzelnen Artikel zugeordnet werden.

10.31 Gegeben sei folgende SQL-Anweisung:
```
SELECT  Artikel.ANr, Artikel.Bezeichnung,
        Lieferant.LNr, Lieferant.Name
FROM    Artikel, Lieferant;
```
a) Interpretiere diese Anweisung!
b) Führe diese Anfrage an die Datenbasis aus und deute das Ergebnis!

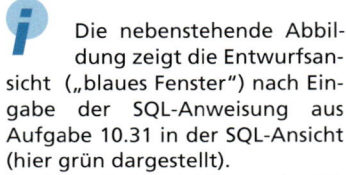 Die nebenstehende Abbildung zeigt die Entwurfsansicht ("blaues Fenster") nach Eingabe der SQL-Anweisung aus Aufgabe 10.31 in der SQL-Ansicht (hier grün dargestellt).
Zur Eingabe von Abfragen in SQL ↗ auch Randspalte auf Seite 231.

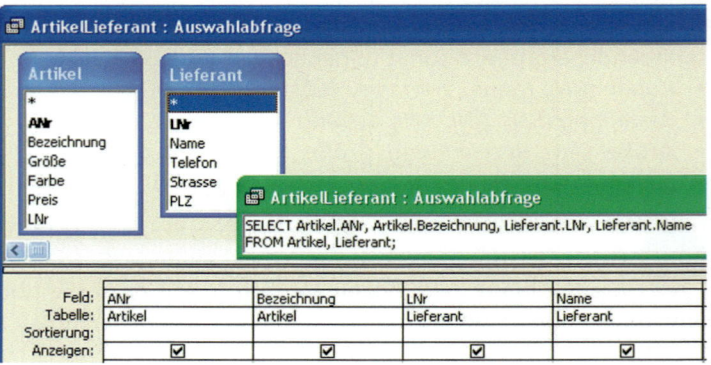

Schauen wir uns das Ergebnis etwas genauer an: Es entsteht eine Ergebnistabelle, in der jeder Artikel mit jedem Lieferanten kombiniert wurde.

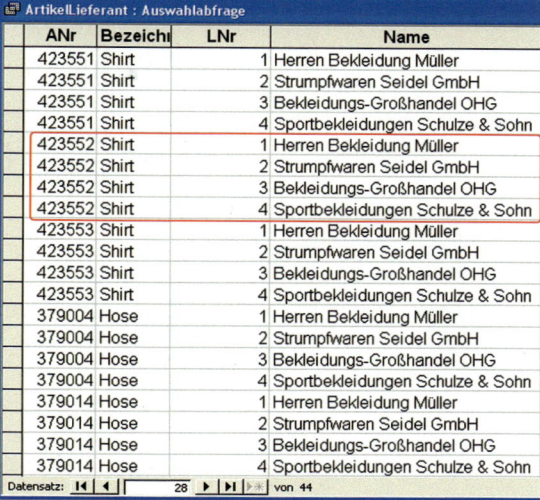

Artikel : Tabelle	
ANr	**Bezeichnung**
379004	Hose
379014	Hose
379024	Hose
379034	Hose
423551	Shirt
423552	Shirt
423553	Shirt
739104	Anzug
739105	Anzug
739114	Anzug
739115	Anzug

Lieferant : Tabelle	
LNr	**Name**
1	Herren Bekleidung Müller
2	Strumpfwaren Seidel GmbH
3	Bekleidungs-Großhandel OHG
4	Sportbekleidungen Schulze & Sohn

Nicht alle Datensätze, die diese Tabelle enthält, sind sinnvoll, sind korrekt.

Betrachten wir noch einmal die zugrunde liegende Abfrage:

```
SELECT  Artikel.ANr, Artikel.Bezeichnung,
        Lieferant.LNr, Lieferant.Name
FROM    Artikel, Lieferant;
```

In dieser Abfrage sind zwar die notwendigen Attribute und die entsprechenden Tabellen angegeben, aber es fehlt jegliche Information darüber, mittels welcher Attribute die Beziehung zwischen den Tabellen realisiert wird – das heißt konkret, die „Verbindung" zwischen dem Fremdschlüssel und dem Primärschlüssel fehlt.

Du erinnerst dich, jedem Artikel kann eindeutig ein Lieferant zugeordnet werden. Der jeweilige Lieferant wird durch seinen Primärschlüssel „LNr" eindeutig bestimmt. Dieser Primärschlüssel wird aufgrund der Tatsache, dass es sich um eine 1:n-Beziehung handelt, als Fremdschlüssel in die Tabelle Artikel eingefügt. Dieser wesentliche Zusammenhang muss in eine Abfrage über mehrere Tabellen unbedingt einfließen.

Allgemein kann festgehalten werden:
Eine Datenbank fasst Daten zu einem gesamten Problembereich zusammen. Diese Daten werden in verschiedenen Tabellen gespeichert. Diese Tabellen stehen wiederum miteinander in Be-

Mathematische Grundlage für die Realisierung der Operation Verbund/Join ist das **kartesische Produkt**, auch **Kreuzprodukt** genannt. Dieses Produkt kombiniert jeden Datensatz aus einer Relation R1 mit jedem Datensatz einer Relation R2. Die Anzahl der Zeilen in der sich so ergebenden Relation ist gleich dem Produkt aus der Anzahl der Zeilen aus Relation R1 und der Relation R2.

Nicht jede so entstandene Kombination ist für uns sinnvoll in Bezug auf die Auswertung der Datenbasis. Deshalb werden bei der Realisierung von Joins verschiedene Arten dieser Operationen definiert. Grundlage einer solchen Operation ist das kartesische Produkt. Anschließend folgen oftmals Select-Operationen, die die für unsere Join-Operation sinnvollen Kombinationen von Datensätzen herausfiltern.

ziehungen. Eine Auswertung der Datenbasis über die unterschiedlichen Tabellen hinweg wird als Verbund/Join bezeichnet.

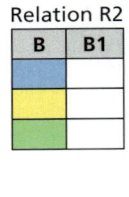

Relation R1

A	A1	A2

Relation R2

B	B1

⇓

A	A1	A2	B	B1

> **Verbund/Join:** Verknüpfung zweier Relationen mit gleichen Wertemengen.
>
> Sei A ein Attribut mit dem Wert a_i einer Relation R1 und B ein Attribut der Relation R2 mit dem Wert b_k, so ist das Ergebnis des Verbunds/Joins die Menge aller Datensätze für die gilt: $a_i = b_k$.

Eine Zuordnung des entsprechenden Lieferanten zum jeweiligen Artikel stellt einen solchen Verbund/Join dar. Durch die Auswahl einzelner Attribute aus der Ergebnistabelle wird eine anschließende Projektion realisiert.

Abfrage in SQL:
```
SELECT   Artikel.ANr, Artikel.Bezeichnung,
         Lieferant.LNr, Lieferant.Name
FROM     Artikel, Lieferant
WHERE    Artikel.LNr=Lieferant.LNr;
```

Im folgenden Bild ist die Abfrage unter Verwendung einer grafischen Bedieneroberfläche und als Ergebnistabelle dargestellt.

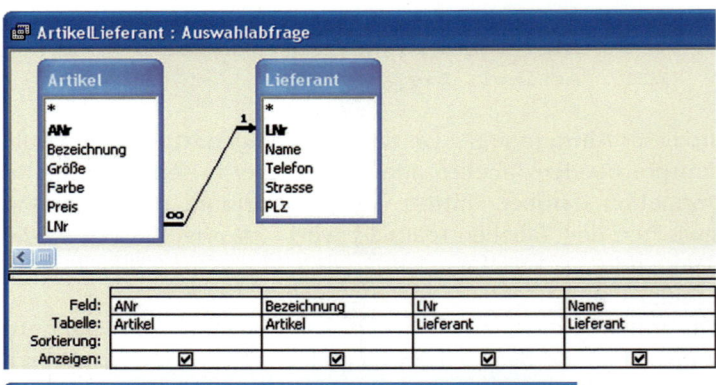

Das formale Ergebnis eines Verbundes ist eine große Tabelle, die alle Attribute sämtlicher Ausgangstabellen enthält und alle Datensätze, die durch die realisierten Verknüpfungen entstanden sind. Normalerweise benötigt man nur einzelne Ausschnitte aus dieser so entstandenen Tabelle. Diese Ausschnitte sind dann letztendlich das Ergebnis der aufeinanderfolgenden Anwendung der verschiedenen Operationen – Verbund, Selektion und Projektion.

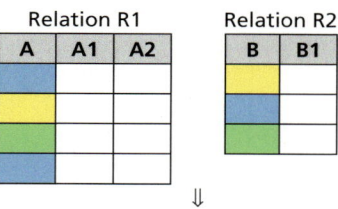

Du kannst beispielsweise eine Übersicht erstellen, welcher Kunde welchen Artikel bestellt hat.

Grundlage für die Abfrage über drei Tabellen ist die Realisierung des Verbundes von Kunde, Bestellung und Artikel. Anschließend werden die für die Übersicht erforderlichen Attribute mithilfe einer Projektion ausgewählt.

Abfrage in SQL:

```
SELECT  Name, Vorname, Bezeichnung, Größe,
        Farbe, Preis
FROM    Kunde, Bestellung, Artikel
WHERE   Kunde.KNr=Bestellung.KNr
        AND Bestellung.Anr=Artikel.Anr;
```

Im folgenden Bild ist die Abfrage unter Verwendung einer grafischen Bedieneroberfläche (links) und als Ergebnistabelle (rechts) dargestellt.

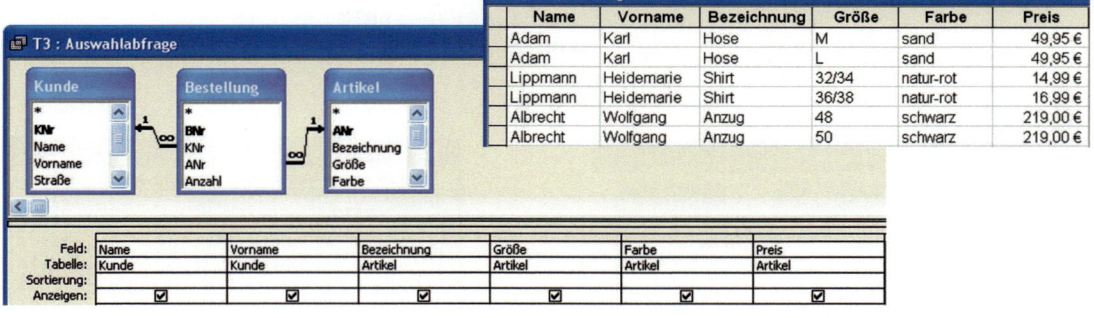

. . . .

10.32 Die soeben betrachtete Abfrage an die Datenbasis soll so erweitert werden, dass nur alle Datensätze aus T3 angezeigt werden, in denen der Kunde ein Shirt bestellt hat.
Welche Operation müsste noch durchgeführt werden? Formuliere diesen Schritt als SQL-Anweisung. Gib das Ergebnis der gesamten Operation als Tabelle an!
Setze schließlich diese Operation an der Datenbank um!

. . . .

10.33 Lösche gegebenenfalls deine durch die Bearbeitung von Aufgabe 10.32 gespeicherte Anfrage!
Suche dir nun einen Partner aus deiner Klasse und tauscht die Arbeitsplätze! Führe anschließend die Operation deines Partners auf der Grundlage seiner formalen Anweisungen an seiner Datenbank aus!
Bist du zurechtgekommen? Hat dein Partner seine Aufgabe erfüllen können? Tauscht euch gemeinsam zum Ergebnis der Aufgabe aus!

Mitunter ist es sinnvoll, Daten mit dem Ziel der statistischen Auswertung zusammen zu fassen. Auch diese Möglichkeit bietet die Auswertung einer Datenbasis.

> Die GROUP-**Klausel** ermöglicht das Zusammenfassen von Datensätzen für die Auswertung durch statistische Funktionen, durch Aggregatfunktionen.

Aggregatfunktionen
↗ Seite 235

So soll beispielsweise eine Übersicht erstellt werden, die den jeweiligen Kunden den aktuellen Bestellwert ihrer Bestellung zuordnet.

Abfrage in SQL:
```
SELECT  Name, SUM(Preis) AS SummePreis
FROM    Kunde, Bestellung, Artikel
WHERE   Kunde.KNr=Bestellung.KNr
        AND Bestellung.Anr=Artikel.Anr
GROUP BY   Name;
```

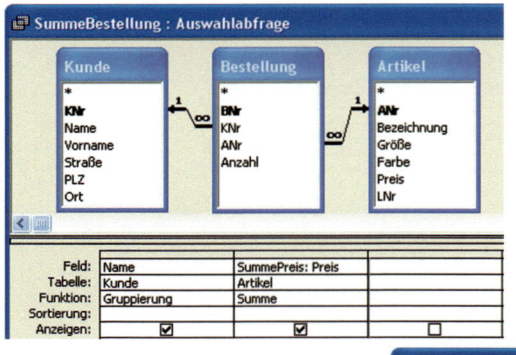

Name	Vorname	Bezeichnung	Preis
Adam	Karl	Hose	49,95 €
Adam	Karl	Hose	49,95 €
Lippmann	Heidemarie	Shirt	14,99 €
Lippmann	Heidemarie	Shirt	16,99 €
Albrecht	Wolfgang	Anzug	219,00 €
Albrecht	Wolfgang	Anzug	219,00 €

Name	SummePreis
Adam	99,90 €
Albrecht	438,00 €
▸ Lippmann	31,98 €

10.7 Datenpflege in Datenbanken

In Abschnitt 10.2 hast du kennengelernt, wie man die Daten in eine Datenbank aufnimmt, also Daten erfasst.

Aber, nachdem eine Datenbank einmal erstellt und mit Daten gefüllt ist, steht nicht nur die Auswertung der Datenbasis als Aufgabe. Der gesamte Datenbestand muss gepflegt werden. Das heißt, es müssen Daten eingefügt, gelöscht, korrigiert, aktualisiert werden …

Neben der Benutzung grafischer Oberflächen für die verschiedenen Aufgabenbereiche zur Datenpflege ist auch hier die Datenbanksprache SQL anwendbar.

Dafür steht dir in SQL die Sprachgruppe **DML** – **D**ata **M**anipulation **L**anguage **(Datenmanipulationssprache)** zur Verfügung.

Zum Einfügen konkreter Daten in die Tabellen dient die Anweisung `INSERT INTO`. Es folgt die Angabe der Relation, in die der Datensatz eingefügt werden soll sowie die Liste der Attribute und der Attributwerte.

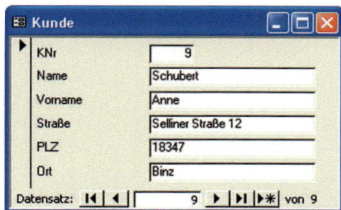

> **Datensatz einfügen:**
> ```
> INSERT INTO tablename (attribut_1, …, attribut_n)
> VALUES (wert_1, wert_2, …, wert_n);
> ```

1 Einfügen und bearbeiten eines Datensatzes unter Verwendung einer grafischen Bedienoberfläche, hier eines Formulars.

In die bereits vorhandene Tabelle Kunde unserer Datenbank Versandhandel soll beispielsweise eine weitere konkrete Kundin aufgenommen werden. Die Struktur der Tabelle ist durch das Schema festgelegt:

• *Kunde (KNr, Name, Vorname, Straße, PLZ, Ort)*

Die Attributwerte des neu aufzunehmenden Objektes der Klasse Kunde lauten:

i Beim Einfügen weiterer Datensätze in die Datenbank interessiert der SQL-Befehl sich wenig für die Datentypen. Wichtig ist die formale Struktur des jeweiligen Datensatzes.

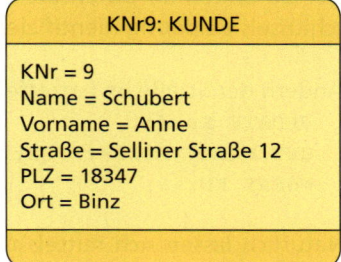

KNr9: KUNDE

KNr = 9
Name = Schubert
Vorname = Anne
Straße = Selliner Straße 12
PLZ = 18347
Ort = Binz

Einfügen eines Datensatzes in SQL:
```
INSERT INTO Kunde (KNr, Name, Vorname, Straße, PLZ, Ort)
VALUES ('Schubert', 'Anne', 'Selliner Straße 12', '18347' ,'Binz');
```

10.34 Wähle eine Tabelle deiner Datenbank Versandhandel, beispielsweise die Tabelle Kunde! Füge weitere Datensätze in diese Tabelle ein!

10.35 Dein Versandhandel möchte seine Produktpalette erweitern und gewinnt dafür einen neuen Lieferanten.
a) Überlege, auf welche Tabellen deiner Datenbank dieser Sachverhalt direkten Einfluss hat! Begründe!
b) Finde geeignete Beispiele von Objekten, die als Datensatz in der jeweiligen Tabelle eingefügt werden sollen! Stelle diese Objekte mit Objektkarten dar!
c) Füge diese Datensätze in die verschiedenen Tabellen deiner Datenbank ein!
   Nutze dazu eine grafische Oberfläche oder realisiere es unter Nutzung von SQL!

Mitunter müssen in existierenden Datensätzen einzelne Attributwerte geändert werden. Dafür wird die Änderungsanweisung UPDATE genutzt.

> **Datensatz ändern:**
> ```
> UPDATE tablename
> SET attribut1=wert1_neu [, …, attributn=wert_neu]
> [WHERE bedingung];
> ```

Die Angabe einer WHERE-Klausel unter UPDATE ist nicht zwingend notwendig.
Aber Achtung! Ohne WHERE-Klausel wird in allen Datensätzen der Tabelle der Wert des angegebenen Attributs geändert.

Kurz nachdem die Kundin Anne Schubert in die Datenbank aufgenommen wurde, hat sie zum Beispiel geheiratet und ist innerhalb des Ortes umgezogen. Die Werte der Attribute Name und Straße sind zu aktualisieren.

Der zu ändernde Datensatz wird durch den Wert des Primärschlüssels eindeutig identifiziert.

Ändern der Straße im betreffenden Datensatz mittels SQL:
```
UPDATE Kunde
SET Name='Müller', Straße='Bergener Straße 127'
WHERE KNr=9;
```

Natürlich lassen sich mittels UPDATE-Anweisung auch mehrere Datensätze gleichzeitig ändern. So kann ein neuer Preis einer bestimmten Preisgruppe zugewiesen werden. Beispielsweise kann die Änderung des Preises aller Artikel mit einem Preis von 29,45 € auf 29,95 € erfolgen:

```
UPDATE Artikel
SET Preis=29,95
WHERE Preis=29,45;
```

10.36 Wähle einen Namen in der Tabelle Kunde (Datenbank Versandhandel) aus, beispielsweise Lehmann! Führe nun eine Namensänderung in allen Datensätzen dieser Tabelle aus, die den ausgewählten Namen tragen – zum Beispiel Änderung von Lehmann in Leumann!
Mache anschließend diese Änderung wieder rückgängig!

Es kann passieren, dass ein Lieferant Probleme bei der termingerechten Bereitstellung der Artikel hat. Dies wiederum zwingt uns, auf einen neuen Lieferanten für diese Artikelgruppe umzusteigen. Es wird notwendig, dass dieser Lieferant und die von ihm gelieferten Artikel aus der Datenbank gelöscht werden.

Das Löschen einzelner Datensätze oder gar der Inhalt einer ganzen Tabelle erfolgt unter Verwendung der Löschanweisung `DELETE`.

Datensatz löschen:
```
DELETE FROM tablename
WHERE bedingung;
```

Tabelleninhalt löschen
```
DELETE tablename;
```

Löschen aller Artikel des Lieferanten mit der Lieferantennummer 17 und des Lieferanten selbst aus den entsprechenden Tabellen mittels SQL:
```
DELETE FROM Artikel
WHERE LNr=17;
DELETE FROM Lieferant
WHERE LNr=17;
```

10.37 Füge dich selbst als Kunde in der entsprechenden Tabelle ein und lösche diesen Datensatz anschließend wieder!

10.38 Ergänze nun in den Tabellen deiner Datenbank Versandhandel weitere Datensätze! Ändere gezielt ausgewählte Attributwerte, beispielsweise in der Tabelle der Artikel!

i Datenmanipulationen wie Einfügen, Ändern und Löschen werden in Datenbankmanagementsystemen am besten in der Datenblattansicht oder über Formulare durchgeführt. Dahinter stehen die hier aufgeführten SQL-Anweisungen.

Wenn du dennoch diese Befehle direkt mit SQL-Anweisungen ausführen möchtest, kannst du das in *MS Access* tun, indem du eine neue Abfrage in der Entwurfsansicht aufrufst und dann in die SQL-Ansicht wechselst. Dort kannst du die gewünschten Befehlszeilen eingeben, die Abfrage speichern und dann ausführen lassen.

Bedenke: Wenn du z. B. Datensätze einer Tabelle löschst, kann sich das auch auf andere Tabellen auswirken. Manchmal kann diese Anweisung auch gar nicht ausgeführt werden.
Erstelle Sie dir am besten eine Sicherung aller beteiligten Tabellen, bevor du eine Datenmanipulationsabfrage ausführst.

10.8 Anforderungen an ein Datenbankschema

Natürlich sollen die Vorteile, die die Speicherung, Verarbeitung und Auswertung großer Datenmengen mittels einer Datenbank bietet, effizient genutzt werden können.

Dazu muss das Modell, also letztendlich das relationale Modell bzw. das Datenbankschema, bestimmten Anforderungen entsprechen.

Anforderungen an ein Datenbankschema:
- Vermeidung von Redundanz
- Konsistenz der Daten
- Integrität des Datenbestandes
- referenzielle Integrität

i **Redundanz** bezeichnet ein Maß für den (Un-)Ordnungszustand eines Schemas. Es ist somit auch ein Maß für überflüssig gespeicherte Daten in einer Datenbank.
Ziel ist es, eine Datenbank von allen unnötigen Redundanzen, also mehrfach gespeicherten Daten, zu befreien. Ein Minimum an Redundanz ist jedoch beispielsweise durch die Realisierung der Beziehungen zwischen Tabellen mittels Fremdschlüssel in einer Datenbank immer gegeben.

Durch eine Optimierung des Modells und somit der Struktur der Datenbank kommt es zur **Vermeidung von Redundanzen**.

In unserem betrachteten Beispiel „Versandhandel" wurde für die Lieferanten eine eigene Klasse gebildet und letztendlich eine separate Tabelle erzeugt.

Somit mussten nicht zu jedem Artikel die vollständigen Lieferantendaten in die einzelnen Datensätze der Tabelle Artikel mit aufgenommen werden. Dies hätte zur Folge gehabt, dass zum Beispiel der Lieferantenname oder die Anschrift eines Lieferanten mehrfach gespeichert sein würde – ein typischer Fall von Redundanz:

Artikel_redundant : Tabelle

ANr	Bezeichnung	Größe	Farbe	Preis	LName	LTelefon
379004	Hose	S	sand	49,95 €	Sportbekleidungen Schulze & Sohn	03198345
379014	Hose	M	sand	49,95 €	Sportbekleidungen Schulze & Sohn	03198345
379024	Hose	L	sand	49,95 €	Sportbekleidungen Schulze & Sohn	03198345
379034	Hose	XL	sand	49,95 €	Sportbekleidungen Schulze & Sohn	03198345
423551	Shirt	32/34	natur-rot	14,99 €	Bekleidungs-Großhandel OHG	032890678
423552	Shirt	36/38	natur-rot	16,99 €	Bekleidungs-Großhandel OHG	032890678
423553	Shirt	40/42	natur-rot	18,99 €	Bekleidungs-Großhandel OHG	032890678
739104	Anzug	48	schwarz	219,00 €	Herren Bekleidung Müller	0404568708
739105	Anzug	48	grau	219,00 €	Herren Bekleidung Müller	0404568708
739114	Anzug	50	schwarz	219,00 €	Herren Bekleidung Müller	0404568708
739115	Anzug	50	grau	219,00 €	Herren Bekleidung Müller	0404568708

Um eine Datenbasis zu optimieren, also letztendlich auch redundanzfrei zu haben, kannst du verschiedene Regeln bereits im Prozess der Modellierung, also vom Entwurf des objektorientierten Modells bis hin zum relationalen Modell, beachten und anwenden.

Regel 1:
Verwende nur **atomare Attributwerte.** Das heißt, wähle als Attribute nur solche, die nicht strukturiert, also nicht mehr zerlegt werden können.

Ein typisches Beispiel dafür ist, dass du in Tabellen grundsätzlich Name und Vorname von Personen in getrennten Spalten erfassen solltest. Gleiches gilt beispielsweise für Ort und Straße bei Adressen.

10.39 Diskutiert welche Konsequenzen es für die Auswertung einer Datenbasis hätte, wenn Attributwerte nicht atomar vorliegen würden!

Regel 2:
Achte darauf, dass alle Nichtschlüsselattribute einer Tabelle vollständig **funktional abhängig vom Primärschlüssel** sind.

Anders ausgedrückt: Wenn ein Attribut einer Tabelle nur von Teilen des Primärschlüssels abhängt, dann wäre diese Regel verletzt.
Dieses Problem kann beispielsweise bestehen, wenn sich ein Primärschlüssel aus einer Kombination von Attributen zusammensetzt.
In unseren Beispielen ist das nicht der Fall.

Regel 3:
Stelle sicher, dass **keine transitive Abhängigkeit** eines Nichtschlüsselattributs von einem Schlüsselattribut existiert.

Im Beispiel „Versandhandel" kannst du eine noch existierende transitive Abhängigkeit eines Attributs vom Schlüsselattribut erkennen:
In den Tabellen, in denen die Adressen der Kunden oder der Lieferanten erfasst werden, sind jeweils sowohl die Postleitzahl als auch der Ort mit erfasst.
Die Folge ist auch Redundanz. Der Ort jedoch hängt nicht direkt vom jeweiligen Primärschlüssel ab, sondern wird eigentlich schon durch die Postleitzahl bestimmt. In einem solchen Falle kannst du die Datenbank optimieren, indem du eine neue Tabelle bildest, in der die Postleitzahl als Primärschlüssel fungiert (wir nehmen vereinfacht an, dass zu jeder Postleitzahl genau ein Ort und umgekehrt gehört).

 transitiv (lat.): übertragend, ineinander überführend
Transitive Abhängigkeit heißt, in gewisser Weise nur über Umwege funktional abhängig zu sein. Im Beispiel Versandhandel kann das wie folgt beschrieben werden:
Die Lieferantennummer *(LNr)* bestimmt den jeweiligen Lieferanten eindeutig, somit auch den Ort. Der Ort wiederum definiert die Postleitzahl *(PLZ).*
LNr $\longrightarrow$ *Ort* $\longrightarrow$ *PLZ*

- *Kunde (<u>KNr</u>, Name, Vorname, <u>PLZ</u>, Straße)*
- *Bestellung (<u>BNr</u>, <u>ANr</u>, <u>KNr</u>, Anzahl)*
- *Artikel (<u>ANr</u>, Bezeichnung, Größe, Farbe, Preis, <u>LNr</u>)*
- *Lieferant (<u>LNr</u>, Name, Telefon, <u>PLZ</u>, Straße)*
- *Sitz (<u>PLZ</u>, Ort)*

10.40 Überprüfe, ob deine selbst entwickelte Datenbank „Versandhandel" den Regeln 1 bis 3 entspricht! Optimiere gegebenenfalls deine Datenbank!
Notiere, wie du vorgegangen bist, um eine optimierte Datenbank zu erhalten!

Redundanzfreiheit ist eine Voraussetzung für die **Konsistenz der Daten**. Konsistenz beschreibt die Widerspruchsfreiheit der Daten einer Datenbasis.

Das heißt beispielsweise, wenn ein Attributwert in einem Datensatz geändert wird, so ist diese Änderung für die gesamte Datenbasis wirksam.

Obwohl beispielsweise ein bestimmter Kunde in unserer Datenbank „Versandhandel" mehrere Bestellungen aufgeben kann oder in verschiedenen Abfragen auftaucht, ist er als Datensatz nur einmal in der Tabelle Kunden gespeichert.
Du erinnerst dich: Das hat seine Ursache darin, dass jeder einzelne Kunde als Datensatz in der Tabelle Kunde erfasst und durch seinen Primärschlüssel eindeutig bestimmbar ist.

Alle Zusammenhänge zwischen den verschiedenen Tabellen und Abfragen, die sich auf einen speziellen Kunden beziehen, werden durch das Schlüsselkonzept repräsentiert. Das heißt, es erscheint lediglich der Wert des Primärschlüssels in den anderen, verschiedenen Tabellen bzw. Abfragen.

Daher musst du zum Beispiel eine Adressenänderung auch nur einmal im entsprechenden Datensatz in der Tabelle Kunde vornehmen. Diese Änderung wird dann sofort in allen betreffenden Abfragen mit wirksam.

10.41 Erstelle eine Abfrage „Test", in der auch die Adressdaten der Lieferanten enthalten sind!
Ändere nun in der Tabelle Lieferant in einem Datensatz den Attributwert für das Attribut Name!
Prüfe, ob diese Änderung auch in der eben erzeugten Abfrage „Test" wirksam wird!

Anhand der Formulierung von Bedingungen kann die **Integrität des Datenbestandes** erhöht werden. Damit wird weitgehend vermieden, dass einzelne Attributwerte außerhalb von Definitionsbereichen der Attribute liegen.

10.42 Wähle eine geeignete Tabelle aus deiner Datenbank „Versandhandel" aus, in der du eine Integritätsbedingung für ein Attribut festlegen möchtest!
Versuche anschließend, einen Attributwert außerhalb des festgelegten Bereiches zu vergeben! Hat das System diese Wertänderung verweigert?

Auch durch die Festlegung eines Primärschlüsselattributes wird eine Integritätsbedingung definiert: Kein Attributwert darf mehrfach vergeben werden, es muss eine eindeutige Zuordnung gewährleistet sein.

10.43 Wähle eine Tabelle deiner Datenbank!
Versuche, einen Primärschlüsselwert in dieser Tabelle doppelt zu vergeben!
Wie reagiert das DBMS? Begründe!

Referenzielle Integrität stellt sicher, dass zu jedem Wert eines Fremdschlüsselattributs in einer Tabelle T1 auch ein Datensatz in einer Tabelle T2 existiert, dessen Primärschlüssel den gleichen Wert besitzt.
Wenn du beispielsweise in der Datenbank „Versandhandel" einen Lieferanten löschen möchtest, der jedoch noch Artikel aus deinem Sortiment liefert, dann ist das nicht möglich. Das DBMS gibt dir eine entsprechende Meldung beziehungsweise Warnung.

10.44 Überprüfe, ob in deiner Datenbank „Versandhandel" referenzielle Integrität gewährleistet ist! Aktualisiere gegebenenfalls deine Datenbank dahingehend!

10.45 Füge in die Tabelle Artikel ein Produkt als Datensatz ein, welches im Versandhandel neu angeboten wird!
Gib als Verweis auf den Lieferanten eine Lieferantennummer (LNr) ein, die zu keinem der existierenden Lieferanten gehört! Wie reagiert das DBMS? Begründe!

1 In der Tabelle Artikel sind alle im Versandhandel angebotenen Artikel mit ihren Attributwerten erfasst. Dabei muss im Sinne der Integrität des Datenbestandes sichergestellt sein, dass alle Preise einen Wert größer null besitzen.

Datenbanksysteme

Ein **Datenbanksystem** ist eine systematisch strukturierte Zusammenfassung von Daten eines Problembereichs **(Datenbasis)** einschließlich der zur Eingabe, Verwaltung, Auswertung und Ausgabe erforderlichen Software **(Datenbankmanagementsystem, DBMS)**.

Datenbanksystem = Datenbasis + Datenbankmanagementsystem

Relationale Datenmodellierung und Datenbanken

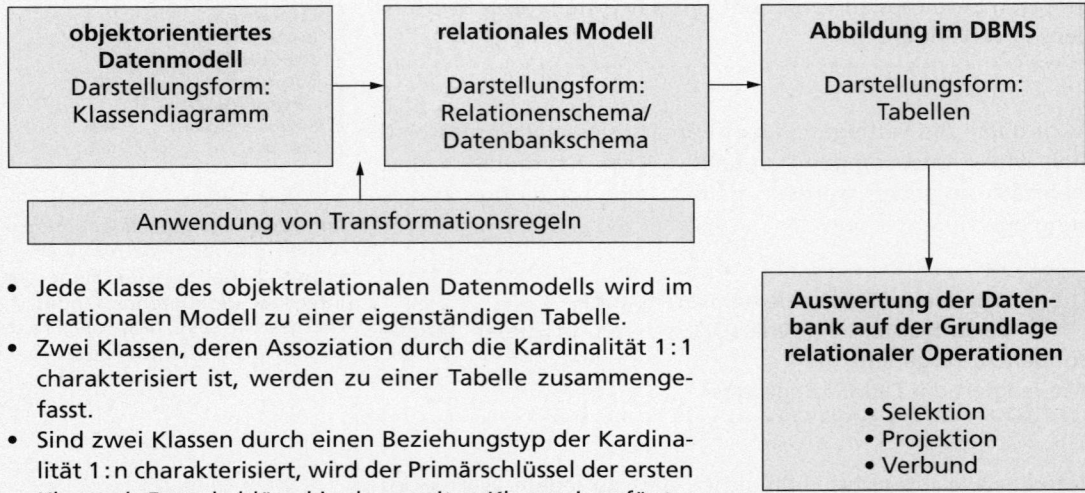

- Jede Klasse des objektrelationalen Datenmodells wird im relationalen Modell zu einer eigenständigen Tabelle.
- Zwei Klassen, deren Assoziation durch die Kardinalität 1:1 charakterisiert ist, werden zu einer Tabelle zusammengefasst.
- Sind zwei Klassen durch einen Beziehungstyp der Kardinalität 1:n charakterisiert, wird der Primärschlüssel der ersten Klasse als Fremdschlüssel in der zweiten Klasse eingefügt.
- Wenn zwei Klassen durch einen Beziehungstyp der Kardinalität n:m charakterisiert sind, entsteht eine neue Tabelle. Diese Tabelle enthält beide Primärschlüssel der jeweiligen Klasse als Fremdschlüssel. Falls die Beziehung durch weitere Attribute charakterisiert ist, werden diese mit in die Tabelle aufgenommen.

Datenbanksprache SQL

SQL (**S**tructured **Q**uery **L**anguage) ist eine Datenbanksprache, die als Standard zur Kommunikation mit relationalen Datenbanksystemen gilt. SQL besitzt folgende Sprachgruppen:
- **DDL** (**D**ata **D**efinition **L**anguage): Definition und Veränderung von Relationen, Schlüsseln und Indexen
- **DML** (**D**ata **M**anipulation **L**anguage): Erfassung und Pflege der Daten
- **QL** (**Q**uery **L**anguage): Anfragesprache zur Auswertung der Datenbasis
- **DCL** (**D**ata **C**ontrol **L**anguage): Vergabe und Organisation von Zugriffsrechten

SELECT-Anweisung:
```
SELECT  attribut_1 [, attribut_2, …, attribut_n]
FROM    tabelle_1 [, tabelle_2, …, tabelle_m]
WHERE   bedingung
GROUP BY attribut
ORDER BY attribut;
```

10.46 Ein ER-Modell für unsere EU-Datenbank könnte folgendermaßen aussehen:

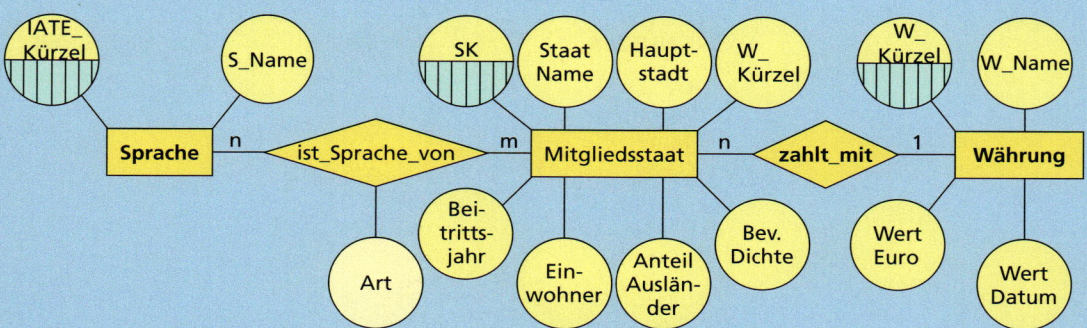

Die Tabellen MITGLIEDSSTAAT und SPRACHE haben wir bereits erzeugt (↗ Aufgabe 10.9 und 10.10, Seite 226).

a) Begründe, warum auch die Entitymenge Währung eine Tabelle im DBMS sein muss! Erzeuge die Tabelle WÄHRUNG!

b) Recherchiere im Internet nach den Währungen der einzelnen Mitgliedstaaten und ggf. nach aktuellen Wechselkursen! Befülle mit den gefundenen Daten die Tabelle WÄHRUNG! Nutze hierzu ein geeignetes Formular.

c) Begründe, warum man auch die Beziehung ist_Sprache_von durch eine Tabelle beschrieben werden muss! Erzeuge diese Tabelle und befülle sie (↗ auch Seite 219 und Seite 236)!

d) Beschreibe, wie man die Beziehung Mitgliedsstaat_zahlt_mit_Währung im DBMS abbilden kann! Gib anschließend das vollständige Datenbankschema an!

e) Vergleicht die entwickelten EU-Datenbanken in der Klasse! Diskutiert die eingegebenen Werte und aktualisiert sie gegebenenfalls! Führt auch Löschungen einzelner Datensätze durch – löscht z. B. in der Tabelle Mitgliedsstaat den Datensatz zu UK (Vereinigtes Königreich Großbritanien und Nordirland)! Diskutiert Auswirkungen auf andere Tabellen!

f) Gib mittels einer Abfrage eine Übersicht der in den EU-Staaten geltenden Währungen sowie deren aktuellen Wert bezogen auf den Euro!

g) Erstelle folgende Anfrage an die Datenbasis: Zeige alle EU-Staaten an, in denen Deutsch Amts- oder Minderheitensprache ist!

h) Lass dir eine Übersicht mit den Datenfeldern Beitrittsjahr, StaatName, Hauptstadt, W_Name und WertEuro anzeigen, die aufsteigend nach dem Beitrittsjahr und bei gleichem Beitrittsjahr nach dem Staatsnamen sortiert ist!

i Das Attribut WertEuro gibt den Wert der jeweiligen Währungseinheit in Euro an. Beispielsweise erhielt man am 09.02.2014 (WertDatum) für 1 SEK (Schwedische Krone) 0,11208 €.

10.47 Gegeben sei ein Ausschnitt eines Klassendiagramms für einen CD-Verleih in der Klasse.

NUTZER	leiht > n	CD	>	VERLEIHER
KNr Vorname Name Klasse	<		<	

Vervollständige die Attribute der Klassen und ergänze gegebenenfalls dieses Diagramm um weitere!

Wähle geeignete Bezeichnungen für die Assoziationen zwischen den Klassen. Welche Kardinalitäten gelten für die Beziehungen? Begründe!

1 Schlüssel können auch verbinden

10.48 Transformiere dein Klassendiagramm aus Aufgabe 10.47 in ein relationales Modell!

Gib es als Relationenschema beziehungsweise als Datenbankschema an!

Welche Transformationsregeln musstest du auf dein Modell anwenden?

Wie viele Relationen sind entstanden, die du als Tabelle im DBMS implementieren musst?

Hast du alle Primär- und Fremdschlüssel berücksichtigt?

10.49 Erfüllt dein in Aufgabe 10.48 erhaltenes relationales Modell die Anforderungen an ein Datenbankschema?

Überprüfe dein Modell dahingehend und optimiere es gegebenenfalls unter Verwendung der Regeln 1 bis 3 aus Abschnitt 10.8 (↗ Seite 253)!

10.50 Implementiere das Modell aus Aufgabe 10.49 unter Verwendung des dir zur Verfügung stehenden Datenbankmanagementsystems!

Hast du die Attribute und die dazugehörigen Datentypen richtig gewählt? Welche Bedingungen kannst du festlegen?

Gib nun alle notwendigen Daten ein! Nutze dafür beispielsweise geeignete Formulare.

Datensicherheit und Datenschutz

11

Unverschlüsselte E-Mails kann man mit Postkarten vergleichen: Jeder kann mitlesen. Es besteht allgemein ein großes Interesse, die Kommunikation zwischen Bürgern, Behörden und Unternehmen sicherer zu machen.

Die Bundesregierung hat mit **De-Mail** eine technische Richtlinie vorgegeben, die zum Schutz von E-Mails beitragen soll. Gleichzeitig setzte De-Mail die EU-Dienstleistungsrichtlinie in nationales Recht um. Diese Richtlinie verlangte, dass öffentliche Stellen bis Ende 2009 elektronische Kommunikation als verbindliches Medium akzeptieren sollten. Das heißt, per De-Mail zugesandte Verträge sind genauso gültig wie ein handschriftlicher Vertrag.

Hauptziel von De-Mail ist es also, Nachrichten und Dokumente über das Internet vertraulich, sicher und nachweisbar zu versenden und zu empfangen und damit ein elektronisches Pendant zur herkömmlichen Briefpost zu etablieren. Mit dem De-Mail-Dienst werden zertifizierte Anbieter betraut. Bei De-Mail wird die **Ende-zu-Ende-Verschlüsselung** genutzt:

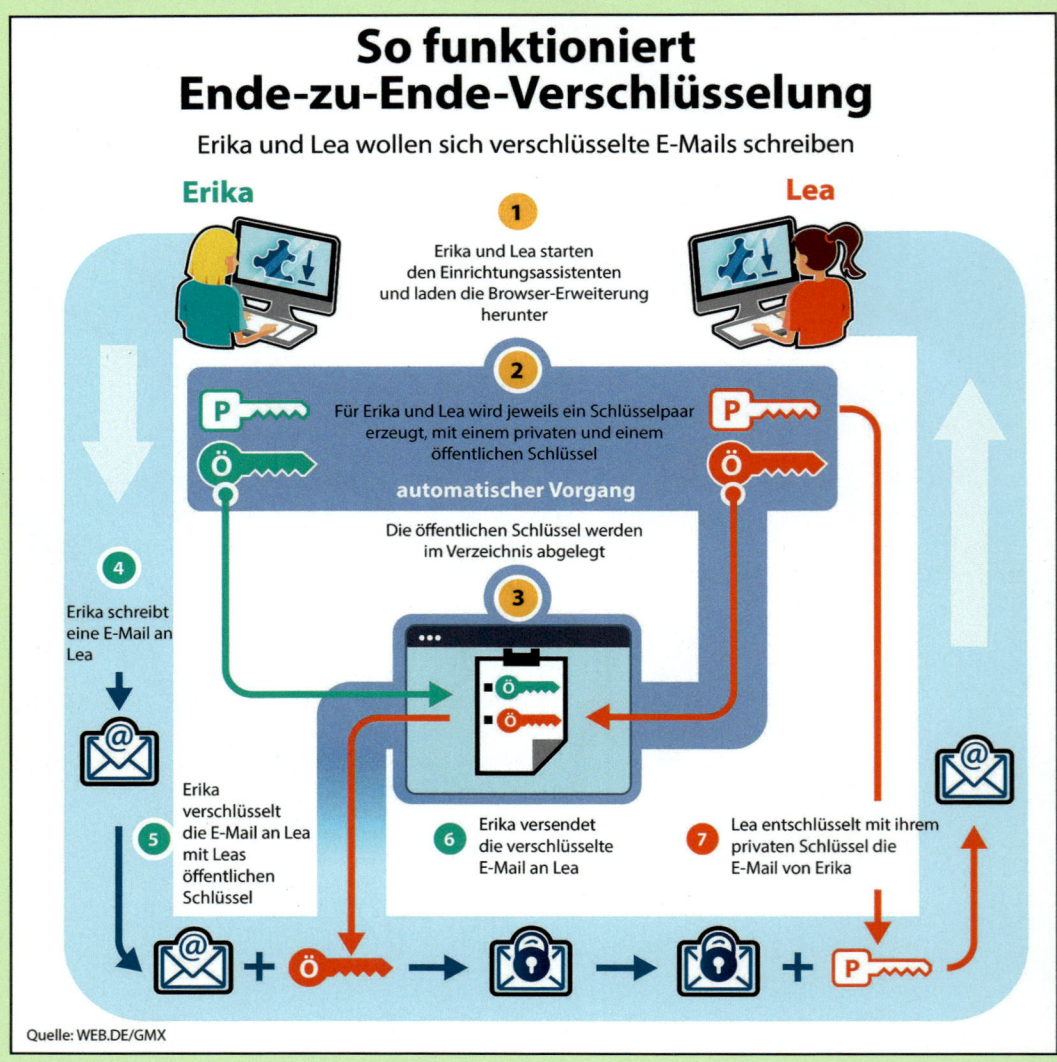

So funktioniert Ende-zu-Ende-Verschlüsselung

Erika und Lea wollen sich verschlüsselte E-Mails schreiben

Erika **Lea**

1 Erika und Lea starten den Einrichtungsassistenten und laden die Browser-Erweiterung herunter

2 Für Erika und Lea wird jeweils ein Schlüsselpaar erzeugt, mit einem privaten und einem öffentlichen Schlüssel

automatischer Vorgang

Die öffentlichen Schlüssel werden im Verzeichnis abgelegt

3

4 Erika schreibt eine E-Mail an Lea

5 Erika verschlüsselt die E-Mail an Lea mit Leas öffentlichen Schlüssel

6 Erika versendet die verschlüsselte E-Mail an Lea

7 Lea entschlüsselt mit ihrem privaten Schlüssel die E-Mail von Erika

Quelle: WEB.DE/GMX

Die Verschlüsselung von Informationen hat in der Geschichte der Menschheit schon immer eine Rolle gespielt, denn oft mussten vertrauliche Botschaften zwischen Kaufleuten, Königen und Kriegsherren übermittelt werden, wobei selbst der Überbringer der Nachricht deren Inhalt nicht kennen durfte.

CÄSAR ersetzte beispielsweise jeden Buchstaben eines vertraulichen Textes durch den Buchstaben, der im Alphabet drei Plätze weiter steht (↗ Aufgabe 1.8, Seite 17).
Mithilfe einer **Cäsar-Scheibe** (↗ nebenstehendes Bild), der technischen Umsetzung des Cäsar-Verfahrens, kann man eine Nachricht sehr einfach verschlüsseln oder auch entschlüsseln.

Leitfragen
- Wie funktioniert die Ende-zu-Ende-Verschlüsselung, wenn Lea eine E-Mail an Erika schreiben möchte?
- Was ist der wichtigste Unterschied zwischen Ende-zu-Ende-Verschlüsselung und Cäsar-Code?
- Welche Maßnahmen zur Gewährleistung von Datensicherheit gibt es bei der Arbeit mit Datenbanksystemen?
- Was sind wichtige Datenbanken im staatlichen Bereich? Gibt es Datenbanken im privatwirtschaftlichen Bereich?
- Gibt es ein Grundrecht auf Datenschutz?
- Was versteht man unter „informationeller Gewaltenteilung"?
- Was ist der Unterschied zwischen Datenschutz und Datensicherheit?
- Wie kann man gesammelte Daten vor Verlust oder auch vor unsachgemäßer Änderung durch andere Nutzer schützen?
- Wie sollten umfangreiche Datenmengen (Bilder, Text-Dokumente, Programme, ...) abgelegt werden, damit sie jederzeit leicht wiedergefunden werden können?
- Wie dauerhaft sind Speichermedien?
- Wie kann man sich vor Schadprogrammen – insbesondere vor Computerviren – effektiv schützen?
- Was bedeutet „Urheberrrecht"?
- Was ist ein Copyright-Zeichen?
- Was ist ein Lizenzvertrag?
- Gibt es Software, die man nicht kaufen muss und dennoch nutzen darf? Was ist hierbei zu beachten?

11.1 Datensicherheit bei der Arbeit mit Datenbank-systemen

Nachdem du dich ausführlich mit großen Datenmengen und deren Verarbeitung mithilfe von Datenbanken beschäftigt hast, stellt sich die Frage: Wie sicher sind deine Daten?

11.1 Diskutiert in Gruppen, welche „Gefahren" für die Daten bestehen, die in einer Datenbank zusammengefasst sind! Orientiert euch dabei auch an Datenbanken aus eurem Umfeld, beispielsweise der Schülerdatenbank eurer Schule.
Tauscht eure Ergebnisse aus und diskutiert mögliche Maßnahmen, um die Gefahren abzuwenden!

Sicherlich hast du festgestellt, dass du die Gefahren für die Daten unterscheiden kannst:
*   Zum einen sind es Gefahren, die sich durch die technische Funktionalität des Computersystems ergeben können. Im Moment eines Hardwarefehlers, z. B. durch den Ausfall einer Festplatte, ist ein Zugriff auf die Daten nicht mehr möglich.
*   Zum anderen gibt es Bedrohungen, die durch andere Personen bewusst oder unbewusst bestehen.

> Als **Datensicherheit** bezeichnet man alle Maßnahmen zum Schutz eines Informatiksystems und der darauf gespeicherten Daten gegen Schaden oder Verlust.

Ein Hauptaufgabenfeld der Datensicherheit ist das Verhindern von unberechtigten Zugriffen auf die Daten. Insbesondere gilt das für Systeme, auf die viele Nutzer Zugriff haben oder die über Kommunikationsleitungen erreichbar sind.

> Es werden i. Allg. drei wesentliche **Grundbedrohungen durch unberechtigten Zugriff** unterschieden:
> *   unbefugte Beeinträchtigung der Funktionalität
> *   unbefugte Modifikation von Informationen
> *   unbefugter Informationsgewinn

Eine **Beeinträchtigung der Funktionalität** eines Informatiksystems zieht immer einen **Verlust der Verfügbarkeit** des Systems und somit auch der Daten nach sich. Es gibt viele Ursachen, die gewollt oder ungewollt dazu führen können: Feuer, Spionage, Systemzusammenbruch, Wasser, Stromausfall, Blitzschlag und vieles andere mehr.

Das Verfälschen oder Löschen, aber auch das Neuanlegen von Daten stellt eine **unbefugte Modifikation** von Informationen dar. Das führt zum **Verlust der Integrität** eines Datenbestands. Angriffspunkte hierfür sind vor allem Speichermedien.

Ein **unbefugter Informationsgewinn**, beispielsweise durch das unbefugte Lesen von Daten oder das Abhören einer Kommunikationsleitung, bedeutet für den Betroffenen den **Verlust von Vertraulichkeit**.

11.2 Überlege, welche Auswirkungen es für einen neuen „Lottomillionär" haben könnte, wenn nebenstehende Meldung mit seinem Namen veröffentlicht würde! Informiere dich, wie durch Lottogesellschaften sichergestellt wird, dass kein unbefugter Informationsgewinn erfolgen kann, das heißt, der „Lottomillionär" nicht durch Dritte bestimmt werden kann!

Im Ergebnis der Bearbeitung von Aufgabe 11.2 hast du dich bereits mit Maßnahmen zur Datensicherheit auseinandergesetzt. In dem Moment, wo die Lottogesellschaft sicherstellt, dass der Name nicht in falsche Hände gerät, wird ein unbefugter Informationsgewinn verhindert und Datensicherheit praktiziert.

Überall, wo Daten erfasst oder gespeichert werden, sollten auch Vorkehrungen zur Datensicherheit getroffen werden.

> Klassifikation von **Maßnahmen zur Gewährleistung von Datensicherheit:**
> - physische Sicherheit
> - organisatorische Sicherheit
> - technische Sicherheit
> - personelle Sicherheit

Unter der **physischen Sicherheit** werden Maßnahmen zusammengefasst, die sich durch bauliche Gegebenheiten ergeben. Es sind Fragen der Unterbringung der Technik. Der Server einer Bank beispielsweise, auf dem die Kontendaten der Kunden gespeichert sind, muss sich in Räumen befinden, die bestimmten Sicherheitsstandards entsprechen.

Die durch geeignete Hard- und Software erreichte Sicherheit eines Informatiksystems umfasst die **technische Sicherheit**.

In dem Moment, wo viele Nutzer auf ein komplexes Informatiksystem, beispielsweise das Netzwerk deiner Schule, zugreifen, werden **organisatorische Maßnahmen zur Datensicherheit** notwendig. Diese umfassen zum Beispiel das Protokollieren und regelmäßige Auswerten der Ereignisse im Netz.

Personelle Sicherheit regelt Fragen, wie weit einem Nutzer, einem Systemadministrator oder dem Wartungspersonal ver-

Im Dezember 2007 war in der Presse zu lesen:

„Stuttgart (dpa) – Drei Spieler müssen sich den größten Jackpot der deutschen Lotto-Geschichte teilen. Ein Internet-Tipper aus Schleswig-Holstein, ein Spieler aus Thüringen und ein Leser der «Bild»-Zeitung aus Niedersachsen sagten die richtigen sechs Zahlen und die Superzahl voraus. Sie dürfen sich nun über eine Gewinnsumme von je 15,1 Millionen Euro freuen, teilte ein Sprecher des Deutschen Lotto- und Totoblocks am Donnerstag in Stuttgart mit. Der Jackpot hatte sich wegen der hohen Einsätze zuletzt nochmal von 43 Millionen auf über 45 Millionen Euro erhöht. Bereits am Mittwochabend war bekannt geworden, dass ein Spieler aus Niedersachsen das große Los gezogen hatte."

traut werden kann. Ein Systemadministrator z. B. hat Zugriff auf alle Daten des Systems oder Netzwerks. Es ist wichtig, dass er nur die Dinge tut, die in seinem Aufgabenbereich liegen.

11.3 Informiere dich über konkrete Maßnahmen, wie Datensicherheit im Computernetzwerk deiner Schule praktiziert wird! Ordne diese Maßnahmen den vier beschriebenen Schwerpunktfeldern zu! Erkennst du noch Lücken im System?

Auch bei der Arbeit mit Datenbanken, wo große Datenmengen zusammengefasst sind, sind Vorkehrungen zur Datensicherheit unerlässlich. Insbesondere dann, wenn auf diese Datenbanken verschiedene Personen oder Personengruppen Zugriff haben.
Datenbanken, aber auch andere Systeme, die von mehreren Anwendern genutzt werden, heißen **Mehrbenutzersysteme**. In diesen Systemen lassen sich entsprechende Benutzer eintragen beziehungsweise anlegen. Diese wiederum werden anschließend in Gruppen zusammengefasst. Die verschiedenen Gruppen sind durch Berechtigungen charakterisiert.
Betrachten wir dazu noch einmal unseren CD-Verleih (↗ Aufgabe 10.47 bis 10.50, Seite 258): Paul beispielsweise stellt nicht nur seine CDs für eine Ausleihe zur Verfügung. Er unterstützt die Aktion zusätzlich, indem er als Aufsicht mitwirkt. Daher wird Paul der Gruppe Aufsicht zugeordnet.
In der Zeit, in der Paul seine Aufgaben als Aufsicht wahrnimmt, benötigt er Zugriff auf verschiedene Daten. Insbesondere die Tabelle „Ausleihe" ist hier von Bedeutung. Dort werden alle Vorgänge des Ausleihens und der Wiederabgabe von CDs erfasst. Somit benötigt die Gruppe Aufsicht spezielle Berechtigungen:

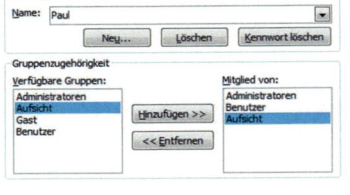

1 Paul wird der Gruppe Aufsicht zugeordnet. In MS Access findet man die entsprechenden Einstellungen unter „Datei ⟶ Benutzer und Berechtigungen".

i Nicht nur im Zusammenhang mit Datenbanken werden Rechte und Berechtigungen vergeben. Dies wird beispielsweise auch für Ordner und Dateien in Netzwerken notwendig.

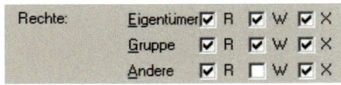

Dabei gilt:
r read   Leserecht
w write   Schreibrecht
x execute Recht zum Ausführen

Benutzer der Gruppe Aufsicht erhalten beispielsweise einen vollen Zugriff auf die Daten, die in der Tabelle Ausleihe zusammengefasst sind. Jedoch ist die Möglichkeit der Änderung der Datensatzstruktur für diese Benutzer nicht gegeben. Für den Entwurf gibt es nur einen lesenden Zugriff.

Für unsere Beispieldatenbank könnte es durchaus auch sinnvoll sein, dass Gäste einen Zugriff auf den Teil der Datenbasis erhalten, in dem alle Informationen zu den angebotenen CDs enthalten sind. Informationen zu den Kunden, zum Beispiel deren Adressen, sollten hingegen für diesen Personenkreis verborgen bleiben.

Benutzer der Gruppe Gast erhalten nun lediglich einen lesenden Zugriff auf die Daten, die in der Tabelle CD zusammengefasst sind. Diese umfassen neben der CD-Nummer den Titel der CD, den Interpreten und das Erscheinungsjahr. Das könnte unter Verwendung eines Formulars erfolgen. Für dieses Formular wiederum werden die Rechte eingeschränkt. Es wird sichergestellt, dass durch Personen, die der Gruppe Gast zugeordnet sind, keine Daten gelöscht, verändert oder neu eingetragen werden können.

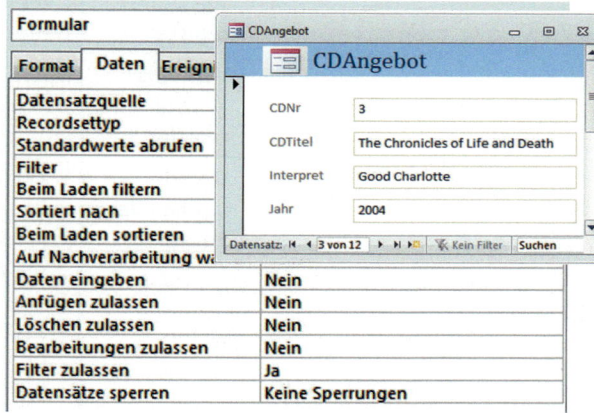

1 Zugriff für Gäste: Die Datenzugriffsrechte lassen sich unter MS Access im Eigenschaftsblatt unter der Entwurfsansicht des entsprechenden Formulars eintragen.

11.4 Bildet Gruppen von 3 bis 5 Schülern!
Diskutiert, welche Gruppen von Benutzern ihr für eine CD-Bibliothek anlegen würdet!
Erstellt eine Übersicht, die konkret festlegt, welche Gruppe auf welche Objekte der Datenbank Zugriff hat!
Welche Berechtigungen würdet ihr für den jeweiligen Zugriff einräumen?

In dem Moment, wo mehrere Benutzer einer Datenbank gemeinsam auf eine Datenbasis zugreifen, müssen weitere Probleme beachtet werden.
Es muss beispielsweise gewährleistet sein, dass jeder Nutzer die Sicht auf die aktuellen, auf die richtigen Daten erhält.
Wird zum Beispiel aufgrund von Umzug eine Änderung der Daten zur Adresse eines Kunden notwendig, kann man für die Zeit der Arbeit am konkreten Datensatz diesen sperren. Würde genau zu diesem Zeitpunkt ein anderer Mitarbeiter eine weitere Änderung am Datensatz vornehmen wollen, ist dies nicht möglich. Er muss warten, bis die erste Änderung vollzogen ist, bevor er auf den Datensatz wieder zugreifen kann.
Mit diesem Verfahren wird sichergestellt, dass auch wirklich alle Änderungen am Datensatz berücksichtigt werden.

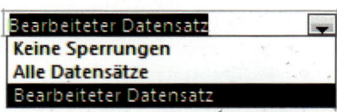

2 Sperrung von gerade bearbeiteten Datensätzen

11.2 Datenbanken und Datenschutz

Seit Anfang der 1980er-Jahre entstanden umfangreiche Datenbanken in verschiedenen gesellschaftlichen Bereichen.
Im Folgenden sind wichtige **Datenbanken für den staatlichen Bereich** aufgeführt:

Sozial-datenbank	Datenbank mit Angaben zur sozialen Sicherung von Bürgern beim Bundesministerium für Arbeit und Sozialordnung
Ausländer-register	Datenbank mit Wohnsitzen und Personendaten in Deutschland lebender Ausländer
Verkehrs-zentral-register	Datenbank beim Kraftfahrt-Bundesamt mit Angaben über Fahrzeuge, Halter und Verkehrsverstöße
Daten-banken der Polizei	• **ZPI** (Zentraler-Personen-Index) mit Angaben über Personalien sowie Fundstellen von Akten • **PIOS** (Personen, Institutionen, Objekte, Sachen) mit Angaben zu Rauschgifthandel und Terrorismus • **SSD** (Straftaten-/Straftäterdatei) mit Angaben über Straftaten, Tatumstände, Täter und Zeugen • **SIS** (Schengener Informationssystem), länder-übergreifendes computergestütztes Fahndungssystem

ℹ️ Das **Schengener Informationssystem** ist das erste länderübergreifende computergestützte Fahndungssystem.
Es trat am 26.3.1995 in Kraft. Der Zentralcomputer steht in Straßburg.

Es folgt eine Übersicht mit einigen **Datenbanken im privatwirtschaftlichen Bereich:**

Schufa	Datenbank der Schutzgemeinschaft zur allgemeinen Kreditsicherung mit Daten über alle Kontenbesitzer von Banken und Sparkassen (Banken und Sparkassen erhalten von der Schufa Auskünfte über die Kreditwürdigkeit ihrer Kunden)
Reisebüro	Datenbanken über alle Flüge mit zugehörigen Daten – einschließlich der Information, ob ein gewünschter Flug ausgebucht ist oder nicht
Versiche-rungen	• Alle Kfz-Besitzer sind in einer zentralen Datenbank aller Kfz-Versicherer gespeichert. • Seit 1984 existiert in der BRD auch eine Datenbank über Kfz-Besitzer, die in einen Schadensfall verwickelt sind.
Personal-informa-tions-systeme	Datenbanken in einigen Großbetrieben der Bundesrepublik, in denen umfangreiche Daten über alle Betriebsangehörigen gespeichert sind

ℹ️ Allein das Kfz-Kennzeichen reicht aus, um die Besitzer von Kraftfahrzeugen, deren Versicherung und Versicherungsnummer zu ermitteln.

11.5 Es ist heute leicht möglich, Datenbanksysteme „zusammenzuschalten".
Überlegt, welche Auswirkungen ein solcher Zusammenschluss haben könnte, und diskutiert in der Klasse darüber!

Als im Zusammenhang mit der Einführung eines maschinenlesbaren Personalausweises in der Bundesrepublik Deutschland 1983 eine Volkszählung durchgeführt werden sollte, weigerten sich viele Bürger, die entsprechenden umfangreichen Formulare auszufüllen. Sie befürchteten, dass ihre persönlichen Daten missbraucht werden könnten.

Gegen den Widerstand der Bundestagsmehrheit, der meisten Bundesländer und vieler Experten wurde ein richtungsweisendes gerichtliches Urteil (Urteil des Ersten Senats des Bundesverfassungsgerichts vom 15. Dezember 1983) erstritten. In diesem Urteil heißt es u. a.:

„Wer damit rechnet, daß etwa die Teilnahme an einer Versammlung oder einer Bürgerinitiative behördlich registriert wird und daß ihm dadurch Risiken entstehen können, wird möglicherweise auf die Ausübung seiner entsprechenden Grundrechte verzichten. Dies würde nicht nur die individuellen Entfaltungschancen des einzelnen beeinträchtigen, sondern auch das Gemeinwohl, weil Selbstbestimmung eine elementare Funktionsbedingung eines auf Handlungs- und Mitwirkungsfähigkeit seiner Bürger begründeten freiheitlichen demokratischen Gemeinwesens ist."

Die geplante Volkszählung der Deutschen von 1983 wurde als teilweise verfassungswidrig erklärt. Weitaus wichtiger ist allerdings, dass das Bundesverfassungsgericht ein Grundrecht auf Datenschutz festgelegt hat.

Das **Grundrecht auf Datenschutz** besteht aus folgenden Komponenten:
- informationelles Selbstbestimmungsrecht
- Zweckentfremdungsverbot
- informationelle Gewaltenteilung

Das **informationelle Selbstbestimmungsrecht** beinhaltet den Schutz des Einzelnen gegen unbegrenzte Erhebung, Speicherung, Verwendung und Weitergabe personenbezogener Daten: Jeder Bürger kann grundsätzlich selbst über die Preisgabe und Verwendung seiner persönlichen Daten bestimmen.

Seit 1983 scheint das Bewusstsein für die Gefahren von Datenmissbrauch rückläufig: Die Mitglieder sozialen Netzwerke geben massenhaft Daten von sich selbst oder auch von anderen weiter. Es müsste eigentlich jedem bewusst sein, dass die Datenweitergabe nicht auf einen klar abgegrenzten Personenkreis zielt, sondern dass die betreffenden Daten allen Internetnutzern zugänglich gemacht werden.
Gutgläubigkeit erleichtert kriminelle Aktivitäten wie Mobbing, Stalking, Phishing (Diebstahl persönlicher Daten über gefälschte Internetseiten) und Spionage.
Jeden Monat stellen die Nutzer von Facebook, Google oder ähnlichen Plattformen Milliarden neuer Fotos ins Internet – auch von Personen, die in sozialen Netzwerken gar nicht angemeldet sind und ihr Einverständnis zur Veröffentlichung der Fotos nicht geben würden.
(vgl. hierzu auch Abschnitt 6.4 ab Seite 134)

Dieser Schutz basiert auf der Auslegung folgender Verfassungsartikel:
Art. 2 Abs. 1 (freie Entfaltung der Persönlichkeit);
Art. 1 Abs. 1 (Menschenwürde).

Das **Zweckentfremdungsverbot** bedeutet: Werden personenbezogene Daten gesammelt, muss der Gesetzgeber den Verwendungszweck bereichsspezifisch und präzise bestimmen. Außerdem ist ein Nachweis erforderlich, dass die gesammelten Daten für den verwendeten Zweck geeignet sind.

Die Sammlung personenbezogener Daten auf Vorrat ist unzulässig. Vorkehrungen zur Durchsetzung des Zweckentfremdungsverbots sind:

• Aufklärungs-, Auskunfts- und Löschungspflichten,
• Weitergabe- und Verwertungsgebote,
• Kontrolle durch „unabhängige Datenschutzbeauftragte".

Informationelle Gewaltenteilung schließlich bedeutet: Innerhalb einer Verwaltung oder Behörde darf nicht jede Stelle im Interesse des Schutzes des Einzelnen und der gegenseitigen Machtkontrolle alles über jeden wissen.

Neben dem Grundgesetz (der Verfassung) und dem Bundesdatenschutzgesetz gibt es auch eine entsprechende Europarichtlinie zum Datenschutz vom 24.10.1995 über den Umgang mit personenbezogenen Daten.

Im **Bundesdatenschutzgesetz (BDSG)**, das sowohl für private Unternehmen als auch für Bundesbehörden gilt, sind eine Reihe von weiteren Rechten der Bürger bezüglich ihrer Personendaten niedergelegt.

Die **Landesdatenschutzgesetze**, die für die entsprechenden Landesbehörden gelten, untermauern diese Rechte.

Rechte der Bürger nach den Datenschutzgesetzen
Jeder Bürger hat das Recht auf:
• Auskunft darüber, *welche Daten* von ihm gespeichert sind, über den *Zweck der Speicherung* und über die *Herkunft der Daten;*
• Berichtigung falsch gespeicherter Daten;
• Löschung unzulässig gespeicherter Daten;
• Sperrung von Daten (wenn die Richtigkeit der Daten nicht feststellbar ist);
• Schadenersatz, wenn ein Schaden durch die unzulässige oder falsche Speicherung seiner Daten entstanden ist.

11.6 Was sollte bei der Weitergabe von personenbezogenen Daten im privatwirtschaftlichen Bereich (auch im Internet) beachtet werden?

Notiere mindestens zwei Empfehlungen für die Datenweitergabe an Versicherungen oder Versandhäuser!

Datenschutz ist eine gesellschaftliche Aufgabe und muss mit rechtlichen Mitteln durchgesetzt werden.

11.3 Datenschutz und -sicherheit als allgemeine Aufgabe

Bei der Arbeit an informationsverarbeitender Technik, im Umgang mit Anwendungsprogrammen und insbesondere mit Datenbanksystemen hat *Datenschutz* auch eine technische Bedeutung im Sinne von **Datensicherheit:**

- Wie können gesammelte Daten vor Verlust oder unsachgemäßer Veränderung durch andere Nutzer geschützt werden?
- Wie sollten umfangreiche Datenmengen strukturiert und abgelegt werden, damit sie jederzeit leicht wiedergefunden werden können?

Im Folgenden wollen wir einige Problemkreise betrachten, die sich auf die Datensicherheit beziehen. Im Einzelnen sind das:

- Datenverwaltung,
- Datensicherung,
- Schutz vor Schadprogrammen.

Datenschutz bezieht sich nicht nur auf die Daten, die du selbst erzeugt hast. Beim Umgang mit Daten und Programmen sind auch rechtliche Aspekte zu beachten, die wir anschließend betrachten – nämlich Urheberrechte (auch im Internet).

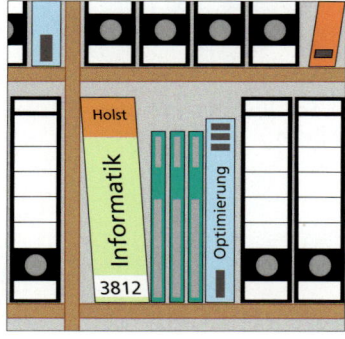

Datenverwaltung: Mit der Zeit sammelt sich bei der Arbeit am Computer ein riesiger Berg von Daten an. Es ist unumgänglich, dass diese Daten geordnet werden, z. B. wie in einem Aktenschrank (Datenträger), indem in einzelnen Fächern (Partitionen) Aktenordner (Verzeichnisse) stehen, in denen gebündelt (Unterverzeichnisse) Schriftstücke (Dateien) abgelegt sind.
Durch eine sinnvoll strukturierte Datenablage auf den Speichermedien kann also die Wiederauffindbarkeit von Dateien und damit die Datensicherheit erhöht werden.

1 Ordner dienten auch schon vor der Entwicklung des Computers zur Ablage von Informationen. Dabei sollten Ordnertitel und Informationen auf dem Ordnerrücken auf den Inhalt des Ordners schließen lassen.

11.7 Wie kannst du selbst die Datenablage optimal organisieren? Gib drei Beispiele an!
Welche Mittel und Methoden bietet dein Betriebssystem zur Unterstützung des Suchens und Findens von Dateien?

Datensicherung: Daten, die für den Nutzer wichtig sind, müssen gespeichert werden. Dies kann auf der Festplatte, aber auch auf externen Speichermedien geschehen.

11.8 Was sollte bei der Sicherung der Dokumente beachtet werden, die du mit Anwendungsprogrammen erstellt hast? Nenne mindestens drei Beispiele und diskutiere diese!

Wie dauerhaft sind Speichermedien?

Erschreckend ist das Phänomen, dass mit jeder Höherentwicklung der Speichertechnik auch Information massenhaft verloren geht, weil die Träger der Information einem größeren Verschleiß unterliegen und auch die Speicherungstechnik schneller veraltet:

- Mehr als 3000 Jahre alte Tontafeln kann man heute noch entziffern, weil die Keilschrift „dechiffriert" ist. In einer von JOHANN GUTENBERG im 16. Jahrhundert gedruckten Bibel aus säurefreiem Papier kann man heute noch blättern und lesen.
- Eine vor 70 Jahren gepresste Schellack-Schallplatte kann man heute noch hören, wenn man einen entsprechenden Phonographen besitzt.
  Zumindest ist dies in einigen Jahren genauso leicht oder schwierig, wie sich an einer vor 20 Jahren hergestellten Schallplatte zu erfreuen.
- Die elektronisch gespeicherten Daten der US-Volkszählung von 1960 sind heute unlesbar.
- Textdateien, mit *Wordstar* geschrieben und auf einer 5,25-Zoll-Diskette gespeichert, sind nicht mehr lesbar, weil man *Wordstar* evtl. nicht mehr besitzt, die Konvertierung in ein anderes Textverarbeitungsprogramm kaum möglich ist und 5,25-Zoll-Diskettenlaufwerke gar nicht mehr hergestellt werden.
- Die Hersteller von CD-ROMs und DVDs bescheinigten diesen Speichermedien bei entsprechend sorgsamem Umgang eine Nutzungsdauer von 100 Jahren.
  Nur – gibt es in 100 Jahren CD-ROM-Laufwerke und die zur Speicherung genutzten Datei-Formate überhaupt noch?
  Bereis heute lösen USB-Sticks CD-ROMs und DVDs ab.

1 Schallplatte aus den 1980er-Jahren

Aus den im Lesetext genannten Gründen solltest du beim Anlegen von Sicherungskopien außerdem bedenken:

- Sicherungskopien von Dateien sollten mit dem Fortschreiten der Speichertechnik auf die jeweils neuen Speichermedien übertragen werden.

Zu universellen Datenaustauschformaten ↗ auch Abschnitt 12.2, Seite 285 f.

- Es ist sinnvoll, wichtige Dateien zusätzlich in einem universellen Datenaustauschformat zu speichern (Textdateien beispielsweise im einfachen ASCII-Format „.TXT" oder im Rich-Text-Format „.RTF").
- Ein Ausdruck auf Papier ist immer noch die sicherste Methode, dass wichtige Informationen auf Dauer nicht verloren gehen.

Schutz vor Schadprogrammen: Schadprogramme **(Malware)** sind Computerprogramme, die entwickelt wurden, damit der Benutzer unerwünschte und schädliche Funktionen ausführt.

Computerviren sind die ältesten Schadprogramme. Wenn man heute von Virenschutz spricht, meint man den Schutz vor jeglicher Malware. Viren bringen Informatiksysteme zum Absturz, löschen Daten und verursachen oft Schäden in Millionenhöhe.

> Ein **Virus (Computervirus)** ist ein Programmteil, meist im Maschinencode, das sich in andere Programme **(Wirtsprogramme)** hineinkopieren und somit vervielfachen lässt und gleichzeitig meist schädliche Funktionen in einem Computersystem auslösen kann.

Fast alle Viren besitzen den gleichen Aufbau:

1. *Erkennungsteil:* Mit diesem Programmstück wird festgestellt, ob das Programm, welches infiziert werden soll, schon vom gleichen Virus befallen ist.
   Eine entsprechende Kennung ist oft im Programmkopf des Wirtsprogramms abgelegt.
2. *Infektionsteil:* Dieses Programmstück bewirkt das Einlesen des zu infizierenden Programms in den Arbeitsspeicher, das Hinzufügen des gesamten Virusprogramms und das Zurückschreiben des Wirtsprogramms auf das Speichermedium.
3. *Funktionsteil:* Mit diesem Programmstück löst der Virus gut- oder bösartige Funktionen im infizierten Programm oder auch im gesamten Computersystem aus.

Man unterscheidet
- **Boot-Viren**, die sich im Bootblock einer Festplatte einnisten und beim Starten (Booten) des Computers in den Arbeitsspeicher gelangen;
- **Datei-Viren**, die in einem Wirtsprogramm eine Programmzeile einfügen, welche relativ leicht zu entfernen ist;
- **Makro-Viren**, die Dokumente von *MS Office (Access, Word, Excel, PowerPoint)* befallen und in der Programmiersprache *Visual Basic for Applications (VBA)* programmiert sind.

11.9 a) Warum ist der Vergleich mit „echten" Viren durchaus gerechtfertigt? Warum wurde nicht die Analogie zu den Bakterien gewählt?
b) Welche Virusart liegt vor, wenn ein Virensuchprogramm
   - beim Starten eines Spiels einen Virus meldet?
   - das Öffnen einer Access-Datenbank verhindert?
   - beim Hochfahren des Computers Alarm schlägt?

i Neben Viren gibt es folgende Typen von Schadprogrammen:
- **Würmer und Trojaner** sind eigenständige Programme, mit denen der Computer ferngesteuert wird (↗ Seite 272).
- Mit **Spyware und Adware** wird das Nutzerverhalten des Computerbesitzers ausspioniert, um diese Informationen dann entweder zu verkaufen oder um gezielt Werbung zu platzieren.
- **Scareware** soll den Benutzer beispielsweise durch Warnmeldungen verunsichern und dazu verleiten, schädliche Software zu installieren oder für ein unnützes Produkt zu bezahlen.

1 Der Name Computer-„Virus" wurde in Analogie zu den biologischen Krankheitserregern gewählt. Dargestellt ist hier das Ebola-Virus.

Zu den Viren im weiteren Sinne gehören Würmer und Trojaner:
- **Würmer** benötigen kein Wirtsprogramm. Sie sind eigenständige Programme, die ursprünglich erstellt wurden, um in Rechnernetzen Kontrollfunktionen zu übernehmen und die Funktionsfähigkeit einzelner Computer zu überprüfen. Heutige Würmer verteilen sich per E-Mail-Anhang über das Internet, indem sie über willkürlich gewählte IP-Adressen nach anfälligen Computersystemen suchen.
- **Trojaner** (benannt nach ODYSSEUS' List mit dem Holzpferd, welche zur Einnahme Trojas führte) sind nicht dokumentierte Programmteile, die sich in käuflich erworbener oder aus dem Internet heruntergeladener Software verbergen. Während der Nutzer mit dem Programm arbeitet, werden im Hintergrund Daten ausspioniert. Trojaner können über Jahre „schlafen" und stellen dem Nutzer erst aufgrund eines Passworts Funktionen zur Verfügung, die katastrophale Auswirkungen haben.

Mit dem Auftreten der ersten Viren wurden **Antivirenprogramme (Virenscanner)** entwickelt, die Dateien, Bootsektoren und Arbeitsspeicher auf Virenkennungen (die Bytefolgen im Programmkopf des Wirtes) hin durchsuchen. Bei Feststellung einer Infektion versucht der Virenscanner, die schädlichen Programmzeilen zu entfernen. Besser ist es, das gesamte Wirtsprogramm zu löschen.
Die meisten Virenscanner besitzen auch eine Immunisierungsfunktion: Alle Kennungen bekannter Viren werden in den Programmkopf des jeweiligen Programms geschrieben. Ein angreifendes Virus „glaubt" nun, das immunisierte Programm wäre bereits von ihm infiziert worden.

Du solltest die Gefahren, die von Viren, Trojanern und Würmern ausgehen, nicht unterschätzen.

Folgende **Schutzmaßnahmen** sollte man **vor oder bei Befall von Viren** ergreifen:
- Es sollte immer nur Originalsoftware verwendet werden.
- Alle Software, die aus unsicheren Quellen stammt, wird vor dem ersten Einsatz mit der neuesten Version eines Virenscanners geprüft.
- Virenscanner sollten regelmäßig zum Einsatz kommen. Der Scanner kann in das Betriebssystem eingebunden und beim Start des Computers automatisch aktiviert werden.
- Stellt man Virenbefall fest, werden die entsprechenden Programme gelöscht und neu installiert. Am sichersten ist es, die Festplatte neu zu formatieren.

11.10 Wie kannst du dich an einem Computer mit Internetanschluss vor Computerviren schützen?
Nenne mehrere Möglichkeiten je nach Sicherheitsaufwand!

Internet und Recht: Im Internet kann man wie nie zuvor massenhaft Ideen, Bilder und Musik verbreiten. Solche Informationen werden mitunter recht bedenkenlos auf eigene Web-Sites übertragen oder in anderen Publikationen (z. B. Büchern) veröffentlicht und somit gewollt oder unbewusst unter dem eigenen Namen weiterverbreitet.

Eigentlich ist aber jede Grafik, jedes Foto, jeder Text mit der Veröffentlichung auf einer Web-Site urheberrechtlich geschützt, meist sogar mit einem Copyright-Zeichen versehen.

Auch im Internet solltest du sorgsam mit dem geistigen Eigentum anderer umgehen. Selbst wenn es bezüglich Internet-Veröffentlichungen noch rechtliche Unsicherheiten gibt, die durch neue Gesetze beseitigt werden müssen, beschäftigen sich die Gerichte zunehmend mit Fällen von Verletzung des Urheberrechts.

Neuerdings werden im Internet Bilder und Texte veröffentlicht, bei denen der Urheber seine Rechte selbst einschränken kann. Dieses Rechtsmodell heißt **Creative Commons** oder CC.

> Das **Urheberrecht**, also die Gesetze und Verordnungen zum Schutz geistigen Eigentums in den unterschiedlichen Gebieten des menschlichen Schaffens, gilt auch für Software.
> Mit einem **Copyright-Zeichen (©)** wird oft angezeigt, dass jemand Urheberrechte für sich und andere reklamiert. Dieses Zeichen führt nicht zu Urheberrechten (die werden gesetzlich bestimmt), dennoch sollte jeder dieses Zeichen beachten.

Die unberechtigte Vervielfältigung und das unerlaubte Vertreiben von Kopien der geschützten Software kann mit hohen Strafen geahndet werden, selbst dann, wenn die Kopien der eigenen Nutzung dienen und man sich keine geschäftlichen Vorteile verschaffen wollte.

Softwarenutzer und Softwarehersteller schließen einen **Lizenzvertrag** ab, worin Rechte des Benutzers genau festgelegt sind, der Nutzer der Software erhält eine **Lizenz** zur Nutzung. Meist gilt der Vertrag ab dem Moment der Öffnung des verschlossenen Softwarepakets.

Es ist sinnvoll, dem Softwarehersteller die Vertragsannahme mitzuteilen. Dem Lizenznehmer werden dafür besondere Rechte zum Erwerb von verbesserten oder erweiterten Programmversionen eingeräumt, er kann preiswert ein **Update** erhalten.

 CC bietet verschiedene Vertragsarten an.

Namensnennung des Urhebers:

Bearbeitung nicht erlaubt:

Kommerzielle Nutzung nicht erlaubt:

Weitergabe unter gleichen Bedingungen:

Namensnennung – nicht kommerziell – Weitergabe unter gleichen Bedingungen:

Namensnennung – nicht kommerziell – keine Bearbeitung:

Während noch vor 30 Jahren die Hardwarekonstruktion die wichtigste Komponente war, die den Preis von informationsverarbeitender Technik bestimmte, ist es heute die Softwareentwicklung.

An der Programmierung von Betriebssystemen oder komplexen Anwendungsprogrammen sind oftmals mehrere hundert Personen über einen Zeitraum von Jahren beteiligt. Dies können sich nur große Softwareentwicklungsfirmen leisten, die dann auch die Rechte am fertigen Produkt besitzen.

Mit CD-ROMs in Computerzeitschriften oder in Büchern sowie aus dem Internet erhält man oft kleinere Programme kostenlos oder zu einem geringen Entgeld. Die Rechtslage bei dieser Software wird mit bestimmten Begriffen gekennzeichnet:

i Public Domain bedeutet „für den öffentlichen Gebrauch".

Public-Domain-Software: Das ist frei verfügbare kostenlose Software. Sie ist *nicht* urheberrechtlich geschützt und kann öffentlich verbreitet werden.

Freeware: Diese Software ist urheberrechtlich geschützt, darf aber privat kopiert und weitergegeben werden.

Shareware: Dies sind zumeist „Schnupper"- oder Demo-Versionen von Programmen, die man beliebig austesten und auch weitergeben, aber nicht verändern kann. Gegen eine (meist geringe) Gebühr kann man sich beim Softwareentwickler registrieren lassen und erhält die Vollversion des entsprechenden Programms. Auch Shareware ist urheberrechtlich geschützt.

Eine kleine **Zusammenfassung zum Datenschutz und zur Datensicherheit:**
Der massenhafte Einsatz von Informatiksystemen hat nicht nur positive Seiten. Es existieren beispielsweise Gefahren, die sich aus der schnellen Verfügbarkeit personenbezogener Daten und deren Konzentration in vernetzbaren Datenbanken ergeben. Das hat in vielen Ländern zur Ausarbeitung und Annahme von Datenschutzgesetzen geführt. Auch schließt der weltweite Informationsaustausch im Internet die Möglichkeit ein, ethisch und moralisch nicht vertretbare Bilder und Texte zu verbreiten, Daten auszuspionieren, sich das geistige Eigentum anderer anzueignen oder Viren zu verbreiten.

Informationsverarbeitende Technik ist Hilfsmittel zum Lösen von Problemen, zur Unterstützung von Entscheidungen des Menschen. Zur Entscheidungsfindung – auch sozialer, moralischer, ethischer Art – kann der Computer beitragen. Aber die Entscheidungen selbst trifft der Mensch und führt sie aus oder lässt sie mithilfe von Computern ausführen.

Nur der Mensch begreift sich als soziales Wesen und kann im Interesse der Gesellschaft Entscheidungen treffen. Dies schließt ein, dass er entscheidet, wann informationsverarbeitende Technik eingesetzt wird und wann nicht. Dies schließt aber auch ein, dass es *ethische, soziale, ökologische und rechtliche Grenzen der Computernutzung* geben kann, die diskutiert und immer wieder neu festgelegt werden müssen.

11.4 Datenverschlüsselung

Die meisten Anwendungsprogramme erlauben es, eine Datei mit einem **Passwort (Kennwort)** zur Überprüfung der Identität des berechtigten Nutzers zu versehen. Dabei kann der Zugriff oft auf eine Kombination von Lesen, Schreiben und Ausführen beschränkt werden (↗ auch Seite 264).

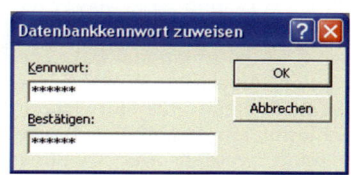

1 Kennwortvergabe in einem Datenbankmanagementsystem

11.11 Nenne Regeln, die man bei der Vergabe von Passwörtern beachten sollte!

Die Passwort-Methode hat einige Nachteile:
- Nicht in jedem Informatiksystem ist es möglich, Passwörter zu vergeben.
- Personen, die mit Computern vertraut sind (Wartungs- und Bedienungspersonal), können diesen Schutz leicht umgehen.
- Wurde das Passwort über das Betriebssystem des Computers vergeben, unterliegen extern (z.B. auf einem Netzlaufwerk oder auf einer externen Festplatte) gespeicherte Dateien nicht mehr der Zugriffskontrolle durch den Computer.

Sicherer für die Speicherung und Übertragung von Daten, die nur bestimmten Nutzern zugänglich sein sollen, ist die Methode der Verschlüsselung.

> Bei der **Verschlüsselung (Chiffrierung)** werden Zeichen und Zeichengruppen durch andere Zeichen nach einem bestimmten **Schlüssel (Chiffre)** ersetzt. Sollen die Daten vom Empfänger gelesen werden, läuft der Vorgang umgekehrt ab **(Entschlüsselung, Dechiffrierung)**.

11.12 Nenne und beschreibe zwei historische Verschlüsselungsmethoden, die du im Informatikunterricht bereits kennengelernt bzw. von denen du anderweitig gehört hast!

Im Zweiten Weltkrieg benutzten die Deutschen zur Verschlüsselung von militärischen Botschaften eine mechanische Chiffriermaschine mit dem Namen „Enigma". Der englische Geheimdienst stellte zum Zwecke der Dechiffrierung eine große Gruppe von Spezialisten zusammen. Schließlich gelang es, den Code zu entschlüsseln und den Kriegsverlauf zugunsten Englands erheblich zu beeinflussen.
Nach dem Zweiten Weltkrieg entwickelte sich eine eigenständige Disziplin der Mathematik, die **Kryptologie**, die sich mit Verschlüsselungsverfahren beschäftigt.

i Die Kryptologie unterteilt sich in die **Kryptografie** (Verschlüsseln von Informationen) und in die **Kryptoanalyse** (Informationsgewinnung aus verschlüsselten Informationen).

i Ab 1990 entwickelten Xuei-ja Lai und James Massey das sehr sichere symmetrische Verfahren **IDEA** (International Data Encryption Algorithmus). IDEA verwendet einen 128 Bit langen Schlüssel, aus dem 52 Teilschlüssel erzeugt werden. Der Quelltext wird in Datenblöcke der Länge 64 Bit zerlegt, die Teilblöcke wiederum in vier 16 Bit lange Blöcke. Der IDEA-Algorithmus ersetzt nun in jedem Verschlüsselungsschritt jeden 16-Bit-Block durch ein vollkommen anderes Bitmuster gleicher Länge – und dies insgesamt achtmal. Zum Schluss wird aus den Teilblöcken wieder eine 64 Bit lange (nun verschlüsselte) Zeichenkette erzeugt.

i Zur Verschlüsselung sensibler Daten für das Internet wird heute meist das von Philip Zimmermann entwickelte **Pretty Good Privacy (PGP)** benutzt. Dieses Programm kombiniert symmetrische und asymmetrische Verfahren: Die Nachricht wird mit IDEA verschlüsselt, es werden also Zeichengruppen vertauscht und durch andere Zeichen ersetzt. Für jede Nachricht gibt es einen eigenen IDEA-Schlüssel. Der für den Empfänger bestimmte öffentliche Schlüssel wird mit einem asymmetrischen Verfahren namens RSA bzw. DH/DSS erzeugt und mit der chiffrierten Nachricht versandt.

Ins Bewusstsein einer breiten Öffentlichkeit trat die Kryptografie allerdings erst im Zusammenhang mit dem Internet.

Es gibt unterschiedliche **Verschlüsselungsverfahren**, die sich zwei Gruppen zuordnen lassen:

symmetrische Verfahren	asymmetrische Verfahren
Diese Verfahren verwenden zur Ver- und Entschlüsselung den gleichen Schlüssel.	Es gibt zwei Schlüssel, einen öffentlichen (*public key*) und einen privaten (*private key*). Die Dechiffrierung kann jeweils nur mit dem Gegenstück erfolgen.

Im Internet mit Millionen von Teilnehmern, die sich oft persönlich nicht kennen, ist es fast unmöglich, jedem berechtigten Nachrichtenempfänger den passenden Schlüssel zukommen zu lassen, ohne dass diese Schüssel gelegentlich in falsche Hände gelangen. Deshalb sollten zum Verschlüsseln sensibler E-Mails oder zum Abwickeln von Bankgeschäften im Internet asymmetrische Verfahren zur Anwendung kommen.

Whitfield Diffie und Martin Helman entwickelten bereits 1976 ein solches Verfahren:

A besitzt zwei Schlüssel. Er versendet den öffentlichen Schlüssel an B. B schreibt eine Botschaft, chiffriert diese mit dem öffentlichen Schlüssel und sendet sie an A. A benutzt nun seinen (geheimen, nur ihm bekannten) privaten Schlüssel zum Dechiffrieren.

Umgekehrt chiffriert A eine Botschaft an B mit seinem privaten Schlüssel, B nutzt den öffentlichen Schlüssel zum Dechiffrieren.

Je nach verwendetem Schlüssel entstehen bei der Chiffrierung derselben Daten unterschiedlich verschlüsselte Daten.

Die Schlüssel entstehen durch Multiplikation zweier sehr großer Primzahlen. Große Zahlen kann man zurzeit (und wohl auch zukünftig) nur durch systematisches Probieren in Primfaktoren zerlegen. Dies ist auch mit Computern sehr zeitaufwändig und deshalb sind asymmetrische Verfahren außerordentlich sicher.

Das asymmetrische Verfahren nach Diffie und Helman ist ein sogenanntes **Public-Key-Verfahren,** weil ein öffentlicher Schlüssel benötigt wird. Die auf Seite 260 dargestellte Ende-zu-Ende-Verschlüsselung nutzt ebenfalls ein Public-Key-Verfahren.

11.13 In Deutschland gibt es *keine* gesetzlichen Einschränkungen hinsichtlich der Nutzung von Verschlüsselungsverfahren. In den USA und in Frankreich ist die Verschlüsselung von Nachrichten nur erlaubt, wenn der Staat einen „Nachschlüssel" besitzt. Welche Regelung findest du besser? Nenne Gründe!

Datenschutz, Datensicherheit und Software-Rechte

Datenschutz	Datensicherheit	Software-Rechte
Schutz des Bürgers vor Beeinträchtigungen seiner Privatsphäre durch unbefugte Erhebung, Speicherung und Weitergabe von Daten, die seine Person betreffen	Vermeidung von Datenverlusten oder -verfälschungen, die durch unsachgemäße Ablage oder durch Zerstörung entstehen können	Gesamtheit der staatlich festgelegten oder allgemein anerkannten Normen des Umgangs mit fremden oder selbst erstellten Programmen, elektronischen Texten, Bildern oder sonstiger Software
Komponenten des **Grundrechts auf Datenschutz:** • informationelles Selbstbestimmungsrecht • Zweckentfremdungsverbot • informationelle Gewaltenteilung	Klassifikation von **Maßnahmen zur Gewährleistung von Datensicherheit:** • physische Sicherheit • technische Sicherheit • organisatorische Sicherheit • personelle Sicherheit	**Urheberrechtlich geschützte Software:** • kommerzielle Software • Freeware • Shareware
Rechte der Bürger nach den Datenschutzgesetzen Jeder Bürger hat das Recht auf • Auskunft darüber, welche Daten von ihm gespeichert sind, über den Zweck der Speicherung, über die Herkunft der Daten und an wen die Daten übermittelt werden; • Berichtigung falsch gespeicherter Daten; • Löschung unzulässig gespeicherter Daten; • Sperrung von Daten (wenn die Richtigkeit der Daten nicht feststellbar ist); • Schadenersatz, wenn ein Schaden durch die unzulässige oder falsche Speicherung seiner Daten entstanden ist.	Allgemeine **Maßnahmen zur Gewährleistung von Datensicherheit:** • **Datenverwaltung:** strukturierte Ablage, Steuerung und Überwachung von Daten durch das Betriebssystem und durch den Benutzer • **Datensicherung:** regelmäßige Archivierung von Dateien • **Schutz vor Computerviren:** – nur Originalsoftware verwenden – Virenscanner benutzen • **Passwort (Kennwort):** Zeichenfolge, die ein Benutzer zusätzlich zu seinem Benutzernamen eingeben muss, um Zugang zu einem System und/oder Zugriff auf Daten zu erhalten • **Datenverschlüsselung (Kryptografie):** Umformung von Daten in scheinbar sinnlose Zeichenfolgen, um unberechtigte Einsichtnahme zu verhindern	**Grundlegende Begriffe:** • **Urheberrecht:** Gesetze und Verordnungen zum Schutz geistigen Eigentums in den unterschiedlichen Gebieten des menschlichen Schaffens (gilt auch für Software) • **Copyright-Zeichen:** zeigt an, dass jemand Urheberechte reklamiert (gilt in den USA; ist in Deutschland für den urheberrechtlichen Schutz ohne Bedeutung) • **Lizenz:** Erlaubnis, ein Patent oder Software zu nutzen • **Update:** überarbeitete Fassung eines Programms, das bereits auf den Markt gebracht worden ist (das Update stellt keine neue Version des Produkts dar, die Versionsnummer bleibt unverändert oder wird nur in den „Nachkommastellen" erhöht)

11.14 Der französische Diplomat BLAISE DE VIGENÈRE (1523–1596) verbesserte die Cäsar-Verschlüsselung (↗ Seite 17, Aufgabe 1.8): Das Alphabet wird nicht immer um die gleiche Anzahl von Stellen verschoben, sondern die Anzahl der Stellen variiert.

Beispiel: Schlüssel: (2,1,5)

Text: `ULLILIEBTULRIKESEHR`

Weiterzählen um: `2152152152152152152`

Geheimtext: `WMQKMNGCYWMWKLJUFMT`

a) Entschlüssle den Text `ABIMPKDFEGBOD` mit dem Schlüssel (1,3,9)!

b) Denke dir selbst einen Vigenère-Schlüssel (m,n) aus (nur zwei Werte, m, n ≤ 2) und verschlüssle eine Nachricht mit einer Länge von ca. 50 Zeichen!

c) Versuche die Nachricht zu entschlüsseln, die dein Banknachbar in Aufgabe b chiffriert hat!
Wie lautet sein Schlüssel?

Tipps zu Aufgabe 11.16:
Der Vortrag der Gruppe 1 könnte durch ein Multimediadokument (*PowerPoint*) unterstützt werden.

Gruppe 2 sollte die Befragung in der Klasse auch durchführen und auswerten.

Zum Thema „Sichere E-Mail-Kommunikation" (Gruppe 3) gehört das Verschlüsseln sensibler Daten. Nebenbei kann auch eine Anleitung zur Nutzung von *PGP* oder *GnuPG* herauskommen. In der Klasse sollte dann das Chiffrieren und Dechiffrieren von E-Mails mit diesen Programmen geübt werden.

Die Anleitung der Gruppe 4 zum Thema „Sicherheit bei Online-Auktionen" könnte mithilfe eines Hypertextdokuments erstellt werden. Dabei kann das Internet zur Informationsgewinnung herangezogen werden: Es könnten die Sicherheitsbestimmungen eines Online-Auktionators (beispielsweise *eBay*) eingesehen oder über eine Suchmaschine (wie beispielsweise *Google*) zum Thema „Schutz vor Spoof & Phishing" recherchiert werden.

11.15 Handelst du in folgenden Situationen korrekt? Wenn nicht, was ist zu korrigieren?

a) Du beobachtest einen Unfall mit Fahrerflucht. Das Kfz-Kennzeichen des Flüchtenden hast du notiert und holst die entsprechende Auskunft bei der Kfz-Meldestelle ein.

b) Du startest ein Spiel von einer selbst gebrannten CD-ROM. Der Virenscanner zeigt einen Virus an. Du schließt das Programm, nimmst die CD-ROM aus dem Laufwerk und wirfst sie in den Papierkorb.

c) Du hast eine CD-ROM mit vielen Bitmap-Grafiken gekauft, wandelst diese Grafiken in das GIF-Format um und nutzt sie ohne Quellenangabe zum Gestalten deiner Homepage.

11.16 Stellt in eurer Klasse eine Präsentation zu verschiedenen Aspekten des Datenschutzes und der Datensicherheit im Internet zusammen!

a) Gruppe 1 erarbeitet einen Vortrag „Weitergabe von personenbezogenen Daten im Internet – was zu beachten ist".

b) Gruppe 2 erstellt einen Fragebogen zum Thema „Viren, Würmer und Trojaner". Die Fragen sollen so formuliert werden, dass eine Auswertung mit dem Computer möglich ist.

c) Gruppe 3 entwirft ein Poster mit dem Thema „Sichere E-Mail-Kommunikation".

d) Gruppe 4 stellt eine Anleitung mit dem Titel „Sicherheit bei Online-Auktionen" zusammen.

Problemlösen
mit Informatiksystemen

In diesem Schuljahr ist eure Klasse für die Organisation des Schulsportfestes verantwortlich. Ihr setzt euch zusammen, denn die Diskussion und Beantwortung einiger Fragen im Vorfeld ist sicherlich von Nutzen:

Leitfragen

- Welche Klassen nehmen am Sportfest teil?
- Welche Sportdisziplinen sollen gewertet werden?
- Welche Lehrerinnen und Lehrer helfen bei der Durchführung des Sportfestes?
- Welche Dokumente sind jeweils für die Vorbereitung, Durchführung und Auswertung des Sportfestes notwendig?
- Welche Anwendungssysteme sollten zur Erstellung der einzelnen Dokumente genutzt werden?
  Eine kleine Auswahl von Anwendungssystemen:
  - Textverarbeitungsprogramm
  - Tabellenkalkulationsprogramm
  - Datenbankmanagementsystem
  - Präsentationsprogramm
  - Bildbearbeitungsprogramm
  - Vektorgrafikprogramm
  - HTML-Editor
  - E-Mail-Programm oder ein anderes Nachrichtensystem
- Welche Grafik- oder Textformate sollten genutzt werden, damit sie in unterschiedlichen Anwendungssystemen verwenden können?
- Wer möchte welches Teilprojekt bearbeiten?

Die Organisation des Schulsportfestes unter Nutzung des Computers ist beispielhaft für viele andere Projekte, die unter Zuhilfenahme von informationsverarbeitender Technik angegangen werden sollen.

Beispiele aus dem Schulalltag:
- Klassenfahrt organisieren,
- Wandertag vorbereiten und auswerten,
- Schulhomepage entwerfen,
- Programmierprojekte usw.

Es ist hilfreich, das jeweilige Projekt in Teilprojekte zu zerlegen und einzelne Gruppen mit der Bearbeitung der Teilprojekte zu beauftragen

In diesem Kapitel wird das Wissen im Umgang mit Anwendungsprogrammen zusammengefasst und systematisiert.

Leitfragen
- Was versteht man unter einem Informatiksystem?
- Welche Informatiksysteme kennst du bereits?
- Wie funktioniert der Datenaustausch zwischen unterschiedlichen informatiksystemen?
- Welche Dokumentformate sind für einen universellen Datenaustausch besonders geeignet?
- Was ist bei der Verarbeitung von Informationen mit Informatiksystemen zu beachten?
- Was ist ein „informatisches Modell"?
- Welche Schritte beschreiben den informatischen Problemlöseprozess?

12.1 Informatiksysteme

1 Informatiksystem

Der Begriff **Informatiksystem** beschreibt die Einheit von Hard- und Software sowie Netzen einschließlich aller durch sie angestrebten und verursachten Gestaltungs- und Qualifizierungsprozesse bezüglich Arbeit und Organisation.

Dieser Begriff (nach der Gesellschaft für Informatik e.V.) beinhaltet insbesondere folgende Komponenten:
- **automatische Verarbeitung** mit dem Computer (Einheit von Hard- und Software)
- **Vernetzung** (auch im Sinne der räumlichen Verteilung der Informationsverarbeitung, einschließlich der Ausgabe von Daten über Bildschirm und Drucker)
- **Interaktion** mit dem Nutzer (mit der Software selbst, aber auch durch Dateneingabe oder Interpretation der Datenausgabe)

Alle Anwendungsprogramme lassen sich mit dem Begriff „Informatiksystem" fassen, wenn man sie im Verbund mit dem Computer betrachtet, auf dem sie installiert sind.

Außerdem werden durch diesen Begriff der Computer selbst (mit seinem Betriebssystem) oder aber auch „eingebettete" Systeme beschrieben – beispielsweise Smartphones oder elektronische Steuerungsanlagen im Auto.

12.1 Nenne mindestens drei Informatiksysteme, bei denen die Komponente „Vernetzung" (mittels Intranet oder Internet) die wichtigste Rolle spielt!
Wähle eines der genannten Systeme aus und erarbeite einen Vortrag hierzu! Gehe dabei insbesondere auf die Aspekte Dateneingabe, Datenausgabe, Datensicherung und Kommunikation mit anderen Informatiksystemen ein.

Im Folgenden sind Informatiksysteme zusammengefasst, mit denen du bisher gearbeitet hast, und die Aufgaben genannt, für die sie schwerpunktmäßig eingesetzt werden.

Informatiksystem	Aufgaben
Vektorgrafiksystem	Erstellung von „flächigen" Grafiken und Konstruktionszeichnungen, CAD
Pixelgrafiksystem	„Pinselzeichnungen", Bildbearbeitung (insbesondere von Fotos)
Textverarbeitungssystem	Erstellen und Korrigieren von Textdokumenten (Geschäftsbriefe, Bücher, …)
Präsentationssystem	Erarbeiten von Multimediadokumenten zur Unterstützung von Vorträgen u. Ä.
Nachrichtensystem wie E-Mail	Versenden und Empfangen von elektronischer Post (einschließlich angehängter Grafik-, Text- oder anderer Dokumente)
Hypertextsystem	Verknüpfen von (Text-)Dokumenten zur Informationssuche und Präsentation
Tabellenkalkulationssystem	Berechnungen, Planung, Verwaltung und Präsentation durch Diagramme
Datenbanksystem	Eingabe, Verwaltung und Auswertung von umfangreichen Datenmengen
Betriebssystem	Dokumentenhandling und „Ordnung schaffen"

i **CAD** heißt „computer aided design", also „computerunterstütztes Entwerfen" (von Produkten).

Die Komponenten eines Informatiksystems seien am Beispiel „Textverarbeitungssystem" erläutert:

- **automatische Verarbeitung**
  Das Textverarbeitungsprogramm unterstützt das Eingeben, Korrigieren und Formatieren von Dokumenten. Die erstellten Texte können z. B. über einen Drucker vervielfältigt werden.
- **Vernetzung**
  Die Ausgabe der Texte erfolgt über Bildschirm und Drucker (oder Beamer). Der Computer ist mit den genannten peripheren Geräten über Leitungen (Datenbusse) verbunden.
  Der Datenaustausch kann beispielsweise auch im Intranet einer Firma erfolgen.
- **Interaktion**
  Texteingabe, Korrektur, Formatierungen, Layout, Dokumentspeicherung – all das erfolgt im Dialog mit dem Textverarbeitungssystem. Korrekturen können auch durch andere Anwender (unter Nutzung des firmeneigenen Intranets) erfolgen.

12.2 Wähle zwei weitere Informatiksysteme aus obiger Tabelle aus und beschreibe jeweils die Komponenten „automatische Verarbeitung", „Vernetzung" und „Interaktion"!

12.2 Datenaustausch zwischen Informatiksystemen

Zwischen den kennengelernten Anwendungen kannst du Objekte mühelos austauschen, insbesondere dann, wenn du im gleichen Betriebssystem arbeitest. Und am einfachsten geht es, wenn bestimmte Anwendungsprogramme zu sogenannten Office-Paketen zusammengefasst wurden.

Es gibt zwei grundlegende Methoden des Datenaustauschs: „Einbetten" und „Verknüpfen und Einbetten".

i Ein **Office-Paket** (engl. *office* = Büro) ist ein integriertes Softwarepaket, in dem mindestens ein Textverarbeitungsprogramm, ein Kalkulationsprogramm und ein Datenbankmanagementsystem enthalten ist. Dabei muss ein umfassender Datenaustausch zwischen den einzelnen Programmen gewährleistet sein.

Ein verbreitetes Office-Paket ist *Microsoft Office.* Zum Paket gehören

– *Word* (Textverarbeitung),
– *Excel* (Tabellenkalkulation),
– *Access* (DBMS),
– *PowerPoint* (Präsentation) und
– *Outlook* (Terminplanung und Adressbuch).

Qualitativ gleichwertig ist das freie, kostenlose *OpenOffice (Apache OpenOffice* bzw. *Libre Office). OpenOffice* enthält insbesondere ein eigenes Vektorgrafikprogramm namens *Draw.*

> **Einbetten (Embedding) von Objekten:**
> Das Objekt wird in der Quelldatei markiert, in die Zwischenablage kopiert und in die Zieldatei an die gewünschte Stelle eingefügt.
> Das Objekt wird zum Bestandteil der Zieldatei, eine Bearbeitung im Anwendungsprogramm wirkt sich nicht auf das Original aus. Umgekehrt werden Änderungen am Originalobjekt nicht an die Kopie in der Zieldatei weitergegeben.

Die Objekte müssen ein Format besitzen, welches für das jeweilige Anwendungsprogramm lesbar ist. Dies ist unter Windows meist gegeben, notwendige Konvertierungen werden automatisch vorgenommen.

Ein Objekt kann auf unterschiedliche Art in die Anwendungsprogrammdatei (Zieldatei) eingebettet werden:

- Das Objekt wird in der Quelldatei markiert, mit <Strg> + c in die Zwischenablage kopiert und dann mit <Strg> + v in die Zieldatei an der gewünschten Stelle (mit der Maus anklicken) eingefügt.
- Dabei kann das Objekt in einigen Fällen die Quelldatei selbst sein, die im Ordnerfenster markiert und in die Zwischenablage kopiert wird.
- Das Objekt wird in der Quelldatei markiert, mit Menü „Bearbeiten" ⟶ Befehl „Kopieren" in die Zwischenablage geholt und dann mit „Einfügen" in die Zieldatei eingefügt.
- Quell- und Zielfenster werden nebeneinander auf dem Bildschirm angeordnet. Das Objekt (Grafik, Diagramm o.Ä.) wird in der Quelldatei markiert und mit der Maus an die gewünschte Stelle in der Zieldatei gezogen.
- Aktivierte Windowsfenster können mit <Alt> + <Druck> in die Zwischenablage kopiert und dann mit <Strg> + v in die Zieldatei eingefügt werden. Diese Methode nennt man auch **Bildschirmschuss (Hardcopy)**. Sollen nur Teile des kopierten Fensters eingefügt werden, muss der Bildschirmschuss in einem Grafikprogramm bearbeitet werden, bevor er in die Zieldatei eingefügt wird.

Soll das eingebettete Objekt (Grafik, Diagramm, Tabelle, …) auch anderen Anwendungen zur Verfügung stehen, solltest du folgende Methode nutzen:

> **Verknüpfen und Einbetten von Objekten:**
> Das gewünschte Objekt muss in einer Datei gespeichert sein. Im Anwendungsprogramm wird nun mit der Methode `Objekt.Verknüpfen_und_Einfügen()` die gewünschte Datei gesucht, ausgewählt und ihr Inhalt eingebettet. Dabei wird eine **Verknüpfung** (ein **Link**) zur Quelldatei hergestellt. Änderungen in der Quelldatei wirken sich damit sofort auch auf das eingebettete Objekt in der Zieldatei aus.

Du hast ein Objekt eingebettet und möchtest es ändern: Mit einem Doppelklick auf das „OLE"-Objekt (zum Beispiel eine Kalkulationstabelle) öffnet sich die Anwendung, in der das Objekt erstellt wurde (z. B. *Excel*). Das Objekt kannst du nun bearbeiten und speichern. Die vorgenommenen Änderungen werden überall dort wirksam, wo Verknüpfungen zur eben gespeicherten Datei existieren.

Für den Austausch von Dateien zwischen unterschiedlichen Anwendungsprogrammen und Betriebssystemen gibt es spezielle Dateiformate, für die im Folgenden ein Überblick gegeben wird.

i Man bezeichnet das Verknüpfen und Einbetten von Objekten auch als **OLE-Methode**.
OLE ist die Abkürzung für „**O**bject **L**inking and **E**mbedding" (Objekt verknüpfen und einbetten).

Unter *Windows* steht für die OLE-Methode i. Allg. das Menü „Einfügen" ⟶ Befehl „Objekt …" ⟶ Registerkarte „Aus Datei erstellen" zur Verfügung. Du darfst dabei nicht vergessen, die Option „Verknüpfen" mit einem Häkchen zu versehen.

Format	Bedeutung / Beschreibung
TXT	**ASCII-Text** ist das universellste Dokumentformat. Modifikationen wie „Nur Text", „Nur Text + Zeilenwechsel", „MS-DOS-Text" oder „MS-DOS-Text + Zeilenwechsel" sind möglich. Außer dem reinen Text und wenigen Steuerzeichen gehen beim Speichern einer Datei in diesem Format alle Informationen verloren.
RTF	**RTF** heißt **R**ich **T**ext **F**ormat (reiches Textformat). Bei diesem Format bleiben insbesondere alle Informationen zu Formatierungen (beispielsweise Absatz- und Zeichenattributwerte) erhalten.
TIF, TIFF	Dieses Grafikformat ist auf PC, aber auch auf Macintosh weit verbreitet und unterstützt 24 Bit Farbtiefe (16 777 216 Farben).
PDF	In **PDF** (**P**ortable **D**ocument **F**ormat) können komplette Seiten mit Text und Bild gespeichert werden. Dieses Format hat sich auch zum Standard für Dateien für den Buchdruck entwickelt.

i Probleme beim TXT-Format: Da es verschiedene ASCII-Tabellen gibt, kann es passieren, dass auf einer anderen Benutzeroberfläche mit einer anderen Ländereinstellung des Zeichensatzes die Zeichen 128 bis 255 anders umgesetzt werden. Abhilfe kann hier künftig der Unicode schaffen.

i Willst du ausschließlich Daten in Anwendungsprogrammen unter *Windows* austauschen, kannst du folgende Formate nutzen:
DOC   Textdokumente
BMP   Pixelgrafiken
WMF   Vektorgrafiken

i **Kompressionsalgorithmen** sind Algorithmen, die die in Bytes gemessene Größe einer Datei ohne großen Informationsverlust reduzieren, indem sie Teile der Datei entfernen, die wenig, gar keine oder immer die gleiche Information enthalten.

i Speichert man zum Beispiel Formeln *transparent* ab, wird auf einer farbigen Seite der weiße Formelhintergrund nicht dargestellt.
Eine Alternative zu GIF ist **PNG** (**P**ortable **N**etwork **G**raphics), allerdings können keine Animationen (wie bei GIF) erstellt werden.

i MP3 wurde seit 1987 am Fraunhofer-Institut für Integrierte Schaltungen in Erlangen (IIS) entwickelt. **MP3** ist die Abkürzung für **M**oving **P**icture Expert Group Audio Layer **3** („Ebene 3 des Audiostandards der Expertengruppe für bewegte Bilder"). Diese Expertengruppe entwickelte folgende Dateiformate:
MPEG-1 für die Video-CD (worauf MP3 basiert), MPEG-2 für DVDs und digitales Fernsehen und den Multimediastandard MPEG-4.

Zu den komprimierten „Internet-Formaten" gehört auch PDF (↗ Seite 285).

Universelle Dateiformate für das Internet

Im Internet erhöht sich der Datenaustausch ständig. Speicherintensive Dokumente, Bilder und Grafiken belasten die Kommunikationswege stark. Es mussten daher solche Dateiformate entwickelt werden, mit denen Informationen schnell, aber möglichst verlustfrei weitergegeben werden können.
Für das World Wide Web, also insbesondere für die Bildschirmdarstellung (und nicht für den Druck), haben sich zwei *komprimierte* Grafikformate etabliert – JPEG und GIF (komprimiert, Kompression: ↗ auch Randspalte).
JPG oder **JPEG** (**J**oint **P**hotographic **E**xpert **G**roup) ist benannt nach einer Arbeitsgruppe, die dieses Format entwickelt hat. Die Kompression erfolgt *nicht* verlustfrei. Der Informationsverlust fällt allerdings bei Fotografien kaum auf, weil das Verfahren die mangelnde Fähigkeit des menschlichen Auges ausnutzt, geringe Farbunterschiede wahrzunehmen.
Ein weiterer Standard im Internet ist **GIF** (**G**raphics **I**nterchange **F**ormat). Obwohl GIF-Bilder nur maximal 256 Farben enthalten können, haben sie den Vorteil, dass eine bestimmte Farbe (z. B. der Hintergrund) als *transparent* definiert werden kann: Der Hintergrund verschwindet und das Bild „schwebt" über der Web-Seite (↗ auch Randspalte). Die Kompression ist verlustfrei, weil hier nur identische Bildinformationen nicht mehrfach gespeichert werden.
Die beschriebenen Grafikformate können in HTML-Dokumente eingebunden werden. **HTML (HTM)** basiert auf der gleichnamigen Dokumentenbeschreibungssprache. Da in HTML-Dokumenten nur Anweisungen zur Inhaltsdarstellung durch einen Browser gespeichert sind, benötigen diese Dateien sehr wenig Speicherplatz.
Musiktitel können im **MP3**-Format via Internet versandt werden. Dieses komprimierte Audio-Format ist nicht verlustfrei, allerdings werden nur diejenigen Tonfrequenzen „weggeschnitten", die ein erwachsener Mensch sowieso nicht hören kann.

12.3 Zu *Windows* gehört das Grafikprogramm *Paint*.
In welchen Formaten kannst du unter *Paint* Bilder speichern? Welche dieser Formate sind für das Internet geeignet?

12.3 Daten, Informationen und Modelle

Immer wieder spricht man vom „Informationszeitalter", von der „Wissens- und Informationsgesellschaft" oder von einer „Informationsflut". Gemeint sind damit oft Informationen, auf die man in digitalisierter Form zugreifen kann. Somit sind es nicht die Informationen, die man erhält. Es sind Daten, die durch unsere Interpretation zu Informationen werden.

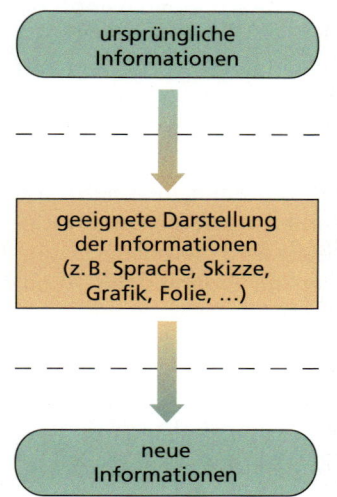

Im Abbildungsprozess entstehen Daten als Repräsentanten der ursprünglichen Informationen.

Im Interpretationsprozess entstehen aus den Daten neue Informationen.

> **i** Als **Informationszeitalter** oder **Informationsgesellschaft** bezeichnet man die derzeitige Entwicklungsetappe in der menschlichen Geschichte. Sie löst zunehmend die sogenannte Industriegesellschaft ab. Das heißt nicht, dass es in Zukunft keine Industrie mehr geben wird, aber der Schwerpunkt verlagert sich. Dieser Prozess begann etwa in der zweiten Hälfte des 20. Jahrhunderts.
> Gekennzeichnet ist diese Entwicklung durch den zunehmenden Einfluss von Information, Kommunikation und einer damit verbundenen weltweiten Vernetzung

Aber sind das auch tatsächlich die Informationen, die jemand durch diese Daten mitteilen wollte? Der aufgeworfenen Frage soll mit einem kleinen Experiment nachgegangen werden:

12.4 Denke dir eine kurze Botschaft aus, die du einem Mitschüler geben willst, beispielsweise „Rauchen schadet der Gesundheit". Diese Botschaft soll ohne die Verwendung von Text gestaltet werden.
Wähle nun ein geeignetes Informatiksystem. Bilde die Botschaft, also die Information, ab. Tauscht die so entstandenen Dokumente aus und interpretiert diese gegenseitig!
Ist es dir in jedem Fall gelungen, die Botschaft deiner Mitschüler richtig zu erkennen? Wurde deine Botschaft verstanden?

1 SMS von Lisa: Welches Kino ist wohl gemeint?

Es gelingt nicht immer, Informationen so weiterzugeben, dass der Partner diese sofort richtig versteht oder interpretiert, sei es manchmal einfach dadurch, dass man nicht die richtigen Worte findet, um das auszudrücken, was man eigentlich sagen will. Besonders bei der Nutzung von Computern entsteht dieses Problem immer wieder.

Mithilfe von Computern werden Informationen in unterschiedlicher Art und Weise abgebildet. In diesem Abbildungsprozess entstehen letztendlich Daten, die diese Informationen repräsentieren. Diese Daten wiederum werden unter Verwendung verschiedener Applikationen verarbeitet und dargestellt bzw. präsentiert. Somit entstehen aus den abgebildeten Daten wieder neue Informationen:

Willst du zum Beispiel eine Kurzgeschichte schreiben, kannst du wie folgt vorgehen:
Zunächst notierst du deine Gedanken „hintereinanderweg" mit einem Textverarbeitungssystem. Es erfolgt somit eine Abbildung von Informationen mithilfe des Computers. Es entstehen Daten, ein unformatierter Text.
Anschließend kannst du diesen Text gestalten, beispielsweise die Schrift formatieren, geeignete Farben auswählen und festlegen, Grafiken einfügen u. a. m. Realisiert wird hierbei ein Datenverarbeitungsprozess. Aus den Daten im Ergebnis des Abbildungsprozesses entstehen „neue" Daten.
Diese Daten sind die Grundlage für den sich nun anschließenden Interpretationsprozess.
Dieser Prozess wird realisiert, indem zum Beispiel jemand deine so entstandene Kurzgeschichte liest und sie mit allen Einflüssen, die du durch die Gestaltung des gesamten Dokuments zum Ausdruck gebracht hast, wahrnimmt.

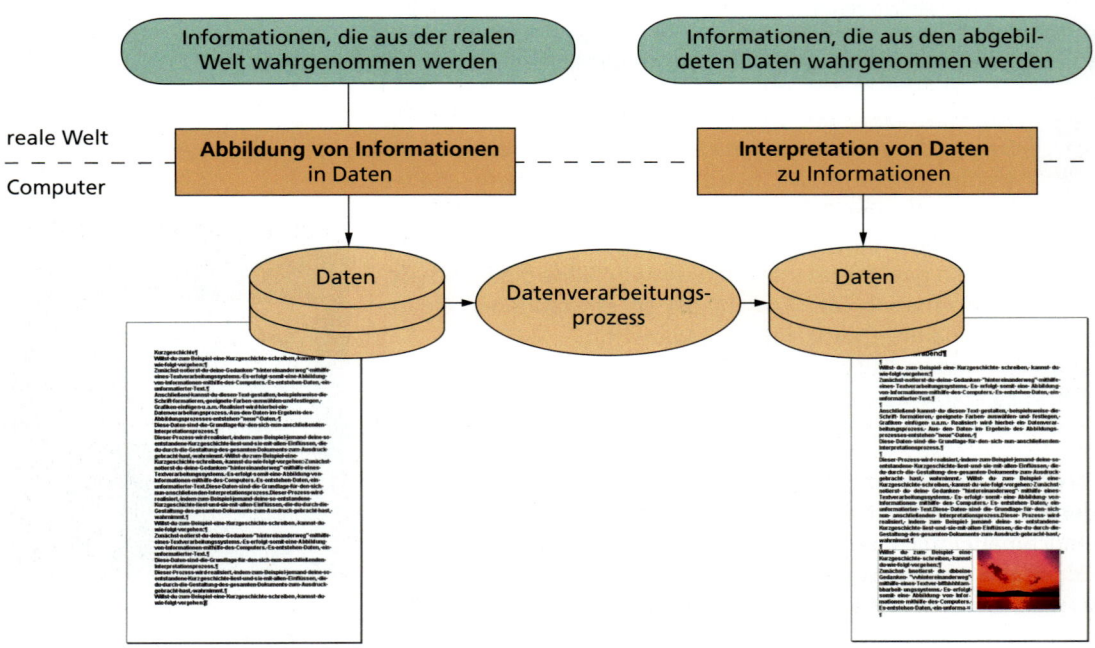

Durch den beschriebenen Abbildungsvorgang entsteht eine Repräsentation der Informationen durch Daten.

> Daten sind **Repräsentanten** von Informationen.
> Die Daten werden mithilfe von Computern verarbeitet **(„Datenverarbeitungsprozess")**.
> Durch die **Interpretation** der Daten werden diese anschließend wieder zu Informationen.

Ein wesentliches Merkmal für die Güte eines solchen Abbildungs- und Interpretationsprozesses ist es, dass eine möglichst große Übereinstimmung herrscht zwischen den Informationen, die aus der realen Welt gewonnen und durch die Daten repräsentiert werden, und den Informationen, die der Nutzer aus den abgebildeten und verarbeiteten Daten auf der Maschine gewinnt.

Dazu ist es notwendig, dass die abgebildeten Daten die ursprünglichen Informationen für die konkrete Problemstellung treffend repräsentieren. Das Ergebnis eines solchen Abbildungsprozesses ist ein Modell.

> Ein **Modell** ist eine vereinfachte Beschreibung eines realen oder gedanklichen Systems, welches für eine bestimmte Zielsetzung wesentliche Eigenschaften des Systems enthält. In wichtigen Eigenschaften stimmt das System also mit der Wirklichkeit überein, in anderen nicht. Das Modell ist eine formale, leicht überschaubare Darstellung des Systems.
> Den Abbildungsvorgang „reales System $\longmapsto$ Modell" bezeichnet man als **Modellbildung** oder auch als **Modellierung**.

12.5 Nenne dir bekannte Modelle aus den verschiedenen Fachdisziplinen (z. B. geozentrisches und heliozentrisches Weltbild, Atommodelle, ...)! Analysiere sie und fasse die wesentlichen Eigenschaften von Modellen zusammen!

Auch bei informatischen Modellen müssen wesentliche von unwesentlichen Merkmalen in Bezug auf die Aufgabenstellung der Modellierung getrennt werden.

Informatische Modelle unterscheiden sich jedoch in einem maßgeblichen Punkt von anderen Modellen. Sie werden geschaffen, um eine Behandlung des Problems auf dem Computer zu ermöglichen. Somit müssen diese Modelle auch so aufbereitet sein, dass sie auf der Maschine implementiert und anschließend bearbeitet werden können.

---

i **Repräsentation** (lat. repraesentare) bedeutet „vergegenwärtigen" oder „Vertretung" oder „stellvertetend".
Ein **Repräsentant** steht somit stellvertretend für irgendetwas. Dieser Begriff wird beispielsweise bei Staatsbesuchen verwendet. Die Regierung oder der Staatsgast repräsentiert sein Land.
In der Informatik stehen die Daten stellvertretend (also als Repräsentanten) für die Ursprungsinformationen.

i **Implement** (lat.) heißt „Ergänzung" oder „Erfüllung" oder „Vollziehung".
Unter dem **Implementieren eines Modells** (z. B. eines neuen Programms oder einer Kalkulation für Berechnungen) versteht man, dass das Computersystem um dieses Modell ergänzt wird.

reale Probleme, reale Prozesse, Informationen

Abbildung von Informationen in Daten unter Verwendung von Modellen

Abbild auf der Maschine, Daten

1 Modellierung in der Informatik

Oft nutzt man dazu vorhandene Software, wie typische Anwendungsprogramme. Mitunter ist es aber notwendig, dass man selbst ein Programm schreiben muss. Letztendlich gilt: Ob fertige Anwendungen oder selbst entwickelte Programme, alles basiert auf der Umsetzung von Algorithmen.

> Mithilfe von Computern werden Modelle erstellt, die Ausschnitte der realen Welt widerspiegeln.
> **Forderungen an ein informatisches Modell:**
> - Trennung wesentlicher und unwesentlicher Merkmale des Wirklichkeitsausschnitts entsprechend dem Ziel der Modellbildung
> - Formulierung des Modells entsprechend der zur Verfügung stehenden Informatiksysteme
> - Kenntnis der Grenzen des Modells
> - das Modell muss einer algorithmischen Behandlung zugänglich sein

12.6 In Aufgabe 12.4 hast du eine Botschaft mithilfe einer selbst gewählten Applikation abgebildet. Nutze dein so entstandenes Dokument und erläutere daran die Begriffe „Information", „neue Information", „Daten" und „Modell"!

Im bisherigen Unterricht habt ihr bereits eine typische Modellierungstechnik der Informatik genutzt, um Grafik-, Textverarbeitungs-, Präsentations-, Kalkulations-, Datenbank- und Hypertextdokumente zu analysieren. Das half euch, die dafür entwickelte Software besser zu verstehen und mit ihr effektiv umzugehen:

Die Dokumente (oder auch Sachverhalte, die in ihnen abgebildet werden sollten) wurden dabei durch **Objekte** mit bestimmten Attributen, Attributwerten und Methoden sowie Beziehungen zwischen den Objekten modelliert. Durch den Begriff **Klasse** wurde der „Bauplan" von Objekten gefasst. Alle Objekte einer Klasse (Beispiel: KREIS) haben die gleichen **Attribute** (bei Kreisen sind das z. B. „Position des Mittelpunkts", „Radius" oder „Flächenfarbe") und **Methoden** (alle Kreise kann man kopieren, verschieben, skalieren usw.). Sie unterscheiden sich nur durch ihre **Attributwerte** (z. B. Radius = 3 cm oder Radius = 25 mm).

Diese Modellierungstechnik heißt **objektorientierte Modellierung**. Objektkarten, Klassenkarten und Klassendiagramme, aber auch Datenflussdiagramme sind grafische Mittel zur Beschreibung objektorientierter Modelle. Sie gehören zur „vereinheitlichten Modellierungssprache" **UML** (**U**nifed **M**odeling **L**anguage), die eigens hierfür geschaffen wurde.

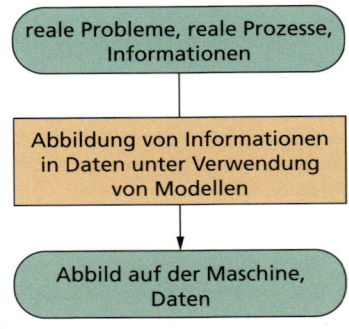

2 Objekte in einem Vektorgrafikdokument: Die Sitzpläne setzen sich aus Objekten der Klasse RECHTECK zusammen. Es wurde nur zwei Rechtecke erzeugt, die einen Lehrertisch und ein Schülertisch darstellen sollen. Dann wurden die Rechtecke kopiert und die neuen Objekte durch weitere Methoden wie Ausrichten(), Anordnen(), Verschieben() oder Drehen() in die gewünschte Position gebracht.

12.4 Problemlösen am Computer

Du hast im Informatikunterricht an verschiedenen Beispielen kennengelernt, wie aus einer Problemstellung eine Lösungsidee entwickelt und letztendlich diese Idee auch mit Informatiksystemen umgesetzt wird.

Mit Informatiksystemen können Probleme nach folgenden Schritten gelöst werden (↗ auch Abbildung Seite 288):
- Informationen der realen Welt werden als Daten abgebildet, d. h. so dargestellt, dass sie automatisch verarbeitet werden können.
- Diese Daten werden durch bestimmte Programme verarbeitet und transportiert.
- Die durch den Datenverarbeitungsprozess entstandene neue Repräsentation der Daten wird vom Menschen interpretiert, also wieder in Informationen umgewandelt.

Der **informatische Problemlöseprozess** gliedert sich wie folgt (Beispiel „Erstellung einer Datenbank"):

1. **Problemanalyse:** Analysiere das reale System. Welche Daten sind für die Problemlösung von Bedeutung? Wie sind diese strukturiert? Finde die Zusammenhänge.

2. **Modellierung (Lösungsentwurf):** Bilde Klassen von Objekten und lege die notwendigen Attribute fest. Formuliere die Beziehungen und charakterisiere diese durch die Angabe der Kardinalitäten. Im Ergebnis erhältst du ein Klassendiagramm. (Unter Nutzung der Transformationsregeln entsteht daraus das relationale Modell bzw. das Datenbankschema.) Dieses bildet die Grundlage für die Realisierung mit einem Informatiksystem.

3. **Implementierung (Umsetzung):** In diesem Schritt wird das Modell auf das System übertragen. (Wähle dazu ein DBMS und bilde das Modell ab.)

4. **Test (Reflexion):** Prüfe kritisch dein Ergebnis. Ist das reale System korrekt abgebildet? (Sind alle Anforderungen an eine Datenbank erfüllt?) Behebe mögliche Fehler aus den Phasen der Analyse, der Modellbildung und der Implementierung.

Bei komplexen Problemlösungen werden in einem 5. Schritt namens **Dokumentation** die Leistungen der Anwendung beschrieben, Testprotokolle dokumentiert und Hinweise für den Nutzer (also letztlich eine Gebrauchsanweisung für die Anwendung) gegeben.

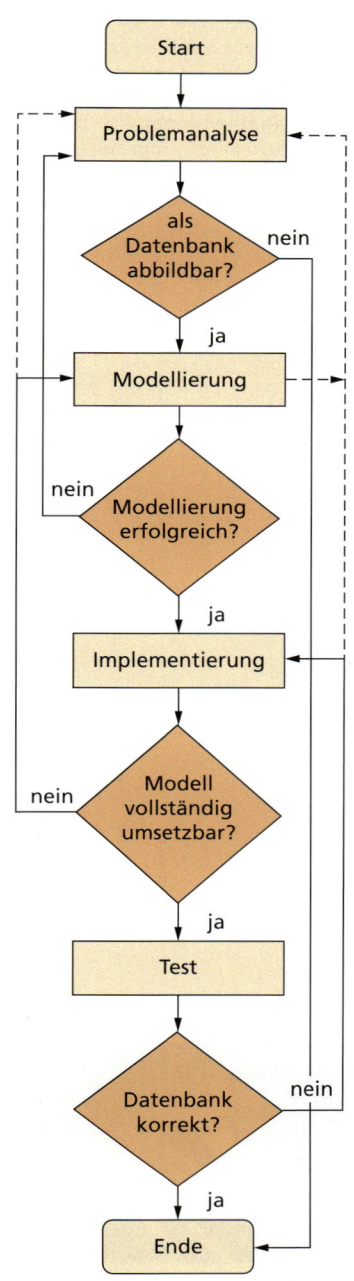

1 informatischer Problemlöseprozess bei der Erstellung einer Datenbank

Auch Computerspiele kann man unter dem Aspekt des Problemlösens betrachten: Manch einer hat das Problem, dass er nicht weiß, was er sonst mit seiner Freizeit anfangen soll. Und im Spiel selbst werden dem Spieler Probleme gestellt, bei deren Lösung er Fingerfertigkeit, Reaktionsvermögen und/oder logisches Denken entwickeln kann.

Die Informationsverarbeitung am Computer dient immer dem Lösen bestimmter Probleme. Problemlösen wiederum bedeutet vor allem, ein geeignetes Werkzeug auszuwählen.
Hilfen zur Auswahl des Werkzeugs können im ersten Ansatz die auf Seite 283 beschriebenen Aufgaben der verschiedenen Informatiksysteme sein.

12.7 Gegeben sind folgende praktische Probleme. Welches Informatiksystem würdest du jeweils nutzen? Begründe!
a) Erstellen einer Lageskizze für den Ort eines Klassentreffens
b) Abrechnung der Verwendung von Geldern aus der Klassenkasse
c) Bearbeiten von Urlaubsfotos
d) Gestaltung einer Einladung zu deiner Halloween-Party

Oft reicht *ein* Werkzeug nicht aus. Dann kommen Office-Pakete zum Einsatz.

12.8 Gegeben sind praktische Probleme, die mit dem Computer gelöst werden sollen.
Welche Informatiksysteme sollten hier im Zusammenspiel verwendet werden? Begründe!
a) Schreiben eines Geschäftsbriefes mit Rechnung
b) Entwickeln eines Serienbriefes für einen Versandhandel
c) Präsentation der Umsatzentwicklung einer Firma

Neben den behandelten Informatiksystemen gibt es viele weitere Werkzeuge (Tools). Einige Beispiele:
• Computeralgebrasysteme für Formelmanipulationen, Berechnungen und als Funktionsplotter (z. B. im Mathematikunterricht)
• Lernprogramme für unterschiedlichste Fachgebiete
• Personalverwaltungssysteme im öffentlichen und im privaten Bereich
• Bestell- und Reservierungssysteme (Bahn, Taxiunternehmen, Fluggesellschaften, Theaterkassen, ...)

Selbst wenn man diese Tools zur Verfügung hat, werden immer wieder Probleme auftauchen, für die Anwendungssysteme durch Programmierung angepasst werden müssen. Oder es müssen Problemlösungen selbst programmiert werden (↗ nachfolgendes Kapitel 13). Je nach Problemstellung benutzt man dann auch wieder die unterschiedlichsten Programmierumgebungen und Programmiersprachen.

1 Fahr- und Platzkarten für den ICE der Deutschen Bahn kann man im Internet buchen.

Informatiksysteme

Der Begriff **Informatiksystem** beschreibt die Einheit von Hard- und Software sowie Netzen zum Bearbeiten und Lösen bestimmter Problemklassen.

Beispiele: Textverarbeitungssysteme, Grafikprogramme, Betriebssysteme, E-Mail-Programme, Hypertextsysteme, Präsentationssysteme, Kalkulationssysteme, Datenbanksysteme, Programmierumgebungen. Informatiksysteme sind gekennzeichnet durch

* automatische Verarbeitung,
* Vernetzung,
* Interaktion mit dem Nutzer.

Datenaustausch zwischen Informatiksystemen unter dem Betriebssystem Windows

Es kommt die **OLE-Methode** (**O**bject **L**inking and **E**mbedding) zur Anwendung: Man kann Objekte zwischen Anwendungen austauschen. Das gewünschte Objekt muss in einer Datei gespeichert sein. Im Anwendungsprogramm wird die gewünschte Datei gesucht, ausgewählt und ihr Inhalt eingebettet. Dabei wird eine **Verknüpfung** (ein **Link**) zur Quelldatei hergestellt. Änderungen in der Quelldatei wirken sich damit sofort auch auf das eingebettete Objekt in der Zieldatei aus.

Beim **Einbetten (Embedding)** wird das Objekt in der Quelldatei markiert, in die Zwischenablage kopiert und in die Zieldatei eingefügt. Das Objekt wird zum Bestandteil der Zieldatei, eine Bearbeitung im Anwendungsprogramm wirkt sich nicht auf das Original aus. Umgekehrt werden Änderungen am Originalobjekt nicht an die Kopie in der Zieldatei weitergegeben.

Universelle Datenaustauschformate

Art	unter Windows	übergreifend	im Internet
Text	DOC	TXT, RTF	HTM
Grafik	BMP, WMF, JPG, GIF	TIF	JPG, GIF, PNG
TEXT + Grafik	DOC	PDF	PDF

Problemlösen am Computer

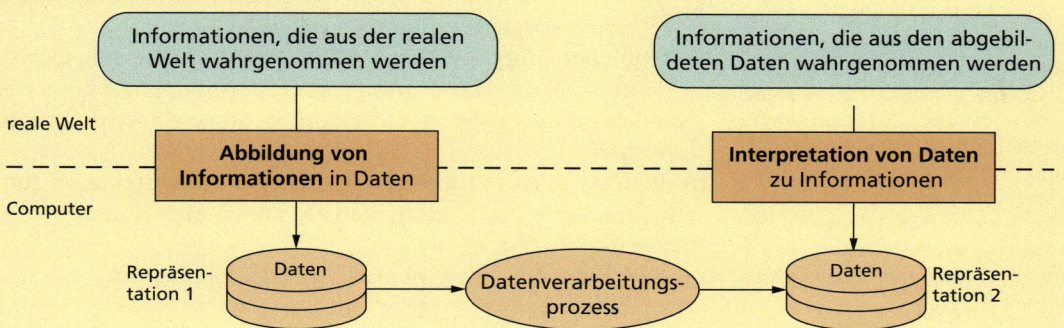

12.9 Du bist verantwortlich für die jährliche Erstellung eines Briefes an die zwölf Außendienstmitarbeiter des Handelsunternehmens, bei dem du arbeitest. Der Brief soll mindestens folgende Objekte enthalten:

- Firmenlogo;
- Tabelle mit den Ergebnissen der quartalsmäßigen Umsätze der einzelnen Mitarbeiter;
- Säulendiagramm zur besseren Veranschaulichung des Zahlenmaterials aus der Tabelle;
- Bild desjenigen Mitarbeiters, der den höchsten jährlichen Umsatz erreicht hat.

Du nutzt zur Fertigstellung des Briefes ein Office-Paket.

a) Welche Teilprogramme des Office-Paketes werden von dir genutzt?

b) Welche der oben aufgeführten Objekte würdest du in das Dokument *einbetten,* bei welchen Objekten würdest du die *OLE-Methode* anwenden? Begründe jeweils!

c) Lohnt es sich, den Brief als Serienbrief anzulegen? Wenn ja, was ist zusätzlich zu beachten?

d) Schreibe einen entsprechenden Brief! Berücksichtige dabei alle deine Überlegungen!

12.10 Du möchtest eine eigene Homepage mit vielen grafischen Elementen erstellen. Welche Formate (JPG, GIF, PDF, …) würdest du jeweils nutzen?

a) Homepage

b) schriftliche Ausarbeitung über deine Lieblings-Popgruppe mit eingebundenen Fotos und Texten zum Downloaden

c) Foto deines Zwerghamsters

d) eine selbst gezeichnete Karikatur

i Es ist sicherlich hilfreich, wenn ihr für die Kommunikation zwischen den Gruppen einen Schüler verantwortlich macht, der dafür sorgt, dass die genutzten Informatiksysteme untereinander kompatibel sind: Beispielsweise muss die Frage beantwortet werden, ob dasselbe Programm zur Datenaufnahme (im Weitsprung, 100-m-Lauf, …), zur Datenauswertung und Präsentation genutzt werden sollte. Oder – wenn nicht – wie die Daten von dem einen Dokument ins andere übernommen werden können.

12.11 Euer Schulsportfest soll unter Nutzung von Informatiksystemen organisiert werden (↗ Seite 280).

a) Bildet vier Gruppen, die jeweils für die Organisation, Durchführung, Auswertung und Präsentation der Ergebnisse des Sportfestes verantwortlich sind. Jede Gruppe beschreibt ihre Aufgabe!

b) Überlegt in den Gruppen, welche Informatiksysteme ihr zum Bearbeiten eurer Teilaufgaben am sinnvollsten nutzt! Löst eure Aufgabe!

c) Wertet die Arbeit der vier Gruppen gemeinsam aus!

12.12 Himmelsbeobachtungen faszinierten schon Generationen von Astronomen. Allein in unserem Sonnensystem existieren eine Vielzahl von Himmelskörpern. Charakterisiert werden diese durch spezifische Eigenschaften.

Ihr könnt sicherlich schnell feststellen, dass bei der Erfassung von Daten zu diesem Problembereich eine große Datenmenge zu bearbeiten ist.

Ihr werdet auch feststellen, dass neben Eigenschaften zu Planeten und Monden weitere Daten erfasst werden können.

- Beispielsweise sind das Informationen zu den Atmosphären der Planeten.
- Aber auch Daten von Weltraumprogrammen, die zur Erforschung von Planeten oder Monden dienten, können in unserem Problembereich Sonnensystem mit aufgenommen werden.

1 Die Daten der Himmelskörper unseres Sonnensystems können in einer Datenbank erfasst und anschließend ausgewertet werden.

Planet	Name des Planeten, Entfernung zur Sonne (in AE), Äquatorradius (in km), Umlaufzeit um die Sonne (in Bezug zur Umlaufzeit der Erde), Anzahl der Monde, Existenz einer Atmosphäre
Mond	Name des Mondes, Entfernung zum Planet (in Tkm), Umlaufzeit (in d)
Atmosphäre	vorherrschende Stoffe in der Atmosphäre, Bemerkungen zur Atmosphäre
Programm	Name des Weltraumprogramms, Organisation/Staat, Beginn und Ende

Modellbildung – Klassendiagramm

a) Bildet Gruppen von 3 bis 5 Schülern!
   Diskutiert, welche Daten zu unserem Sonnensystem eurer Meinung nach erfasst und verwaltet werden müssen!
   Fasst das Ergebnis eurer Diskussion zusammen! Veranschaulicht es beispielsweise unter Nutzung eines Flipchart übersichtlich und stellt es in der Klasse vor.
   Welche Gemeinsamkeiten und welche Unterschiede haben die Entwürfe der verschiedenen Gruppen?

b) Stellt das in eurer Gruppe entstandene Ergebnis aus Aufgabe a) unter Verwendung von Klassenkarten dar! Gebt die Attribute an!

c) Entwickelt aus dem Ergebnis von Aufgabe b) ein vollständiges Klassendiagramm!
   Ergänzt insbesondere die Beziehungen, deren Attribute (bildet gegebenenfalls Assoziationsklassen) sowie die Kardinalitäten!

PLANET
PNr
Name
EntfernungSonne
Radius
Umlaufzeit
AnzMonde
Atmosphäre

MOND
Name
EntfernungPlanet
Umlaufzeit

2 Klassenkarten PLANET und MOND mit Attributen

1 Während die Erde von einem Mond umkreist wird, gibt es auch Planeten die keinen Mond oder eben mehrere Monde besitzen.
Die Abbildung zeigt die Jupitermonde Io, Europa, Ganymed und Callisto. Insgesamt besitzt der Jupiter 16 Monde.

Modellbildung – Datenbankschema

Nachdem unser Modell als Klassendiagramm vorliegt, muss es in ein relationales Modell, also in ein Datenbankschema transformiert werden. Dies geschieht unter Nutzung der Transformationsregeln (↗ Seite 241 ff.).
Für einen bestimmten Ausschnitt eines gefundenen Klassendiagramms kann sich Folgendes ergeben:

- *Planet (PNr , P_Name, EntfernungSonne, Radius, Umlaufzeit, AnzMonde, Atmosphaere)*
- *Mond (M_Name, EntfernungPlanet, Umlaufzeit, PNr)*

Hierbei ist zu beachten, dass durch das Hinzunehmen des Primärschlüssels der Klasse Planet als Fremdschlüssel in die Relation Mond, die Kardinalität der Beziehung berücksichtigt wird.

d) Übertragt das in Aufgabe c) entstandene Klassendiagramm in ein relationales Modell! Nutzt dazu die notwendigen Regeln und gebt die so entstandenen Tabellen als vollständiges Datenbankschema an!

e) Legt für das in Aufgabe d) erhaltene Datenbankschema die jeweiligen Datentypen für die verschiedenen Attribute der Relationen fest! Orientiert euch dabei an den Attributwerten, die erfasst werden sollen.

Implementation

f) Übertragt das Modell in euer DBMS! Erzeugt dazu alle notwendigen Tabellen, legt die Feldnamen (Attribute) und den dazugehörigen Datentyp fest! Formuliert gegebenenfalls Einschränkungen für Bereiche von Attributwerten!
Tragt nun die notwendigen Daten für die verschiedenen Himmelskörper unseres Sonnensystems und für deren Zusammenwirken ein!

Reflexion

g) Findet eine Gruppe, mit der ihr eure Datenbank tauscht!
Betrachtet die euch nun vorliegende Datenbank unter dem Blickwinkel der eingangs angegebenen Aufgabenstellung!
Formuliert, welche Aspekte eurer Meinung nach gut umgesetzt wurden, und solche, wo es nicht so gut gelungen ist. Notiert wichtige Hinweise!
Tauscht anschließend die Bemerkungen und Hinweise aus!
Setzt euch nun mit diesen Bemerkungen und Hinweisen zu eurer Datenbank kritisch auseinander! Überlegt in der Gruppe, welche Veränderungen noch erfolgen sollen und welche ihr nicht umsetzen wollt. Überarbeitet dann euer Dokument!

Automaten und Algorithmen

13

Handy und Smartphone

Die ersten Handys hatten vergleichsweise wenige Funktionen.
Sie waren oft unförmig und hatten den Spitznamen „Knochen".
Das nebenstehende Bild zeigt das Siemens S10. Es war das erste
Handy mit einem farbigen Bildschirm und wurde über einen
Nummernblock und Sondertasten bedient.

- Welche Dienste konnte ein solches Gerät anbieten?
- Welche Bedeutung haben die einzelnen Sondertasten?
- Wie wurde das Gerät in Betrieb genommen?
- Wie wurde ein Gespräch eingeleitet?
- Zu welchem Zweck gab es auch Buchstaben auf dem Nummern-block?

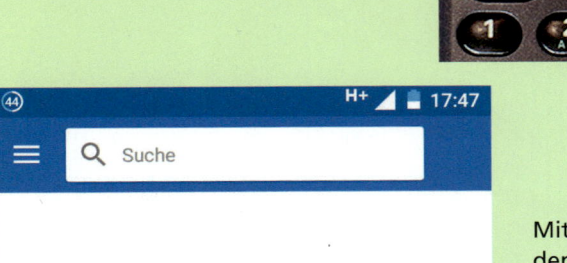

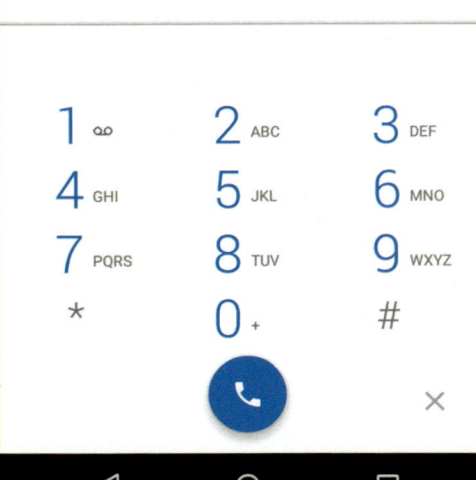

Mit dem Erscheinen der Smartphones wurden die Möglichkeiten der Handys revolutioniert. Sie sind nun kleine vollwertige Rechner. Bildschirm und Nummernblock wurden durch einen großflächigen Touchscreen ersetzt.

Nach der Wahl des Telefondienstes erscheint auf dem Bildschirm der vertraute Nummernblock, der wie früher mit dem Finger bedient wird.

Für die Smartphones können kleine Applikationen, sogenannte Apps, programmiert werden. Auf dem Bildschirm werden Schaltflächen nachgebildet, die auf Berührung reagieren und bestimmte Aktionen auslösen. Auf diese Weise wird die Nutzung der Handys vielfältiger: Es existieren über eine Million Apps, die dem Nutzer helfen, besser mit dem Alltag fertig zu werden.

So gibt es zum Beispiel eine Reiseauskunft-App, mit der man sich über die nächsten Reisemöglichkeiten informieren kann.

Handys können auch einen Fernseher ersetzen: Mit einer TV-App kann man unterwegs live Fußballspiele miterleben.

Automaten

Die Oberflächen der Apps bilden einen „Automaten" nach. Mithilfe von Schaltflächen können Aktionen ausgelöst werden. Nach wenigen Berührungen will der Nutzer die gewünschten Informationen erhalten. Die Bedienung sollte einfach, schnell und selbsterklärend sein.

Betrachte die beiden Beispiele:

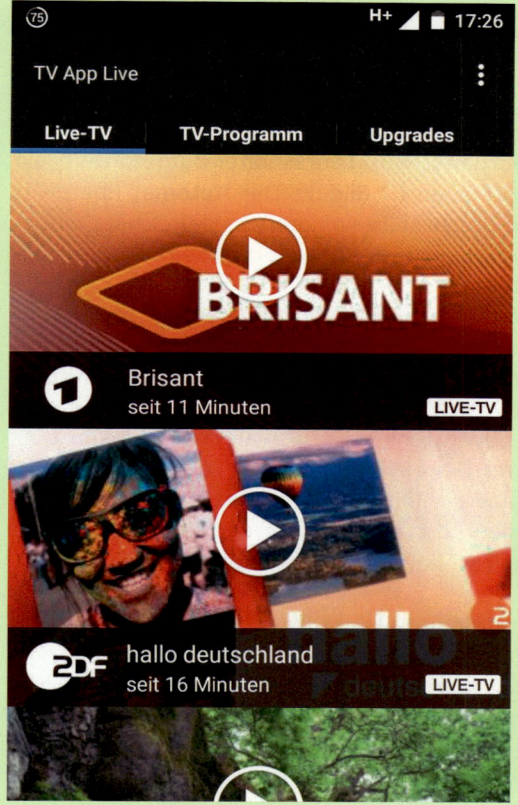

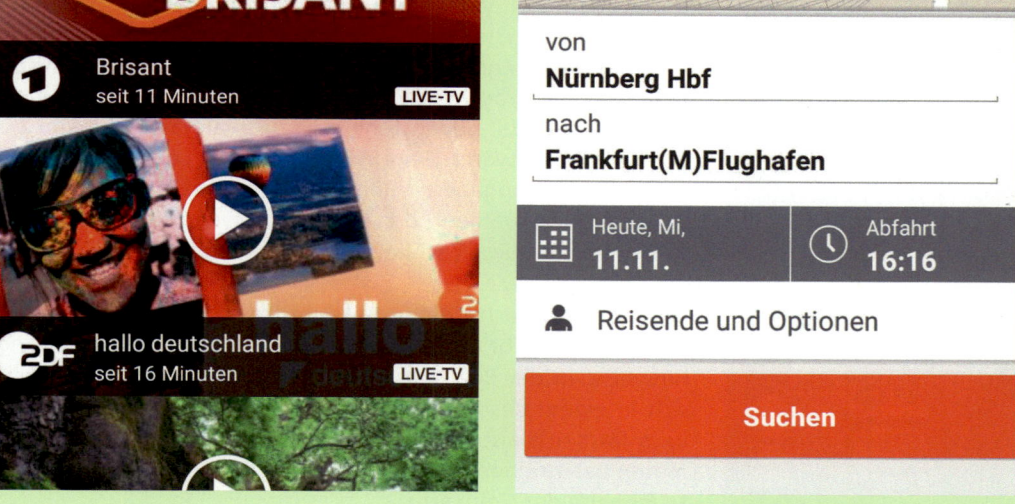

1 TV-App für Smartphones

2 DB-Reiseauskunft-App

- Welche Schaltflächen kannst du erkennen?
- Welche Aktion erwartest du nach einer Berührung der Schaltflächen?
- Welche Bedeutung haben die Striche bzw. die Punkte im Titel der App?
- Wie kannst du z.B. vom Live-TV in das TV-Programm wechseln?
- Gibt es bei der Reiseauskunft Platz, den man besser nutzen könnte?
- Wie viele Arbeitsschritte sind nötig, um erste Ergebnisse zu erhalten?
- Kannst du dir noch Möglichkeiten vorstellen, wie die Bedienung der beiden Apps noch einfacher wird?
- Kannst du auch die Symbole am oberen Bildschirmrand deuten?
- Wage einen Blick in die Zukunft: Wie werden sich die Smartphones weiter entwickeln? Denke dabei an die Größe und neue Möglichkeiten der Bedienung.

1 Bankautomat

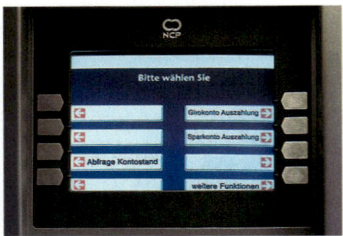

2 Auswahlmenü

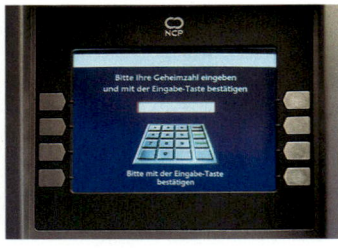

3 PIN-Eingabe

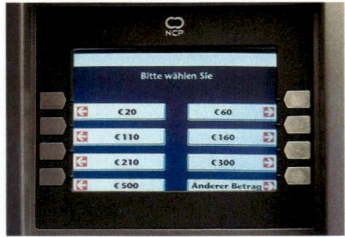

4 Geldauswahl

13.1 Automaten bestimmen unser Leben

Unsere Welt verändert sich: Fahrkarten kaufen wir nicht mehr am Schalter, sondern lösen sie am Automaten. Bankgeschäfte erledigen wir online am Computer oder holen unser Geld am Bankautomaten.

Im Urlaub beobachtet Laura ihren Vater, wie er Geld von einem Bankautomaten abholt. Der Automat besteht aus einem Bildschirm, an dessen Rand noch Auswahltasten angebracht sind, und einem Ziffernblock, der zusätzlich noch mit den Tasten „Abbruch", „Korrektur" und „Bestätigung" ausgestattet ist.

- Zu Beginn des Vorgangs wird Lauras Vater aufgefordert, die Geldkarte einzuschieben (↗ Bild 1). Der Automat überprüft die Karte. Da die Karte seitenverkehrt in den Schlitz eingeführt wurde, wirft er sie aus und fordert mit einer Fehlermeldung zur erneuten Eingabe auf.
- Nachdem der Vater von Laura die gültige EC-Karte richtig eingeschoben hat, bietet der Automat ein Menü mit folgenden Einträgen an: „Barauszahlung" („Girokonto Auszahlung"), „Abfrage Kontostand" usw. an. Er wartet auf den Druck einer der nebenstehenden Auswahltasten (↗ Bild 2).
- Lauras Vater wählt „Barauszahlung". Nach der erfolgten korrekten PIN-Eingabe (↗ Bild 3) kann er aus einem Menü den Geldbetrag wählen (↗ Bild 4). Nach weiteren Schritten und Eingaben erhält er schließlich das gewünschte Urlaubsgeld.

Wir wollen zunächst die ersten Schritte genauer betrachten. Zu jedem Schritt gibt der Automat auf dem Monitor Bearbeitungshinweise. In der Bearbeitungsphase eines Schrittes befindet er sich in einem bestimmten Zustand. Der Ablauf der Barauszahlung lässt sich also durch eine Reihe von Zuständen des Automaten beschreiben:

- Eingabe der Geldkarte
- Funktionsauswahl
- Eingabe der PIN

…

Zuerst wollen wir den Übergang „Eingabe der Geldkarte" nach „Funktionsauswahl" darstellen.

> Im **Zustandsübergangsdiagramm** werden Zustände durch abgerundete Rechtecke symbolisiert. Durch ein Ereignis kann der Automat aus einem Zustand in einen anderen wechseln. Zustandsübergänge werden durch Pfeile dargestellt, die jeweils zwei Zustände verbinden.

Ein Zustandsübergang kann aus drei Komponenten bestehen:
- **Auslösende Aktion:** Durch eine Aktion wird der Übergang in den nächsten Zustand ausgelöst.
  Im Zustand „Eingabe der Geldkarte" wartet der Automat auf das Einführen einer Karte, um in den Zustand „Funktionsauswahl" zu wechseln oder im Zustand „Eingabe der Geldkarte" zu bleiben.
- **Übergangsbedingung:** Ein Zustandsübergang kann auch von einer Bedingung abhängig sein.
  Liegt eine gültige Geldkarte vor, so wechselt der Automat in den Zustand „Funktionsauswahl", andernfalls bleibt er im Zustand „Eingabe der Geldkarte".
  Die Bedingung wird in eckige Klammern geschrieben. Ist sie wahr, so erfolgt der zugehörige Zustandsübergang.
- **Ausgelöste Aktion:** Bei einem Zustandsübergang kann auch eine Aktion ausgelöst werden. Beim letzten bedingten Zustandsübergang wirft der Automat die ungültige Karte mit einer Fehlermeldung aus. Die ausgelöste Aktion steht nach der Bedingung hinter dem Zeichen „/".

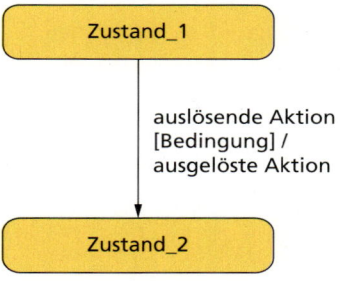

1 Zustandsübergangsdiagramm

Die folgende Tabelle beschreibt für jeden Zustandsübergang die auslösende Aktion, die Übergangsbedingung und die ausgelöste Aktion.

Zustandsübergang	auslösende Aktion	Bedingung	ausgelöste Aktion
Eingabe der Geldkarte → Eingabe der Geldkarte	Eingabe der Geldkarte	Geldkarte ungültig	Ausgabe der Geldkarte mit Fehlermeldung
Eingabe der Geldkarte → Funktionsauswahl	Eingabe der Geldkarte	Geldkarte gültig	
Funktionsauswahl → Funktionsauswahl	Eingabe einer Taste	Taste ungültig	Warnton
Funktionsauswahl → Eingabe der PIN	Eingabe einer Taste	Auswahltaste gültig	–

13.1 Stelle die Zustände „Funktionsauswahl" und „Eingabe der PIN" mit den zugehörigen Übergängen aus der Tabelle in einem Zustandsdiagramm dar!

PIN steht für **P**ersonal **Iden**-tity **N**umber.

Jetzt wollen wir die Eingabe der vierstelligen PIN in einem Zustandsdiagramm modellieren. Der Ablauf gleicht der PIN-Eingabe nach dem Einschalten eines Handys.

Der Automat fordert zur Eingabe der vierstelligen PIN auf. Die Eingabe einer Ziffer wird durch einen Stern auf dem Bildschirm angezeigt, damit ein Zuschauer wie Laura die Nummer nicht mitlesen kann. Nach dem Druck der Taste „Bestätigung" vergleicht der Automat die PIN mit der, die auf der EC-Karte gespeichert ist. Stimmen die Nummern überein, findet ein Wechsel in den Zustand „Auswahl des Geldbetrags" statt. Bei einer falschen Nummer kann die Eingabe noch maximal zweimal wiederholt werden. Nach dem dritten missglückten Versuch wird die Karte einbehalten und der Automat geht in den Zustand „Eingabe der Geldkarte" über.

Aus jedem Zustand kann die Eingabe der PIN mit der Taste „Abbruch" beendet werden. Der Automat wirft dann die Geldkarte aus und wechselt in den Zustand „Eingabe der Geldkarte".

Zuerst legen wir die Zustände fest, die wir für die Modellierung benötigen. Dann erstellen wir die Tabelle der Zustandsübergänge und erhalten so das Zustandsdiagramm.

Zustände:
- Eingabe der PIN (mit diesem Zustand beginnt der Vorgang)
- PIN-Eingabe 2. Versuch
- PIN-Eingabe 3. Versuch
- Eingabe der Geldkarte
  (mit diesem Zustand endet der Vorgang)
- Wahl des Geldbetrags
  (mit diesem Zustand endet der Vorgang)

Im Zustand „Eingabe der PIN", „PIN-Eingabe 2. Versuch" und „PIN-Eingabe 3. Versuch" können jeweils die vier Ziffern der PIN eingegeben werden.

Zustandsübergang	auslösende Aktion	Bedingung	ausgelöste Aktion
Eingabe der PIN → Eingabe der Geldkarte	Taste Abbruch	–	Ausgabe der Geldkarte
Eingabe der PIN → Wahl des Geldbetrags	Taste Bestätigung	PIN korrekt	
Eingabe der PIN → PIN-Eingabe 2. Versuch	Taste Bestätigung	PIN inkorrekt	Warnton
PIN-Eingabe 2. Versuch → Wahl des Geldbetrags	Taste Bestätigung	PIN korrekt	–

Zustandsübergang	auslösende Aktion	Bedingung	ausgelöste Aktion
PIN-Eingabe 2. Versuch → PIN-Eingabe 3. Versuch	Taste Bestätigung	PIN inkorrekt	Warnton
PIN-Eingabe 3. Versuch → Wahl des Geldbetrags	Taste Bestätigung	PIN korrekt	
PIN-Eingabe 3. Versuch → Eingabe der Geldkarte	Taste Bestätigung	PIN inkorrekt	Warnton, Einbehaltung der Geldkarte
PIN-Eingabe 2. Versuch → Eingabe der Geldkarte	Taste Abbruch	–	Ausgabe der Geldkarte
PIN-Eingabe 3. Versuch → Eingabe der Geldkarte	Taste Abbruch	–	Ausgabe der Geldkarte

Zustandsdiagramm:

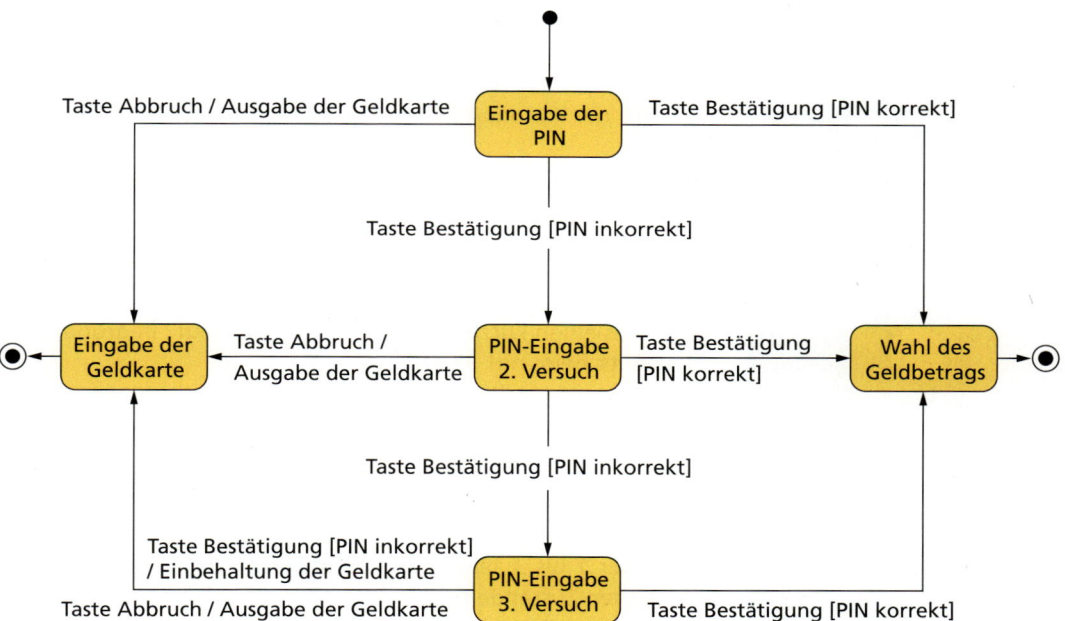

Im **Zustandsdiagramm** werden Start- und Endzustände eingeführt. Diese Zustände kann der Automat nicht wirklich einnehmen. Sie zeigen nur den Beginn und das Ende möglicher Abläufe an. Ein Diagramm muss stets einen Startzustand und kann Endzustände enthalten.

- Symbol für einen **Startzustand:** ●
- Symbol für einen **Endzustand:** ◉

1 Startbild Uhr-App

2 Uhr im Weckermodus

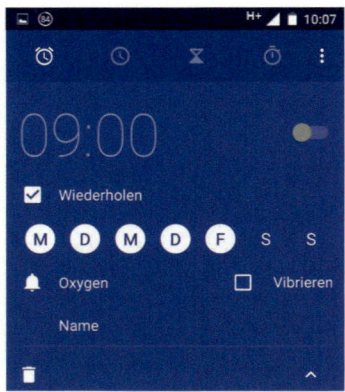

3 Wecker erweitert

13.2 Mögliche Abläufe können durch die Reihenfolge der eingenommenen Zustände beschrieben werden. Die Länge des Ablaufs ist die Anzahl der besuchten Zustände.
a) Gib zum Zustandsdiagramm „PIN-Eingabe" die kürzesten und längsten Abläufe an!
b) Wie viele verschiedene Abläufe gibt es?

13.3 Die Eingabe der vier Ziffern der PIN kann ebenfalls in einem eigenen Zustandsdiagramm modelliert werden. Die Eingabe jeder Ziffer erfolgt in einem eigenen Zustand und wird durch einen Stern auf dem Bildschirm angezeigt.
Jede Ziffer kann durch die Taste „Korrektur" erneut eingegeben werden.
Nach der erfolgten Eingabe der 4. Ziffer kann man mit der Taste „Bestätigung" bei korrekter PIN in den Endzustand „Auswahl des Geldbetrags" wechseln. Falls die PIN falsch eingetippt wurde, geht der Automat in den Zustand „PIN-Eingabe 2. Versuch" über.
Über die Taste „Abbruch" kann man aus jedem Zustand in den Zustand „Eingabe der Geldkarte" wechseln. Der Automat wirft dann die Geldkarte aus.
a) Lege den Startzustand und die Endzustände fest!
b) Zeichne ein Zustandsdiagramm!
c) Gibt es einen kürzesten oder längsten Ablauf? Begründe deine Entscheidung!

13.4 Auf einem Smartphone ist eine Uhr-App mit Wecker-Funktion vorhanden.
Die Bilder 1 bis 3 zeigen den Touchscreen der Uhr-App in verschiedenen Zuständen.
a) Betrachte die Icons in der Titelleiste. Erläutere die weiteren Modi, die die Uhr-App annehmen kann!
b) Anton will sich von Montag bis Mittwoch um 7:15 Uhr wecken lassen. Beschreibe, wie Anton die Einstellungen vornehmen kann! Setze dann die gewählte Vorgehensweise in einem Zustandsdiagramm um! Die Alarmierung durch Ton oder Vibration und die Bezeichnung für die Einstellung müssen dabei nicht berücksichtigt werden.
c) Erläutere die Funktion des (+)-Buttons und gib eine mögliche Verwendung an!

13.2   Wir programmieren eigene Automaten mit Kara

Als Programmierumgebung wählen wir „Kara – programmieren mit Automaten".

Kara, ein Marienkäfer, lebt in einer Welt, in der er sich mit wenigen **Methoden** bewegen lässt:

a Schritt vor

b Links drehen

c Rechts drehen

d Kleeblatt legen

e Kleeblatt aufnehmen

Im Direktmodus kannst du Kara mit den nebenstehenden Befehlsschaltflächen steuern. Ein Mausklick auf eine solche Fläche bringt die zugehörige Methode zur Ausführung.

In Karas Welt gibt es

• Kleeblätter, die er aufnehmen und ablegen kann,

• Baumstümpfe, die er nicht überwinden kann, und

• Pilze, die er vor sich herschieben kann. Leider ist Kara nur so schwach, dass er gerade einen Pilz bewegen kann. Ein Feld mit einem Pilz oder einem Baumstumpf kann er nicht betreten.

1 Sensoren

Mithilfe von **Sensoren** kann er seine Umgebung erkennen. Er kann wahrnehmen, ob er vor oder neben einem Baumstumpf steht oder ob er sich auf einem Kleeblatt befindet.

In der Welt des Marienkäfers können per Mausklick oder Drag and Drop Objekte wie Baumstümpfe, Pilze oder Kleeblätter aus der Werkzeugleiste platziert werden. Per Drag and Drop lassen sie sich auch auf den Feldern verschieben. Zieht man sie in den Papierkorb, so werden sie entfernt.

 Drag and Drop kommt aus dem Englischen und bedeutet „Ziehen und Ablegen" (mit der Maus).

Über die rechte Maustaste öffnet sich das nebenstehende Menü, das für die virtuelle Welt die gängigen Methoden Löschen, Kopieren, Einfügen und Exportieren zur Verfügung stellt.

Über die Befehlsschaltflächen werden die Methoden „Neue leere Datei", „Datei öffnen", „Datei erneut laden", „Datei speichern", „Datei speichern unter" für die Objekte Welt und Programm angesprochen.

Kara wird programmiert, indem ein Automat mit endlich vielen Zuständen erstellt wird.

2 Befehlsschaltflächen

ℹ Im Unterschied zu den endlichen Automaten, die wir im Kapitel 13.1 kennengelernt haben, gilt es ein paar kleine Unterschiede zu beachten.
Ein Kara-Automat enthält genau einen **Startzustand**, hier „Beginn", und einen Endzustand „Stop".
Über die Befehlsschaltfläche **start⊳|** erhält ein markierter Zustand den Attributwert „Startzustand".
Der **Endzustand** „Stop" befindet sich standardmäßig im Entwurfsfenster und kann nicht editiert werden. Zustandsübergänge können nur in den Endzustand führen, aber nicht aus ihm heraus.

ℹ Im unteren Fenster werden **Zustandsübergänge** bearbeitet. Als Ereignisse werden nur Bedingungen angeboten, die der Marienkäfer mit Sensoren überprüfen kann.
Im Beispiel ist der Zustand „Beginn" mit dem Sensor „Baum vorne?" ausgestattet. Wenn der Sensor „Baum vorne?" „nein (no)" meldet, dann trifft die Bedingung „kein Baum vorne" zu und es erfolgt der Übergang in den Zustand „Zustand_3". Dabei werden nacheinander die Aktionen „Kleeblatt legen" und „Schritt vor" ausgelöst.

In diesem Fenster wird der Automat entworfen:

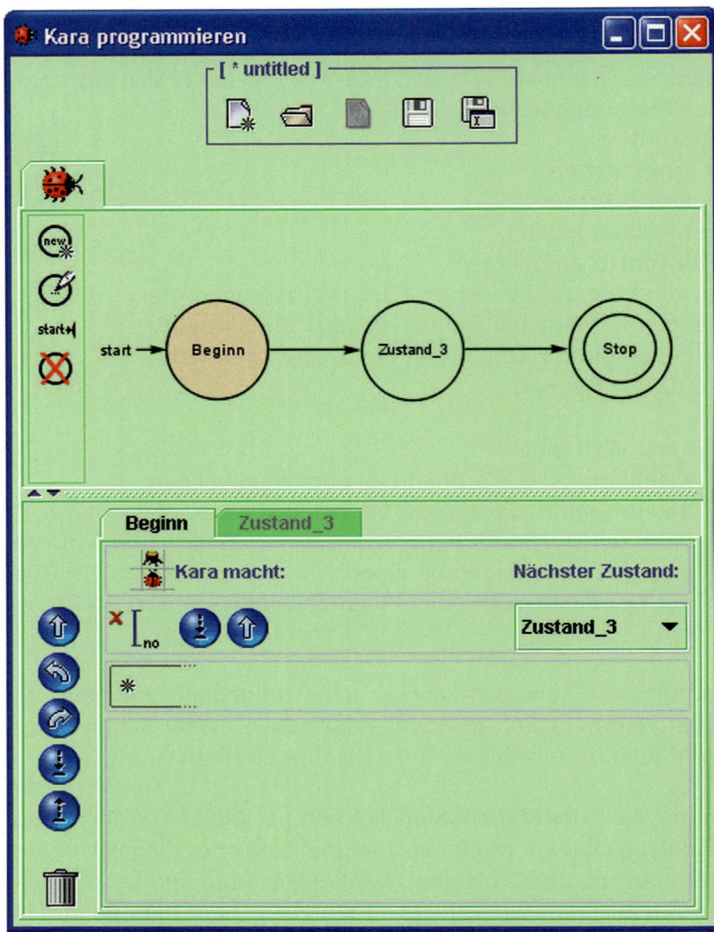

Durch einen Mausklick auf das rote „x" (**✗**) wird der zugehörige Übergang gelöscht.
Durch einen Mausklick auf die Befehlsschaltfläche Stern (**✳**) kannst du einen neuen Übergang erzeugen. Seine Bearbeitung erfolgt einfach durch einen Mausklick auf das Symbol der Bedingung oder das Ziehen von Aktionssymbolen in die Spalte „Kara macht".

Jetzt bist du sicher neugierig, wie sich Kara programmieren lässt. Als erstes Beispiel entwerfen wir ein einfaches Programm.
■ Kara soll bis zum nächsten Baumstumpf laufen und dort, ohne anzustoßen, stehen bleiben.
Pilze oder Kleeblätter sollen in der Welt nicht vorkommen (↗ Bild 1).

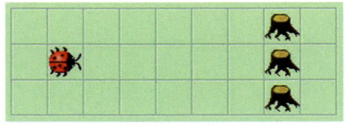

1 Kara läuft bis zum nächsten Baumstumpf.

Das Programm werden wir in drei Schritten entwickeln:

1. Welche Zustände benötigen wir?
   Wir kommen mit zwei Zuständen aus: „Laufen" und „Stop". Im Zustand „Laufen" soll Kara so lange verweilen, bis er direkt vor einem Baumstumpf steht. Dann soll der Automat in den Endzustand „Stop" wechseln. Der Programmablauf ist beendet.

2. Welche Sensoren müssen in den einzelnen Zuständen bereitgestellt werden? Kara muss einen Baum vor sich erkennen können, damit er nicht anstößt. Hierfür ist der Sensor „Baum vorne" geeignet. Folglich statten wir den Zustand „Laufen" mit diesem Sensor aus. (↗ Bild 1)

3. Festlegung der Zustandsübergänge: Solange vor Kara kein Baum steht, kann er einen Schritt vorwärts gehen. Wenn die Bedingung „kein Baum vorne" erfüllt ist, bleibt der Automat im Zustand „Laufen" und rückt ein Feld vor. Andernfalls wechselt er in den Endzustand „Stop" und beendet den Programmablauf. (↗ Bild 2)

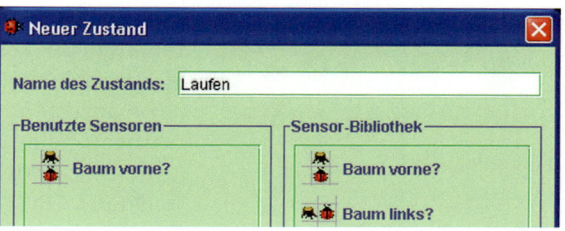

1 Sensoren

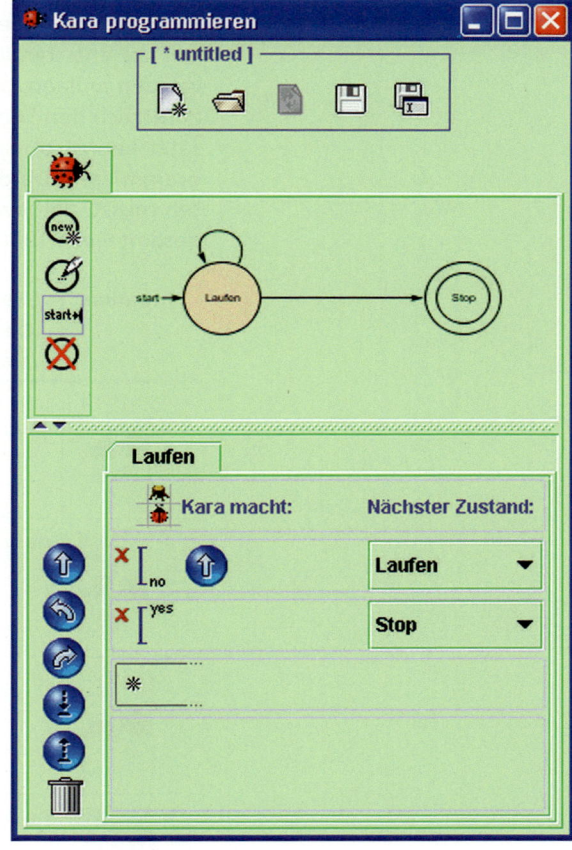

2 Zustandsübergänge

13.5 Kara soll zwischen zwei Bäumen einmal hin- und herlaufen (↗ Bild 3).

a) Wie viele Zustände benötigt der Automat?

b) Mit welchen Sensoren muss jeder Zustand ausgestattet werden?

c) Erstelle das Programm!

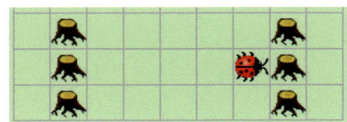

3 Kara läuft zwischen zwei Bäumen hin und her.

1 Beispielwelt

Nun wollen wir das erste Beispiel etwas ausbauen zu einem Automaten, der Zustände mit mehreren Sensoren besitzt.

■ Kara soll bis zum nächsten Baumstumpf laufen und dort, ohne anzustoßen, stehen bleiben. Auf seinem Weg bekommt er aber eine neue Aufgabe: Liegt auf einem Feld ein Blatt, soll Kara es aufnehmen; liegt auf einem Feld kein Blatt, eines hinlegen (↗ Bild 1).

Kommen wir mit der gleichen Anzahl der Zustände aus?

Ja, Kara kann so lange im Zustand „Laufen" verweilen, bis er vor dem Baum steht. Er muss nur zusätzlich vor jedem Schritt noch entweder ein Kleeblatt aufnehmen oder eines legen.

Um zu entscheiden, welche der beiden Aktionen ausgeführt werden müssen, benötigt der Marienkäfer im Zustand „Laufen" zusätzlich den Sensor „Kleeblatt unten".

Jetzt kannst du schon die möglichen Zustandsübergänge programmieren. Da du im Zustand „Laufen" zwei Sensoren beachten musst, die jeweils zwei Möglichkeiten haben, musst du insgesamt vier Situationen betrachten:

Situation	Sensor „Kleeblatt unten"	Sensor „Baum vorne"	Kara macht	Folgezustand
	ja	ja	Kleeblatt aufnehmen	„Stop"
	nein	ja	Kleeblatt legen	„Stop"
	ja	nein	Kleeblatt aufnehmen, Schritt vor	„Laufen"
	nein	nein	Kleeblatt legen, Schritt vor	„Laufen"

Mit dem Sensor „Kleeblatt unten" prüft der Marienkäfer, ob er auf einem Kleeblatt steht, und kann entsprechend ein Kleeblatt legen oder aufnehmen.

Wie beim einfachen Beispiel wechselt der Automat immer in den Zustand „Stop", wenn der Sensor vor Kara einen Baum entdeckt.

Nun wird dir mithilfe der obigen Tabelle sofort das Programm gelingen. Programmierung der Zustandsübergänge:

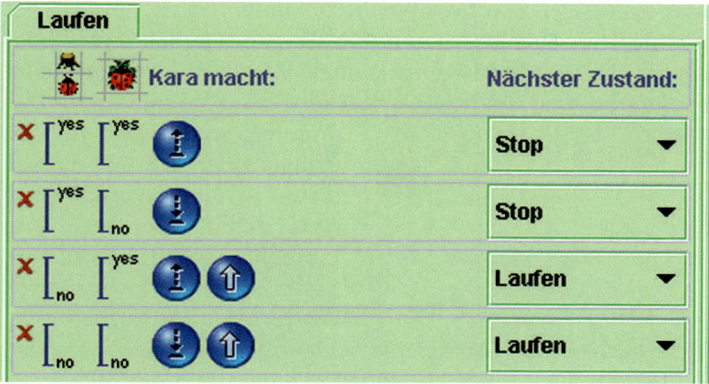

13.6 Lucas will das Programm des schwierigeren Beispiels genau erforschen. Aus diesem Grund nimmt er Änderungen vor und überlegt sich, wie sie sich auf folgende Welten auswirken. Wie sieht die Welt nach einem Programmlauf aus?

A    B

a) Er vertauscht beim Übergang „Laufen" → „Laufen" jeweils die Aktionen.
b) Er ändert die Einstellungen zum Sensor „Kleeblatt unten" von „yes" auf „no" bzw. „no" auf „yes" beim Übergang „Laufen" → „Stop".

1 Welt zu Aufgabe 13.7 a

13.7 a) Kara sucht ein Kleeblatt, das geradeaus vor ihm liegt. Leider stehen ihm Bäume als Hindernisse im Weg, um die er herumlaufen muss. Glücklicherweise befinden sich nie zwei Bäume direkt nebeneinander (↗ Bild 1).
Schreibe ein Programm, das ihn bis zum Kleeblatt führt!
b) Erweitere das Programm aus Teil a so, dass Kara auch mit mehreren nebeneinander stehenden Bäumen fertig wird!
Hinweis: Die Lösung dieser Aufgabe erfordert zwei Zustände! Warum reicht ein Zustand nicht aus?
c) Jetzt sucht Kara am Waldrand nach Kleeblättern. Die Bäume stehen so dicht, dass der nächste Baum auf einem direkt oder diagonal angrenzenden Feld steht (↗ Bild 2).

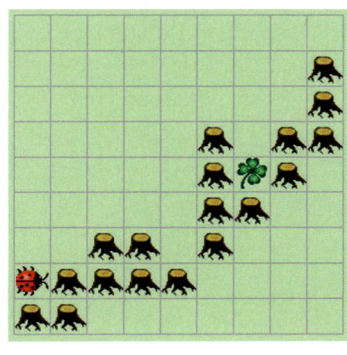

2 Welt zu Aufgabe 13.7 c

13.3 Anwendungen endlicher Automaten in der Informatik

Eine gute Textverarbeitung bietet Methoden wie `Suchen()` oder `Ändern()` von Wörtern in Dokumenten an. Im Internet durchforsten **Suchmaschinen** wie *Google, Fireball, Lycos* oder *Yahoo!* die im Netz bereitgestellten Informationen, um sie zu analysieren und nach Schlagwörtern zu katalogisieren. Programme, sogenannte Robots, Spiders oder Worms, müssen diese Schlagwortkataloge stets aktualisieren. Sie sind tagtäglich damit beschäftigt, das Internet nach bestimmten Wörtern zu durchsuchen.

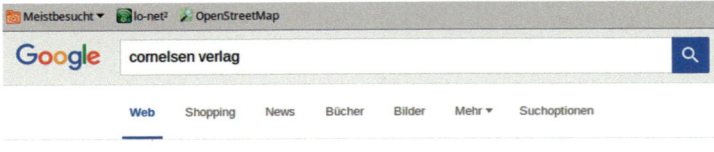

1 Suchen mit Google

Suchmaschinen im Großen wie auch im Kleinen müssen Verfahren beherrschen, wie man schnell in einem Text ein Teilwort in einem Wort finden kann. Solche Probleme werden **Pattern-Matching-Probleme** genannt. Im Folgenden wirst du ein effizientes Verfahren kennenlernen, das ein solches Problem mithilfe eines endlichen Automaten löst.

 Pattern Matching bedeutet „Musterabgleich".

Worte werden mit Buchstaben aus einem bestimmten Alphabet geschrieben. Die Buchstaben selbst werden mit den Zeichen „0" und „1" codiert:

Buchstabe	A	B	...	Z
Codierung	0100 0001	0100 0010	...	0101 1010

Aus diesem Grund können wir annehmen, dass die Wörter nur aus den Zeichen „0" oder „1" bestehen.
Jetzt können wir ein einfaches Beispiel betrachten:
Unsere Aufgabe besteht darin, das Teilwort „010" im Wort „10110110101" zu finden.
Für die Lösung kannst du Kara verwenden. „0" codieren wir als leeres Feld und „1" als ein Feld mit einem Kleeblatt. Das Ende des Wortes wird mit einem Baumstumpf markiert.

■ Kara soll das Teilwort

Wir müssen noch vereinbaren, wie der Marienkäfer das Teilwort erkennt:

• Bei jedem Zustandsübergang rückt Kara ein Feld vor, d.h., er liest ein neues Zeichen ein. Hält er im Endzustand „Stop", so soll das Suchwort im Wort enthalten sein.

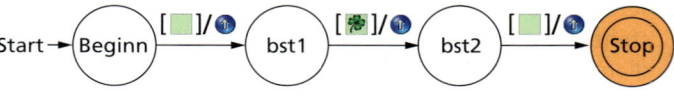

Dieser Automat erkennt den Suchbegriff, doch er ist nicht vollständig:

Was geschieht, wenn Kara im Zustand „Beginn" unter sich ein Kleeblatt bemerkt?

Er bleibt im Zustand „Beginn" und hofft beim nächsten Schritt das erste Zeichen des Suchworts, ein leeres Feld, zu erkennen.

Was geschieht, wenn Kara im Zustand „bst1" ein leeres Feld erkennt?

Er bleibt im Zustand „bst1", da er gerade das erste Zeichen von [🍀] eingelesen hat und beim nächsten Schritt für das Lesen des „Kleeblatts" bereit sein muss.

Was geschieht, wenn er im Zustand „bst2" ein Kleeblatt vorfindet? In diesem Fall muss er wieder von vorne im Zustand „Beginn" anfangen, da der Suchbegriff mit einem leeren Feld beginnen muss.

Der vollständige Automat:

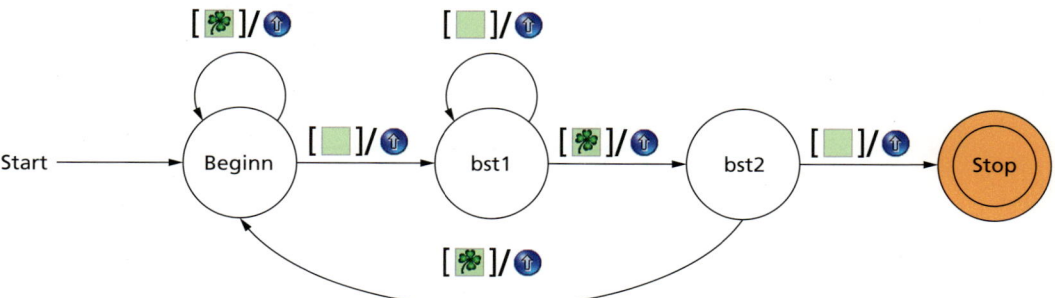

- Läuft Kara nach dem Lesen des Wortes auf den Baum auf, so hat er den Endzustand nicht erreicht und konnte das Suchwort nicht finden. Der Ablauf wird mit einer Fehlermeldung beendet (↗ Bild 2).

1 Automat zum vorgestellten Pattern-Matching-Problem.
Bedeutung der Zustände:
bst1 1. Buchstabe erkannt
bst2 2. Buchstabe erkannt

13.8 Erschaffe verschiedene Wörter aus leeren Feldern und Kleeblättern in der Welt des Marienkäfers!
Entscheide vor der Programmausführung, ob [🍀] im Wort enthalten ist und in welchem Zustand das Ablaufprogramm beendet wird!

13.9 Entwirf einen Automaten zu dem folgenden Pattern-Matching-Problem:
Eine Suchmaschine soll in Wörtern das Muster 🍀🍀 erkennen.

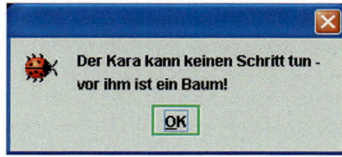

2 Fehlermeldung

13.4 Eine neue Programmiersprache: JavaKara

Folgender Automat kann Kleeblätter zählen, die in der Welt aneinander gereiht sind:

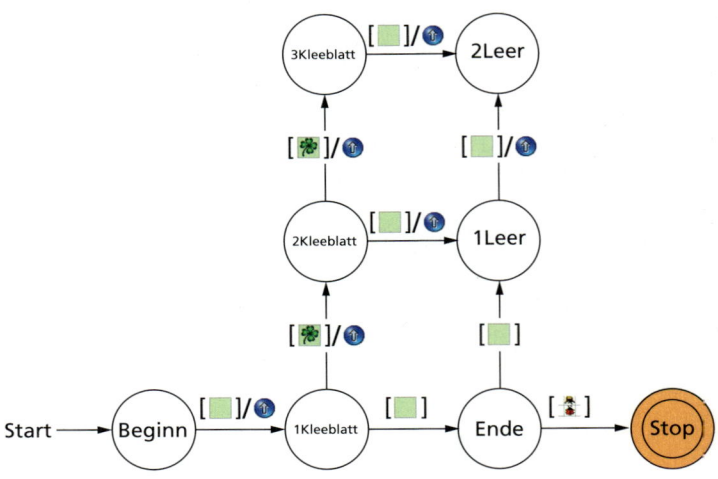

Zustand	Anzahl der Kleeblätter
Beginn	0
1Kleeblatt	1
2Kleeblatt	1
3Kleeblatt	3

Wenn du mehr als drei Kleeblätter erfassen willst, musst du den Automaten um die entsprechende Anzahl von Zuständen erweitern. Leider benötigt er für jedes neue Kleeblatt einen eigenen Zustand, um sich in ihm die Anzahl merken zu können. Wenn du aber vorher die Anzahl der Kleeblätter nicht kennst, müsstest du „unendlich" viele Zustände zur Verfügung stellen. Aus diesem Grund sind endliche Automaten für derartige Aufgaben ungeeignet – sie sind *begrenzt*.

Java (sprich: Dschawa) ist heute eine der wichtigsten Sprachen für Internetanwendungen. Sie wurde von Sun Microsystems unter Federführung von JAMES GOSLING (geb. 1955) entwickelt. „Java" steht für Kaffee (von der Insel Java), der angeblich bei den Sun-Entwicklern besonders viel konsumiert worden sein soll.

Solche Probleme lassen sich leicht mit einer Programmiersprache wie **Java** lösen.

Für Kara steht auch Java zur Verfügung. Diese Sprache bietet neue Konzepte, mit denen du bald das obige Problem lösen wirst. In einer Variablen werden wir z.B. die Anzahl der Kleeblätter speichern. Zusammen mit den algorithmischen Grundstrukturen Sequenz, Wiederholung und Auswahl kannst du dich bald an die Lösung des Problems machen. Doch zunächst wollen wir die neue Programmierumgebung kennenlernen.

Wenn du **JavaKara** startest, wird dir die Welt des Käfers sehr vertraut vorkommen. Wie beim Automaten-Kara kannst du im Direktmodus Kara mit den bekannten Befehlsschaltflächen steuern und ihm eine virtuelle Welt erschaffen.

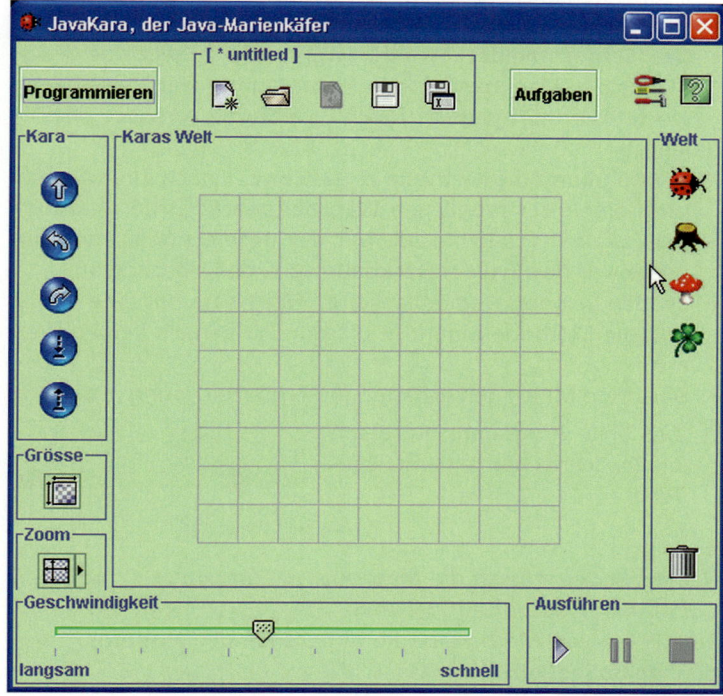

Allein die Programmierung ist ganz neu. JavaKara ist eine **objektorientierte Programmiersprache**. Sie stellt uns drei Objekte zur Verfügung:

- kara – der Marienkäfer;
- world – die virtuelle Welt, in der Kara agieren kann;
- tools – Hilfsmittel, die uns bei der Ein- und Ausgabe von Werten und Wörtern unterstützen.

i Wichtige Methoden von Kara findest du links im Fenster (Vorwärtsgehen, Linksdrehen, Rechtsdrehen, Kleeblatt ablegen, Kleeblatt aufnehmen).

Objekte von Karas Welt siehst du rechts im Fenster: Kara, Baumstumpf, Pilz und Kleeblatt.

Auf Tools kannst du im NsdEditor zugreifen (↗ Seite Seite 314).

Betrachten wir zunächst nur den Marienkäfer. Auf der folgenden Objektkarte erhältst du einen Überblick über seine wichtigsten Fähigkeiten. Zu jeder Aktion und jedem Sensor findest du eine Methode.

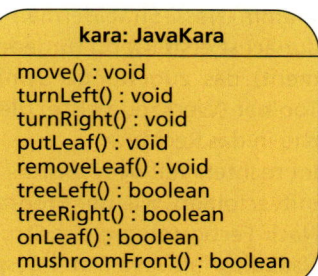

kara: JavaKara

move() : void
turnLeft() : void
turnRight() : void
putLeaf() : void
removeLeaf() : void
treeLeft() : boolean
treeRight() : boolean
onLeaf() : boolean
mushroomFront() : boolean

Die Methoden unterscheiden sich im Typbezeichner „void" und „boolean".
Welche Bedeutung haben diese Typen?

- Mit Sensoren kann Kara seine Umgebung wahrnehmen. Mit ihrer Hilfe kann er z. B. entscheiden, ob folgende Aussage zutrifft: *Der Marienkäfer steht vor einem Baum.*
  Der Sensor meldet „wahr", wenn die zugehörige Frage *„Steht der Marienkäfer vor einem Baum?"* mit „Ja!" beantwortet wird. Er meldet „falsch", wenn die Antwort „Nein!" lautet.
  In Java nimmt die Methode `treeFront()` nach ihrer Ausführung einen der möglichen Wahrheitswerte „true" („wahr") oder „false" („falsch") an. Mit der Bezeichnung **„boolean"** geben wir den Typ des Rückgabewerts der Methode an.
- Bei den Bewegungsmöglichkeiten führt Kara nur eine Aktion aus; die Methode nimmt in diesem Fall danach keinen Wert an.
  Derartige Methoden erhalten die Typbezeichnung **„void"**.

■ Das erste Programm: Kara soll einen Schritt nach rechts laufen.

Nacheinander müssen die Methoden `turnRight()`, `move()`, `turnLeft()` ausgeführt werden.
Eine Folge von Methoden, die hintereinander ausgeführt werden, heißt **Sequenz**.

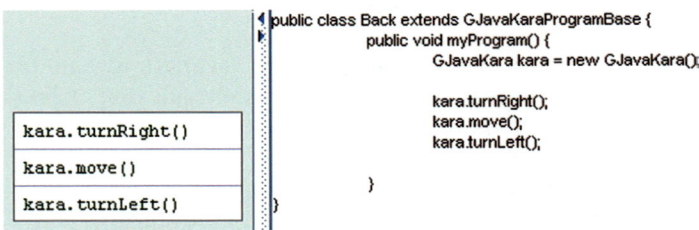

Im **NsdEditor** kannst du das Programm direkt über ein Struktogramm (**N**assi-**S**hneiderman-**D**iagramm) erarbeiten.
Zunächst erstellst du für jede einzelne Anweisung (simple statement) das zugehörige Symbol (Rechteck) und ziehst aus der Toolbar (Werkzeugleiste) die zur Methode gehörende Schaltfläche in das Rechteck.
Im rechten Teil des Fensters kannst du im Modus „Show Code" mitverfolgen, wie der Programmcode entsteht.
Nach Fertigstellung des Struktogramms wird das Programm im NsdEditor als Java-Datei gespeichert und danach im Programmfenster in JavaKara geladen.

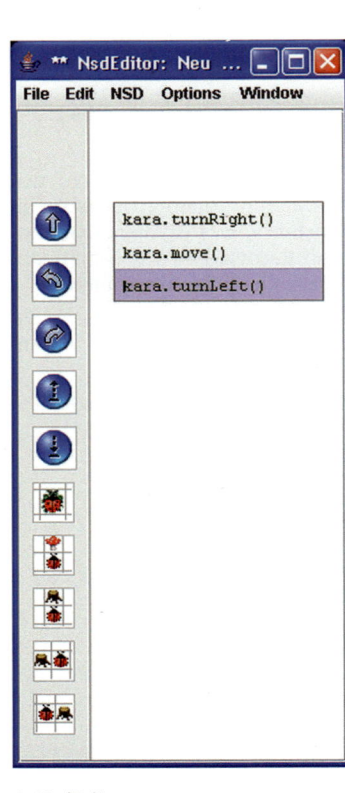

1 NsdEditor

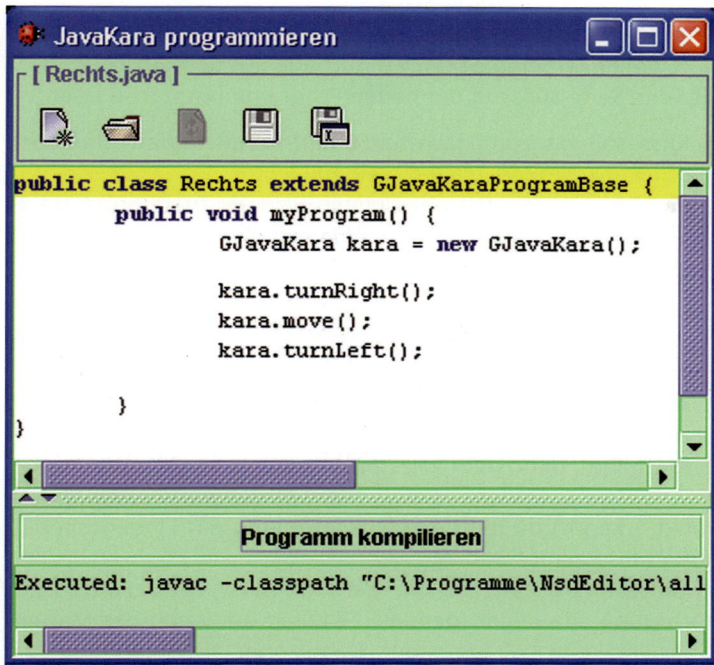

Den Programmrahmen „public class ..." hat der NsdEditor automatisch erstellt. Seine Bedeutung kann dir erst später erklärt werden. Im Programm erkennst du die Methoden, die du mit dem grafischen Editor erstellt hast.

> **Programmcode von JavaKara:** Jede Anweisung wird mit einem Strichpunkt abgeschlossen. Objektname und Methode werden durch einen Punkt getrennt.
>
> ```
> kara.turnRight();
> Objektname.Methode
> ```

Nun lässt du es mithilfe der Schaltfläche „Programm kompilieren" in Maschinensprache übersetzen. Danach kannst du es im Weltfenster durch einen Mausklick auf die Schaltfläche „Programm laufen lassen" ausführen.

13.10 Verfasse zu folgenden Problemstellungen jeweils ein Programm:
a) Kara geht einen Schritt vorwärts und dreht sich einmal um die eigene Achse.
b) Er umläuft einen Baumstumpf.
c) Er geht zwei Schritte rückwärts.

1 Beispielwelt

1 Wiederholung mit Eingangsbedingung, Darstellung im Struktogramm

13.5 Umsetzung eines Automaten in JavaKara

Nun wollen wir eine bekannte Aufgabe aus dem Abschnitt 13.2 (↗ Seite Seite 308) mit der neuen Programmiersprache lösen:

- Kara soll bis zum nächsten Baumstumpf laufen und dort, ohne anzustoßen, stehen bleiben.
Liegt bei seinem Weg auf einem Feld ein Blatt, soll Kara es aufnehmen; liegt auf einem Feld kein Blatt, soll er eines hinlegen (↗ Bild 1).

Damals haben wir das Problem so gelöst (↗ auch Seite 309):
1. Solange Kara vor keinem Baum steht, wird der Zustand „Laufen" wiederholt und Kara geht einen Schritt vorwärts.
2. Auf jedem Feld führt er in Abhängigkeit von einer Bedingung unterschiedliche Aktionen aus: Wenn auf dem Feld ein Kleeblatt liegt, dann hebt er es auf, sonst legt er eines ab.

Punkt 1 kannst du mit einer Wiederholung mit Eingangsbedingung umsetzen (↗ Bild 2).
Unter JavaKara steht uns die Methode `kara.treeFront()` zur Verfügung. Sie nimmt den Wert „false" an, wenn der Marienkäfer vor keinem Baum steht. Damit aber die Bedingung den Wert „wahr" zurückgibt, wenn Kara nicht vor einem Baum steht, muss der Wahrheitswert mit dem „Nicht"-Operator in sein Gegenteil verwandelt werden. „Nicht falsch" entspricht „wahr" bzw. „nicht wahr" „falsch".
Im NsdEditor wählen wir die Grundstruktur für die „while"-Schleife und ziehen das Symbol für die Methode `treeFront()` an die Stelle der Bedingung.

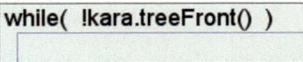

Mit der Tastatur fügst du noch ein Ausrufezeichen vor die Methode. „!" bedeutet in Java „Nicht-Operator".

Die **Wiederholung mit Eingangsbedingung** wird mit dem Schlüsselwort „while" eingeleitet. In den äußeren runden Klammern steht die Bedingung. Solange die Bedingung wahr ist, wird die Anweisungsfolge in den geschweiften Klammern wiederholt. Sie heißt auch **Rumpf** der while-Schleife:

```
while(  !kara.treeFront()  ) {
        Anweisungsfolge
        }
```

Zu den **Bedingungen** zählen in Java **Methoden vom Typ boolean**.
Der **Nicht-Operator „!"** vor einer Bedingung kehrt den Wahrheitswert in sein Gegenteil um.

Die Formulierung in Punkt 2 (↗ Seite 316) entspricht genau einer bedingten Anweisung.
Unter JavaKara steht uns die Methode `kara.onLeaf()` zur Verfügung. Sie nimmt den Wert „true" an, wenn der Marienkäfer auf einem Kleeblatt steht.

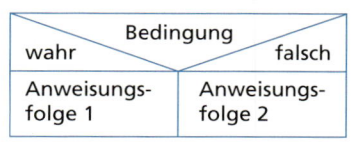

1 Bedingte Anweisung, Darstellung im Struktogramm

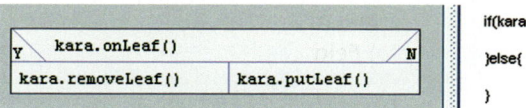

Im NsdEditor wählen wir die Grundstruktur für die „if"-Anweisung und ziehen das Symbol für die Methode onLeaf() an die Stelle der Bedingung. Die Anweisungsfolge1 besteht nur aus einer Anweisung `kara.removeLeaf()`, die Anweisungsfolge2 aus `kara.putLeaf()`.

Die **bedingte Anweisung** wird mit dem Schlüsselwort „if" eingeleitet. In den äußeren runden Klammern steht die Bedingung. Wenn die Bedingung wahr ist, wird die Anweisungsfolge in den ersten geschweiften Klammern ausgeführt, sonst die Anweisungsfolge in den geschweiften Klammern nach dem Schlüsselwort „else" **(zweiseitige Auswahl)**.
Fehlen das Schlüsselwort „else" und die zugehörigen geschweiften Klammern, so liegt eine **einseitige bedingte Auswahl** vor. Ist die Bedingung „falsch", so wird Anweisungsfolge1 übergangen.

Jetzt musst du nur noch die beiden Grundstrukturen richtig miteinander verknüpfen.
Bevor Kara auf das nächste Feld wechselt, muss er die bedingte Anweisung ausführen. Die bedingte Anweisung ist also die erste Anweisung in der Anweisungsfolge im Rumpf der while-Schleife (Bild links).

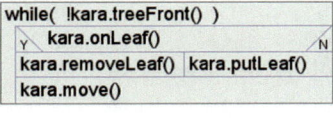

Damit unsere Aufgabe korrekt gelöst wird, muss die bedingte Anweisung noch einmal nach der while-Schleife ausgeführt werden (Bild rechts). Überlege dir, was passieren würde, wenn du sie weglässt.
Jetzt haben wir für das alte Problem anstelle des Automaten eine gleichwertige algorithmische Lösung gefunden.

Die Vorschrift erfüllt also die Anforderungen eines Algorithmus:
- **Endlichkeit:** Sie besteht aus endlich vielen Anweisungen.
- **Eindeutigkeit:** Mit jeder Anweisung ist die nächstfolgende festgelegt.
- **Ausführbarkeit:** Nach der erfolgreichen Kompilierung kann der Rechner jede Anweisung eindeutig ausführen.

> Ein **Algorithmus** ist eine Verarbeitungsvorschrift, die aus einer endlichen Folge von eindeutig ausführbaren Anweisungen besteht. Unter gleichen Voraussetzungen liefert die Ausführung eines Algorithmus stets die gleichen Ergebnisse **(Allgemeingültigkeit)**.
> Die Grundbausteine eines Algorithmus sind Sequenz, Wiederholung und bedingte Auswahl.

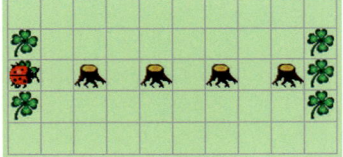

1 Welt zu Aufgabe 13.11 a

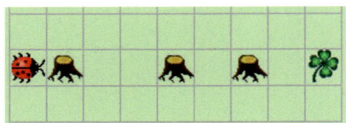

2 Welt zu Aufgabe 13.11 b

13.11 Jetzt kannst du folgende (teils bekannte) Aufgaben mit JavaKara und Algorithmen lösen.

a) Kara möchte zwischen Bäumen Slalom laufen.
Wenn Kara die Startlinie überschritten hat, läuft er so lange geradeaus, bis er vor sich einen Baum erkennt. Diesen umrundet er linksherum. Mit dem Erreichen der Ziellinie beendet Kara seinen Lauf. Jede Slalomstange muss genau in einem Halbkreis abwechselnd links oder rechts umrundet werden.

b) Kara sucht ein Kleeblatt, das geradeaus vor ihm liegt. Leider stehen ihm Bäume als Hindernisse im Weg, um die er herumlaufen muss. Glücklicherweise befinden sich nie zwei Bäume direkt nebeneinander. Schreibe ein Programm, das ihn bis zum Kleeblatt führt!

13.12 Kara sucht am Waldrand ein Kleeblatt.
Er läuft so lange im Uhrzeigersinn um den Wald herum, bis er auf dem Kleeblatt steht.

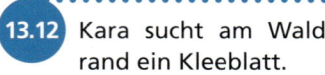

Welt a

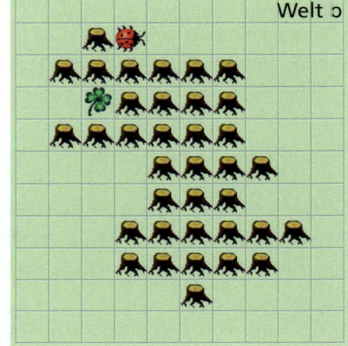

Welt b

13.6   Gezählte Wiederholung – Variablenkonzept

In vielen Fällen wissen wir genau, wie oft ein Vorgang wiederholt werden muss. Wenn du z. B. das Handy einschaltest, musst du bei der PIN-Eingabe genau vier Ziffern eingeben. Solche Anweisungsfolgen lassen sich mit der **gezählten Wiederholung** (↗ Bild 1) vereinfachen.

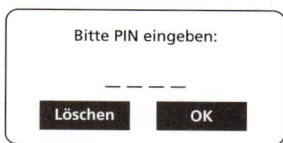

```
Bitte PIN eingeben:

_ _ _ _

Löschen        OK
```

Wiederhole n-mal
Anweisungsfolge

1 Gezählte Wiederholung (Zählschleife), Darstellung im Struktogramm

Mit dem Marienkäfer kannst du geometrische Figuren zeichnen. Kleeblätter sind sein Malstift.
Bevor wir zu schwierigeren Figuren wie das nebenstehende Quadrat (↗ Bild 2) übergehen, wollen wir den Käfer erst mal einen Strich der Länge 8 ziehen lassen.
Nichts leichter als das: Wir müssen uns nur die beiden Methoden `kara.putLeaf()` und `kara.move()` achtmal in eine Sequenz packen:

```
kara.putLeaf()
kara.move()
...
kara.putLeaf()
kara.move()
```

2 Aufgabe: Quadrat zeichnen

Für solche stupiden Schreibarbeiten verwenden wir doch gleich die gezählte Wiederholung.
Jetzt wird die Anweisungsfolge genau achtmal ausgeführt.

Wiederhole 8-mal
`kara.putLeaf()` `kara.move()`

Leider lässt sich diese Wiederholung in unserer Programmiersprache nicht ganz so einfach realisieren. Schaue dir zunächst den Aufbau an:

```
for (int i=0; i<8; i++){
        kara.putLeaf();
        kara.move();
}
```

Für das Zählen führen wir eine sogenannte Variable i ein.

> Eine **Variable** hat einen Namen und einen Wert, der sich während der Ausführung des Programms ändern kann.
> Gültige Bezeichner für Variablen beginnen in Java mit einem Buchstaben, danach können Ziffern und Buchstaben folgen.
>
> *Gültige Bezeichner:*   `fritz, ball45, x`
> *Ungültige Bezeichner:*   `234, 2fritz, 3`

Aus Sicht des Rechners ist eine Variable ein reservierter Speicherbereich an einer bestimmten Adresse. Dort belegt sie je nach Typ eine feste Anzahl von Bytes. In den Speicherzellen kann ein Datum, z.B. eine ganze Zahl oder ein Wahrheitswert, gehalten werden.

Beispiele für weitere Datentypen kannst du der Tabelle entnehmen:

Datentyp	Bezeichner in Java	Werte	Speicher-platzbedarf
Wahrheitswert	boolean	true, false	1 Byte
Ganzzahl	short	−5; 0; 32 767	2 Byte
	int	−5; 0; 2 147 483 647	4 Byte
Dezimalzahl	double	−3,27; 0.0; $1.40 \cdot 10^{12}$	8 Byte

Mit der Speicherlänge wächst bei Ganzzahlen der Wertebereich. Den Speicher eines Rechners kannst du dir wie einen großen Schrank mit Schubkästen vorstellen:

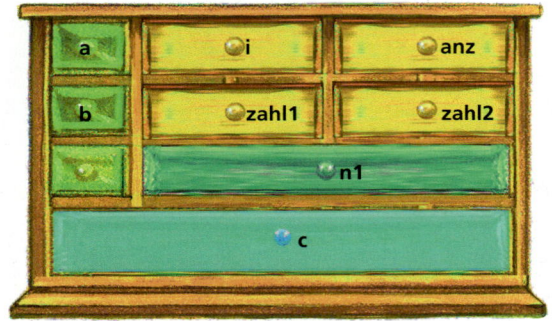

```
boolean a, b;
short i, anz, zahl1, zahl;
int n1;
double c;
```

1 Schubkästen in einem Schrank

Auf jedem Schub steht der Name der Variablen als Adresse. Die Schubkastengröße symbolisiert die Länge des Speicherbereichs, der für die Variable reserviert wird. Seine Farbe stellt den Typ dar.

Der Typ `int` hat z.B. einen doppelt so großen Speicherbereich wie `short`. Beide Typen untersxcheiden sich auch in der Art, wie die Daten gelesen werden. Der Schubkasteninhalt ist das Datum im Speicher, also der Wert der Variablen.

Im Folgenden sind die **Möglichkeiten von Variablen** aufgeführt:

Variablen müssen deklariert werden:
    `int i;`
Auf diese Weise wird der Speicherbereich, der durch die Variable belegt wird, festgelegt und wie der Inhalt interpretiert wird.

Variablen kann ein Wert zugewiesen werden:

```
i = 0;
```

Links vom Zuweisungsoperator „=" steht die Speicheradresse, an der der Wert abgelegt wird, der sich auf der rechten Seite errechnet.

Variablen können deklariert und gleich mit einem Wert belegt werden:

```
int i = 0;
```

Dies ist eine Kurzform für `int i; i=0;`

Durch den Operator „++" wird eine Variable um eins hochgezählt.

```
i = 0; i++;
```

Der aktuelle Wert von `i` ist danach 1.

Jetzt kannst du die gezählte Variable in Java verstehen:

Die **for-Schleife (gezählte Wiederholung, Zählschleife)** zerfällt in vier Bereiche:

```
for (Initialisierung der Zählvariablen; Be-
    dingung; Hochzählen der Zählvariablen) {
        Schleifenrumpf
}
```

Beispiel:

```
for(int i = 0; i<8; i++){
        ...
}
```

Initialisierung: Vor Ausführung der Schleife wird die Zählvariable deklariert und initialisiert.

Beispiel: `int i = 0;`

Schleifenbedingung: Sie ist eine Eingangsbedingung. Solange die Bedingung erfüllt ist, wird der Schleifenrumpf ausgeführt.

Trifft sie schon bei der ersten Ausführung nicht zu, wird der Schleifenrumpf kein einziges Mal ausgeführt.

Beispiel: `i<8`

Hochzählen der Zählvariablen: Die Zählvariable wird hochgezählt.

Beispiel: `i++`

Bei diesem Beispiel wird die for-Schleife genau achtmal ausgeführt, da wir bei null zu zählen beginnen.

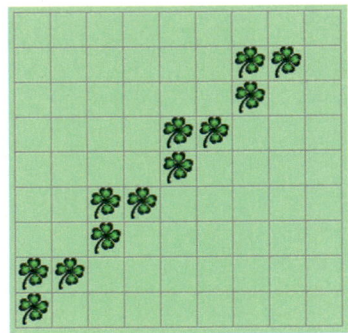

1 Welt zu Aufgabe 13.13 a

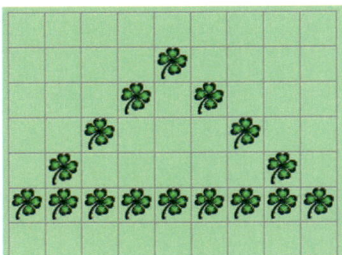

2 Welt zu Aufgabe 13.13 b

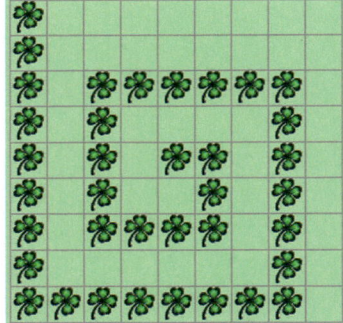

3 Welt zu Aufgabe 13.13 c

4 Welt zu Aufgabe 13.13 d

Das Flussdiagramm gibt den Ablauf der Anweisungen der for-Schleife genau wieder:

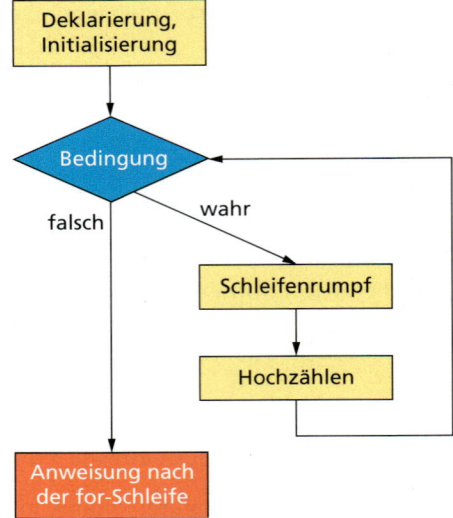

Nach dieser Vorarbeit ist das Programm jetzt ganz einfach:

Mit diesem Wissen kannst du gleich das Quadrat (↗ Seite 319, Bild 2) erstellen lassen. An jeder Ecke muss der Käfer ein Kleeblatt legen und die Richtung ändern. Achte darauf, dass die Seitenlänge acht Felder betragen soll.

Wenn du ganz fit bist, kannst du die Figur sogar durch zwei geschachtelte for-Schleifen zeichnen lassen. Mit der inneren Schleife wirst du eine Seitenkante zeichnen lassen. Mit der äußeren Schleife lässt du diesen Vorgang für jede der vier Seiten wiederholen.

13.13 Kara kann weitere schöne geometrische Figuren zeichnen. Setze dabei die gezählte Wiederholung ein!

a) ↗ Bild 1

b) ↗ Bild 2

c) ↗ Bild 3 (Kara startet in der Mitte. Jede Kante der Spirale wächst um ein Feld. Wenn du ganz geschickt bist, kannst du hier zwei geschachtelte for-Schleifen einsetzen.)

d) ↗ Bild 4 (Auch hier kannst du das Problem elegant mit zwei geschachtelten for-Schleifen lösen.)

13.7   Zählen – Wiederholung mit Endbedingung

Bei Computerspielen werden oft die Treffer, die Level oder die Leben gezählt. Ein Bankautomat behält nach dem dritten missglückten Versuch der PIN-Eingabe die Geldkarte ein. Dein Handy wird in diesem Fall gesperrt. Ein Fahrkartenautomat erfasst die eingeworfenen Münzen, summiert sie und zeigt den Gesamtbetrag an.

Mit dem Variablenkonzept haben wir im letzten Kapitel die Grundlage für derartige Vorgänge gelegt. Jetzt lernst du sie an einem bekannten Beispiel verstehen:

■ Kara steht an einem rechteckigen Waldrand. Er soll die Anzahl der Schritte ermitteln, die er für genau eine Umrundung benötigt (↗ Bild 1).

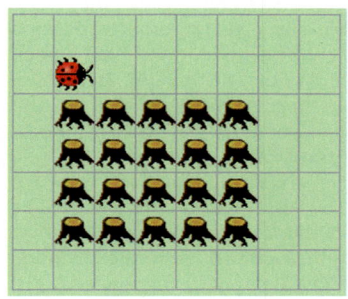

1 Kara umrundet ein Rechteck.

1. Für die Anzahl der Schritte musst du zuerst eine Variable „anz" vom Typ int anlegen.

       int anz = 0;

2. Am Ausgangspunkt legt Kara ein Kleeblatt ab und begibt sich mit einem Schritt auf die Reise.
3. Reise: In der Aufgabe 13.12 hast du schon einen Algorithmus zu einem sehr ähnlichen Problem geschrieben (↗ Bild 2).
   Kara umläuft dort so lange den Wald, bis er ein Kleeblatt findet. Jetzt musst du nur noch zu jedem Schritt die Anweisung zum Hochzählen der Variablen einbauen.

       anz++;

Anstelle des ++-Operators hättest du auch die folgende Zuweisung mit dem Operator „=" verwenden können:

       anz = anz + 1;

2 Algorithmus

Links vom **Zuweisungsoperator „="** steht der Variablenname für die Speicheradresse, an der der Wert abgelegt wird, der auf der rechten Seite errechnet wurde.
Im rechten Ausdruck können auch Variablen vorkommen, hier sogar die mit der gleichen Bezeichnung. Für die Berechnung gilt folgende Regel: Variablen auf der rechten Seite werden durch ihren aktuellen Wert ausgewertet.
Betrachte folgendes Beispiel (↗ auch Bild 3):
– Der aktuelle Wert von **anz** sei 4.
– Auf der rechten Seite wird **anz** durch 4 ersetzt. Jetzt lautet der Ausdruck 4+1 und sein Wert ist 5.
– Die Zahl 5 wird an der Speicheradresse von **anz** abgelegt.
– Der aktuelle Wert von **anz** ist jetzt 5.
Merke: Die **Wertzuweisung** hat nichts mit einer mathematischen Gleichung zu tun!

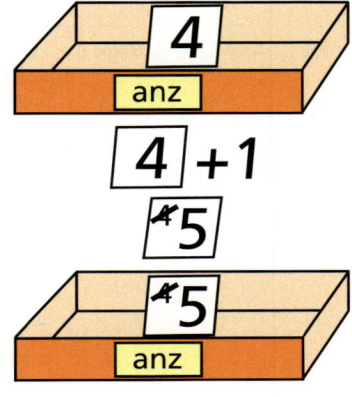

3 Wertzuweisung anz = anz + 1

i Die Methode
void message(int zahl)
ist eine Erweiterung der Methoden von Kara. Sie setzt sich aus folgenden Methoden zusammen:
void showMessage(String nachricht)
Die Methode ist vom Typ `void`, hat also keinen Rückgabewert, erwartet aber eine Eingabe vom Typ `String` (Zeichenkette) und wird vom Objekt `tools` zur Verfügung gestellt. Wenn du hier die Variable `anz` einsetzt, erhältst du eine Fehlermeldung, weil die Typen nicht übereinstimmen. Zum Glück existiert in der zum Typ `String` gehörenden Klasse eine Methode
String valueOf(int anz)
Sie erwartet eine Zahl vom Typ `int` als Eingabe und wandelt sie in eine Zeichenkette um. Mit ihrer Hilfe kannst du jetzt die Methode **showMessage( )** verwenden.
Mit der richtigen Verkettung der Methoden erzielst du die gewünschte Ausgabe:
tools.showMessage(String.valueOf(anz));

4. Nachdem Kara wieder beim Kleeblatt angekommen ist, soll er uns die Anzahl der Schritte in einer Messagebox ausgeben.
Das Objekt Kara stellt dir zu diesem Zweck die Methode `void message(int zahl)` zur Verfügung. Die Methode ist vom Typ `void` – hat also keinen Rückgabewert, erwartet aber eine Eingabe vom Typ `int` (ganze Zahl).

Der fertige Algorithmus lautet:

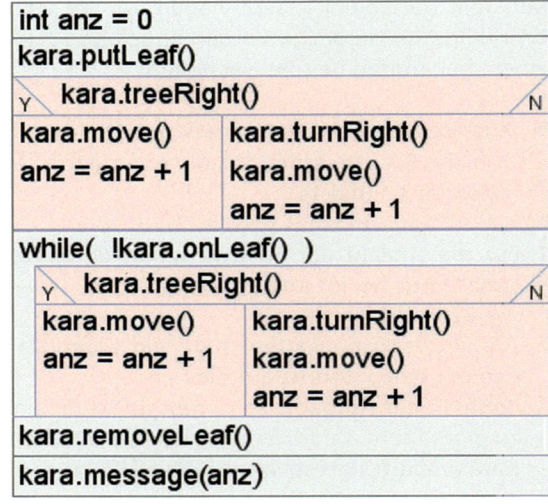

Einen Schönheitsfehler hat der Algorithmus noch. Der rosa hinterlegte Teil steht genau vor und im Rumpf der while-Schleife. Wenn es eine Wiederholung gäbe, die mindestens einmal durchlaufen wird, dann könnten wir uns die doppelte Schreibarbeit sparen.

Die **Wiederholung mit Endbedingung** erfüllt genau diese Anforderungen (↗ Bild 1).
Programmcode:

```
do {
    Anweisungsfolge
} while (Bedingung);
```

Tue	Anweisungsfolge
Solange (Bedingung)	

1 Wiederholung mit Endbedingung, Darstellung im Struktogramm

Dieser Schleifentyp wird auch **annehmende Schleife** genannt, da zuerst die Anweisungsfolge im Rumpf der Schleife ausgeführt wird. Danach wird erst die Bedingung geprüft. Hat sie den Wahrheitswert „true", wird der Rumpf erneut ausgeführt, andernfalls wird das Programm mit der Anweisung nach der Wiederholung mit Endbedingung fortgesetzt.

Das Flussdiagramm gibt den Ablauf der **do-while-Schleife** (Wiederholung mit Endbedingung) wieder:

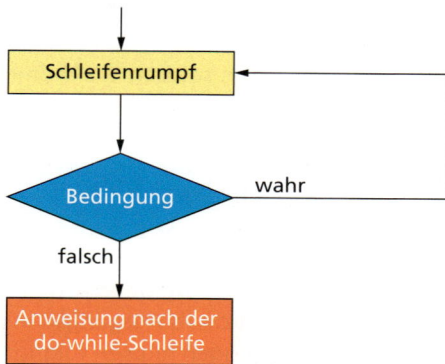

Durch die Wiederholung mit Endbedingung wird der Code noch kompakter:

`int anz = 0`
`kara.putLeaf()`

Y	`!kara.treeRight()`	N
`kara.turnRight()`		
`kara.move()`		
`anz = anz + 1`		

`while ( !kara.onLeaf() )`
`kara.removeLeaf()`
`tools.showMessage(String.valueOf(anz))`

```
int anz = 0;
kara.putLeaf();
do{
        if(!kara.treeRight() ){
                kara.turnRight();
        }else{
                ;
        }
        kara.move();
        anz = anz + 1;
}while ( !kara.onLeaf() );
kara.removeLeaf();
tools.showMessage(String.valueOf(anz));
```

13.14 Kara läuft einmal durch seine Welt.
(↗ Bild 1)
a) Er zählt alle dort vorkommenden Kleeblätter und lässt sie in einer Messagebox ausgeben.
b) Er verfährt wie in Teil a mit einer Änderung: Liegen Kleeblätter in einer Zeile hintereinander, so zählen sie doppelt.
Hinweis:
In einer Variablen kann sich der Käfer merken, ob das hinter ihm liegende Feld mit einem Kleeblatt belegt war. Du kannst der Variablen den Wert 1 zuweisen, wenn Kara auf einem Kleeblatt steht, andernfalls 0.

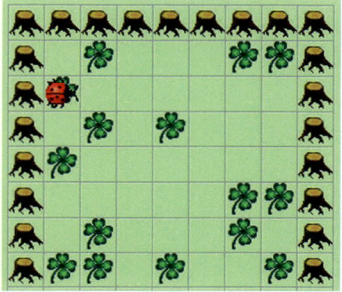

1 Welt zu Aufgabe 13.14

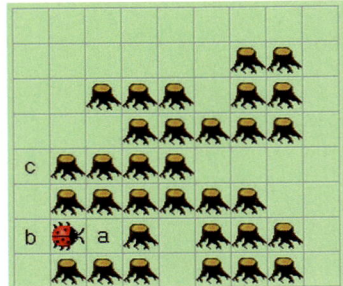

1 Welt zu Aufgabe 13.15

13.15 Kara steht an einem beliebigen Waldrand. Er soll die Anzahl der Schritte ermitteln, die er für genau eine Umrundung benötigt. Die Ausgabe der Anzahl erfolgt jeweils in einer Messagebox.

Wie der Käfer einen solchen Wald umrundet, hast du schon in Aufgabe 13.12 gelöst.

a) Warum darf Kara die Ausgangsposition von Bild 1 nicht mit einem Kleeblatt markieren, wenn er sich anschließend auf Kleeblattsuche begibt?
Hinweis: Erstelle eine Skizze und zeichne den Weg des Käfers auf.

b) Betrachte nun die Positionen a, b und c.
Welche eignen sich als Ausgangspunkt?
Welche Bedingungen müssen folglich für eine geeignete Ausgangsposition gelten?

c) Solange die Bedingung in Aufgabe b nicht erfüllt ist, muss Kara ein günstiges Feld suchen.
Dann markiert er dieses Feld mit einem Kleeblatt und beginnt zu zählen.

Zum Lösen der Aufgabe 13.15 ist folgendes Wissen hilfreich:

i Im NsdEditor kann man nur eine Bedingung durch Drag and Drop in eine Strukturform schreiben. Weitere Bedingungen müssen mit der Tastatur ergänzt werden. Wenn du in die Strukturform klickst, kannst du mit den Pfeiltasten den Cursor an das Textende bringen und den Code von Hand eingeben.
Der senkrechte Strich bei „oder" kann mit der Tastenkombination <Alt Gr> + < erzeugt werden.

In Java lassen sich Bedingungen durch die **logischen Operatoren** „&&" und „||" verknüpfen:

Beispiel für „&&":

(Kara vor Baum?) **und** (Baum links von Kara?)
`kara.treeFront() && kara.treeLeft()`

Bedingungen, die mit **„und"** verknüpft sind, sind nur dann wahr, wenn alle Teilbedingungen den Wahrheitswert wahr haben.
Die obige Bedingung ist nur wahr, wenn links neben und vor Kara ein Baum steht; andernfalls falsch.

Beispiel für „||":

(Baum links von Kara?) **oder** (Baum rechts von Kara?)
`kara.treeLeft() || kara.treeRight()`

Bedingungen, die mit **„oder"** verknüpft sind, sind nur dann falsch, wenn alle Teilbedingungen den Wahrheitswert falsch haben.
Die Bedingung im Beispiel ist nur dann falsch, wenn Kara nicht links und rechts neben einem Baum steht; andernfalls wahr.

13.8 Erfassen von Mustern – Felder

In der Qualitätskontrolle ersetzen Sensoren mit automatischer Mustererkennung den Menschen. In der Technik gibt es vielfache Anwendungen:
Optische Sensoren überwachen die Fertigung von Bauteilen in Bruchteilen einer Sekunde und sortieren den Ausschuss aus. Die Qualität von Lebensmitteln kann durch empfindliche Sensorsysteme wie elektronische Zungen (elektrochemische Sensoren) geprüft werden.

> Unter **Mustererkennung** versteht man das maschinelle Erkennen und Auswerten von Mustern in Signalen.
> Am Anfang eines Mustererkennungsprozesses steht die Erfassung von Daten oder Signalen, die mittels Sensoren aufgenommen und digitalisiert werden. Aus den Signalen werden Muster gewonnen, die sich mathematisch in Vektoren und Matrizen darstellen lassen. Am Ende des Prozesses steht eine Klasseneinteilung.

i Beispiele für die Anwendung von Mustererkennung:
- Spracherkennung
- optische Zeichenerkennung
- Robotik
- Biometrie (Gesichtserkennung, Fingerabdrücke, …)
- Bilderkennung

JavaKara erfüllt die Voraussetzungen für einen einfachen Mustererkennungsprozess:
Der Käfer hat Sensoren, mit denen er seine Umwelt abtasten kann. Bei der Erfassung werden wir die erkannten Muster in Arrays (Datenfeldern) speichern, die uns die Programmiersprache Java zur Verfügung stellt. Natürlich kann der Käfer auch Arrays auswerten, ob sie z. B. eine bestimmte Eigenschaft erfüllen, das heißt, er nimmt eine Klassifizierung vor.

> In einem **Array (Feld oder Reihung)** werden Daten gleichen Typs aneinander gereiht. Es ist mit einem Setzkasten vergleichbar, bei dem die Plätze durchnummeriert sind. In Java beginnt die Zählung bei null. Jeder Platz kann ein Datum des gleichen Typs aufnehmen.
> Über die Platznummern, den **Index,** kann man einen Platz des Arrays ansprechen.

■ Kara soll das Muster einer Zeile der Breite 9 (↗ Bild 1) in einem Array abspeichern.

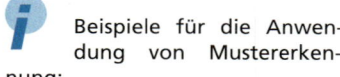

Zum Erfassen des Musters musst du zuerst das Array vergleichbar einer Variablen deklarieren.

```
int bild[];
```

Mit dieser Zeile ist festgelegt:
Das Array `bild[]` hat die Bezeichnung „bild". In ihm dürfen nur Daten vom Typ `int` (also ganze Zahlen) abgelegt werden.

1 Muster einer Zeile der Breite 9 in Karas Welt (oben) und Modell des Arrays „bild" für diese Zeile (darunter)

```
int bild[]
bild = new int[9]
for( int i=0; i<9; i++ )
     Y    kara.onLeaf()        N
    bild[i]=1        bild[i]=0
    kara.move()
kara.turnRight()
kara.move()
kara.turnLeft()
for( int i=0; i<9; i++ )
     Y    bild[i]==1            N
    kara.putLeaf()
    kara.move()
```

1 Algorithmus zur Mustererkennung einer Zeile der Breite 9

Zu diesem Zeitpunkt ist aber im Unterschied zu einer Variablen im Speicher noch kein Platz reserviert worden, da noch nicht bekannt ist, wie viele Plätze benötigt werden. Mit dem Operator „new" kannst du dies festlegen:

```
bild = new int [9];
```

Jetzt ist das Array im Speicher angelegt und umfasst genau neun Plätze. Die Anzahl lässt sich nachträglich nicht mehr ändern. Jeder Platz ist bereits mit einer 0 initialisiert.

Diese beiden Schritte kannst du auch in einer Zeile aufschreiben:

```
int bild[] = new int[9];
```

Nun können wir die Plätze über den Index ansprechen.

```
bild[0] = 1;
```

Dem ersten Platz weisen wir eine 1 zu. Mit der 1 codieren wir, dass sich auf dem Feld ein Kleeblatt befindet.

```
bild[1] = 0;
```

Auf dem zweiten Platz lassen wir die 0 stehen. Sie bedeutet, dass auf dem Feld kein Kleeblatt liegt.

Für die Bearbeitung eines Arrays eignet sich die gezählte Wiederholung besonders gut, da die Anzahl der Plätze fest ist. An die Stelle des Index setzt du die Zählvariable „i". In Abhängigkeit von der Bedingung „Kara auf Kleeblatt?" kannst du nun nach dem obigen Muster jedem Platz `bild[i]` eine 0 oder 1 zuweisen.

Um zu überprüfen, ob das Muster richtig erkannt wurde, kannst du es gleich in der zweiten Zeile ausgeben lassen. Einen Trick wollen wir dir noch verraten:
Wenn Kara auf dem 9. Feld einen Schritt vorwärts geht, verlässt er die Welt am rechten Rand und erscheint wieder links auf dem 1. Feld in der gleichen Zeile.

Jetzt kannst du das Muster in der zweiten Zeile nach Belieben ändern. Kara soll im ersten Durchgang, wie gewohnt, das Muster der ersten Zeile in einem Array erfassen. Dann wechselt er in die zweite Zeile und vergleicht das 2. Muster mit dem abgespeicherten.
Zuerst führst du eine Variable „ent" vom Typ `boolean` ein. Sie wird mit dem Wert „true" initialisiert. In ihr soll das Ergebnis der Untersuchung abgespeichert werden.

- Sollte schon bei einem Vergleich das Muster der 2. Zeile nicht mit dem gespeicherten Code übereinstimmen, dann liegen unterschiedliche Muster vor. Du kannst der Variablen „ent" den Wert „false" zuweisen. Weitere Vergleiche erübrigen sich.
- Im Fall der Übereinstimmung musst du nur zum nächsten Vergleich übergehen.

Wie kannst du in Java herausbekommen, ob in einem Feld eine 1 steht? Für den Vergleich von Ausdrücken, dazu gehören auch Zahlen, gibt es in Java folgende **relationale Operatoren**:

Operator	>	<	==	!=	>=	<=
Bedeutung	Größer	Kleiner	Test auf Gleichheit	Test auf Ungleichheit	Größer- gleich	Kleiner- gleich
Beispiel	6>1	5<1	6==12/2	3!=7	4>=4	7<=5
Wahrheitswert des Beispiels	true	false	true	true	true	false

Die Felder in der Welt tastet Kara mit dem Sensor „Kara auf Kleeblatt?" ab. Einen Platz im Array kann er mit dem Ausdruck `bild[i] == 1` überprüfen. Die Auswertung der beiden Bedingungen führt zu folgendem **Entscheidungsbaum**:

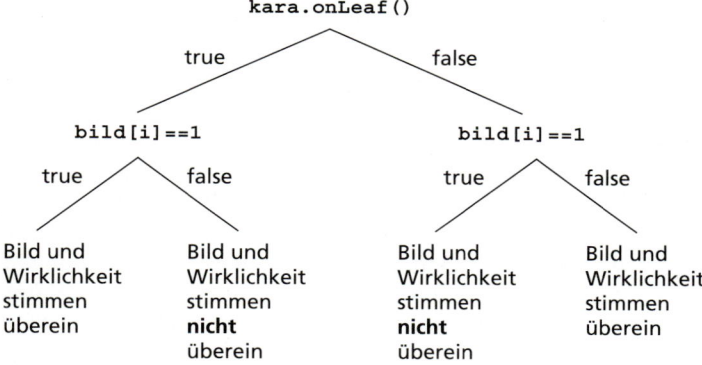

Der Entscheidungsbaum ergibt nur zwei unterschiedliche Ergebnisse:
- 1. Fall: Bild und Wirklichkeit stimmen überein.
    ```
    kara.move();
    ```
    Kara wechselt auf das nächste Feld.
- 2. Fall: Bild und Wirklichkeit stimmen nicht überein.
    ```
    ent = false;
    break;
    ```
    Mit der Anweisung „break" kannst du sofort die Wiederholung verlassen.

Das Ergebnis der Untersuchung lassen wir uns in einer Messagebox ausgeben. Hier hilft die Methode
```
void message(boolean var)
```
des Objekts kara (↗ auch Randbemerkung).

i Um diese Methode wurde das Objekt kara erweitert. Falls sie nicht zur Verfügung steht, muss wie im Abschnitt 13.7 (↗ Seite 324) der Wahrheitswert mit der Methode **String String.valueOf(boolean var)** in eine Zeichenkette umgewandelt werden.

```
int bild[]
bild = new int[9]
boolean ent = true
for( int i=0; i<9; i++ )
        Y⟍ kara.onLeaf()          ⟍N
        bild[i]=1      |  bild[i]=0
        kara.move()
kara.turnRight()
kara.move()
kara.turnLeft()
for( int i = 0; i<9; i++ )
        Y⟍ kara.onLeaf()          ⟍N
   Y⟍ bild[i] == 1 ⟍N | Y⟍ bild[i] == 0 ⟍N
   kara.move() | ent = false | kara.move() | ent = false
               | break       |              | break
tools.showMessage(String.valueOf(ent))
```

Zum Nachdenken: Mit folgendem Ausdruck hättest du dir die geschachtelten bedingten Anweisungen sparen können.

```
kara.onLeaf() == (bild[i] == 1)
```

Du kannst den Grund erkennen, wenn du den Ausdruck mithilfe des Entscheidungsbaums auswertest.

1 Nur die Muster in den ersten beiden Zeilen ergeben jeweils ein Palindrom.

13.16 Kara steht auf einer Zeile mit einem Muster aus Kleeblättern. Dieses Muster ist ein **Palindrom:** Es ergibt sich stets die gleiche Codierungsfolge, wenn du das Muster von links oder von rechts her erfasst (↗ Bild 1).
Erstelle ein Programm, mit dem Kara ein Palindrom erkennt, das aus neun Feldern besteht!

13.17 Kara steht auf einer Zeile mit einem Muster aus Kleeblättern. In der Mitte des Musters befindet sich ein Pilz.

Hinweis zu Aufgabe 13.17: Kara kann einen Pilz vor sich herschieben. Kleeblätter sind kein Hindernis und bleiben auf den Feldern liegen.

Erstelle ein Programm, mit dem Kara erkennt, ob sich vor und nach dem Pilz das gleiche Muster befindet!
a) Vor dem Pilz befinden sich genau sechs Felder.
b) Vor dem Pilz befinden sich höchstens sechs Felder.

Erfassen und Auswerten von zweidimensionalen Bildern:
Kara lebt in einer zweidimensionalen
Welt. Bis jetzt hat er gelernt, eindimen-
sionale Zeilen seiner Welt zu erfassen.
Wenn man die Dimension von Arrays
wie bei einem Koordinatensystem erweitern könnte, könnte man jedes Feld
über zwei Indizes ansprechen. Im Bild
beschreibt der erste Index die Spalte
oder die Lage auf der x-Achse, während
der zweite die Zeile oder die Lage auf
der y-Achse festhält.

Mit Java kannst du zweidimensionale Arrays wie folgt deklarieren und anlegen:

```
int bild [] [];
bild = new int [4] [3]:
```
oder kurz:
```
int bild [] [] = new int[4] [3];
```
Jetzt steht dir ein Array mit 4*3 Plätzen zur Verfügung. Über die
Indizes, deren Aufzählung bei 0 beginnt, kannst du jedem einzelnen Platz z. B. einen Wert zuweisen:
```
bild [2] [0] = 1;
```
Im Platz (2;0) wird die 1 abgelegt. Wenn du den ersten Index für
die Beschreibung der x-Achse verwendest und mit der 1 wieder
ein Kleeblatt codierst, hast du gerade auf dem Feld (2;0) in der
Welt ein Kleeblatt erfasst.

■ Kara lebt in einer Welt, die aus 16 Zeilen der Länge 9 Felder
besteht. Das Muster der ersten 8 Zeilen soll er in einem zweidimensionalen Array ablegen.

1. *Vorarbeiten:* Einrichten eines zweidimensionalen Arrays.
2. *Erfassen der ersten Zeile:* Zeilen- und Spaltenindex stehen bei
   null. Vor jedem Schritt tastet Kara seine Welt ab und speichert die Ergebnisse im Array. Mit jedem Schritt wird der
   Spaltenindex hochgezählt (äußere for-Schleife, ↗ Bild 1).
3. *Zeilenwechsel:* Kara wechselt in die nächste Zeile. Der Zeilen-
   index wird hochgezählt und die Erfassung der folgenden Zeile erfolgt von Neuem nach dem Muster der ersten Zeile (innere for-Schleife, ↗ Bild 1).
4. Nach dem letzten Zeilenwechsel steht Kara auf dem Feld
   (0;9). Beide for-Schleifen sind abgeschlossen.

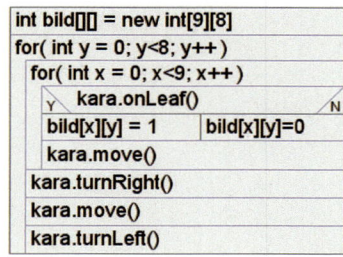

1 Struktogramm zum Beispiel

Ähnlich wie beim eindimensionalen Beispiel kannst du Kara
nach der Erfassung das Muster ausgeben lassen. Damit du die
Ausgabe mit dem Original vergleichen kannst, beginnst du
gleich in der 9. Zeile mit der Ausgabe des Musters.

Hinweis zu Aufgabe 13.18:
Eine Zeichenkette wird in Java durch Anführungsstriche gekennzeichnet.
Beispiel:
tools.showMessage(„Alarm")

13.18 Kara lebt in einer Welt aus 8 Zeilen und 9 Spalten. In der Welt dürfen Kleeblätter nicht nebeneinander wachsen. Jeden Tag macht er einen Rundgang und erfasst die Welt. Ist alles in Ordnung, so gibt er über eine Messagebox „Ok" aus; andernfalls „Alarm".

a) Erfasse die Welt in einem zweidimensionalen Array!
b) Wie kannst du feststellen, ob in einer Zeile bzw. Spalte zwei Kleeblätter hintereinander liegen?
c) Vervollständige den Algorithmus, indem du abschließend prüfen lässt, ob das Array die geforderte Eigenschaft erfüllt!

13.19 *Kara vergrößert ein Bild:* Kara lebt in einer quadratischen Welt aus 12 Zeilen und 12 Spalten.

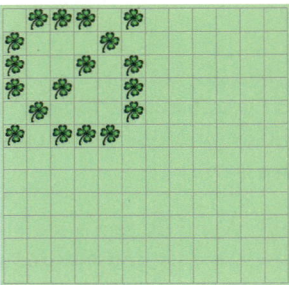
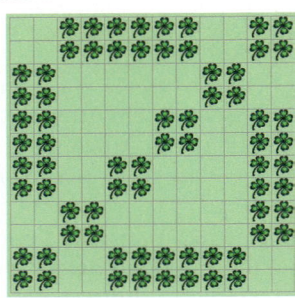

a) In den ersten 6 Zeilen und 6 Spalten ist ein Muster (Urbild) abgelegt. Erfasse es in einem zweidimensionalen Array „urbild"!
b) Richte ein zweites Array „bild" mit 12*12 Plätzen ein! In ihm soll das Muster (Bild) vergrößert abgespeichert werden. Ein Feld aus dem Urbild wird auf ein Quadrat der Seitenlänge 2 Felder abgebildet. Welche Felder im Bild belegt das Feld (0;0), (2;0) bzw. (3;2) aus dem Urbild? Stelle aus dieser Überlegung eine Regel auf, wie du das Array „bild" belegen musst!
c) Stelle den vollständigen Algorithmus auf und lass Kara Lupe spielen!

Kara verkleinert ein Bild: Man könnte auch umgekehrt ein Muster aus 12*12 Feldern auf ein Muster aus 6*6 Felder verkleinern.

d) Jetzt müsste ein Quadrat der Seitenlänge 2 Felder auf ein Feld abgebildet werden. Wie viele Kleeblätter soll ein Quadrat enthalten, damit im Bild ein Kleeblatt auf dem Feld gezeichnet werden soll?
e) Schreibe ein neues Programm und führe nacheinander die Verkleinerung und die Vergrößerung durch! Warum ist ein solcher Vorgang mit einem Informationsverlust verbunden?

13.9 Hübsch der Reihe nach: Sortieren

Heute kann man über das Internet viele Geschäfte abwickeln. Man kann Einkäufe erledigen oder gar seinen nächsten Urlaub buchen. Wir haben hier als Beispiel nach Flügen von Nürnberg nach Madrid recherchiert (↗ Bild 1).
In der ersten Auswahl werden sie aufsteigend nach dem Preis aufgelistet.

1 Sortieren im Internet

Man hätte sich das Angebot auch sortiert nach der Abflugzeit, der Fluggesellschaft oder der Flugdauer anzeigen lassen können.

Das Sortieren geht sehr flott, da der Kunde nicht lange vor dem Bildschirm warten will. Für solche Vorgänge brauchen wir Algorithmen, die diese Aufgaben schnell lösen.

Sortieren durch Einfügen:

Wenn du nacheinander die Spielkarten 8, König, 9, Ass und 7 ziehst und sie in deiner Hand ihrem Wert nach ordnest, wirst du vermutlich so vorgehen (↗ Bild 2):

Hand	Stapel
8	König, 9, Ass, 7
8, König	9, Ass, 7
8, 9, König	Ass, 7
8, 9, König, Ass	7
7, 8, 9, König, Ass	

Zuerst nimmst du die erste Karte vom Stapel in die Hand. Die zweite Karte hat eine höhere Wertigkeit und wird folglich nach der 8 in das Blatt eingefügt. Die 9 hat ihren Platz zwischen der Acht und dem König. Das Ass wird als höchste Karte am Ende und abschließend die 7 als erste Karte des Blattes eingefügt.

Deine Strategie war also:
- Solange der Stapel noch Karten enthält, tue
  - Nimm die erste Karte vom unsortierten Stapel.
  - Füge sie an der richtigen Stelle in den sortierten Bereich in der Hand ein.

Nun wollen wir diese Strategie beim Sortieren eines Zahlenfeldes anwenden. Beim Kartenspiel ist das Einfügen der obersten Karte vom Stapel an der richtigen Stelle des Blattes ein einfacher Vorgang.

2 Sortieren von Karten

Bei einem Zahlenfeld gestaltet sich der Sortiervorgang wesentlich aufwendiger.

Betrachte die folgenden Momentaufnahmen während der Sortierung:

	0	1	2	3	4	5	6	7	8	
a)	2	4	6	7	9	10	5	12	8	
b)	2	4	6	7	9	10	5	12	8	5
c)	2	4	6	7	9	10	10	12	8	
	2	4	6	7	9	9	10	12	8	
	2	4	6	7	7	9	10	12	8	
	2	4	6	6	7	9	10	12	8	
	2	4	5	6	7	9	10	12	8	
d)	2	4	5	6	7	9	10	12	8	

a) Das Zahlenfeld ist in einen sortierten und einen unsortierten Bereich aufgeteilt.
Die Zahlen 2 bis 10 sind schon sortiert.
Die 5 ist die erste Zahl des unsortierten Bereichs. Wir vergleichen sie der Reihe nach mit den Zahlen im sortierten Bereich. Sie ist kleiner als die 6 und muss vor der 6 in den sortierten Bereich eingefügt werden.
b) Um die Zahl 5 in den sortierten Bereich einfügen zu können, müssen wir uns zuerst die 5 merken.
c) Dann werden die Zahlen 6 bis 10 um ein Feld nach oben verschoben. Die 5 wird durch die 10 überschrieben, die 10 im Feld davor durch die 9, ...
Jedes Feld im gelben Bereich erhält den Wert des Vorgängers. Zuletzt wird die 5 an der ersten Stelle des gelben Bereichs eingesetzt.
d) Jetzt sind die Zahlen 2 bis 10 sortiert und 12 ist die erste Zahl im unsortierten Bereich.

Gerade haben wir den sortierten Bereich des Zahlenfelds um ein Feld erweitert. Dafür waren neun Rechenschritte nötig:
a) drei Vergleiche,
b) eine Wertzuweisung,
c) fünf Felder wurden überschrieben.

Nun werden wir den Algorithmus mit einem zufällig besetzten Feld durchführen. Bei der Darstellung lassen wir die Schritte b) und c) aus und schreiben nur die Belegung nach jedem Einfügen auf (↗ folgende Seite oben).

13	5	8	0	4	2	3	8	9
5	13	8	0	4	2	3	8	9
5	8	13	0	4	2	3	8	9
0	5	8	13	4	2	3	8	9
0	4	5	8	13	2	3	8	9
0	2	4	5	8	13	3	8	9
0	2	3	4	5	8	13	8	9
0	2	3	4	5	8	8	13	9
0	2	3	4	5	8	8	9	13

13.20 Gegeben sei folgendes Feld:

0	1	2	3	4	5	6	7	8
5	3	9	11	5	4	1	10	8

Führe das Sortieren durch Einfügen durch und schreibe nach jedem Einfügen die Belegung des Feldes auf!

Sortieren durch Verschmelzen (Mergesort):
Das Verfahren Mergesort ist eines der ältesten Sortierverfahren, die mit dem Computer eingesetzt wurden. Bei den bisherigen Verfahren wird nach einem Durchlauf aller Daten nur ein Datum an die richtige Stelle gesetzt. Im Unterschied dazu werden beim Mergesort bei jedem Durchlauf Teilstücke der Daten vorsortiert. Diese Teilstücke werden so lange zu doppelt so großen sortierten Teilstücken verschmolzen, bis alle Daten erfasst worden sind.
Zunächst soll das Feld, dessen Einträge wir sortieren wollen, eine Zweierpotenz als Länge haben. Eine solche Länge erweist sich als günstig, da die Teilstücke fortlaufend verdoppelt werden.
Betrachten wir ein Beispiel:

7	3	2	9	5	1	4	8	
V		V		V		V		1. Durchlauf
3	7	2	9	1	5	4	8	
Verschmelzen				Verschmelzen				2. Durchlauf
2	3	7	9	1	4	5	8	
Verschmelzen								3. Durchlauf
1	2	3	4	5	7	8	9	

Beim ersten Durchlauf betrachten wir Teilstücke der Länge 1. Sie werden mit der Methode „verschmelzen" zu Teilstücken der Länge 2 (grünes Feld) sortiert.
Wir schreiben sie übereinander:

7	
3	

Die beiden Zahlen 7 und 3 werden der Reihe nach in das neue Feld geschrieben.

3	7

Dieser Vorgang wird sinngemäß mit allen Zweiergruppen wiederholt.

Beim zweiten Durchlauf liegen bereits sortierte Teilstücke der Länge zwei vor. Diese sollen nun zu sortierten Teilstücken der Länge vier zusammengeführt werden.
Wir schreiben sie wieder übereinander auf:

3	7		
2	9		

Nun vergleichen wir die ersten beiden Einträge. Der kleinere wird entnommen und in das neue Feld unterhalb geschrieben. Der nächste Wert rückt nach vorne.

3	7		
9			
2			

Wir vergleichen wieder die ersten beiden Einträge. Der kleinere wird entnommen und in das neue Feld unterhalb geschrieben. Der nächste Wert rückt nach vorne.

7			
9			
2	3		

Zuletzt werden beiden Zahlen der Reihe nach in das neue Feld geschrieben.

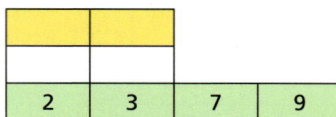

2	3	7	9

Beim dritten Durchlauf wenden wir das Verfahren auf die Teilstücke der Länge vier an.

2	3	7	9				
1	4	5	8				

1. Vergleich:

2	3	7	9				
4	5	8					
1							

Das Verfahren wird solange wiederholt, bis die oberen beiden Felder leer sind. Danach erhalten wir sortierte Teilstücke der Länge 8 und haben bereits das gesamte Array erfasst.

In unserem Beispiel lässt sich das Verschmelzen problemlos anwenden, da die Länge der Felder eine Zweierpotenz ($8 = 2^3$) ist. Wie man das Verfahren auf Felder anderer Länge anwenden kann, kannst du in Aufgabe 13.22 lösen.

13.21 Sortiere deine Mitschüler der Größe nach! Verwende die beiden Verfahren „Sortieren durch Einfügen" und „Sortieren durch Verschmelzen".

a) Beschreibe den Algorithmus umgangssprachlich!

b) Eine Person spielt den Rechner und sortiert die Klasse, indem sie bei jedem Schritt die Anweisung vorliest und durchführt.

13.22 **Mergesort mit beliebiger Feldlänge:** Nun habe das Feld die Länge sieben. Auch in diesem Fall lässt sich der Mergesort – leicht verändert – umsetzen.

a) Beim ersten Durchgang werden Teilfelder der Länge 1 sortiert. Führe nun den Mergesort anhand der folgenden Tabelle durch:

7	3	2	5	9	1	8
v		v		v		v
Verschmelzen				Verschmelzen		
Verschmelzen						

Schreibe die Änderungen an dem Verfahren auf!

b) In der obigen Tabelle sind aber bereits längere Teilstücke des Arrays z. B. 2, 5, 9 und 1, 8 sortiert. Diese werden beim „natürlichen Mergesort" berücksichtigt. Führe nun den „natürlichen Mergesort" anhand der folgenden Tabelle durch:

c) In der Schule müssen oft Schulaufgaben oder Extemporalen (Stegreifaufgaben, Kurzarbeiten) sortiert werden. Schreibe eine Handlungsanweisung auf, wie Lehrer mit dem „natürlichen Mergesort" schnell die Klassenarbeiten sortieren können!

• •

Historischer Rückblick: Der Mergesort eignet sich besonders gut zum Sortieren von Daten, die auf externen Speichermedien wie z. B. Magnetbändern abgelegt wurden.
Zum Sortieren eines Bandes benötigt man vier Bänder.

1. Durchgang:

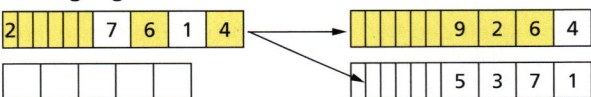

Die Einträge werden abwechselnd auf die rechten beiden Bänder verteilt.

2. Durchgang:

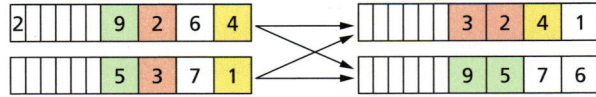

Jetzt werden sortierte Teilbereiche der Länge 2 gebildet und abwechseln auf die rechten Bänder geschrieben.

3. Durchgang:

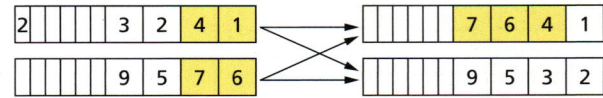

Mit jedem weiteren Durchgang wird die Länge der sortierten Teilbereiche verdoppelt. Aus den sortierten Teilbereichen der Länge 2 (n) werden sortierte Teilbereiche der Länge 4 (2n) gebildet und abwechselnd auf die anderen Bänder gespeichert. Der Sortiervorgang wird beendet, wenn eines der beiden rechten Bänder leer bleibt.

Zustandsdiagramm und Zustandsübergang

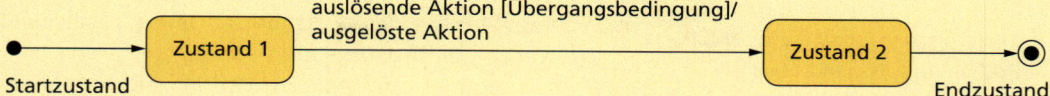

auslösende Aktion [Übergangsbedingung]/
ausgelöste Aktion

Startzustand → Zustand 1 → Zustand 2 → Endzustand

Im Zustandsdiagramm werden Start- und Endzustände eingeführt. Diese Zustände kann der Automat nicht wirklich einnehmen. Sie zeigen nur den Beginn und das Ende möglicher Abläufe an. Ein Diagramm muss stets einen Startzustand und kann Endzustände enthalten.

Bausteine von Algorithmen

Struktogramm	Java

wiederhole n-mal
Anweisungsfolge
	`for (Initialisierung der Zählvariablen;`
	`   Schleifenbedingung; Inkrementierung) {`
	`        Anweisungsfolge`
	`}`

Bedingung
wahr / falsch
Anweisungs-folge 1 / Anweisungs-folge 2
	`if (Bedingung){`
	`        Anweisungsfolge1`
	`}`
	`else{`
	`        Anweisungsfolge2`
	`}`

solange Bedingung
Anweisungsfolge
	`while(Bedingung){`
	`        Anweisungsfolge1`
	`}`

tue | Anweisungsfolge
solange (Bedingung)
	`do{`
	`        Anweisungsfolge1`
	`} (Bedingung)`

Datenstruktur Array

In einem **Array (Feld oder Reihung)** werden Daten gleichen Typs aneinander gereiht. In Java beginnt die Zählung bei null. Über die Platznummern (den Index) kann man einen Eintrag des Arrays ansprechen.

1	0	1	1	1	0	1	1	1	0
0	1	2	3	4	5	6	7	8	

```
int feld1[];                 Deklarierung
int feld2[] = new int[7]     Deklarierung und Initialisierung
```

Wasserfallmodell der Software-Entwicklung

Ein Projekt wird in Schritte zerlegt, die zeitlich nacheinander folgen.

1. *Analysieren und Spezifizieren der Anforderungen:* Problemanalyse, Planung
2. *Entwerfen (Modellieren):* Architektur, Komponenten, Schnittstellen, Struktogramm
3. *Implementieren:* Umsetzen in eine Programmiersprache
4. *Abnahme/Einführung:* Inbetriebnahme
5. *Wartung:* Fehlerbeseitigung, Änderungen, Optimierung

ℹ *Hinweis zu Aufgabe 13.23:* Enthält das Zustandsübergangsdiagramm zu deinem Automaten einen Zyklus?

13.23 Modelliere die Anwahl einer Telefonnummer mit deinem Handy! Verwende die Zustände „Bereit", „Auswahl Rufliste", „Anwahl", „Verbindung" und „Fehler".
a) Gib zwei Abläufe einer erfolgreichen Verbindungsaufnahme an!
b) Kannst du alle möglichen Abläufe aufschreiben?

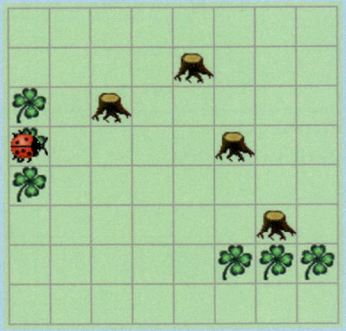

1 Kara läuft Slalom.

13.24 Kara möchte zwischen Bäumen Slalom laufen (↗ auch Aufgabe 13.11a, Seite 318).
Die Slalomstangen stehen aber nicht in einer Linie (↗ Bild 1). Jeder Baum muss mindestens auf einem Viertelkreis abwechselnd links oder rechts umrundet werden. Wenn Kara sich z. B. in einer Linksdrehung befindet, dann muss er den nächsten Baum, der vor ihm oder rechts von ihm steht, mindestens auf einem Viertelkreis rechts umfahren.

13.25 Gegeben ist der nachfolgende Automat:

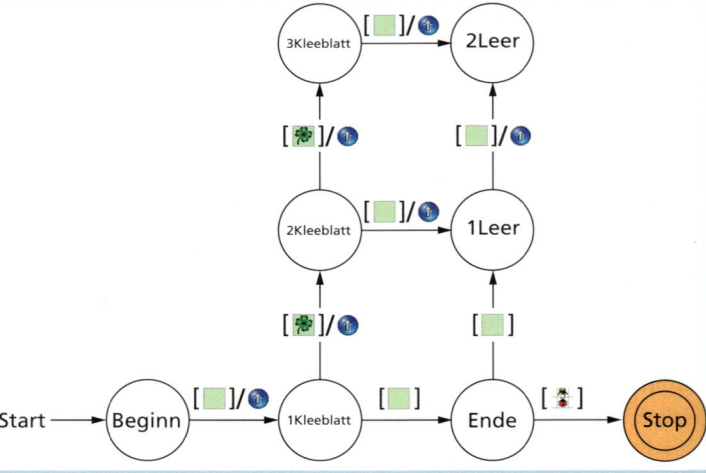

a) Erreicht der Automat den Endzustand „Stop", wenn nebenstehende Wörter eingelesen werden (↗ Bild 2)?
b) Welche Eigenschaft müssen Wörter haben, damit der Automat den Endzustand erreicht? Überprüfe deine Vermutung an weiteren geeigneten Beispielen!
Hinweis: Man sagt, der Automat akzeptiert das Wort, wenn er beim Einlesen den Endzustand erreicht.

2 Wörter zu Aufgabe 13.26 a

13.26 Entwirf einen Automaten zu dem folgenden Pattern-Matching-Problem:
Eine Suchmaschine soll in Wörtern das Muster 1001 erkennen.

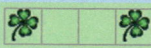

13.27 Kara soll bis zum nächsten Baumstumpf laufen. Auf seinem Weg hebt der Marienkäfer Kleeblätter auf bzw. legt auf leere Felder jeweils eines ab.
Im korrekten Programm (↗ Seite 317) wurden Änderungen vorgenommen.

a) Ergänze das Programmstück so, ohne den bestehenden Code zu verändern, dass das Programm wieder korrekt die Aufgabe löst!

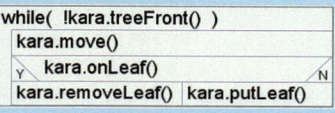

b) Beschreibe, was das nebenstehende Programm bewirkt!

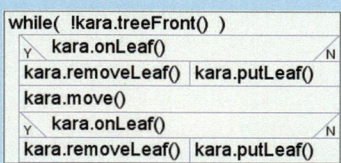

c) Beschreibe in Worten, was dieses Programm bewirkt!

13.28 Kara steht vor einem Tunnel. Er läuft so lange geradeaus, bis er am Beginn des Tunnels (A) angekommen ist. Dort dreht er sich einmal um seine Achse und läuft bis zum Ende (B) des Tunnels.
Löse die Aufgabe für folgende Welten!

a)

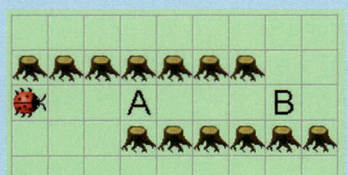

b)

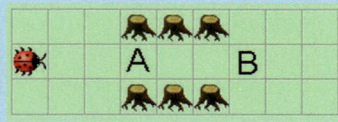

13.29 **Bubblesort:** Bei diesem Sortieralgorithmus werden jeweils zwei benachbarte Einträge miteinander verglichen. Ist der folgende Wert kleiner als der vorhergehende, so tauschen die beiden ihren Platz. Auf diese Weise steigen die kleineren Werte wie Luftblasen im Wasser auf und die großen Werte sinken ab. Nach dem ersten Durchgang befindet sich der größte Wert ganz unten am Boden:

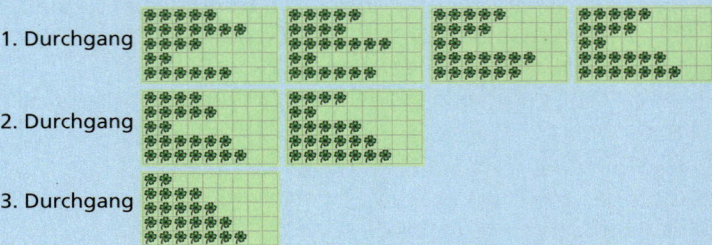

Zahlen in einem Array sollen sortiert werden. Sie werden durch einen Zufallsgenerator erzeugt. Jede Zahl wird durch eine Zeile mit Kleeblättern grafisch dargestellt.

a) Gegeben sei folgendes Feld:

0	1	2	3	4	5	6	7	8
5	3	9	11	5	4	1	10	8

Führe den Bubblesort-Algorithmus durch und schreibe nach jedem Durchlauf die Belegung des Feldes auf!

b) Müssen bei jedem Durchgang die Einträge des gesamten Feldes miteinander verglichen werden?

c) In welcher Anordnung der Werte werden nach dem Sortieralgorithmus die meisten Platzwechsel vorgenommen? Ermittle die Anzahl für fünf Zeilen!

d) Kann man auch schon nach einem Durchgang feststellen, ob alle Werte bereits sortiert sind?

13.30 Das Bild zeigt den Touchscreen einer Vertretungsplan-App.

a) Betrachte die Auswahlfelder in der Mitte. Beschreibe die Einstellungen, die der Nutzer hier vornehmen kann!

b) Antonia will sich den Vertretungsplan von Donnerstag, den 17. März, anzeigen lassen. Beschreibe, welche Einstellungen sie vornehmen muss! Setze dann die gewählte Vorgehensweise in einem Zustandsdiagramm um!

c) Erläutere die Funktion des (:)-Buttons und gib eine mögliche Verwendung an!

1 Vertretungsplan-App

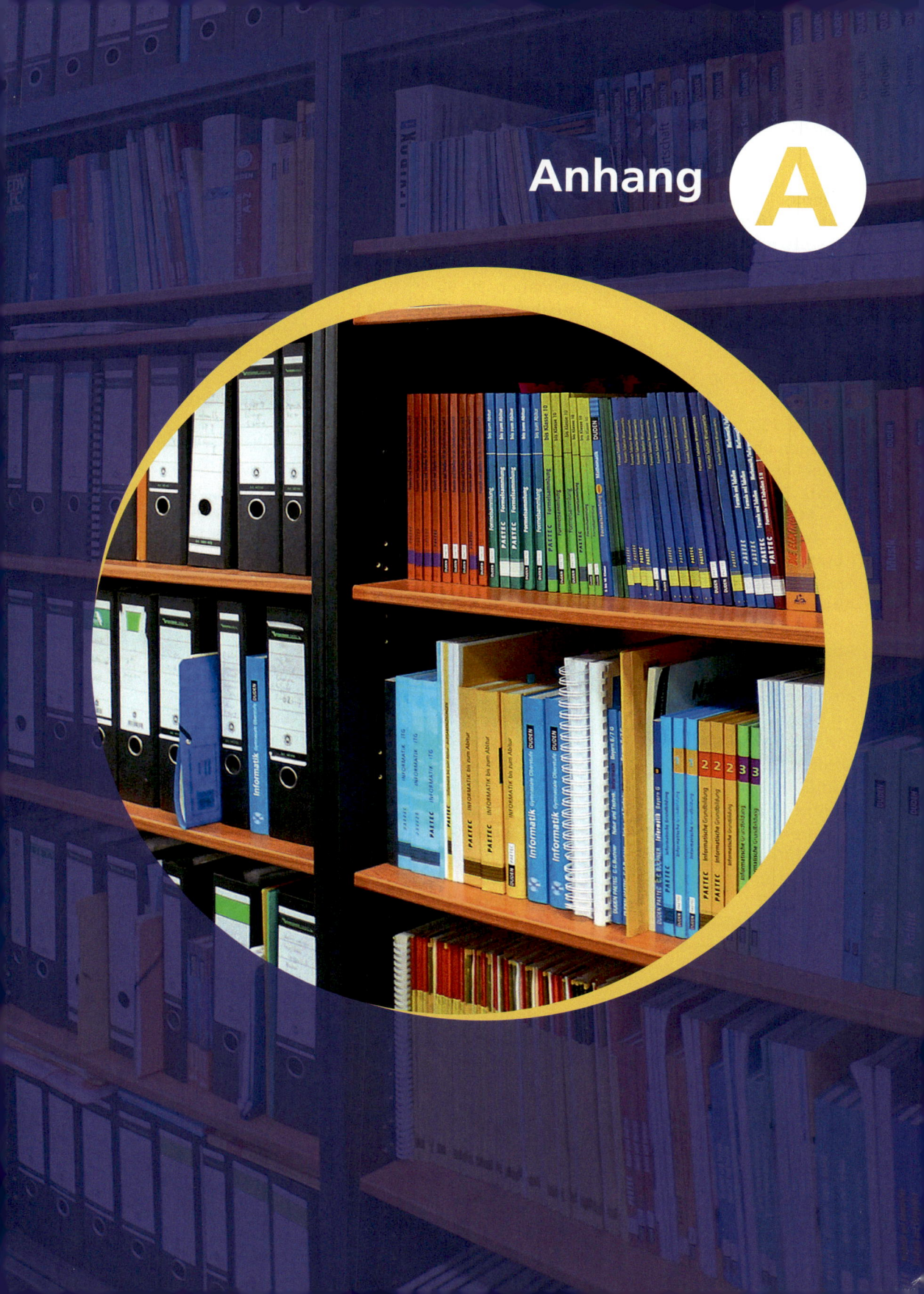

Anhang A

Bildquellenverzeichnis

action press: 22/3; akg/Science Photo Library:10/1; Katrin Bahro, Berlin: 28/1; Bibliographisches Institut GmbH, Mannheim; 11/1; BPK: 146/2; BSH Hausgeräte GmbH: 160/1; Robby Buttke, Zschopau: 152/1, 153/1, 153/2, 258/1; Clip Dealer/Darius Turek: 60/1; Clip Dealer/purplequeue: 180/1; Clip Dealer/Silvia Bogdanski: 86/3; Clip Dealer/Stefan Bayer: 66/1; Corel Photos Inc.: 16/1, 155/2; 207/1; Deutsche Telekom AG: 282/1, 293/1; Deutsches Museum, München: 27/1; Deutsches Zentrum für Luft- und Raumfahrt e.V.: 295/1; Dr. Lutz Engelmann, Berlin; 19/1, 62/1, 64/1, 64/2, 64/3, 86/2, 88/1, 88/2, 88/3, 88/4, 88/5, 88/6, 88/7, 88/8, 88/9, 88/10, 88/11, 88/12, 89/1, 89/2, 89/3, 89/4, 89/5, 89/6, 89/7, 89/8, 89/9, 89/10, 237/1, 287/1, 343/1; Franz X. Forman, Oberasbach: 100/1, 100/2, 100/3, 100/4, 102/1, 162/1, 162/2, 191/1, 333/2; Fotolia/Alexander Pokusay: 18/2; Fotolia/Antonioguillem: 145/3; Fotolia/Avanne Troar: 118/2; Fotolia/babimu: 31/2; Fotolia/bnstrong: 30/2; Fotolia/Christian Müller: 280/1; Fotolia/countrypixel: 86/1; Fotolia/Daniel Fleck: 12/2; Fotolia/Dmitriy Danilenko: 138/2; Fotolia/drubig-photo: 40/1; Fotolia/entwurfsmaschine: 194/2; Fotolia/euthymia: 24/1; Fotolia/fotokik: 118/1; Fotolia/Gabriele Rohde: 138/3; Fotolia/ganryu: 96/2, 98/2; Fotolia/Gennady Poddubny: 266/1; Fotolia/Gesina Ottner: 135/1; Fotolia/Gina Sanders: 134/1; Fotolia/goodluz: 30/3; Fotolia/Günter Menzl: 138/1; Fotolia/Hendrik Schwartz: 22/4; Fotolia/Henrik Dolle: 66/2; Fotolia/Hugh Adams: 165/1; Fotolia/Juulijs: 69/1; Fotolia/kartoxjm: 216/1; Fotolia/Lucky Dragon: 21/1; Fotolia/Maksim Pasko: 117/1; Fotolia/Maksym Yemelyanov: 141/1; Fotolia/milanmarkovic78: 145/1; Fotolia/Monkey Business: 40/2; Fotolia/mzphoto11: 95/1, 96/4, 98/4; Fotolia/nanomanpro: 271/1; Fotolia/Oleksiy Mark: 30/1; Fotolia/Petair: U1/1; Fotolia/pico: 217/1; Fotolia/Pim Leijen: 96/1, 98/1; Fotolia/Pixelwolf2: 25/2; Fotolia/pkazmierczak: 157/1; Fotolia/popov48: 28/2; Fotolia/Ralf Geithe: 263/1; Fotolia/Roman Gorielov: 155/1; Fotolia/Rozol: 217/2; Fotolia/RRF: 19/2; Fotolia/sdecoret: 282/2; Fotolia/Sesa: 18/4; Fotolia/shefkate: 138/4; Fotolia/Spectral-Design: 145/2; Fotolia/spuno: 9/1; Fotolia/Stefan Yang: 149/1, 194/1; Fotolia/Visionsi: 85/1; Fotolia/Wanja Jacob: 281/1; Fotolia/Wolfilser: 19/3; Fotolia/xiaoliangge: 115/1; Fotolia/Zlatko Guzmic: 270/1; GMX GmbH, Montabaur: 260/1; INTERFOTO/NG Collection; 8/1; INTERFOTO/Raimund Franken: 22/1; Günter Liesenberg, Berlin: 11/2, 17/1, 17/2, 17/3, 22/2, 25/1, 31/1, 147/1; Mahler, B., Fotograf, Berlin: 279/1; Mahler, H., Fotograf, Berlin: 35/1; mauritius images/allOver: 218/1; mauritius images/liszt collection / Alamy: 144/1; mauritius images/United Archives: 26/2, 27/2; Maximilian Schönherr/Hans-Jörg Brehm: 144/2; NASA: 296/1; Nick Koudis / Getty Images: 297/1; Photo Disc Inc.: 7/1, 12/1, 13/1, 18/1, 20/1, 37/1, 39/1, 65/1, 68/1, 68/2, 87/1, 96/3, 98/3, 99/1, 143/1, 146/1, 159/1, 215/1, 218/2, 259/1; picture alliance / dpa: 26/1, 134/2, 194/3, 298/1; D. Ruhmke, Berlin: 300/1, 300/2, 300/3, 300/4; Shutterstock/AnnaGarmatiy: 116/4; Shutterstock/ayelet-keshet: 116/1; Shutterstock/doomu: 24/2; Shutterstock/Fireofheart: 123/2; Shutterstock/Humannet: 41/2; Shutterstock/JeniFoto: 193/1; Shutterstock/Kaspars Grinvalds: 129/1; Shutterstock/Moon Raccoon: 116/2; Shutterstock/Moon Raccoon: 116/3; Shutterstock/norikko: 24/3; Shutterstock/Rashevskyi Viacheslav: 50/1; Shutterstock/Roman Sotola: 38/1; Shutterstock/RTimages: 41/3; Shutterstock/Sashkin: 128/2; Shutterstock/Sinisa Botas: 32/1; Shutterstock/sixninepixels: 47/1; Shutterstock/Vereshchagin Dmitry: 41/1; Shutterstock/Vlad Nordwing: U4/1; Siemens AG/München: 292/1; wikipedia/Hubert Berberich: 261/1.